本书研究成果获2019年度和2020年度中国国际经济交流中心基金重大课题支持。

中国国际经济交流中心 | 智库丛书
China Center for International Economic Exchanges

CHINESE SOLUTIONS CHINESE WISDOM
THINK TANK SERIES

亚洲经贸合作研究

中国国际经济交流中心课题组 著

中国经济出版社
CHINA ECONOMIC PUBLISHING HOUSE

·北京·

图书在版编目（CIP）数据

亚洲经贸合作研究／中国国际经济交流中心课题组著. -- 北京：中国经济出版社，2023.1（2023.8重印）
ISBN 978 – 7 – 5136 – 7221 – 4

Ⅰ.①亚… Ⅱ.①中… Ⅲ.①经贸合作 – 研究 – 亚洲 Ⅳ.①F130.5

中国国家版本馆 CIP 数据核字（2023）第 016493 号

责任编辑　贺　静
责任印制　马小宾
封面设计　赵　飞

出版发行　中国经济出版社
印　刷　者　北京建宏印刷有限公司
经　销　者　各地新华书店
开　　　本　710mm×1000mm　1/16
印　　　张　24
字　　　数　301 千字
版　　　次　2023 年 1 月第 1 版
印　　　次　2023 年 8 月第 2 次
定　　　价　88.00 元

广告经营许可证　京西工商广字第 8179 号

中国经济出版社 网址 www.economyph.com 社址 北京市东城区安定门外大街 58 号 邮编 100011
本版图书如存在印装质量问题，请与本社销售中心联系调换（联系电话：010 – 57512564）

版权所有　盗版必究（举报电话：010 – 57512600）
国家版权局反盗版举报中心（举报电话：12390）　　服务热线：010 – 57512564

前 言

当前,世界格局正经历深刻演变。新冠疫情仍在全球蔓延,全球化遭遇收缩,新科技革命加速更迭,世界经济深度衰退,地缘政治冲突加剧,呈现出竞争优势重塑、经贸规则重建、力量格局重构的叠加态势。

新形势下,亚洲经济一体化合作显著增强。过去几十年中,经贸合作对推动亚洲经济繁荣发展发挥了无可替代的作用。21世纪以来,世界经济重心正逐渐从发达国家向发展中国家转移,"欧美世纪"正在向"亚洲世纪"转变,亚洲经济已成为拉动世界经济的"火车头"。亚洲经济总量占世界经济的比重从金融危机前的26.3%上升至2018年的37.2%,自2011年起超过了美洲和欧洲。当前,亚洲区域经济合作已形成双边、多边并行的自由贸易区(Free Trade Agreement, FTA)网络,区域内经贸联系和产业合作加强,特别是中国与亚洲国家经贸合作关系日益紧密,亚洲经济一体化进程显著加快。尤其是《区域全面经济伙伴关系协定》(Regional Comperhensive Economic Partnership, RCEP)签署后成为世界最大规模的贸易协定,《全面与进步跨太平洋伙伴协定》(Comprehensive and Progressive Agreement for Trans – Pacific Partnership, CPTPP)2018年已生效,这两大自贸协定为构建亚太自由贸易区(Free Trade Area of the Asia – Pacific, FTAAP)提供了现实途径。此外,中日韩FTA积极推进,有助于推动亚洲区域经济融合发展。根据亚洲开发银行数据，截至2020年10月，亚洲共有268个FTA。其中，谈判中的有88个，已签署但尚未生效的有13个，签署并生效的有167个，拟议的有94个。

亚洲经贸合作中，东亚经贸合作的重要性和必要性凸显。面对世界百年未有之大变局和新冠疫情的叠加冲击，以东亚为重点的亚洲经贸合作逆势增强，有力维护了东亚产业链供应链的稳定与发展，为全球抗疫和经济恢复增长做出重要贡献，实际上已成为世界经济的新重心。新冠疫情使得东亚经济对世界经济的影响力增强，使东亚成为疫后摆脱全球危机的"火车头"。东亚经济共同体的呼声日益高涨，给东亚经贸合作带来了新的机遇，将推动亚洲经贸合作迈向一体化新阶段。东亚在世界经济的比重不断提升，区域内各国发展模式与水平较为多元互补，"一带一路"加速东亚区域经济一体化进程，全球产业链东移趋势加快，东亚经济一体化潜力巨大，有较好的合作前景。但是由于存在东亚经济发展不平衡、债务风险上升、区域协定碎片化、宏观政策协调难、产业链加速调整、中美在东亚的战略博弈加剧、地缘政治冲突加剧等因素，东亚经贸合作也面临巨大挑战。

推进亚洲经贸合作的思路。当前形势下，亚洲国家应本着"求同存异"的原则，立足各国发展实际。一是全面深化亚洲经贸合作。深化与东盟、日韩、印巴、中亚、西亚等地区的双多边全面经济合作，共同塑造亚洲地区发展新秩序。二是深耕东亚。全面推动东亚经贸合作走深走实，深耕东亚生产网络，推动东亚生产方式转型，推动东亚区域金融、货币和外汇合作，同时加强与周边国家和地区的经贸合作。三是深耕"一带一路"。稳妥推进高质量共建"一带一路"和打造全方位开放新格局。加强"一带一路"框架下的亚洲经贸合作战略对接，积极引导"一带一路"接轨国际规则，强化互联互通对亚洲区域经济合作的辐射带动作用，释放更大的发展潜力。四是深耕欧美生产网络。加强与欧美生产网络的全方位合作。东亚生产网络与欧美生产网络，尤其是与美国跨国公司有着千丝万缕的联系，主张率先恢复和发展东亚生产网络并不意味着它将会成为一个封闭的体系。开放地区主义一直是东亚生产网络的一个特性，仍将欢迎有意愿合作的欧美洲国家跨国公司、商业机构等融入其中任何一个环节，对于俄罗斯、印度、巴基斯坦、非洲、中东、拉美等国家和地区也同样持欢迎和开放的态度。五是共同构建高标准的自贸区网络。进一步扩大FTA合作网络，加快推进区域一体化进程，不断增强亚洲共同意识和身份认同，增进战略互信，全面深化亚洲合作，推动亚洲的繁荣与稳定，推动世界经济重返增长轨道。

推进亚洲经贸合作的方向和路径。贸易投资自由化、便利化是推进亚洲经贸合作的重要方向。为形成亚洲统一大市场和亚洲区域经济一体化提供必要的基础性支撑需推动构建高标准的自贸区网络，加强对已有合作机制和平台的整合。进一步扩大亚洲FTA合作网络，提升亚洲区域贸易投资自由化便利化水平，营造更加稳定、公平、透明的营商环境，加深亚洲区域内经贸合作关系，有效推动东亚、西亚、中亚、南亚地区更为有机地联系到一起。积极推动RCEP早日生效、实施与扩围，积极推动CPTPP扩围，共同推进FTAAP建设。积极推动与东盟国家的合作，积极推动中日韩FTA，这些都是推动亚洲经济一体化的重要环节。

新形势下，中国如何推进以东亚为重点的亚洲经贸合作？面对复杂多变的国际形势，中国提出"加快构建以国内大循环为主体、国内国际双循环相互促进的新发展格局"，这既是通过深入分析国内国际形势做出的重大判断，也是一个长期的战略部署，具有重大现实意义和深远历史意义。中国即将开启全面建设社会主义现代化强国的新征程，新发展格局将成为一个新时代开局[①]。周边亚洲国家与中国经济

---

① 张燕生. 超级全球化受挫，新型全球化开启[N]. 环球时报，2020-10-29.

联系密切，依存度高、互补性强，地理位置优越，优先成为中国新发展格局的有利补充和延伸。中国应以此为新起点，继续推进以东亚为重点的亚洲经贸合作，推动更高水平的对外开放，更深度地融入全球经济，推动国内国际双循环相互促进，培育参与新形势下国际经济合作和竞争的新优势，并在东亚乃至亚洲地区的区域合作、政策协调、经济治理中扮演更加积极的角色，以东亚合作为重点辐射带动亚洲经贸合作。

一是深耕东亚，全面推动亚洲经贸合作走深、走实。首要的是加强区域经贸合作和东亚生产网络的产业合作，加强科技、金融、生态和治理等领域合作，其核心环节是推动东亚生产方式的转型，推动东亚生产方式从要素驱动走向创新驱动。同时，要加强与欧美洲国家生产网络的全方位合作，要重点深化中国与日韩及东盟国家的合作、深化"一带一路"国际合作、稳定提升地区和全球产业链供应链、共同维护多边贸易体制。全面提升与日韩合作的发展质量，深化在抗击疫情、科技创新、数字经济、绿色发展、人文交流、应对老龄化，以及推进 RCEP、中日韩 FTA、CPTPP 等领域的合作，全面提升中、日、韩三国合作的发展质量。加快推进与东盟国家的经贸务实合作，把握好 2020 年是中国—东盟自由贸易区成立 10 周年、2021 年中国与东盟建立对话伙伴关系 30 周年，以及 RCEP 的签署和中国—东盟自贸区升级的新契机，推动与东盟的合作进入新的发展阶段。

二是构建基于开放包容的高标准 FTA 网络，推动亚洲经济一体化机制整合。实施更加主动的 FTA 战略，坚持双多边 FTA 并行推进策略，逐步构筑起立足亚洲、以东亚为重点辐射"一带一路"、面向全球的高标准自由贸易区网络。

推动自贸协定面向高标准。RCEP 是包容性的，中日韩 FTA 是高质量的，CPTPP 是高标准的。中国应积极申请加入 CPTPP，面向高标准积极推进国内改革。面对美国可能重返 TPP、可能激活冻结的 22 项条款、可能重新建章立制，推行非市场经济国家条款，我国应做好充分准备，积极参与世界贸易组织（WTO）改革和国际经贸规则的制定，在各方对我国重点关切的产业政策、国企改革等问题上，结合国内深化改革需要予以建设性回应，面向高标准推进改革，这一过程极其重要。

推进构建高标准的中日韩 FTA。遵照最大公约数原则，加快达成介于 RCEP 和 CPTPP 之间的中日韩 FTA 标准。在敏感领域，划定相应过渡期，也可采取渐进更新的办法，如事先设定例外条款，待到条件成熟后再逐步升级某些规则，让中日韩 FTA 达到具有区域特色的高标准。根据不同发展阶段还可量身定制与之相适用的贸易投资规则模块，待其进入发展的高级阶段后再升级到更加适用的高标准规则。

在自贸协定框架下，继续加强规则、制度和政策的沟通，增强安全互信和包容性发展。加强互补领域的合作，拓展数字经济等新领域的合作。

三是加强"一带一路"框架下的亚洲经贸合作战略对接，强化互联互通的辐射带动作用。稳妥推进高质量共建"一带一路"，积极引导"一带一路"接轨国际规则，引领共建"一带一路"高质量建设的规则体系和标准体系。

四是加快构建东亚产业链网络体系，维护基于全方位合作的全球产业链大格局。提升东亚产业链供应链水平，其核心是推动东亚产业链供应链变得更具有弹性和韧性。要充分利用工业物联网、云计算、大数据等现代信息技术，加强东亚产业链合作，深化全球产业链供应链合作。加强与日韩的合作，夯实东亚产业链供应链合作基础。新冠疫情过后，要以高质量发展为指向、中国市场为依托，进一步完善东亚产业链网络，维护东亚产业链的安全，全力打造基于共商共建共享和高质量发展的"一带一路"产业链体系。首要加强中国自身产业链的竞争力，实现由以中低端为主走向中高端，以便维护国际分工已形成的产业链的完整性和延续性。

五是持续扩大开放的层次和水平，打造全方位开放新发展格局。进一步扩大开放，推动国内国际双循环相互促进。继续推动构建更高水平双循环开放型经济新体制。

六是搭建高标准区域一体化利益诉求沟通机制，构建超越政治安全的地缘经济新模式。有效管控分歧，排除域外势力干扰，寻找更多的经济利益交会点，引导日韩、澳新（新西兰）等周边国家转变思维，逐步从对抗走向对话。积极发挥各种首脑峰会的助推作用，积极落实G20峰会、APEC峰会、东亚峰会、东盟"10+3"峰会和中、日、韩三国领导人峰会达成的各项共识。推动高层交往机制化，同时借助多种多边机制平台，构建超越政治安全框架的经贸合作关系。支持企业在商言商，把跨境经贸合作做实、做深，在推动贸易自由化方面发挥更加积极的建设性作用。搭建高标准区域一体化利益诉求沟通机制，充分发挥东盟"10+3""10+6"等区域合作平台作用，在双向投资、电子商务、知识产权保护等部分领域，可以尝试以最大共识为标准，吸收纳入高标准的内容。

七是处理好与周边国家的关系，区域治理理念与时俱进。以包容发展理念处理好大国和中小国家之间的关系。推动中日关系持续改善发展，争取与印度成为和平共处的合作伙伴，保持对亚洲中小国家的足够重视，把亚洲中小经济体纳入经济一体化进程，通过亚洲区域经济一体化助力中国赢得中美战略博弈中的主动权。同时，要处理好发展与安全等重大关系，区域治理理念与时俱进，与亚洲各国携手构建亚洲命运共同体。

目录
CONTENTS

上篇 疫情背景下的全球变局和亚洲经贸合作

总报告

一、新冠疫情背景下的全球变局 4

二、亚洲经贸一体化合作逆势增强 6

三、亚洲经贸合作及中东亚经贸合作的重要性和必要性凸显 10

四、推进亚洲经贸合作的政策建议 15

专题报告

专题一 RCEP推动亚洲经贸合作 22

一、RCEP谈判促进东亚国家相互依存 23

二、后RCEP时代推进亚洲经贸合作面临的挑战 28

三、RCEP促进包容性发展 31

四、加强RCEP背景下亚洲经贸合作的建议 46

专题二 CPTPP进展与前景展望 51

一、CPTPP进展及存在问题 51

二、CPTPP对亚洲经贸合作的影响 59

三、CPTPP扩容设想和可能性 62

四、中国申请加入CPTPP面临的障碍及应对 67

专题三　中日韩 FTA 对亚洲经贸合作的影响　75
　　一、东亚生产网络的变化以及对中日韩经贸合作的影响　76
　　二、中日韩 FTA 对主要经济体的贸易效应研究　81
　　三、中日韩经贸合作的分歧和矛盾　86
　　四、加强中日韩经贸合作的路径　91
　　五、新形势下推进中日韩自由贸易的思路与建议　93

专题四　亚洲产业链的转移趋势和对策　108
　　一、亚洲产业链的现状与趋势　108
　　二、全球产业链变化趋势　114
　　三、逆全球化、新产业革命和新冠疫情等对产业链的
　　　　影响　118
　　四、亚洲产业链转移的对策　125

专题五　推动亚洲经贸合作的中国方案和相关建议　128
　　一、亚洲经贸合作方案的利益交会点与分歧点　132
　　二、中美日在亚洲经贸合作中的定位、演变及前景　142
　　三、中小经济体在亚洲经贸合作中的利益诉求及分歧　150
　　四、促进亚洲经贸合作的中国方案及相关建议　154

会议综述报告　铸就抗疫合作典范　推动中日疫后加快经济复苏发展
　　——第六轮中日企业家和前高官对话主要观点综述　164
　　一、共同应对当前复杂形势，推动抗击新冠疫情国际
　　　　合作　164
　　二、积极推进贸易和投资向好发展，共同维护产业链供应链
　　　　安全　166
　　三、深入推进数字化转型合作，促进各国经济社会新发展　167
　　四、深化医疗健康领域合作，推动绿色低碳可持续发展　167

五、推动实现更高水平的区域经济一体化，维护亚洲繁荣与稳定 168

下 篇 中日韩及东北亚经贸关系研究

总报告

一、当前中日韩及东北亚经贸合作面临的新形势 171

二、中日韩及东北亚经贸发展与合作的新动力、新机遇 179

三、中日韩及东北亚经贸合作面临的新挑战 184

四、加快中日韩及东北亚经贸合作的重点领域和突破口 189

五、深化中日韩及东北亚经济发展与合作的政策建议 194

专题报告

专题一 促进中日经贸关系高水平发展 201

一、中日"政温经暖"的态势明显 201

二、中日经贸合作领域更加广泛 204

三、中日经贸合作面临转型升级挑战 207

四、推动中日经贸关系高水平发展的若干建议 209

专题二 实质性推动RCEP协议达成：当前进展及影响 213

一、RCEP的谈判进程与当前成果 213

二、推动RCEP达成的影响因素 220

三、RCEP谈判完成和后续发展 222

四、政策建议 227

专题三 中国加入CPTPP可行性分析 230

一、关于CPTPP扩容的新进展 230

二、对中国是否加入 CPTPP 的全面研究　232

三、加入 CPTPP 的谈判策略和政策建议　237

专题四　中韩经济发展战略对接研究　244

一、未来中国经济战略梳理　244

二、未来韩国经济发展战略　254

三、中韩经济发展战略对接的基础条件　258

四、中韩经济发展战略对接的思路和重点领域　264

五、中韩经济发展战略对接的政策建议　269

专题五　东北亚经贸合作中的美国因素　277

一、美国影响东北亚经贸合作的主要表现与趋势　277

二、美国因素对东北亚经贸合作的影响与挑战　287

三、相关对策与建议　297

专题六　日韩贸易摩擦与中美贸易摩擦的叠加效果　304

一、日韩贸易摩擦总体研判　304

二、日本非关税壁垒的关税等值计算　308

三、日本非关税措施对韩国出口影响的传导机制　314

四、日韩贸易摩擦对中国的启示以及建议　326

调研报告一　"WTO 现代化改革与东北亚经贸合作研究"联合课题组赴日调研报告　328

一、WTO 现代化改革将会是 G20 大阪峰会的重要议题　328

二、在推进 RCEP 的基础上探讨中日韩 FTA 和 CPTPP 合作　331

三、中日第三方市场合作亟须建立风险共担机制　334

四、保护主义和地缘安全影响东亚经济一体化进程　338

五、日本期望通过提高劳动生产率推进经济增长　341

六、中国借鉴日本发展经验教训，保持经济稳定增长　343

目　录

调研报告二　日本开展第三方市场合作的原则要求和担忧 346
　　一、中日第三方市场合作具备了基本条件　346
　　二、日方开展第三方合作的原则要求和担忧　348
　　三、拓展中日第三方市场合作建议　350

调研报告三　安倍经济学面临增长熄火的三道"坎" 352
　　一、再度上调消费税将给居民消费带来紧缩效应　352
　　二、中美经贸摩擦给日本经济带来一些负面冲击　354
　　三、少子化、老龄化将阻碍日本劳动生产率持续提升　356

会议综述报告一　深化民间合作，助力构建契合新时代要求的中日关系——第五轮中日企业家和前高官对话主要观点综述 358
　　一、加强合作以应对当前复杂形势　359
　　二、经济高质量发展是共同诉求　360
　　三、抓住第四次产业革命机遇，深化数字经济的合作　361
　　四、共同营造贸易投资自由化便利化国际环境　361
　　五、着力推动第三方市场合作取得现实成果　362
　　六、加快推进应对人口老龄化的合作　362
　　七、深化节能环保合作以实现环境、社会协调发展　363

会议综述报告二　加深对话合作，增强中韩共对风险挑战的信心和能力——第二轮中韩企业家和前高官对话主要观点综述 364
　　一、当前中韩亟须共对风险挑战上升的复杂局面　364
　　二、切实抓住新兴产业优势互补发展的重要机遇　365
　　三、共同捍卫多边主义和维护自由贸易体制　367
　　四、深入推进战略对接和开展第三方市场合作　367
　　五、协同推动氢能、雾霾治理和气候变化领域合作　368

上 篇
疫情背景下的全球变局和亚洲经贸合作

课题组成员

课题负责人
魏建国　中国国际经济交流中心副理事长
姜增伟　中国国际经济交流中心副理事长

课题组组长
张燕生　中国国际经济交流中心首席研究员

课题组副组长
逯新红　中国国际经济交流中心战略研究部研究员

课题组成员
刘向东　中国国际经济交流中心经济研究部副部长、研究员
田　栋　中国国际经济交流中心美欧所副研究员
李浩东　中国国际经济交流中心战略研究部助理研究员
林　江　中国国际经济交流中心经济研究部助理研究员
王　婧　中国国际经济交流中心战略研究部助理研究员
李　翔　中国国际经济交流中心经济研究部副处长

（注：课题组成员所在单位和职务为参与课题时单位和职务）

总报告

　　国际金融危机以来，世界经济格局东升西降趋势显著。亚洲经济在全球经济中的地位不断上升，特别是新冠疫情之下，东亚地区经济率先复苏，已成为世界经济重心。亚洲始终是中国经略周边外交的重点地区，如何经略好这一地区，积极营造繁荣稳定的周边环境和发展机遇，对于我国塑造发展全球伙伴关系和深化同周边国家的关系具有重要的现实意义，有助于发挥我国作为大国的领导力和提升国际影响力。特别是在中美贸易摩擦加剧、新冠疫情全球大流行背景下，探讨分析亚洲经济发展的战略和政策动向，探索亚洲经贸合作的新思路、新路径，不仅对于我国赢得中美战略博弈主动权、推动高质量发展具有特殊意义，也有利于推动区域各国加强互信互利合作和维护亚洲繁荣稳定。自贸区战略已成为大国竞争的战略制高点之一，提高自由贸易区标准和质量是大势所趋。分析 RCEP、CPTPP、中日韩 FTA 及亚洲产业链转移趋势，以及给我国带来的机遇和挑战，有助于我国未雨绸缪，早做预案，争取主动。我们在分析这些重大问题的基础上，提出亚洲经贸合作发展中亟须解决的重大问题与合作的新思路，给出中国方案和建议。

一、新冠疫情背景下的全球变局

当前,世界格局正经历深刻演变,新冠疫情仍在蔓延,全球化遭遇收缩,新科技革命加速更迭,世界经济深度衰退,地缘政治冲突加剧,呈现出竞争优势重塑、经贸规则重建、力量格局重构的叠加态势。在这种新形势下,亚洲区域内的经贸合作逆势增强,中国与周边亚洲国家的经贸合作联系更加紧密,亚洲经贸合作正在迈向一体化新阶段。

(一)世界处于百年未有之大变局

回顾百年前,1870—1913 年经济全球化中断后,曾经发生过旧秩序解体、贸易战、大萧条、流感大流行,甚至两次世界大战。百年后,美国要改变世界格局和全球秩序,要按照美国优先、公平贸易、对等开放为全球建章立制。当前,大国博弈及各种力量的冲突对抗,越来越像百年前经济全球化中断后动荡无序的国际环境。历史可能重演,要"避免因一时短视而犯下不可挽回的历史性错误","避免落入冲突对抗的陷阱"。

(二)全球新冠疫情大流行将引发国际格局深刻变化

新冠疫情仍在肆虐,严重威胁人类健康与安全,冲击各国经济社会发展,将引发国际格局深刻变化。中、美、日等国政经形势出现新的变化。2020 年 9 月中旬,日本实现由安倍政府到菅义伟政府的平稳过渡。11 月初,美国大选牵动世界人民的神经,如今不确定性风险有所缓解。11 月中旬,东盟与中、日、韩、澳、新等 15 个国家最终签署 RCEP,给日益破碎的世界全球化增添了团结合作的信心。面向"疫后"的世界,美国新政府如何推进抗疫、中美关系是否有所改善,全球经济秩序能否回归正轨等问题尚有待观察。

一是全球经济重心东移,西方经济主导权下降。全球经济东升西降、南升北降引发了各种焦虑、冲突和紧张形势。实力对比变化势必导致格局调整。按购买力平价计算,2019 年发达经济体占世界比重为

59.2%，较2008年下降近10个百分点；新兴和发展中经济体占世界比重为40.8%，相比2008年提升了近10个百分点。2019年，中国GDP占全球比重超过16.0%，稳居世界第二大经济体，同时GDP增速仍高于全球平均水平3.0%以上，这表明只要中国继续保持经济增长的韧性，未来国际地位进一步明显提升是确定性事件[1]。

二是世界经济增长动能转换举步维艰。疫情影响下，世界经济前景非常不容乐观，堪比1929—1933年的大萧条。中、美两个大国之间的科技战和贸易战将进一步削弱世界经济增长的内生动力。美国制定了《2018财年国防授权法案》《外商投资风险评估现代化法案》《出口管制改革法案》，欧盟于2019年3月出台《外资审查框架法案》，日本于2019年实施对出口韩国的半导体材料给予管制等措施，正在改变全球供应链相互依存的合作关系。周期性、结构性和战略性脱钩正成为中美大国战略竞争的重大威胁，如果中美科技脱钩、产业脱钩、金融脱钩，则将形成一个世界、两个体系、两个市场。

（三）经济全球化在挫折中前行

经济全球化受到挫折，但数字全球化、服务全球化、创新全球化、人文全球化等继续前行。虽然全球贸易和投资受到挫折，但共享型投资、绿色投资、创新投资、普惠投资等继续前行。全球产业链供应链格局虽面对挫折，但跨境电商、数字贸易、服务贸易、离岸贸易蓬勃发展，亚洲乃至全球都在推动产业链供应链合作，努力提升产业链供应链水平。

（四）全球区域一体化趋势复杂多变

在全球多边机制推进缓慢甚至搁置的情况下，主要经济体逐渐调整经济全球化战略，多边机制更多地被双边、诸边、区域等机制代替，包

---

[1] 财信研究．高质量、双循环、共富裕[Z]．2020－11－08．

括加快推进设立更高标准的自贸区，强化区域、次区域合作，签署服务贸易和投资协定也成为新一轮国际贸易谈判和规则制定的核心内容。多边贸易体制受到区域性、排他性、高标准自由贸易体制挑战。CPTPP 等更高标准的新自由贸易协定的签署、RCEP 等更加包容和开放地区主义的自由贸易协定的签署，将成为引领全球贸易新规则的两种不同形式。

（五）全球治理陷入困境

2017 年以来，逆全球化、贸易保护主义、民粹主义甚嚣尘上，全球治理改革陷入困境。长期主导全球治理执行、完善和变革的国际组织，如 WTO、IMF、世界银行、世界卫生组织（WHO）等在重塑全球化和完善全球治理方面的作用正在缩小。新冠疫情是一次重大挑战，凸显了全球治理存在的短板。美欧推进全球治理改革的合作意愿明显下降。近年来，美国频繁"退群"，全球治理赤字增大。中国构建人类命运共同体的倡议虽然获得国际社会越来越多的支持和响应，但要真正成为全球负责任大国、开放型大国、包容型大国，还有很长的路要走。如何解决全球治理的赤字、全球治理的民主化和全球治理的发展缺位等问题，将是国际社会面临的严峻挑战。

（六）地缘政治冲突加剧

地缘冲突仍将是影响亚洲经济及合作态势的重要因素之一。2019 年以来，中东紧张局势不断升级，美伊冲突愈演愈烈，朝鲜半岛核问题、印巴紧张关系以及南海问题等，都可能在一定条件下转化成为影响地缘政治关系和经济发展的热点问题，给相关亚洲国家经济社会发展和全球市场稳定带来冲击。

二、亚洲经贸一体化合作逆势增强

过去几十年，经贸合作对推动亚洲经济繁荣发展发挥了无可替代的作用。21 世纪以来，世界经济的重心正逐渐从发达国家向发展中国家转移,"欧美世纪"正在向"亚洲世纪"转变,亚洲经济已成为拉动世界经济的"火车头"。亚洲经济占世界经济的比重从2008年国际金融危机前的26.3%上升至2018年的37.2%。从2011年开始,亚洲经济总量超过美洲和欧洲。当前,亚洲区域经济合作已形成双边、多边并行的FTA网络,区域内产业合作加强,中国与亚洲国家的经贸合作不断加深,亚洲经济一体化进程显著加快。

(一)亚洲区域经济合作已形成双边、多边并行的FTA网络

在全球日益复杂的变局下,亚洲经贸合作正在迈向一体化新阶段,东亚经济共同体的呼声日益高涨。近年来,亚洲的区域经贸合作主要以推进自由贸易区(FTA)建设为主,已从签订双边FTA为主逐渐拓展到签订多边FTA,逐步形成并行不悖的区域经贸合作网络。根据亚洲开发银行数据,截至2020年10月,亚洲共有268个FTA。其中,谈判中的有88个,已签署但尚未生效的有13个,签署并生效的有167个,拟议的有94个。

(二)亚洲经济一体化进程加快推进

RCEP最终签署,成为世界最大规模的贸易协定。RCEP的签署标志着全球最大的自贸区成立,其总人口、经济体量、贸易总额均占全球总量约30%,意味着全球约1/3的经济体量形成一体化大市场。RCEP在规则条款上具备相对高标准和非歧视与包容性,更加符合亚洲经济特点,尽可能兼顾各成员的发展水平,对亚洲其他经济体具有较强的吸引力,有利于推动亚洲区域经济一体化进程。RCEP的签署和实施是对自由贸易和多边贸易体制的有力支撑,有利于稳定区域产业链供应链,有利于推动区域和世界经济恢复发展。

CPTPP高标准协议,有助于亚洲加快构建高标准自由贸易体系。CPTPP的经济规模占全球比重的13.1%,其高标准协议有助于亚洲加快构建高标准自由贸易体系。目前,CPTPP正在寻求扩容,吸引更多的

亚太国家，日本政府正在考虑接纳中国台湾以及印度尼西亚、菲律宾、泰国、英国等经济体，以分散受新冠疫情冲击的产业链风险。

中日韩 FTA 积极推进，有助于推动东亚区域经济融合发展。中、日、韩三国是亚洲乃至世界上有分量、有影响的重要国家。中、日、韩三国人口总数占世界的 20% 左右，经济总量占亚洲经济总量的 70%、世界的 23% 左右，外汇储备占世界的 47%，对外贸易总额和对外投资总额均占世界的 20%，是亚洲经济繁荣的重要支柱和世界经济增长的重要基石。亚洲地区发展中国家众多，整体发展还不充分、不平衡，开展"中日韩+"合作，共享三国发展经验，可以合力帮助其他国家，缩小地区差距，实现多元包容的共同发展。

（三）亚洲区域内产业合作加强

在生产一体化方面，2018 年亚洲中间品贸易的增长率出现了剧烈下降的现象，与全球趋势相同。对中间品流动的网络分析显示，亚洲区域内中间品流动仍然占主导地位。中美贸易摩擦并没有显著影响中国在亚洲的全球价值链构建中的重要枢纽作用。倘若新冠疫情持续时间过长，则会带来全球和区域内产业链的调整。

（四）中国与亚洲国家经贸合作关系日益紧密

1. 与东亚地区：深度参与东亚生产网络

中国与东亚国家和地区的产业联系日益紧密。中国主要从东亚地区进口中间产品和资本品，中间产品的进口主要为零部件和半制成品，初级产品所占份额较小。中国是日本和韩国在东亚地区最主要的中间产品和资本品来源地，并且这一地位的重要性还在不断提升。随着中间产品和资本品贸易的稳步增长，中国在东亚产业链分工中的地位与日俱增。东亚区域的生产网络已逐渐由以日本为主导的"雁行模式"发展为以中国为核心的"新三角贸易"模式，即从东亚各国和地区从日本进口中间产品并进行加工组装后出口到欧美市场，转变为中国对从东盟和日韩进口的中间产品进行加工组装后出口到欧美市场。中国参与东亚区域产业链分工的程度更深，与其他东亚经济体的联系也更加紧密①。中国与东盟经贸合作逆势上扬，2020年东盟已成为中国第一大贸易伙伴。

2. 与中亚、西亚地区：在战略资源与优势产能上高度依存

中国是世界上能源进口第一大国。中国70%左右的石油依靠进口，72%的石油进口来源于西非、中东、南美洲和俄罗斯，天然气主要从土库曼斯坦、澳大利亚和卡塔尔三个国家进口②。这些油气进口来源地多处于中东等地缘政治格局复杂多变的地区，会对中国能源安全造成不利影响。中国—中亚—西亚经济走廊建设能够为中国能源安全增防固障，并使这条丝路古道的重要枢纽和关键区间再度焕发蓬勃生机，同时有利于中国的地区稳定。

3. 与南亚地区：高质量共建"一带一路"合作加深

近年来，在共建"一带一路"倡议的推动下，中国与南亚国家在基础设施互联互通、经贸发展、人文交流等方面合作取得实效进展，中巴经济走廊和孟中印缅经济走廊等务实合作机制不断发展。2019年，中国与南亚国家贸易额近1400亿美元，中国和南亚国家深化合作前景可期③。

4. 与整个亚洲地区：纵向产业链、价值链、供应链本地化关联强化

亚洲人口超过40亿，内需市场潜力巨大，基础设施需求旺盛。其中，南亚基础设施建设投资占南亚GDP比重的9%，东亚为5%④。随

---

① 陈继勇,杨格. 新冠疫情对东亚产业链的影响分析[J]. 亚太经济,2020(2).
② 何迎,邢园,刘岩婉晶,汲奕君. 中国能源进口贸易的问题及建议[J]. 价值工程,2020(12).
③ 张汉晖大使接受俄媒专访：中国与南亚各国开展紧密抗疫合作,展现患难与共的友好合作精神[EB/OL]. 腾讯网,2020-09-04.
④ 陶凤,王晨婷. 商务部亚洲司副司长罗晓梅：全力推动我国与亚洲周边国家的经贸合作[N]. 北京商报,2020-09-09.

着亚洲区域产业链供应链的整合和投资者多元布局需求的不断上升,全球产业链供应链向东南亚、南亚转移趋势加快,使亚洲成为全球投资热土。中国作为"丝绸之路经济带"和"21世纪海上丝绸之路"交会点,与亚洲国家之间的产业链、供应链、价值链合作在加强,推动了东亚生产方式转型升级,提升了区域内产业基础能力和产业合作的整体水平。近年来,亚洲国家在中国对外经贸格局中的地位不断上升。

三、亚洲经贸合作及中东亚经贸合作的重要性和必要性凸显

面对世界百年未有之大变局和新冠疫情的叠加冲击,以东亚为重点的亚洲经贸合作逆势增强,地区国家间经济合作持续深化,有力维护了东亚产业链供应链的稳定与发展,为全球抗疫和经济恢复增长做出重要贡献。东亚经贸合作实际上已成为世界经济的新重心。新冠疫情加强了东亚经济对世界经济的影响力,使东亚成为疫后摆脱全球危机的"火车头"。东亚经济共同体的呼声日益高涨,给东亚经贸合作带来新的机遇,将推动亚洲经贸合作迈向一体化新阶段。东亚在世界经济的比重不断提升,区域内各国发展模式与水平多元互补,"一带一路"加速了东亚区域经济一体化进程,全球产业链东移趋势加快,东亚经济一体化潜力巨大,合作前景看好。但是受东亚经济发展不平衡、债务风险上升、区域协定碎片化、宏观政策协调难、产业链加速调整、中美在东亚的战略博弈加剧、地缘政治冲突加剧等因素影响,东亚经贸合作也面临巨大挑战。

(一)新冠疫情下亚洲经贸合作逆势增强

新冠疫情初期,中、日、韩三国合作率先控制住疫情蔓延,复工复产,带动东亚产业链的逐步恢复,为全球抗击疫情和恢复经济增长做出了重要贡献。疫情凸显了中、日、韩三国的抗疫理念和民族文化相近性,或者说,三国的底色相近,具备深厚的合作基础。

(二)东亚成为疫后摆脱全球危机的"火车头"

一是东亚经济占世界经济的比重不断提升。东亚是亚洲乃至世界最具活力的地区。相对于全球经济疲软,东亚经济始终保持了强劲的增长势头,东亚GDP的年平均增速高于世界GDP的平均增速(见图1)。东亚GDP占世界经济的比重从国际金融危机前的16.4%上升至2018年的24.9%(见图2)。近年来,东亚经济总量接近北美和欧洲(见图3)。

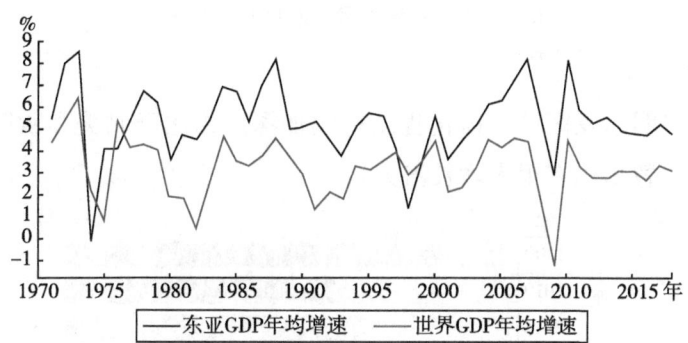

图1 东亚GDP年均增速高于世界GDP年均增速

资料来源:万德资讯。

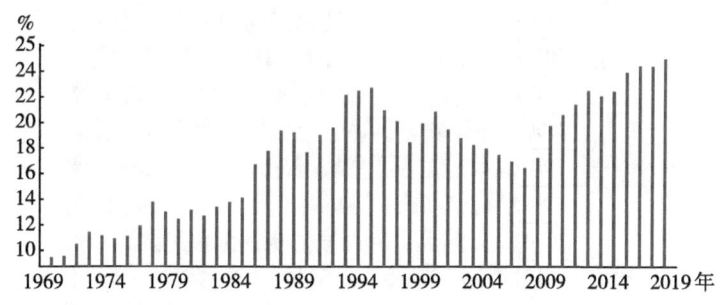

图2 东亚经济占世界经济的比重

资料来源:万德资讯。

二是区域内贸易为亚洲经贸合作提供较大合作空间。世界各区域内发生的贸易占总贸易额的50.0%以上。从亚洲整体来看,亚洲区域内贸易份额占全球贸易额的比重由2000年的45.2%上升至2018年的58.0%。2018年东亚区域内贸易份额占比为55.5%(见图4),创历史

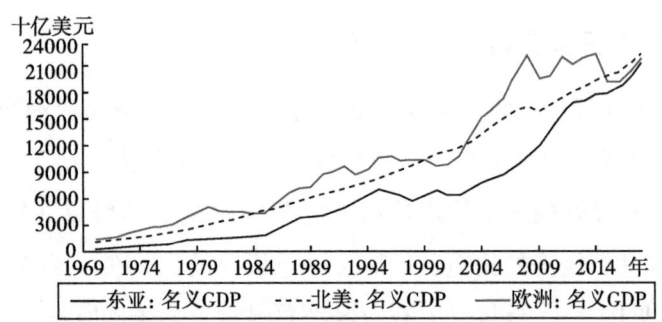

图3 东亚经济总量接近北美和欧洲

资料来源：万德资讯。

新高。这表明东亚区域一体化程度持续加深。相比于北美和欧盟地区，东亚区域内贸易仍有很大增长潜力。

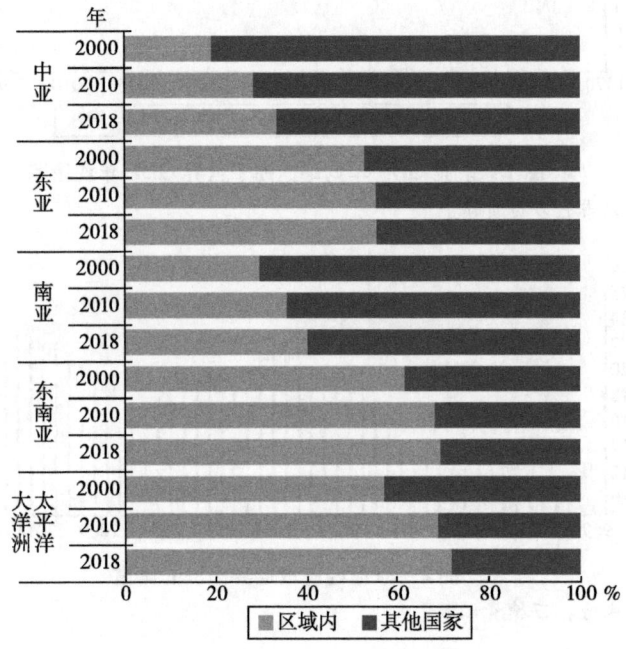

图-4 按亚洲次区域分列的区域内贸易份额

资料来源：《亚洲经济一体化报告》（2019—2020）。

（三）区域内各国发展模式与水平多元互补为合作带来机遇

亚洲区域合作自成特点，各国发展模式与水平多元化。差异也意味着机遇，只要各方能积极挖掘互补性，就能实现互利共赢。加强彼此合作是亚洲地区人民的切实需求。近年来，在亚洲各国制定的发展战略中，加强区域、次区域合作都是重要内容。RCEP、CPTPP、中日韩FTA等区域合作提速，正在为域内国家的发展与合作注入新动能。

（四）全球产业链东移趋势加快带动创新东移

全球疫情严重冲击了跨国公司的投资布局，使全球产业链东移趋势加快。这带动率先控制住疫情的中、日、韩等东亚地区较快恢复生产，加速半导体、机器人、智能制造等高端产业向东亚聚集。中国巨大的消费市场吸引全球产业链布局向东亚靠近，中国消费水平的提高和经济高质量发展的需要吸引全球高端服务东移。中国经济金融体系在疫情期间相对稳定的表现，以及《中华人民共和国外商投资法》的实施带来的营商环境的进一步提升和中国经济高质量发展的需要，将吸引全球资本特别是技术资本东移。全球产业链东移趋势将带动全球高端人才东移，粤港澳大湾区将成为全球高端人才聚集高地。伴随着全球产业链东移，全球供应链、价值链、服务链、创新链东移是大势所趋，东亚将成为全球经济发展的引擎。

（五）"一带一路"加速东亚经济一体化进程

"一带一路"倡议坚持"和平合作、开放包容、互学互鉴、互利共赢"的丝绸之路精神，以"五通"为合作重点，既是开放包容的合作平台，也是推动共同发展的新型合作模式，更符合东亚经济一体化的现实发展特点，与区域经济一体化相互促进、相辅相成，助力其突破现实发展困境，取得切实进展。

（六）亚洲经贸合作面临的新挑战

亚洲经济发展不平衡、债务风险上升、区域协定碎片化、宏观政策协调难、产业链加速调整、中美在亚洲战略博弈加剧、地缘政治冲突加剧等因素,给亚洲经贸合作带来巨大挑战。

一是面临区域性挑战。其中包括:面临区域内经济发展不平衡、债务风险上升的挑战,面临生产方式由要素驱动向创新驱动转型的挑战,面临从为全球提供制造和劳动力向为本地区和全球创造需求转变的挑战,面临产业链供应链的断链风险加大和回归本土的挑战,面临区域内金融货币和外汇合作的挑战,面临区域内经济宏观政策难以协调的挑战。

二是面临中美在亚洲的战略博弈加剧的挑战。中美战略博弈进入新阶段。美国对华战略方针已由"贸易战遏制"阶段进入"全面遏制"阶段。美国推出构建经济繁荣网络(EPN),主导"四国联盟+(Quad+)",构筑反华联盟,进一步实施对华战略打压[①]。从奥巴马时期的"亚太再平衡战略"和TPP,到特朗普时期的"印太战略"和经济繁荣网络计划,及近期的四国联盟战略,其实质都是新形势下围堵、遏制中国发展的霸权主义战略,构成了美国及其盟友遏制中国发展的战略矩阵。从发展趋向看,特朗普政府出台《美国对中国的战略方针》,宣称将改变过去几十年对华接触政策,采取"全政府对华"方针,通过公开施压手段遏制中国在经济、军事、政治等领域的扩张。美国商务部不仅宣布将全面限制华为购买美国软件和技术生产的半导体,还禁止至少13所中国高校的毕业生在美学习或研究。而且,美国启动与中国产业链的脱钩计划,这说明美国的新亚洲战略有所调整,即在经贸上形成共同制华的包围联盟。拜登上台后对华遏制方针虽然不会改变,但在策略上会与特朗普政府不同,将会加强与盟友和伙伴的合作,采取联合制华战略。中美科技战成为中美战略竞争和大国博弈的重点。在"毒丸

---

① 经济繁荣网络(EPN),是由美国、日本、澳大利亚、印度、韩国和越南等"值得信赖的伙伴"组成的反华经济联盟,其战略目标是"去中国化",构建由美国主导的新的全球供应链(GSC),加强与"网络"成员合作,重构全新的全球产业链、供应链、价值链。近期复兴的由美、澳、日、印组成的四国联盟,意在制衡中国并宣扬所谓的"自由开放的印度洋—太平洋"理念。

条款"、撤资要求、实体清单、出口技术管制、投资限制、核心关键原料和零部件断供等措施影响下,中美间的供应链关系面临巨大的不确定性风险。

三是面临如何处理多组关系的挑战。如何处理好东亚大国和中小国家之间的关系?如何加强与亚洲其他地区的合作?如何加强与美欧国家的合作?如何处理好中、美、日三国的关系?面对美国及其盟友采取的对华遏制战略矩阵,中国如何破局?

四、推进亚洲经贸合作的政策建议

当前形势下,中国应把握亚洲周边国家对区域经贸合作的基本认知和利益诉求,立足中国发展实际,继续本着"求同存异"的原则,以贸易投资自由化、便利化为重要方向,全面深化亚洲经贸合作。积极推进以东亚为重点的亚洲经贸合作,深耕东亚,深耕"一带一路",深耕欧美生产网络,共同构建高标准的自贸区网络。不断增强亚洲共同意识和身份认同,增进战略互信,全面深化亚洲合作。

(一)深耕东亚,全面推动亚洲经贸合作走深走实

一是加强区域经贸合作和东亚生产网络的产业合作,加强科技、金融、生态和治理等领域合作。其核心环节是推动东亚生产方式的转型,推动东亚生产方式从要素驱动走向创新驱动。同时,要加强与欧美生产网络的全方位合作。

二是重点深化中国与日韩及东盟国家的合作,深化"一带一路"国际合作,稳定提升地区和全球产业链供应链,共同维护多边贸易体制。

三是全面提升与日韩合作的发展质量。深化在抗击新冠疫情、科技创新、数字经济、绿色发展、人文交流、应对老龄化以及推进RCEP、中日韩FTA、CPTPP等领域的合作,全面提升中、日、韩三国合作的发展质量。

四是加快推进与东盟国家经贸务实合作。把握好2020年是中国—东盟自由贸易区成立10周年、2021年是中国与东盟建立对话伙伴关系30周年，以及RCEP的签署和中国—东盟自贸区升级的新契机，推动与东盟的合作进入新的发展阶段。

（二）构建基于开放包容的高标准FTA网络，推动亚洲经济一体化机制整合

实施更加主动的自由贸易区（FTA）战略，坚持双边、多边FTA并行推进策略，逐步构筑起立足亚洲、以东亚为重点、辐射"一带一路"、面向全球的高标准自由贸易区网络。

推动自贸协定面向高标准。RCEP是包容性的，中日韩FTA是高质量的，CPTPP是高标准的。中国应积极申请加入CPTPP，面向高标准积极推进国内改革。面对美国可能重返TPP、可能激活冻结的22项条款、可能重新建章立制，推行非市场经济国家条款，我国应做好充分准备，积极参与WTO改革和国际经贸规则制定，在各方对我国重点关切的产业政策、国企改革等问题上，结合国内深化改革需要予以建设性回应，面向高标准推进改革，这一过程很重要。

推进构建高标准的中日韩FTA。遵照最大公约数的原则，加快达成介于RCEP和CPTPP之间的中日韩FTA标准。在敏感领域划定相应过渡期，也可采取渐进更新的办法，事先设定例外条款，待到条件成熟后再逐步升级某些规则，让中日韩FTA达到具有区域特色的高标准。根据不同发展阶段，还可量身定制与之相适用的贸易投资规则模块，待其进入发展的高级阶段，再升级到更加适用的高标准规则。

在自贸协定框架下，继续加强规则、制度和政策的沟通，增强安全互信和包容性发展。加强互补领域的合作，拓展数字经济等新领域的合作。

（三）加强"一带一路"框架下的亚洲经贸合作战略对接，强化互联互通的辐射带动作用

稳妥推进高质量共建"一带一路"。秉承共商、共建、共享原则，扎实推进"五通"建设，探索建立创新、协调、绿色、开放、共享的合作机制，稳步推进高质量、可持续发展的基础设施网络建设，倡导普惠、包容、共享的发展模式，扩大第三方合作。通过"一带一路"为区域增长注入新活力，通过扩大内需、扩大进口、带动区域贸易和投资发展，为区域经济增长提供新动力。

积极引导"一带一路"接轨国际规则。在推进与"一带一路"沿线国家和地区的双边、多边自贸协定谈判过程中，对标国际，引领共建"一带一路"高质量建设的规则体系和标准体系，增强"一带一路"发展融资的透明度，构建东亚及"一带一路"区域供应链，推动落实符合高质量发展的务实合作项目。

（四）加快构建东亚产业链网络体系，维护基于全方位合作的全球产业链大格局

一是提升东亚产业链供应链水平，核心是推动东亚产业链供应链变得更具有弹性和韧性。要充分利用工业物联网、云计算、大数据等现代信息技术，加强东亚产业链合作，深化全球产业链供应链合作。

二是加强与日韩合作，夯实东亚产业链供应链合作基础。新冠疫情过后，要以高质量发展为指向、中国市场为依托，进一步完善东亚产业链网络，维护东亚产业链的安全。

三是全力打造基于共商、共建、共享原则和高质量发展的"一带一路"产业链体系。首要加强中国产业链自身的竞争力，实现由中低端为主走向中高端，以维护国际分工已形成的产业链的完整性和延续性。

（五）持续扩大开放的层次和水平，打造全方位开放新发展格局

一是进一步扩大开放，推动国内国际双循环相互促进。国内循环与国际循环是相互促进、相辅相成、不可分割的。中国早已深度融入经济全球化和国际分工体系中，即便实施扩大内需战略，也离不开国际产业

链供应链的协同配合,产业技术进步也离不开参与国际竞争与合作。未来,中国开放的大门只会越开越大,内需市场潜力将被不断释放,将为各国对华合作提供更广阔的空间,为地区和世界经济增长提供更有力的支撑。

二是继续推动构建更高水平双循环开放型经济新体制。推动商品要素流动型开放上台阶;形成规则等制度型开放的政策环境和法治环境;推动创新等知识型开放上水平,加强开放创新和知识产权合作。

三是全力打造全方位开放新发展格局。推进落实《中华人民共和国外商投资法》,加强知识产权合作机制建设。进一步深化区域、次区域经贸合作,加快澜湄经贸合作五年规划的落实和修编,充分发挥中国—南亚合作论坛、泛黄海中日韩经济技术交流会议等经济合作平台的作用。在中日经济高层对话框架下,建立健全中日第三方市场合作工作机制;在中韩经济高层对话框架下,推进共建中韩产业园合作,支持开展中韩发展战略对接和"一带一路"合作1.5轨、2.0轨研讨会议。

四是持续扩大开放的层次和水平。加快自贸试验区和自贸港的制度探索,进一步推进"边境后"行业对外开放,构建内外循环促进支撑的稳定供应链。

(六)搭建高标准区域一体化利益诉求沟通机制,构建超越政治安全的地缘经济新模式

一是有效管控分歧,排除域外势力干扰。寻找更多的经济利益交会点,引导日韩、澳新等周边国家转变思维,逐步从对抗走向对话。

二是积极发挥各种首脑峰会的助推作用。积极落实 G20 峰会、APEC 峰会、东亚峰会、东盟"10+3"峰会和中、日、韩三国领导人峰会达成的各项共识,推动高层交往机制化,同时借助多种多边机制平台构建超越政治安全框架的经贸合作关系。支持企业在商言商,把跨境经贸合作做实、做深,在推动贸易自由化方面发挥更加积极的建设性作用。

三是搭建高标准区域一体化利益诉求沟通机制。充分发挥东盟"10＋3""10＋6"等区域合作平台作用,在双向投资、电子商务、知识产权保护等部分领域,可以尝试以最大共识为标准,吸收纳入高标准的内容。

(七)处理好与周边国家的关系,区域治理理念与时俱进

以包容发展理念处理好大国和中小国家之间的关系。推动中日关系持续改善发展,争取与印度成为和平共处的合作伙伴,保持对亚洲中小国家的足够重视,把亚洲中小经济体纳入经济一体化进程,通过亚洲区域经济一体化助力中国赢得中美战略博弈主动权。同时,要处理好发展与安全等重大关系,区域治理理念要与时俱进,与亚洲各国携手构建亚洲命运共同体。

(执笔人:张燕生、逯新红、刘向东)

参考文献

[1]陈继勇,杨格.新冠疫情对东亚产业链的影响分析[J].亚太经济,2020(2).

[2]亚洲经济前景及一体化进程 2020 年度报告[EB/OL].博鳌亚洲论坛,(2020－05－13)[2021－04－06].http://www.199it.com/archives/1047417.html.

[3]何迎,邢园,刘岩婉晶,汲奕君.中国能源进口贸易的问题及建议[J].价值工程,2020(12).

[4]黄汉权.加快构建双循环相互促进的新发展格局[N].经济日报,2020－07－15.

[5]刘文华.能源总量供需平稳 能源结构继续优化[EB/OL].国家能源局网站,(2020－01－22)[2021－04－06].http://www.nea.gov.cn/2020－01/22/c_138726681.htm.

[6]欧定余.中国在东亚生产分工中地位与作用的变化[C].首都经济学家论坛第十一次学术研讨会会议论文,2013.

[7]商务部."丝路电商"——电子商务国际合作[EB/OL].商务部网站,[2021-04-06].http://www.mofcom.gov.cn/article/zt_dsgjhz/index.shtml.

[8]陶凤,王晨婷.商务部亚洲司副司长罗晓梅:全力推动我国与亚洲周边国家的经贸合作[N].北京商报,2020-09-09.

[9]习近平.联通引领发展伙伴聚焦合作[N].人民日报,2014-11-09.

[10]习近平.抓住世界经济转型机遇谋求亚太更大发展[N].人民日报,2017-11-11.

[11]肖耿.从美元到e-SDR(超主权数字储备货币)[EB/OL].搜狐第一财经,(2018-05-01)[2021-04-06].https://www.sohu.com/a/230041420_114986.

[12]肖耿.技术变革加速大湾区金融开放[EB/OL].时代在线网站,(2020-06-02)[2021-04-06].http://www.time-weekly.com/post/270382.

[13]中国与南亚国家将深化地方合作[EB/OL].新华网,(2019-06-10)[2021-04-06].http:www.xinhuanet.com/fortune/2019-06/10/c_1210155311.htm.

[14]张天桂.亚洲经济一体化的现实路径与推进策略——共建"一带一路"的视角[J].国际展望,2018(6).

[15]张燕生.超级全球化受挫,新型全球化开启[N].环球时报,2020-10-29.

[16]张燕生.东亚生产网络面临什么挑战与机遇[N].环球时报,2020-05-12.

[17]张燕生.第四季度中国还有两个经济指标需要"加把火"![EB/OL].网易研究局网站,(2020-10-19)[2021-04-06].https://www.163.com/money/article/FPB2M3AK00258J1R.html.

[18]张燕生.全球投资、贸易和服务融合逻辑悄然生变 新常态下需要新打法[EB/OL].新浪财经网站,(2020-09-13)[2021-04-06].https://fi-

nance. sina. com. cn/chanjing/2020 – 09 – 13/doc – iivhvpwy6494837. shtml.

[19] 张燕生. RCEP 为区域经济发展注入强劲动力,有助于构建区域内更有弹性韧性可持续性的产业链供应链[EB/OL]. 金融界网站,(2020 – 11 – 20)[2021 – 04 – 06]. http://finance. jrj. com. cn/jrjhkt400/.

[20] 张燕生,陈长缨,逯新红. 中国对外经济贸易 70 年[M]. 北京:经济科学出版社,2019.

[21] 张燕生,刘向东,逯新红,等. 当前中日政经关系问题研究[M]. 北京:企业管理出版社,2020.

[22] 张文轩. "一带一路"倡议背景下亚洲经济一体化的推进策略[J]. 锋绘,2019(7).

[23] 张宇燕,徐秀军. 亚洲经济运行的现状、挑战与展望[EB/OL]. 一带一路百人论坛网站,(2020 – 06 – 25)[2021 – 04 – 06]. https://www.thepaper. cn/newsDetail_forward_7996094.

[24] "一带一路"为中国—中亚—西亚经济走廊添活力 古丝绸之路正焕发新生机[EB/OL]. 中国产经新闻网,(2017 – 11 – 07)[2021 – 04 – 06]. http://www. cien. com. cn/2017/1107/973. shtml.

[25] 中国国际经济交流中心课题组. 新形势下中日韩经济发展合作的挑战与新机遇[M]. 北京:中国经济出版社,2020.

专题报告

专题一
RCEP 推动亚洲经贸合作

2020年11月15日,区域全面经济伙伴关系(RCEP)除印度外的15个成员国经贸部长通过视频方式正式签署协定。世界上规模最大、最具影响力的自贸协定成功启动。[①] 15 国签署协议的同时也给印度未来的再次加入预留了窗口。该协定对参与成员国乃至整个亚太地区经济一体化都具有重大意义。

RCEP 既是"开放的区域主义"的成功示范,也是迄今为止中国参与超级自由贸易协定(FTA)的一次最成功的尝试。就此,东亚基于开放包容的区域经济一体化框架基本搭建完成,RCEP 整合了此前各成员国之间的自贸协定,同时解决了中、日、韩三国之间一直没有 FTA 的问题,避免了"意大利面碗"效应的负面影响。从 RCEP 的成功案例可以看出,国家间的相互依存是统一的区域经贸一体化体系能够成立的重要前提和基础,如何在 RCEP 签署生效的基础上增进亚洲国家的相互依赖,让不同国家在开放包容的区域主义理念之下实现互利互惠基础上的

---

① RCEP 正式签署 这次是全球最大![EB/OL]. 中华网新闻,[2020 - 11 - 15]. https://news.china.com/domestic/945/20201115/38965339_all.html.

自由贸易，都是未来 RCEP 要解决的重要问题。应该看到，目前国际形势与 RCEP 谈判发起之初相比发生了较大变化，在中美贸易摩擦持续之下，拜登上台给中美经贸关系增添了更多不确定性。同时，日韩贸易摩擦虽然没有对 RCEP 的签署工作造成根本影响，但是却成为日韩经贸关系发展的严重拖累，而且在持续一年多时间里没有看到解决的希望。印度和日本虽然在最后时刻没能阻止 15 国签署 RCEP，但是未来如何处理印度市场与 RCEP 15 国市场的关系也是重大课题。

一、RCEP 谈判促进东亚国家相互依存

"相互依存"作为国际关系领域中最广泛运用的概念之一，从 20 世纪 60 年代开始已被理论界深入研究几十年，越来越多的实证案例证明了该理论的强大解释力。特别是 21 世纪以来，随着全球化的不断深入，国家间出现了"从单一型到复合型，从区域型到全球型"的"彼此之间"的相互依赖，国家之间的相互依存关系从经济发展到政治、外交等其他更多更复杂的领域。RCEP 的签署过程表现出了东亚国家间特殊的相互依赖关系，为全球治理赤字、贸易保护主义横行的当下提供了合作共赢的典范和样板。

（一）在充分尊重东盟意见的基础上推进 RCEP 谈判

在政治上，与美日、美韩之间的非对称"相互依存"关系不同，RCEP 签署过程更多地体现出非对称性向对称性发展的相互依存，东盟机制在其中起到关键作用。虽然经济上东盟十国中任何一个国家，无论从体量上还是从国际地位上都不甚突出，但是东盟国家作为一个整体形成的力量非常强大，在任何谈判开始之前，东盟内部都首先协调一致，形成统一意见，进而对外争取更大的谈判空间。中、日等大国也充分尊重东盟国家在 RCEP 谈判过程中所处的中心地位和所起到的关键作用，基于平等协商来推进谈判进程。如表 1 所示，谈判历时 8 年，由于成员

国之间差异较大，从 2017 年开始谈判进入较为艰难的时期，通过协商和妥协，决定给予印度、柬埔寨、老挝和缅甸等国家特殊与差别待遇，以此凝聚共识，加速推进签署。虽然印度最后没能成功签署，但是这种方式展示了其他成员国的诚意和 RCEP 本身开放包容的精神。

表1 RCEP 谈判的四个阶段

阶段	时间	地点	主要议题和相关内容
缓慢起步	2013 年 5 月 第 1 轮谈判	文莱达鲁萨兰	基于细节的谈判并且提出后续谈判将致力于在 2015 年年底之前结束工作、达成目标
	2013 年 9 月 第 2 轮谈判	澳大利亚	主要专注于商品、服务和投资贸易，谈判过程中也涉及经济和科技合作、竞争、知识产权、分歧解决以及其他事务
	2013—2015 年年底进行 9 轮谈判	吉隆坡、南宁、新加坡城、曼谷等地	集中确定 RCEP 的谈判范围和推进方式，及在货物贸易和服务贸易领域的基础性工作方面，设立相关各领域的工作组，确定相关的工作规划、职责范围与工作议题，以及确定相关内容的原则和章节结构等问题，展开实质性磋商
加速推进	2016 年进行 6 轮谈判	斯里巴加湾、珀斯、奥克兰、胡志明、天津和唐格朗等地	2016 年 2 月至 12 月第 10 轮至第 15 轮 RCEP 谈判，重点推进货物、服务、投资三大核心领域；就货物、服务、投资、知识产权、经济技术合作、竞争、电子商务、法律条款等领域进行了深入磋商，并推进文本磋商，重点是划定货物、服务和投资贸易的市场准入原则，以及原产地规则、知识产权、竞争和电子商务，并实现年内结束经济技术合作以及中小企业章节文本起草的谈判
	2017—2018 年进行 4 轮谈判	神户、海德拉巴、马尼拉、新加坡等地	随着前期部分工作的完成，谈判进入较为困难的阶段。2017 年 2 月，在神户进行的第 17 轮谈判重点就加紧推进货物、服务、投资三大核心领域市场准入问题和各领域文案磋商，同时强调加快谈判节奏。7 月，在海得拉巴举行的第 19 轮谈判各工作组在市场准入与规则谈判取得进展的基础上，同时开始新成立的政府采购工作组与贸易救济分工作组的谈判。2017 年 11 月，在菲律宾马尼拉举行了首次 RCEP 领导人会议，发表了题为《驱动经济一体化，促进包容性发展》的 RCEP 谈判领导人联合声明。同时，会议还发布了截至 2017 年 11 月的 RCEP 框架，涉及货物贸易、原产地规则等 18 个方面。

续表

阶段	时间	地点	主要议题和相关内容
加速推进	2017—2018年进行4轮谈判	神户、海德拉巴、马尼拉、新加坡等地	在2018年3月召开的新加坡部长会议上，RCEP各成员国部长确定了力争尽早解决分歧的方针。2018年5月、7月，第22轮和第23轮谈判分别在新加坡和曼谷举行，各工作组继续就货物、服务、投资和部分规则领域议题展开深入磋商
冲刺阶段	2019年	墨尔本、郑州等地	2019年RCEP的谈判已经进入最后冲刺阶段。之前设定的2018年年底力争完成所有谈判的目标没有实现，更加剧了各成员国加快达成协定的紧迫感。截至2019年年底，文本谈判结束，15国发布共同宣言，争取在2020年正式签署协议
签署阶段	2020年11月15日	线上	协定由序言和20个章节、4个市场准入承诺表附件组成。各国至少开放100个领域的市场，给予柬埔寨、老挝和缅甸三国特殊与差别待遇

资料来源：笔者根据历次会议内容整理。

经济上东盟国家的重要性也在不断上升。RCEP谈判从一开始就提出整合以东盟为中心的5个FTA（东盟与中、日、韩、印和澳新），来推动区域经济一体化发展目标。东盟作为一个整体，是各成员国重要的贸易伙伴和主要关注的市场。特别是新冠疫情期间，在其他国家和地区的贸易纷纷大幅下滑的情况下，2020年前三个季度中国与东盟贸易逆势增长，东盟成为我国第一大贸易伙伴，对东盟进出口额达到3.38万亿元，同比增长7.7%，占我国外贸总额的14.6%。东盟与中国的相互依存日益加深，RCEP的签署对中国和东盟之间的意义愈加重大。东盟作为一个整体出现在谈判中能够缓解与其他成员国之间在政治和经济方面的非对称性，有利于各方平等合作、增加东盟话语权。

（二）通过开放包容争取最大公约数

RCEP谈判充分体现了开放的区域主义特征。东亚的新地区主义具有不干涉主权、倡导多极化世界、开放性、关注非主权国家等特点，

RCEP 充分体现了这些理念。如前文所述,东盟作为区域国家共同体而非主权国家,在 RCEP 谈判过程中起到举足轻重的作用,在充分尊重东盟诉求、包容差异的基础上,开放包容的 RCEP 争取了成员国更多共识,充分考虑各国国情,照顾各方利益,不仅在当下成功提高了区域内经济一体化水平,也为将来印度回归和进一步扩容留下了较大空间。

RCEP 的覆盖面更广。自 2009 年美国加入并主导 TPP 谈判以来,其推进过程较为迅速。2013 年日本加入,使 TPP 成员增加到 12 个,其成员经济规模占全球经济总量的 36%,贸易规模占全球贸易总量的近 28%。2016 年 2 月,TPP 协议正式签署。但随后,在特朗普赢得美国总统大选之后美国退出 TPP。在 2017 年 11 月 APEC 峰会期间,日本与越南共同宣布除美国之外的 11 个参与国就继续推进 TPP 正式达成一致,协定被正式命名为 CPTPP。2018 年 12 月,这一协定正式生效。

美国退出 TPP 之后,相较于 TPP,CPTPP 的经济总量和贸易总量分别缩小了约 1/3 和 1/2,签署国的国内生产总值之和占全球经济总量的 13%,相比 RCEP 的 30% 有较大差距。在双方有较大重叠的情况下,RCEP 的覆盖面更大、影响范围更广。

RCEP 更具包容性。CPTPP 的自由化规格标准更高,这虽是其优势,但也正因为缺乏对不同成员具体国情的关照,使得谈判缺乏弹性,其未来发展受到限制。CPTPP 基本保留了逾 95% 的 TPP 内容,暂缓实施的条款主要集中在"第 9 章投资""第 15 章政府采购""第 18 章知识产权"。这意味着,虽然 CPTPP 的标准相对于 TPP 有所降低,但其仍然是一个全面而严格的高标准自由贸易协定,作为其引领者的日本也就相应地拥有更多话语权。CPTPP 体现了对标国际高标准经贸规则的意识,参与国要向美国和日本所主导的国际高标准规则看齐,有差距的国家被看作"落后"。需要强调的是,高标准不一定适用所有国家,不考虑国情的理想化标准是否能够真正落地,考验了参与方的智慧和国力。

更重要的是,对等贸易从来不是 WTO 的核心精神。1934 年美国的

《互惠贸易协定法》强调的是"互惠"，亦即互相让步、达成妥协。后来的 GATT 和 WTO 也从来没有将"互惠"赋予关税减让幅度必须对等的含义。将"互惠"曲解为"对等"，是某些西方国家为自身利益进行的诡辩，同时也违反了 WTO 精神。在这一方面，RCEP 为了照顾不同国家的国情，给予最不发达国家特殊与差别待遇，最大限度地兼顾了各方诉求。例如，柬埔寨、老挝和缅甸 30% 的货物享有零关税待遇，而其他成员国 65% 的货物享受零关税待遇；服务贸易方面，其他国家至少要开放 100 个领域的市场，但柬埔寨等三国享有特殊待遇，柬埔寨只需开放 90 个，老挝开放 86 个，缅甸开放 80 个。这些都充分体现了开放的地区主义的特点。从这一意义上讲，RCEP 模式更有利于在区域内发展程度不同、经济结构更为复杂的经济体之间取得平衡，更好地扩大覆盖范围，推动区域经济一体化发展。

（三）促进东亚各国主动优化产业布局

近年来，随着单边主义和保护主义抬头，产业链区域化、短缩化，甚至在岸化的趋势明显，北美、欧洲、东亚三大生产网络的内部循环逐渐被强化。在此基础上，新冠疫情引起了各国对产业链安全的担忧，进一步加剧了这一趋势的演化。RCEP 的形成首先使成员国范围内避免了"意大利面碗"效应的困扰，成功梳理、整合了不同国家和地区间复杂的自贸协定网络。与此同时，在通过法律形式保障产业链安全和市场准入的基础上，根据规模收益递增理论，各国可以通过分工协作提高效率和收益，降低成本，实现更广阔和深入的合作。区域化是后疫情时代全球产业链的主要特征之一，世界三大生产网络中东亚生产网络最先稳定。在这样的背景下，RCEP 给东亚产业链分工提供了较好的平台。过去产业链转移主要是由于中国内地劳动力成本高企和全球范围内保护主义抬头，特别是 CPTPP 这类排他性较强的自贸协定，迫使中国的很多制造业企业出于节省成本和原产地规则等原因被动转移到东南亚地区。但是，RCEP 给东亚生产网络带来了新的合作模式。中国企业可以利用

RCEP 范围广、包容性强的优势，主动布局东南亚等地区市场，将核心零部件生产和研发中心留在国内，将组装和一般制造向东南亚转移，同时进一步挖掘东南亚国家数字经济、5G、移动通信等新兴领域的市场潜力，不断拓宽合作领域。新形势下，中国正逐渐从世界工厂转向世界市场，从要素驱动转向创新驱动，从制造业中心转向制造服务双中心，RCEP 正是在这一关键历史时刻促进产业布局优化、增强国家间经济依赖关系的良好平台。

二、后 RCEP 时代推进亚洲经贸合作面临的挑战

RCEP 签署之后，虽然随着关税和非关税壁垒的逐渐降低，各国市场不断开放，东亚将迎来新的大发展，但是同时全球经济形势与 RCEP 发起之初相比已经发生深刻变化，原有的国际治理机制框架是否能够继续支撑自由贸易的发展也成为未知数。

（一）全球经济形势收紧情况下贸易保护主义抬头

近年来，随着全球经济形势收紧，逆全球化和贸易保护主义显著抬头，贸易摩擦不断加剧，对国际贸易投资形成了较大的负面冲击。新冠疫情造成的产业链断链令各国对产业链安全的潜在担忧表面化，让世界经济雪上加霜。美国的保护主义正在打乱东亚的稳定与发展。长久以来，东亚地区各经济体的快速增长和繁荣受益于包容、透明且基于规则的多边贸易体制和全球化，这是区域内进一步推动经济一体化进程的重要基础。美国破坏现有贸易规则和秩序的做法动摇了当前全球经济治理体系的稳定性，以及其他国家基于规则依赖现有体制和秩序解决贸易问题的信心，这从整体上看对东亚地区的繁荣与未来发展构成了威胁。

同时，中美战略竞争对中国经济乃至整个亚洲经贸合作的影响巨大。近年来，美国逐渐把中国当作战略竞争对手，对中国进行全面遏制：建立"经济繁荣网络"，打造"去中国化"的经济联盟；通过"蓝

点网络"计划对冲我国"一带一路"倡议；安全领域结成"五眼联盟"；等等。在2020年11月16日召开的创新经济论坛上，美国前财政部长亨利·保尔森表示，拜登上台之后可能制定更有针对性的对华政策，并联合传统盟友共同对华施压。RCEP解决了东亚国家合作面临的关税和市场准入等问题，但是中美大国博弈及疫情等外部压力对亚洲经贸合作的影响是自贸协定本身无法解决的。

（二）封闭的区域主义有所抬头

这里将"开放性"理解为连续变量，RCEP的开放程度最大，相比RCEP，CPTPP的开放程度较差，是具有封闭特征的区域主义合作机制，而美墨加协定则是完全封闭的。日本在成功领导CPTPP达成之后，成为国际上引领高标准经贸规则的旗手，其后签订的日欧EPA、日美经贸协定等基本都是类似CPTPP的高标准FTA。但是，对于广大发展中国家而言，CPTPP的最大问题是具有较强的技术排他性，虽然其在理念上开放，但在事实上却排除很多潜在参与国，是一个理念和发展状况相近国家的经济一体化安排。其关税减让水平和原产地规则都比较严格，令很多国家望而却步。更重要的是，其"边境后"规则与传统的WTO规则有较大差异，如关于数据跨境自由流动、国有企业等方面的条款，使很多发展中国家较难接受。特别是美国倡导的TPP中关于"投资者—国家争端解决机制"的设计，已经在一定程度上伤害到成员国的主权。历史上关于该机制的一些案例也都表明，其在透明度、自由裁量权、连贯性、仲裁员资格等方面存在诸多问题，致使其合法性饱受质疑。同时，日本相关官员和学者在谈到是否支持中国加入CPTPP的问题时，其基本立场是欢迎中国开启加入CPTPP谈判，但是中国要以全面接受现有条款为条件，不能进行协商，他们同时暗示中国目前还不具备加入的条件。

更加典型的封闭区域主义的例子是美墨加协定（USMCA）第32.10条。该条文规定若美、墨、加三方中任何一方试图与非市场经济国家进行 FTA 谈判，则该缔约方需要提前通知其他缔约方，其他缔约方可以进行评估，并允许其他缔约方终止 USMCA 相关条款，这就是著名的"毒丸条款"。墨西哥和加拿大都是 CPTPP 成员，如果我国申请加入 CPTPP，美国可能出于遏制我国的考虑动用 USMCA 的"毒丸条款"来威胁墨西哥和加拿大，进而对我国加入 CPTPP 的活动构成巨大潜在威胁。

近年来，类似的封闭区域主义倾向有所抬头，对以 RCEP 为代表的开放区域主义发展造成不利影响。

（三）日韩贸易摩擦对未来亚洲经贸合作产生严重影响

日韩经贸关系从开始的"均势型"相互依存，发展到后来的"摩擦型"相互依存，乃至升级到"遏制型"相互依存，日韩贸易摩擦的变动轨迹折射出东亚经贸合作一直以来存在的隐患。2019 年 7 月，日本宣布对韩国实行一系列贸易制裁手段，日韩对立再次升级。据日本经济产业省网站公告，自 7 月 1 日起，针对将韩国从《外汇及外国贸易法》白名单中剔除的动议征求意见；同时宣布自 7 月 4 日起，将限制氟聚酰亚胺、光刻胶、高纯度氟化氢等三种材料，以及相关制造技术和制造设备向韩国出口。具体而言，将由原来的特定品目出口许可制变为个别出口许可制，也就是未来出口相关产品和技术时，每一项合同都要通过申请获批才能进行贸易。据《日本经济新闻》报道，这样变化的理由是"经过相关部门的讨论，认为日韩之间的信赖关系明显受到了损害"。韩国三星电子、LG 和 SK 等厂商所需的大多数氟聚酰亚胺和高纯度氟化氢都是从日本进口的，这些是智能手机、芯片等产业中的重要原材料。为了报复日本，韩国产业通商资源部于 8 月 14 日决定把贸易伙伴分类从原来的甲、乙两类调整为甲1、甲2、乙三类。其中，甲1类获得的出口手续简化待遇不变，相当于原来的甲类；而甲2类待遇下降，日本曾经属于"甲类"对象，如今将落入新增的甲2类。9 月 18 日，韩国产业通商资源部正式开始实施《战略货品进出口告示修订案》，把日本移出韩国的贸易"白色清单",令贸易摩擦再次升级。

按照日本佳能全球战略研究所主任山下一仁的理论,互征关税的两国相当于签订了一个排他性的"逆向贸易协定"。正常的贸易协定是只有签订双方能够受益,其他国家不受影响;同理,逆向贸易协定是只有互征关税的双方受害,其他国家不受影响。日韩贸易摩擦的主要问题是日本并没有对韩国大规模加征关税,而是采取三种材料禁运的方式对韩国进行经济制裁。由于日本在关键原材料和核心零部件方面处于产业链高端,日韩贸易主要以中间品为主,其他国家很难在短期内进行替代生产,因此实际上日韩开始贸易摩擦之后,在半导体产业链上的中国和美国也都受到不同程度的影响。日韩贸易摩擦反映出韩国对日本经济存在较强的依存关系。2019 年,日本对韩国出口的中间品占比为 66%,2018 年为 62%;韩国对日本出口的中间品占比为 61%,2018 年同为 61%。可以看出,在受到贸易摩擦严重影响的 2019 年,韩国从日本进口中间品的比例没有丝毫减少,而且日本出口韩国的中间品占比在贸易摩擦背景下不降反升。日韩经济关系的非对称性,以及亚洲国家长久以来的历史和民族问题,给亚洲经贸合作的未来发展带来较大困难。同时,由于日韩都处于产业链的中高端,如果经贸摩擦持续下去将会殃及产业链上的其他国家。

三、RCEP 促进包容性发展

(一) RCEP 谈判历史进展与前景分析

RCEP 自 2019 年 11 月正式结束整体谈判阶段之后,各方仍在紧锣密鼓地推进最后阶段的文本审查和少数遗留问题的谈判,并朝着 2020 年年底顺利完成签署的目标努力。

2020 年以来,受新冠疫情冲击,全球贸易和投资陷入停滞,世界经济严重收缩,保护主义抬头扰乱了现有国际经济秩序,国际地缘政治趋于紧张。而 RCEP 内部也面临印度退出和日本态度模糊所带来的一些不确定性。综合各方利益和具体行动分析，RECP 有较大可能在年底完成签署。

作为目标定位为现代的、全面的、高质量的、互惠的、新的大型自贸协定，RCEP 具有广泛、平等和互惠的特性，符合包容性增长的发展方向，有助于促进区域的包容性增长。RCEP 的顺利签署也为未来区域合作模式的升级开辟了新道路。此外，RCEP 在贸易自由化与便利化两个方面都提供了具有较高标准的规则、方案。在当前国际经济下行和对外贸易格局恶化的背景下，凭借着 RCEP 签署的时机，中国应当充分利用对外开放、坚持对外开放，对接国际贸易标准，促进国内各项改革，显著提升参与经济全球化、发展开放型经济的水平，实现经济更高质量的发展。

1. 现状

RCEP 是由东盟 10 国首先发起，由中国、日本、韩国、澳大利亚、新西兰、印度等与东盟有自由贸易协定的 6 国共同参加，共计 16 个国家所构成的高级区域自由贸易协定。2011 年召开的第 19 次东盟领导人峰会中，由东盟首次提出构想，目标是在与东盟签署的各个"10 + 1"自贸协定基础上进一步完善，达成一个现代的、全面的、高质量的、互惠的、新的大型自贸协定。

RCEP 的推进历经了漫长而复杂的过程，目前已经结束了整体正式签署前必需的文本谈判阶段。自 2012 年第 21 次东盟领导人峰会宣布围绕 RCEP 的谈判工作正式启动，并于 2013 年 5 月开展了首轮谈判以来，到 2019 年 11 月包括除印度之外的东盟 10 国以及中国、日本、韩国、澳大利亚、新西兰共 15 个成员国结束全部文本谈判，以及实质上所有市场准入的谈判，至今历时 9 年，标志着目前世界上人口数量最多、成员结构最多元、发展潜力最大的区域自由贸易区建设取得重大突破。在此之前，各方共举行了 29 轮谈判和 18 次部长级会议。2020 年 11 月，

15国最终签署协定，下一阶段各国将加快国内批准程序。

积极因素：RCEP的签署利好经济全球化和区域经济一体化。当前，经济全球化面临新的挑战，保护主义、单边主义抬头，但全球化与区域经济的融合和一体化加深的整体趋势不可逆转，RCEP的签署为进一步推动自由贸易奠定了坚实的基础。现阶段，RCEP覆盖了亚太地区15个经济体，规模庞大，具有广阔的市场，相互之间有着紧密、稳固的经贸往来。尽管受到2019年年底暴发的新冠疫情的冲击，但是中国与东盟贸易总量仍实现了较快的增长。中国海关总署的数据显示，中国与东盟双边贸易额达2.09万亿元，同比增长5.6%，占中国外贸总额的比重达14.7%，东盟成为中国的第一大贸易伙伴。此外，2019年以来RCEP成员国之间各项经贸安排进一步升级，加强经贸联系的制度安排更加成熟，如2019年10月，《中国—东盟自由贸易区升级协议书》对所有协定成员国全面生效。2020年8月，《东盟—日本全面经济伙伴关系协定》正式生效。

消极因素：新冠疫情冲击各国经济，全球产业链面临重构。受疫情全球快速蔓延的影响，全球市场的供给和消费者需求严重萎缩，导致国际贸易和投资大幅下滑，增加了全球供应链的脆弱性，冲击了世界经济增长前景。WTO、贸发组织和IMF等国际组织纷纷下调贸易投资和经济增长预期，导致世界经济陷入严重衰退。各国亟须通过各种手段修复经济，RCEP的签署有利于推动世界经济重回增长轨道。

全球经济形势收紧情况下贸易保护主义抬头。虽然全球经济逐渐复苏，但逆全球化和贸易保护主义显著抬头，贸易摩擦的不断加剧已经对国际贸易投资形成了较大的负面冲击。美国的保护主义打乱了全球经济和贸易秩序的稳定与发展。长久以来，东亚地区各经济体的快速增长和繁荣受益于包容、透明，基于规则的多边贸易体制与全球化，这是地区内进一步推动经济一体化进程的重要基础。美国破坏现有贸易规则和秩序的做法动摇了当前贸易规则和秩序的稳定性，以及其他国家基于规则依赖现有体制和秩序解决贸易问题的信心,整体上对东亚地区的繁荣与未来构成了威胁。

国际地缘政治和国内政治变化使经贸问题更加复杂化。中美两国关系是左右当前国际经济政治秩序最终的双边关系。进入2020年以来,中美两国之间的摩擦正逐渐由贸易战向科技战、金融战扩散,美国正从各个方面加快针对中国的战略封锁,"新冷战"的格局似乎正在浮现,深刻冲击现有国际秩序。日本、澳大利亚、新西兰作为美国的重要盟友,其政策受到美国的影响较大。特别是自2020年以来,中澳两国的摩擦因为澳大利亚紧随美国制约中国的政策而加剧,并由原先的政治领域进入贸易领域。而2020年中印两国在加勒万河谷的领土争端对中印之间的经贸合作造成明显的冲击,印度国内的反华倾向高涨,甚至有声音表示印度拒绝参与任何有中国参加的区域自由贸易协定。而新冠疫情在冲击各国经济的同时,催生了部分国家保护主义头。区域内愈加错综复杂的地缘政治关系必将压缩区域经济合作的空间,给相关协定在短期内的推进带来更多的障碍。

2. 问题

印度不考虑现阶段加入 RCEP 的原因分析。

在 RCEP 谈判推进的过程中,印度在维护自身利益时所采取的不退让甚至加码要价的立场和态度不仅是自始至终影响 RCEP 谈判进程和走向的重要因素,也是导致之前的谈判进程搁置、延误的重要原因。2019年11月,印度以"有重要问题尚未得到解决"为由暂缓参加协定后续推进进程[1]。2020年以来,各方在多种场合邀请印度重新考虑加入,但印度决定不签署 RCEP 的态度并没有动摇,甚至表态更加坚定。[2]

---

[1] 资料来源:印度时报网站, https://timesofindia.indiatimes.com/india/india-opts-out-of-rcep-pm-modi-says-concerns-not-addressed/articleshow/71913821.cms。

[2] 资料来源:印度媒体 The Print 官方网站, https://theprint.in/diplomacy/india-wont-review-decision-not-to-join-rcep-as-members-prepare-to-sign-pact-by-2020-end/454628/。

从印度自身角度看，当前印度国内经济增长放缓，产业结构调整面临较大困难，而与 RCEP 成员存在的巨额贸易逆差又难以在短期内得到缓解，因此在加入 RCEP 协定上确实存在两难困境。

（1）印度对其他 RCEP 成员国家存在巨额贸易逆差。印度的贸易逆差非常巨大，仅次于美国和英国，在全球贸易逆差中排名世界第三。印度对 RCEP 国家的贸易逆差为 1050 亿美元，对中国的贸易逆差又占其中的一半多，达到 540 亿美元。印度国内对于加入 RCEP 之后贸易逆差扩大的担忧较大，担忧其产业发展比较脆弱，加入 RCEP 扩大开放后对本国冲击比较大。

（2）印度现有自贸协定并没有带来国内预期效果。2006 年之后，印度双边自贸协定领域进展迅速。按照亚洲开发银行的统计，印度已经签署、生效或正在谈判的自由贸易协定共有 28 个，这一数量在亚开行成员中仅次于新加坡的 32 个。一方面，现有 FTA 的利用率非常低，仅有 5%~25%；另一方面，现有 FTA 带来进出口不对等的增长，对印度与自贸协定伙伴国的出口提振较弱①。此外，印度担心部分产业如农业和钢铁业，在加入自贸协定之后会面临来自东南亚、澳大利亚、新西兰和中国更为直接的竞争，国内企业因此受到打击。

（3）印度国内各方对于一体化深度的不同预期和接受度差异，导致印度的贸易战略在不同时间段内表现出较为明显的偏差和反复。印度摇摆又不妥协的态度在进入 RCEP 谈判初期时就已形成了潜在的矛盾。2019 年以来，印度经济增长动力的减弱使得在野党更加积极地反对莫迪政府的经济政策。印度国内反对党对于是否加入 RCEP 持较为坚定的反对态度，以国大党为首的在野党阵营认为，鉴于经济增长放缓，RCEP 协定不合时宜。

---

① 资料来源：印度教徒报官方网站，Rajalakshmi Nirmal，RCEP：Why industry and farmers fear it，The Hindu，Otc.，11th，2019，https：//www.thehindubusinessline.com/economy/the‐fear‐about‐rcep‐destroying‐domestic‐industry‐is‐not‐without‐reason/article29653981.ece。

印度并非完全对RCEP关上了大门,事实上,回顾莫迪政府的执政方向和其表态可以看到,加入RCEP符合印度的发展方向。近年来,印度总理莫迪一直积极推进国内改革,实施"印度制造"计划,努力改善营商环境以吸引外商投资,并在多个场合强调要维护自由贸易,积极推进RCEP谈判。① 印度为推进RCEP谈判也做出了不少努力,例如,为了解决市场开放问题,印度曾提议RCEP采取"分级关税制度",但遭到反对。今后,印度能否重新加入RCEP,一方面取决于国内改革的进展,莫迪政府是否稳固,以及周边地缘政治的缓解;另一方面其他谈判各方是否可以就印度提出的诉求做出妥协或者单独的安排。但这些从短期来看,都较难获得突破。

日本对RCEP态度反复的原因。

日本与印度之间经济联系紧密,在投资和经贸方面持续增长,日本对于印度加入RCEP寄予厚望。2019年年底,日本的经济产业省和外务省等机构代表在不同场合表达过日本不会参与没有印度参与的RCEP态度。② 日本重要官员在不同场合的模糊表态,曾一度让2020年年底前15国率先签署RCEP增加了不确定性。2020年以来,日本政府又几次表示将继续支持RCEP在年内完成签署③,最终推动了RCEP如期签署。

从日本的角度来看,2018年年底签署实施的具有更高标准的CPT-PP,使日本获得了较高的贸易协定覆盖率。RCEP的较低标准对于日本来说缺乏吸引力,而且没有印度市场的RCEP对于日本而言,则更难引

---

① 资料来源:中国政府网. 为何说RCEP前途不可限量? 15国先迈步欢迎印度随时加入[EB/OL]. https:www. gov. cn/xinwen/2019 - 11/08/content_5450268. htm。

② Isabel Reynolds, Japan Won't Sign China - Backed Trade Deal If India Doesn't Join,Nov. 29th, 2019, https://www. bloomberg. com/news/articles/2019 - 11 - 29/japan - won - t - sign - china - backed - trade - deal - if - india - doesn - t - join。

③ 在7月6日世界贸易组织举行的第十四次对日贸易政策审议会议期间,日本政府代表曾根健孝表示,日本将争取在2020年年底前签署RCEP。7月31日,修订后的"东盟—日本全面经济伙伴关系协定"(AJCEP)正式在日本及泰、新、老和缅等4个东盟国家生效之际,日本与东盟双方承诺,将力争年内签署RCEP。

起其足够的兴趣，这也是日本改变 RCEP 积极态度的重要前提。印度作为人口众多的发展中大国，具有庞大的市场，无论从经济角度还是地缘政治角度来说，始终是日本重要的考虑因素和努力争取的对象。日本在推进 RCEP 进程中出现的模糊态度甚至反复行为，一方面因为印度市场确实是日本竭力想要争取的目标，争取印度参与 RCEP 符合日本构建其贸易体系的利益；另一方面通过与印度"共进退"的表态，日本试图传递对印度市场的重视，反映了日本从政治方面拉拢印度的意图。①

3. 前景

RCEP 作为覆盖广、标准高的自由贸易协定，其签署将使所在区域成为目前全球最大的自贸区，对于当前全球贸易体系的重构意义非常巨大。

RCEP 的签署将扩大区域内的市场准入，增添本地区经济活力，加强供应链互联互通。在新冠疫情深刻冲击当前全球经济和贸易秩序的背景下，RCEP 的签署为区域内各成员国搭建了一条高质量的国际贸易通道，将显著提升亚太各国团结应对挑战，降低疫情对各国经济不利影响的能力，为亚太地区经济增长注入全新动力，将是后疫情时代重振经济的重要力量。

RCEP 有助于整合区域多重制度框架，形成开放统一的亚洲市场，为全球多边贸易体系和全球经贸合作注入了新动能。RCEP 的达成将大幅改善外部贸易环境，有力推动共享、共建的区域一体化的深入发展，有助于各成员国之间形成更为紧密的贸易投资和产业分工关系，增加各成员国之间的经济联系，进一步减少区域内的市场分割，优化供应链在区域内的布局。

对于中国而言，通过加入 RCEP 加快扩大开放步伐，有助于国内经

---

① 资料来源：《外交学者》杂志官方网站，https://thediplomat.com/2020/08/japans-painful-choice-on-rcep/。

济结构调整转型，不但无法使中国被排除在供应链外，而且中国在供应链中的分工角色也会得到提升和巩固。同时，RCEP 的签署有助于倒逼中国国内经济体制改革，进一步推动市场开放。考虑到短期内中国无法加入 CPTPP 等其他更高标准的多边贸易机制，加入 RCEP 能在其间形成有效应对 CPTPP 的战略缓冲。

（二）包容性区域合作模式的升级、时间表和路线图

1. 包容性区域增长模式的提出

包容性增长（inclusive growth），又称包容性发展、共享式增长或共享性增长。"包容性增长"最早是由亚洲开发银行于 2007 年在其题为《新亚洲、新亚洲开发银行》的研究报告中，作为论述新亚行的使命目标之一时提出的："新亚行关注的重点要从应对严重的贫困挑战，转向支持更高和更为包容性的增长。"该报告中，包容性增长被表述为经济增长带来的机会在最大程度上由所有人共享，特别是贫困群体。[①] 2008年，亚洲开发银行在其 2020 战略报告中将支持包容性增长与环境方面的可持续增长与区域一体化一起确立为其长期战略框架的三大支柱。[②]

包容性增长自提出以来，逐渐引起广泛的引用和关注。不同的组织对其含义的阐释略有不同。世界银行所界定的"包容性增长"更直接强调的是经济增长的节奏（pace）和模式（pattern）的结合，应该动员潜在的劳动力，使尽可能多的具有生产力的劳动力（productive labours）参与经济活动，以促使贫困的减少[③]。联合国开发署（UNDP）把包容性增长既视作过程（process），也视作结果（outcome），使每个成员可

[①] 资料来源：亚洲开发银行官方网站，https://www.adb.org/publications/toward-new-asian-development-bank-new-asia-report-eminent-persons-group-president-asian。

[②] 资料来源：亚洲开发银行官方网站，https://www.adb.org/documents/adbs-support-inclusive-growth。

[③] 资料来源：世界银行官方网站，Elena Ianchovichina and Susanna Lundstrom, "What is Inclusive Growth?", The World Bank, February 10, 2009. http://siteresources.worldbank.org/INTDEBTDEPT/Resources/468980-1218567884549/WhatIsInclusiveGrowth20081230.pdf。

以参与经济增长过程,既参与决策,也参与经济增长本身。也就是说,包容性增长的内容包括了"参与"(participation)和"利益共享"(benefit-sharing)。经合组织(OECD)将包容性增长定义为在社会中公平分布且所有人共享机会的增长。①

由此可见,包容性增长最早脱胎于关于减贫脱困的新理念,强调经济增长过程的公平参与和结果的公平分享,强调所有社会成员共同参与、共享成果、权利平等,保障其参与经济增长、合理分享发展成果,实现经济社会的协调发展和可持续发展,是开放合作、平等协商、共同发展和互利共赢的增长理念。

在包容性增长的概念被提出之后,其内涵中强调的"公平""共享""平等"等内容逐渐由"减贫"向国际交往领域扩散,衍生为国际交往与经济合作中的重要理念和原则。在国际社会中,实现包容性增长的根本目的是让经济全球化和经济发展成果惠及所有国家和地区,惠及所有人群。各国对其他国家和平发展采取包容的态度,互相尊重、共享平等的发展机会。其核心要求是崇尚公平,打破垄断,创造平等,缩小区域差距,寻求区域、经济、社会、生态等平衡、协调、可持续增长②。多年来,包容性增长的理念在诸多国际合作机制中得到强调和贯彻。例如,2016年亚太经合组织(APEC)第二十四次领导人非正式会议宣言将"包容"纳入其共同愿景之中。③

中国是包容性增长的坚定支持者和倡导者。中国国家领导人也将包容性增长作为区域经济合作的目标进行阐述。2009年11月,胡锦涛在亚太经济合作组织上,发表了题为"合力应对挑战,推动持续发展"的重要讲话,强调"统筹兼顾,倡导包容性增长"。这是中国领导人首次使用"包容性增长"的提法。2016年9月,在G20杭州峰会上,

---

① 资料来源:OECD官方网站,https://www.oecd.org/inclusive-growth/。
② Ifzal Ali and Hyun H. Son, Measuring Inclusive Growth[J]. Asian Development Review,2007,24(1):11-31.
③ 资料来源:外交部官方网站,https://www.fmprc.gov.cn/web/zyxw/t1416939.shtml。

习近平主席以"构建创新、活力、联动、包容的世界经济"为主题，系统阐述了中国对包容性增长的立场与主张，强调落实联合国2030年可持续发展议程，减少全球发展不平等和不平衡，使各国人民共享世界经济增长成果。2017年，习近平主席在达沃斯论坛年会演讲中针对全球经济增长乏力、治理滞后和发展失衡三大矛盾，提出以创新驱动增强活力、以协同联动促进开放、以公正平等实现共赢、以和合包容推动普惠的"四大对策"，其核心就是推进包容性增长，向世界提出了促进世界经济包容性增长的"中国方案"。

2. RCEP与包容性增长

包容性增长是经济全球化的必然要求。RCEP作为将目标定位为现代的、全面的、高质量的、互惠的、新的大型自贸协定，符合包容性增长的发展方向，有助于促进区域的包容性增长。2017年11月，RCEP首次领导人会议发布联合声明[①]，强调多方参与保证谈判的包容性。2020年6月23日举行的RCEP部长级视频会议在会后发布的联合声明中强调了各方同意加强合作与协调，促成强劲且有韧性的经济复苏，以及危机后可持续、均衡与包容性增长。

首先，RCEP覆盖规模庞大，具有广泛性。RCEP 15个成员国共覆盖了约29.7%的全球人口，其经济规模在全球经济中的比重也高达28.9%，高于美墨加协定（USMCA）、CPTPP或欧盟28国的比重。

其次，RCEP的推进过程经历多次协商，体现了平等协商的特点。RCEP自2012年由东盟十国发起，到2020年正式签署，历经8年的艰苦谈判，谈判过程充分考虑各方国情和诉求，形成的最终文本是各方协商一致的结果。

最后，RCEP作为全面、高质量的自由贸易协定，具有普惠性。

---

① 资料来源：中国自由贸易区服务网，http://fta.mofcom.gov.cn/article/rcep/rcepnews/201711/36158_1.html。

RCEP确立的具有较高水平的开放规则将进一步打破亚洲区域贸易壁垒,从规则构建上奠定平等互惠的基础。预计RCEP签署实施之后,将有助于增加亚洲区域内各方经贸政策的稳定性,提振生产和消费信心,推动投资增长,促使亚洲形成统一和稳定的生产与消费市场,也将为拉动后疫情时代世界经济走出增长低迷提供助力。

3. 包容性区域合作模式的升级

亚太地区是当前全球经济最为活跃的地区。亚洲开发银行《2019年亚太地区关键指标报告》的数据显示,2000年亚洲仅贡献了全球23.0%的出口收入,2018年这一数字增长至30.2%,亚太地区在全球GDP中所占份额(现价美元)超过1/3。在市场力量的推动下,亚太地区自发地进行了以垂直分工为基础的、开放的功能性区域经济合作实践,成立于1989年的亚太经济合作组织便是这一实践的成果。随着区域经济合作组织规模的不断扩大,其对国际贸易和世界经济的影响也日趋明显。区域经济合作的一个典型特征是促进区域内贸易的优先发展[①],而RCEP等覆盖更广、质量更高的自由贸易协定的签署,将奠定未来亚太地区经贸秩序的重要制度框架,是包容性区域合作的体现。

2008年国际金融危机之后,世界经济增长的重心加速向亚洲倾斜,国际分工格局不断变化。伴随着全球经济增长缓慢恢复,保护主义、单边主义甚至逆全球化的趋势有所抬头,但亚太地区经济一体化依然保持了不断走向深入的总体趋势。当前,供应链的重构及统一的制度框架,以及新平台的创新将是更深层次的包容性增长的基础。

(1) 整合"碎片化"区域合作,探索区域制度架构。随着亚太区域合作的加深,包括APEC、东盟"10+1"、东盟"10+3"和东亚峰会等众多多边、双边和区域经贸合作协定等在内的亚太地区区域合作机

---

① 于立新,王佳佳. 区域经济合作:战略目标与模式选择[J]. 国际经济合作,2002(11):9-13.

制不断涌现，亚太区域合作呈现出"碎片化"和机制重叠。"碎片化"的合作机制增加了区域内部相互分割的风险，而相关微观主体如企业、投资者在参与区域合作时，不同机制下重叠甚至冲突的规则增加了这些主体的成本，产生了"意大利面碗"效应，导致区域合作机制利用率不足，限制了其发挥作用。CPTPP、RCEP等高标准的自贸协定的签署将为解决这一矛盾提供有利的机会。

（2）新冠疫情的冲击凸显了依赖以往共同市场和规则抵御风险，以及维持供应链稳定能力的重要性。2020年以来，新冠疫情的暴发冲击全球经济，导致国际贸易往来低迷甚至停顿的同时，也加剧了贸易保护主义情绪抬头，地缘政治的冲突风险上升。美国加大对中国企业的制裁，干扰甚至禁止中国企业在美国的投资和运营；印度退出RCEP后续谈判，强制下架中国互联网应用；中国与澳大利亚贸易摩擦加剧；等等，国际贸易秩序和准则都受到严重挑战。在此背景下，更加需要全球产品供应链日趋复杂化、网络化，重新组织产业链来构建多元化的供应来源，推进产业链供应链依据市场经济规律分布、转移，加强区域内的产能合作。通过构建稳定的、具有约束力的共同规则，保证上下游在区域内的合理布局，并使经济增长惠及更多区域，这也是区域合作模式升级的重要内容之一。

（3）"一带一路"为区域发展带来合作的新模式和机遇。2013年中国提出"一带一路"倡议，旨在推进各方聚焦互联互通，深化务实合作，实现互利共赢、共同发展。从2017年开始举行的两年一届的"一带一路"国际合作高峰论坛的联合公报指出，"各国特别是发展中国家仍然面临消除贫困、促进包容持续经济增长、实现可持续发展等共同挑战"（2017），强调"和谐包容"的合作原则，提出"实现世界经济强劲、可持续、平衡和包容增长，提高人民生活质量，是我们的共同目标"（2019）。"一带一路"国际产能合作是以能力建设为导向的包容性国际产能合作。通过"一带一路"增加国际产能合作，将有助于各个参与国乃至世界其他国家和地区共享全球化时代经济增长的成果。

4. 包容性区域合作模式的时间表、路线图

亚太区域经济合作的构想始于20世纪六七十年代。以1989年成立亚太经济合作作为开启的标志，可将亚太经济合作进程大致划分为三个阶段：1989—2001年的开放的区域主义阶段、2001—2008年的分化阶段，以及2008年以来的再整合阶段。① 随着 CPTPP 及 RCEP 等一系列重要协议的签署，亚太地区包容性区域合作的机制化建设被进一步完善，而"一带一路"为中国提供各方参与的跨区域合作特殊安排起到更为灵活的串联作用。

目前，RCEP 已签署，单纯从区域经济一体化的机制来看，印度回归 RCEP、CPTPP 扩容，以及进一步推动 FTAAP 的可能性，都可以是未来的亚太地区区域合作模式发展的标志性里程碑（milestone）和发展方向。

（1）印度回归 RCEP。印度回归 RCEP 是短期内可以预期实现的结果。首先，印度作为世界第六大经济体，不可能长期自处于全球化和区域经济一体化的大趋势之外，双边的贸易协定也难以取代统一的多边贸易合作框架，印度有其重返 RCEP 的内在经济发展的需要和压力。其次，各方力量也从外部促使印度重返多边贸易合作机制。日本等国自 RCEP 开始谈判以来一直是印度加入的坚定支持者。这一阶段成果，预期5年内可以实现。

（2）CPTPP 扩容。尽管随着美国的退出，CPTPP 覆盖的经济总量和贸易总额相对 TPP 分别缩小了约1/3、1/2，参与国家共覆盖4.98亿人口，签署国的国内生产总值之和占全球经济总值的13%。目前，存在加入 CPTPP 可能性的经济体有7个，分别是哥伦比亚、韩国、印度

---

① 唐国强,王震宇. 亚太区域经济一体化的演变、路径及展望[J]. 国际问题研究,2014(1):96.

尼西亚、泰国、菲律宾、英国、中国台湾地区。中国是现有 CPTPP11 国中多数成员国的最大贸易伙伴。无论从经贸联系的紧密性，还是对标 CPTPP 所代表的高标准开放趋势来看，中国加入 CPTPP 是未来必要的可能选项。中国作为世界最大的贸易国和第二大经济体，CPTPP 扩容吸纳中国将深刻影响全球经济秩序。这一阶段成果，预期 10 年内可以实现。

（3）进一步推动 FTAAP。FTAAP 的构想早在 2004 年就由加拿大在美国的支持下提出。此后，2006 年 APEC《河内宣言》明确提出将建立 FTAAP 作为远景目标加以研究。2014 年 APEC 北京峰会通过《亚太经合组织推动实现亚太自贸区北京路线图》，FTAAP 启动相关进程，由长期愿景变为现实行动。2016 年 APEC 利马峰会将 FTAAP 以附件方式列入 APEC 领袖宣言，并发表《亚太自贸区利马宣言》，宣示将在 2020 年以前就达成 FTAAP 的实施方式与内容展开研究与讨论。目前，这一阶段目标还没有完成。这一阶段成果，预期 15 年内可以实现。

（三）大力推动贸易投资自由化和便利化

推进贸易投资自由化与便利化是多边贸易合作机制的核心内容。RCEP 将贸易自由化与便利化作为首要任务，致力于建立逐步消除所有货物贸易关税和非关税壁垒的高质量自由贸易区，在这两方面提供了具有较高标准的规则、方案。随着 RCEP 的签署，中国参与经济全球化，发展开放型经济的水平将显著提升。中国应当充分利用开放时机，坚持对外开放的基本方向，对接国际贸易标准，促进国内各项改革，推动经济高质量发展。

1. 主动对接，形成全面开放新格局

坚持对外开放，以开放促改革、促发展、促创新是我国改革开放 40 多年来不断取得成就的宝贵经验总结。当前阶段，实行更加积极主动的开放战略，全面提升对外开放的层次和水平，其内涵不再是简单地以廉价资源环境、劳动力和财税让利为特征的，以吸引外资为目标和基础的"优惠型"改革开放，而是以放开市场、强化服务、强调公平、优化资源配置为主的"效率型"改革开放，应积极推动由商品和要素流动型开放向规则等制度型开放转变，建设更高水平的开放型经济新体制。

在对外开放的过程中，应积极适应国际规则，通过主动对接高标准的国际贸易和投资规则，打造高效率、高水平、高质量的市场竞争环境，激发内部经济活力。加快制度创新，加快推进自贸试验区、自由贸易港建设，总结试点建设经验，加快复制推广。优化对外开放的空间格局，通过更大范围的开放引导沿海内陆沿边开放优势互补、协同发展，实现更大范围的开放，探索解决区域不平衡、不充分发展的新模式。

2. 完善体制机制，加大幅度放宽市场准入

全面实行准入前国民待遇＋负面清单管理制度，进一步放宽非关键影响国家安全领域的市场准入，鼓励和支持外商投资。继续精简负面清单，抓紧完善外资相关法律，完善投资促进和保护、信息报告等制度。持续推进服务业开放，稳步扩大金融业开放，深化农业、采矿业、制造业开放，加快电信、教育、医疗、文化等领域的开放进程，特别是在外国投资者关注且国内市场缺口较大的教育、医疗等领域，进一步放宽外资股比限制。

3. 打造更具吸引力的投资和营商环境

坚持市场化、法治化、国际化原则，以市场主体需求为导向，深刻转变政府职能，创新体制机制，对标国际先进水平，做好相关领域配套方案，创新引资、引智、引技方式。深化"放管服"改革，推进治理体系和治理能力现代化，营造稳定、公平、透明、可预期的市场环境。

按照"内外资一致"原则，促进内外资企业公平竞争。除法律法规有明确规定或确需境外投资者提供信息外，统一内外资业务牌照和资质申请的标准和时限。纠正内外市场上存在的偏向性政策，逐步清理各类出口偏向型政策。深化国企改革，加快推进政企分开、政资分开、所

有权与经营权分离，促使各类主体按照市场规则参与竞争。

要加强保护知识产权，探索商业模式等新形态创新成果知识产权的保护办法，完善知识产权纠纷多元解决机制和知识产权侵权查处快速反应机制，增强知识产权民事和刑事司法保护力度。

四、加强 RCEP 背景下亚洲经贸合作的建议

面对较为严峻的国际形势，我国应该支持开放的诸边主义，在全球经济治理机制变革中推广中国模式和中国方案。同时，深化对内、对外开放，吸引更多贸易和投资合作。加速中日韩 FTA 谈判进程，加快推动 FTAAP 和中国加入 CPTPP 进程，争取在国际高标准经贸规则制定中增加中国话语权。

（一）支持开放的诸边主义

从目前的国际贸易实践看，WTO 包括封闭的诸边协议、开放的诸边协议和多边协议等多种协议方式，这就带来了如何处理诸边主义和多边主义关系的问题。很显然 RCEP 提供了开放的诸边协议的典型示范。理论上，封闭的诸边协议在小范围内有利于推动区域贸易一体化，同时对不想参与的旁观者国家影响较小；而开放的诸边协议既可以旁观又允许其他国家"搭便车"，前提是"搭便车"行为对创始成员方的利益没有较大影响。从本质上说，关贸总协定在发起之初就是一个开放的诸边协议。WTO 并没有明文禁止这些协议方式，乌拉圭回合谈判把很多诸边协议多边化，同时也有政府采购协议等没有成功多边化。从当时的实践来看，没有对不参与的国家产生不利影响。但是，由于"毒丸条款"和较强的原产地规则等的存在，同时也因为 CPTPP 这样超级 FTA 的出现，封闭的诸边协议对不想参与国家的影响越来越大，日本甚至想通过 CPT-PP 扩围的方式"逼迫"美国重返 CPTPP。可见当今世界封闭的诸边主义的力量之强。另外，也有一些声音认为诸边协议过多会造成多边体制的

碎片化甚至分裂，破坏多边体制的完整性。中国作为WTO改革的重要推动者，通过支持RCEP等开放的诸边主义协议，维护多边主义在全球治理中的核心地位，不断推动新议题和新规则被纳入WTO框架，同时为了规范诸边协议的形成，推动将诸边协议的程序写入WTO规则。

（二）继续推动全面对外开放，深化国内改革

加快对外开放的同时应该首先立足自身，积极适应国际规则，迎接更加规范的竞争环境，应对各种外部风险和挑战。坚持对外开放是我国改革开放40多年来不断取得成就的重要保证和宝贵经验。目前，党中央提出建设更高水平开放型经济新体制，推进高质量发展。为此，全面提升对外开放的层次和水平，其内涵不再是简单地以廉价资源环境、劳动力和财税让利为特征的，以吸引外资为目标和基础的"优惠型"改革开放，而是以放开市场、强化服务、强调公平、优化资源配置为主的"效率型"改革开放，旨在构建高效率、高水平、高质量的市场竞争环境的改革开放，并通过全面对外开放倒逼国内改革的深入推进。

（三）中国继续研究加入CPTPP作为可能选项

虽然CPTPP具有一定的技术排他性，但是其仍然是世界公认的高标准经贸规则，中国要想在这方面不落人后，还是应该积极参与加入CPTPP谈判，争取更多话语权。条件成熟时，可以尝试引导CPTPP的模式向更加包容多样的方向发展。就可行性而言，首先，CPTPP的现有规定允许扩容，任何国家或单独关税区都可以在其生效后与既有各成员达成一致的基础上成为CPTPP的新成员。其次，在规则门槛有所降低的情况下，CPTPP对原本有意加入TPP的某些经济体反而更具吸引力，印度尼西亚、菲律宾、泰国、韩国、中国台湾均已表达这一意向。最后，更为重要的是，是否加入CPTPP是出于国内经济发展和改革的需要，开放与对接是当前国际贸易体系呈现出的重要特征和必然趋势，中国的经济发展无法完全独立于未来更加国际化和规范化的规则和标准体

系之外。中国通过在参与规则的讨论和制定过程中掌握主动性，可以为中国经济获取更为有利的环境和空间。

此外，中国加入 CPTPP 也是为了防止美国一旦重返 CPTPP 便对中国进行排斥和孤立。特朗普政府时代，美国重返 CPTPP 的可能性确实较小，在其主政之下的美国政府优先致力于与贸易伙伴进行双边贸易谈判。拜登上台之后，从民主党多边主义价值观判断，其有可能考虑回归 CPTPP。但是，特朗普任内许多与世界多边机制脱钩的举动逐渐在美国国内得到认可，认为凭借美国的贸易主导地位及借助其在政治、军事、安全等方面的综合话语权，美国有能力通过逐个重谈双边贸易协定为自身获取更大的经济利益和优势。因此，目前中国的合理选择是趁美国暂时无法得出相关结论时，加速推进加入 CPTPP 谈判，防止美国回归 CPTPP 给中国造成被动局面。

（四）凭借 RCEP 签署机遇推动中日韩 FTA 谈判加速

到 RCEP 签署为止，我国已经签署自贸协定 19 个，涉及 26 个国家和地区。虽然取得一定成绩，但是中国自贸协定无论从数量还是质量上都与日本和韩国还有一定差距。日本到 2020 年 11 月为止签署了 21 个自贸协定，其中包括 RCEP 和 CPTPP 这类巨型自贸协定；韩国到 2020 年 11 月为止共签署了 17 个 FTA，算上已经完成谈判的共有 19 个，虽然在数量上略少于中国，但是韩国 FTA 覆盖率在 2017 年就已达到 64%，是中、日、韩三国中最高的。之后韩国还签署了韩国—中美洲五国 FTA、韩国—英国 FTA 和 RCEP。因此，有必要进一步积极开展双边和多边贸易协定的谈判，包括加快现有自贸协定的升级谈判、加快推动中日韩自贸协定谈判进展、加快 FTAAP 的准备工作等。中日韩 FTA 的构建依托于东盟"10+3"框架，三国 FTA 谈判的经验自然会对 RCEP 的谈判起到积极作用，反过来，RCEP 的成功签署也会为中日韩 FTA 谈判提供参照标准。特别是中、日、韩三国在全球产业链分工中有着密切合作，三国 FTA 谈判通常被视为促进区域贸易自由化的补充路径，也被认为是推动亚太FTAAP的实施路径之一。亚太区域内存在地缘经济主导权之争，与地区各经济体深度利益攸关。日本政府虽有加快推进中日韩FTA的意愿，但CPTPP达成后对高标准协议的追求，也可能令这一多边经贸协定谈判的进展受到影响。总体而言，中日韩FTA可以发挥促进各个自由贸易安排的润滑串联作用，可以盘活整个亚太地区的贸易一体化。

（五）FTAAP是亚太多边区域贸易未来发展的方向

2014年4月，李克强总理在博鳌亚洲论坛上提出，可考虑启动FTAAP的可行性研究，外交部、商务部等有关部门也在不同场合表达了对研究推动FTAAP进程的态度。FTAAP的构想早在2004年就由加拿大在美国的支持下提出。此后，2006年APEC《河内宣言》明确提出将建立FTAAP作为远景目标加以研究。FTAAP于2014年APEC北京峰会通过《亚太经合组织推动实现亚太自贸区北京路线图》，启动相关进程，将长期愿景变为现实行动。2016年APEC利马峰会将FTAAP以附件形式列入APEC领袖宣言，并发表《亚太自贸区利马宣言》，宣示将在2020年以前就达成FTAAP的实施方式与内容展开研究和讨论。2017年APEC第25次领导人非正式会议进一步指出，致力于全面系统地推进并最终实现FTAAP，赞赏各经济体包括能力建设倡议、信息共享机制在内的推动实现FTAAP的努力。但同时，由于美国在劳工及国有企业等若干问题上的不同意见，FTAAP在近两年获取的成果有限，考虑到美国方面在整体贸易政策上的紧缩态度，继续推动面临一些困难。但未来RCEP协议在各国得到落实之后，作为APEC成员的RCEP参与国将有更多的空间和动力推动相关工作，FTAAP是亚太地区经贸合作面向未来的发展方向。

（执笔人：李浩东、林江）

参考文献

[1]冯晶,高洪.当前日韩贸易摩擦远因解诂[J].公共外交季刊,2019

(3).

[2]韩爱勇.开放的地区主义:中国地区合作的新路径[J].教学与研究,2017(6).

[3]贺平,沈陈.RCEP与中国的亚太FTA战略[J].国际问题研究,2013(3).

[4]李浩东.日本半导体产业发展得失以及对中国的启示[J].中国经贸导刊(理论版),2018(17).

[5]李菊,王厚双.日本处理大国间相互依存与贸易摩擦矛盾的经验研究[J].日本研究,2009(1).

[6]刘向东,李浩东.中国提出加入CPTPP的可行性与实施策略分析[J].全球化,2019(5).

[7]李孝天.经济相互依赖视角下的中美贸易冲突:成因、启示与前景[J].国际关系研究,2019(5).

[8]王弘毅,张子琰.波俄能源的非对称相互依赖与波俄关系——以"北溪-2"能源项目为例[J].俄罗斯东欧中亚研究,2020(3).

[9]王玉主.RCEP倡议与东盟"中心地位"[J].国际问题研究,2013(5).

[10]肖欢容.泛化的地区主义与东亚共同体的未来[J].世界经济与政治,2008(10).

[11]张天桂.TPP-CPTPP、RCEP和FTAAP:中国的角色与作用[J].商业经济,2018(10).

专题二
CPTPP 进展与前景展望

CPTPP 源自 2016 年 2 月签署的"跨太平洋伙伴关系协定"(TPP)。2017 年 1 月,美国退出 TPP 后,日本主导推动加拿大、澳大利亚、新加坡、文莱、智利、马来西亚、墨西哥、新西兰、秘鲁和越南 11 国修改协定,将 TPP 更名为 CPTPP,并于 2018 年 3 月 8 日在智利签署新协定,自 2018 年 12 月 30 日起生效。

一、CPTPP 进展及存在问题

CPTPP 在地域分布上横跨太平洋两岸,是目前跨度最大的区域性自贸组织,其覆盖的人口、经济总量和贸易总量分别占全球的 6.9%、13.2% 和 15.0%。以下从规则和成员国的经济发展效应两个方面考察 CPTPP 的实际发展进程,让我们从一个更现实的角度了解和感受 CPTPP 的影响,并剖析其内在的问题。

(一) CPTPP 的规则——基于与 TPP 的对比分析

总体来看,CPTPP 仍然是一份高水平、高标准的自由贸易协定。与 TPP 相比,CPTPP 协定保留了 TPP 核心规则框架体系和 95% 的内容。CPTPP 对 TPP 条款的改动主要包括:①放松了协定生效的条件。TPP 规定，协议生效需要至少占到 TPP 经济总量（参考 2013 年的 GDP）85%的 6 个成员国批准才能生效。这意味着如果美日没有批准，该协定不会生效。美国退出后，CPTPP 协定生效条件改为：至少 6 个成员国或者超过 50% 的成员国批准就可以生效，无论国家大小。②修改了一些有争议的文本措辞，某些国家提交了单边保证函，促进了协议的尽快达成。比如，对文莱、马来西亚协定生效日期措辞的修改，使两国的担忧得到解决；让越南提交了附加的单边保证函，使其与其他成员国之间的利益博弈协调得更好；解决了加拿大对条款"支持加拿大艺术表演和内容的推广、创造、分配和发展"的灵活适用性的担忧；通过有关汽车标准承诺的单边保证函，解决了日本和加拿大之间的汽车行业非关税壁垒问题；通过有关汽车原产地规则承诺的单边保证函与马来西亚达成协定。③对富有争议的 22 条条款进行搁置，这些条款大多是谈判时由美国提出的（具体搁置条款见表1）。

表 1　CPTPP 的暂停条款

涉及条款	变更内容
知识产权	对知识产权保护对象、保护期和保护措施三个方面进行搁置：国民待遇（对版权及邻接权的付款方式采取国民待遇）；专利适用对象（对已知产品的新用途以及使用已知产品的新方式授予专利，对从植物中获得的发明授予专利）；专利授权及保护期限（对专利授权以及市场审批过程中的不合理延迟进行调整及补偿；版权以及邻接权的保护期限延长至作者死后不少于 70 年）；未公开试验及其他数据保护（对为了市场准入而提交的未公开的试验数据信息提供保护，并在审批后提供一定的市场保护期）；生物制剂保护（对利用生物技术生产的用于疾病预防和治疗的产品提供保护）；技术保护措施（对规避技术和权利管理信息所要求的民事、行政或刑事救济和处罚，用以保护版权人的权利）；权利管理信息（对版权管理信息提供更严格的保护）；卫星与电缆信号加密保护（无须卫星合法运营商授权，第三人也可对用于解码卫星信号的行为提起刑事或民事诉讼）；法律救济与安全港（免除互联网服务提供商对版权侵权内容采取行动的义务）
海关监管与贸易便利化	冻结缔约国"需定期审查由国内法制定的货物免税运输额度"条款
投资	冻结原协议中"外国投资者可以以违反政府与其签订的'投资协议'或'投资授权'为由，向政府提起损害赔偿"条款

续表

涉及条款	变更内容
跨境服务贸易	冻结"各缔约国不得垄断邮政或快递服务,不得为快递服务提供补贴"条款
金融服务条款	冻结有关金融服务的最低处理标准以及特殊适用条款。最低待遇标准在金融业的运用在文莱、智利和秘鲁将推迟五年执行,在墨西哥推迟七年执行
电信条款	冻结有关电信纠纷复议条款
政府采购	冻结"该条款不得构成不正当歧视和贸易的变相限制"规定
环境	冻结对野生动物非法获取和非法贸易问题中有关"管辖权法适用"的描述
透明与反腐败	冻结药品和医疗器械的透明度和程序公平性附件中有关程序公正的条款

随着美国的退出,为了更多地照顾发展中国家的利益,促进协定的达成,日本等国降低了CPTPP的准入标准。但CPTPP的知识产权条款仍较目前其他自贸协定的标准更为严格,同时CPTPP仍继续保留了关于国有企业和指定垄断、劳工、环境等条款。所以CPTPP仍不失为全球范围内最高标准的自贸协定。

(二) 成员国的经济发展效应

以下从CPTPP 11个成员国的对外贸易、对外投资和经济发展三个方面来具体分析成员国的经济发展效应。

1. 对外贸易总体态势

如图1所示,2019年CPTPP全部11个成员国的出口和进口总额分别为2.94万亿美元和2.84万亿美元,较2018年分别下跌1%和2%。总体而言,成员国的进出口贸易并没有实现预想的提升,而是呈现较为明显的下滑态势。

2. 对外投资发展总体态势

与对外贸易方面的疲弱表现不同,2019年CPTPP成员国在国际资本流动方面出现了较为迅猛的增长。如图2所示,在CPTPP生效伊始的第一季度,在日本的带动下,成员国的对外投资同比增速高达155.0%,同时利用外资的增速也高达27.7%。尽管在此后出现一定的

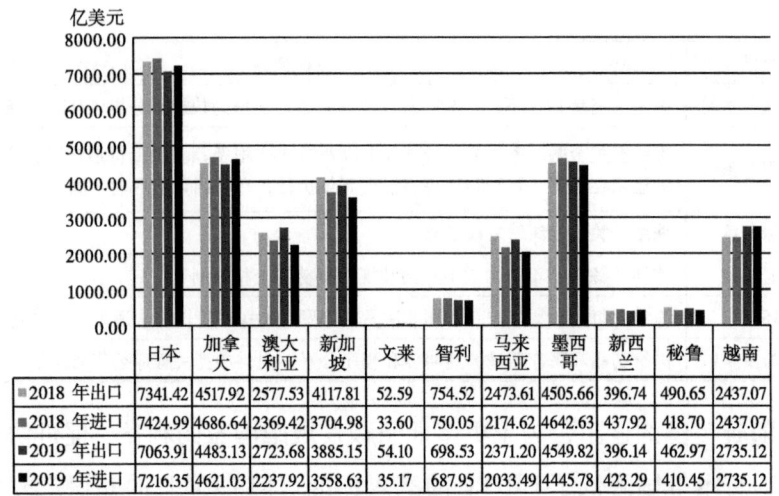

图 1 CPTPP 成员国协议生效前后进出口情况（2018—2019 年）
资料来源：CEIC 数据库。

回落，但成员国 2019 年利用外资和对外投资总额分别达到 2441.19 亿美元和 2965.18 亿美元，较 2018 年同比增长分别为 8.28% 和 36.46%。

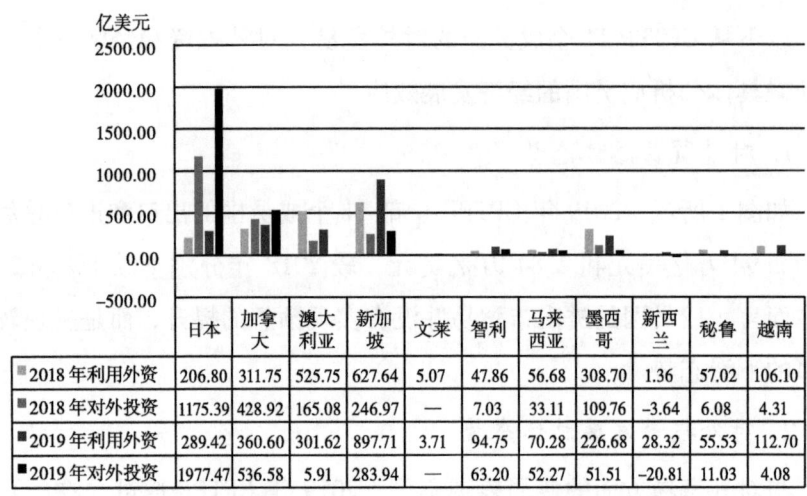

图 2 CPTPP 成员国协议生效前后国际投资情况（2018—2019 年）
资料来源：CEIC 数据库。

3. 经济增长总体态势

CPTPP 的 11 个成员国 2019 年的 GDP 总额为 11.20 万亿美元，较 2018 年（11.04 万亿美元）上涨 1.45%；如图 3 所示，11 个成员国中有 6 个成员国 2019 年的 GDP 高于 2018 年，分别是日本、加拿大、马来西亚、墨西哥、秘鲁和越南，同比增长率分别为 2.56%、1.17%、1.73%、3.08%、2.16% 和 6.81%；5 个成员国 2019 年的 GDP 出现下降，分别是澳大利亚、新加坡、文莱、智利和新西兰，同比下降分别为 2.87%、0.32%、0.74%、5.33%、0.48%。

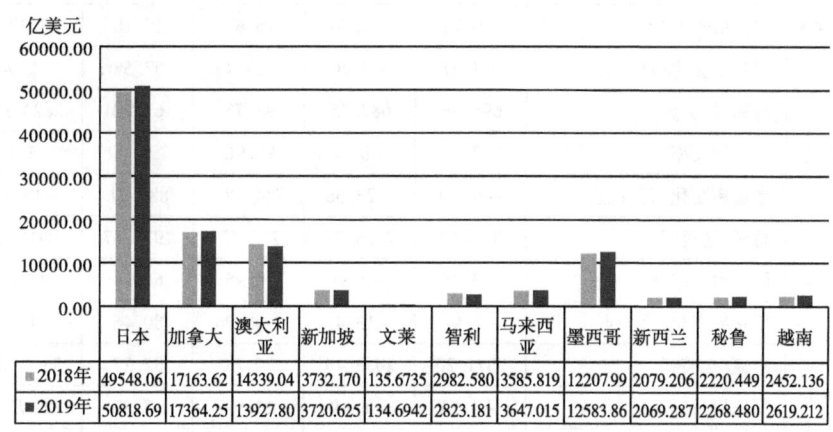

图 3　CPTPP 成员国协议生效前后 GDP（2018—2019 年）
资料来源：世界银行数据库。

4. 成员国个体的经济走势

由于各成员国之间存在着经济规模和经济发展水平上的巨大差异，各国在 CPTPP 框架下所取得的经济发展效果也不尽相同（见表 2）。

表2　CPTPP成员国贸易、投资和经济增长情况①（2019年）

国家	指标	贸易		国际投资		GDP
		出口	进口	利用外资	对外投资	
澳大利亚	总额/亿美元	2723.68	2237.92	301.62	5.91	13927.80
	同比增长率/%	5.67	-5.55	-42.63	-96.42	-2.87
	增长率变化/百分点	-5.49	-12.56	-73.38	-331.44	-3.43
文莱	总额/亿美元	54.10	35.17	3.71	—	134.69
	同比增长率/%	2.87	4.67	-26.77	—	-0.72
	增长率变化/百分点	-15.41	-26.35	36.61	—	-14.01
加拿大	总额/亿美元	4483.13	4621.03	360.60	536.58	17364.25
	同比增长率/%	-0.77	-1.40	15.67	25.10	1.17
	增长率变化/百分点	-7.47	-7.30	-29.45	57.58	-5.94
智利	总额/亿美元	698.53	687.95	94.75	63.20	2823.18
	同比增长率/%	-7.42	-8.28	97.96	799.00	-5.34
	增长率变化/百分点	-16.41	-23.38	84.18	882.71	-15.38
日本	总额/亿美元	7063.91	7216.35	289.42	1977.47	50818.69
	同比增长率/%	-3.78	-2.81	39.95	68.24	1.91
	增长率变化/百分点	-8.94	-13.41	-40.24	80.46	-1.11
马来西亚	总额/亿美元	2371.20	2033.49	70.28	52.27	3647.02
	同比增长率/%	-4.14	-6.49	23.99	57.87	0.71
	增长率变化/百分点	-17.76	-18.16	54.13	98.13	-14.33
墨西哥	总额/亿美元	4549.82	4445.78	226.68	51.51	12583.86
	同比增长率/%	0.98	-4.24	-26.57	-53.07	3.08
	增长率变化/百分点	-9.08	-14.69	-43.00	-2349.80	-3.87
新西兰	总额/亿美元	396.14	423.29	28.32	-20.81	2069.29
	同比增长率/%	-0.15	-3.34	1982.61	471.70	-1.13
	增长率变化/百分点	-4.38	-12.48	2069.37	679.08	-3.86
秘鲁	总额/亿美元	462.97	410.45	55.53	11.03	2268.48
	同比增长率/%	-5.64	-1.97	-2.62	81.41	1.60
	增长率变化/百分点	-14.93	-10.10	-32.38	122.27	-4.79

---

① 张宇. CPTPP的成效、前景与中国的对策[J]. 国际贸易,2020(5):52-60.

续表

国家	指标	贸易		国际投资		GDP
		出口	进口	利用外资	对外投资	
新加坡	总额/亿美元	3885.15	3558.63	897.71	283.94	3720.63
	同比增长率/%	-5.65	-3.95	43.03	14.97	-0.53
	增长率变化/百分点	-15.97	-17.02	55.51	41.08	-10.25
越南	总额/亿美元	2735.12	2735.12	112.70	4.08	2619.21
	同比增长率/%	12.23	12.23	6.22	-5.34	—
	增长率变化/百分点	-1.05	-2.17	1.59	-25.06	—

注：表格中的同比增长率均是与2018年的相比。增长率变化是2018年同比增长率减去2017年同比增长率。

资料来源：CEIC数据库、世界银行数据库和作者计算整理。

对比表2所示的各国经济在CPTPP生效后一年内的表现，可以得到如下进一步的认识。

首先，从贸易方面来看，CPTPP确实未能给各国的对外贸易带来显著性的扩张效果。除了经济总量最小的文莱和越南之外，各国进口相对于2018年都有不同程度的下跌，其中澳大利亚、智利与马来西亚的进口跌幅甚至超过5%；出口方面也仅有澳大利亚、文莱和越南出现了较为明显的增长。而从动态比较来看，所有国家的贸易增长率相对于CPTPP未生效的2017—2018年都有显著的下滑，部分国家（如智利）的跌幅甚至超过20%。

其次，从跨境投资方面来看，CPTPP下的资本流动呈现出由发达国家向发展中国家转移的倾向：一方面，以智利、马来西亚和越南为代表的发展中国家大多出现了引资规模的显著扩大，智利的引资增幅甚至接近100%；另一方面，以加拿大、日本为代表的发达国家则出现了对外投资的增长，其中日本的对外投资增长率高达68.24%。由此表明，成员国的国际分工结构和产业链体系初步呈现出一定的重组倾向。

最后，从经济增长情况来看，CPTPP的增长效果并不是一个普遍性的现象。成员国当中仅有日本、马来西亚、墨西哥和秘鲁四个国家在

CPTPP 生效后实现了经济总量的正增长，经济增速最高的墨西哥仅为 3.08%；大部分成员国经济相对于 CPTPP 未生效前有不同程度的萎缩。成员国总体经济增速的改善则可能源自经济规模较大的日本的拉动，但经济增长利益的分配并不均衡。

（三）CPTPP 存在的问题

总体来看，CPTPP 的政策效果未及预想的程度，因此探寻 CPTPP 存在的问题以及效果不佳的原因就变得非常重要。

1. 大国数量不足

大国的参与程度是决定一个经济合作组织是否会产生足够吸引力和影响力的先决条件。随着美国的退出，CPTPP 中出现了明显的大国缺席状况，日本显然不具备美国那样的地位和能力。由 2019 年 CPTPP 成员国贸易与投资伙伴结构的情况可以看出，CPTPP 各成员国对美、中等国的贸易和投资依存度较高，美国是日本、加拿大、墨西哥、马来西亚、越南、智利、秘鲁、新西兰的前三大出口伙伴国，且是日本、加拿大、澳大利亚、墨西哥、新加坡、智利的首要外资来源国和日本、加拿大、澳大利亚、墨西哥、新西兰的首要投资目的国；中国是日本、加拿大、澳大利亚、墨西哥、新加坡、马来西亚、越南、智利、秘鲁、新西兰的前三大贸易伙伴国，且是马来西亚第三大外资来源国、新西兰第二大外资来源国和日本第三大投资目的国。在这种高依存度的情况下，美、中等大国的缺席使 CPTPP 很难在内部建立完整的价值链闭环，成员国的生产和贸易仍严重依赖区外的中间品供应和外部市场，造成其贸易创造和贸易转移效应相对有限。

2. 成员国分化明显

国际经济合作实践多次证明，成员国经济发展的均衡性是保证共同经济区成功发展的重要条件。然而，这一条件在目前的 CPTPP 成员国中显然并不具备。CPTPP 成员国不仅包括日本、加拿大等发达经济体，也包括墨西哥、马来西亚等一些中等发展程度的经济体，同时也容纳了如文莱等一些经济体量极小、发展程度不高的经济体。这些经济体有着不同的发展诉求和差异极大的发展条件，使 CPTPP 很难完全兼顾所有国家的共同利益，由此导致 CPTPP 的政策效果在成员国之间存在着巨大的分化。

3. 原有区域经济割裂的惯性仍存在

CPTPP 尽管试图打造一个环太平洋的经济圈，但由于原有区域经济格局的惯性，这一集团目前仍然存在着美洲和亚太地区的割裂——以加拿大、墨西哥为代表的美洲国家与美国经贸联系密切，而对 CPTPP 本身依赖较大的国家则主要集中在东南亚和大洋洲。这意味着 CPTPP 在实际运行中可能仍无法摆脱原有的区域经济惯性，从而存在着天然的割裂倾向。特别是在失去了进入美国市场这一主要诱因后，各国重心开始重新回归到本区域的经济圈当中，这种摇摆的态度可能是造成 CPTPP 效果不佳的原因之一。

加之 CPTPP 生效迄今为止刚满一年，由于国际贸易活动往往具有一定的时滞性，而且成员国之间的产业布局调整更是需要较长的周期，政策效果短期内无法发挥亦属正常，其具体成效可能需要在更长的时间段内予以追踪和观测。

二、CPTPP 对亚洲经贸合作的影响

亚洲是世界上人口最多、面积最大的大洲，也是当前世界经济活动最为活跃的区域。2018 年亚洲的实际 GDP 总值为 30.71 万亿美元，占世界的比重达到了 37.49%，而美洲及欧洲占比分别为 32.58%、27.40%。亚洲是目前世界上 GDP 占比最高的大洲。

以下以中国、日本、韩国、印度和印度尼西亚[①]五国为代表，通过

---

① 在亚洲各国中 GDP 排前五位。

比较这五国在 CPTPP 生效前后贸易、投资以及经济增长三个方面的变化，具体分析 CPTPP 对亚洲经贸合作的影响。亚洲五国的贸易、投资以及 GDP 在 CPTPP 生效前后的变化情况如图 4 所示。

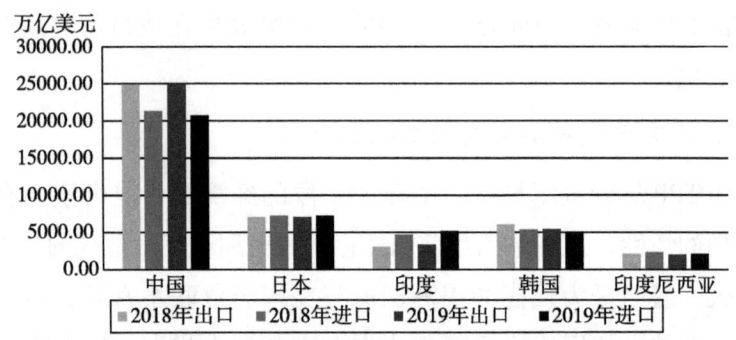

图 4　亚洲五国协议生效前后进出口情况（2018—2019 年）
资料来源：CEIC 数据库。

直观来看，CPTPP 协议生效一年来，亚洲五国的对外贸易活动尽管受到了中美贸易摩擦等不利因素的冲击，但仍维持了与 2018 年大体相当的规模。如图 4 所示，2019 年亚洲五国分别实现出口和进口总额 4.28 亿美元和 4.03 亿美元，较 2018 年分别下跌 0.83% 和 1.40%；对比全球范围内贸易流量萎缩的情况，可以说，亚洲五国在 CPTPP 生效后的一年内在国际贸易方面的表现可圈可点。

从跨境投资的发展情况来看，2019 年中、日、韩、印四国在利用外资和对外投资方面都有提升。如图 5 所示，2019 年四国利用外资总额为 2689.96 亿美元，对外投资总额约为 4023.20 亿美元，较 2018 年分别上涨 8.21% 和 25.93%。对比四个国家的表现，2019 年中国和印度的对外投资呈现出下降趋势，且印度下降幅度很大，可能其跨境资本流动方面遭遇一定的负面冲击；相反，日韩两国的对外投资则呈现出较大幅度的上涨。在利用外资方面，除韩国呈现出小幅下降外，其余三国都呈现出上涨趋势。

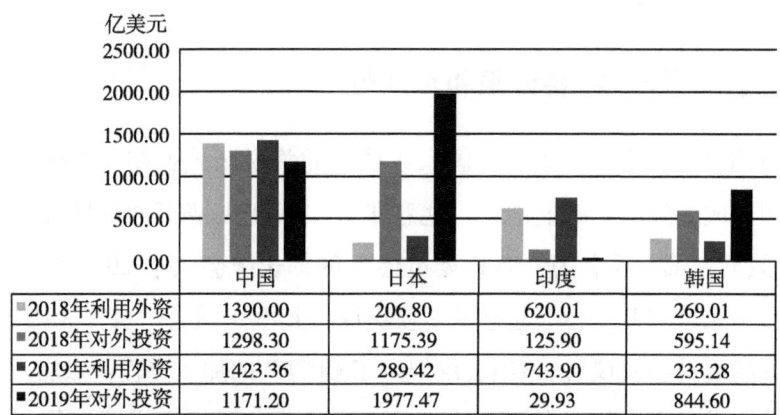

图 5　亚洲四国协议生效前后国际投资情况（2018—2019 年）
资料来源：CEIC 数据库。

从经济增长情况来看，如图 6 所示，在 CPTPP 生效后的一年中，亚洲五国的经济克服了外部环境恶化和国内经济转型等诸多不利因素的影响，2019 年实现 GDP 总额 22.12 万亿美元，同比增长 4.94%，经济增长并未受到 CPTPP 生效的太多影响和冲击。

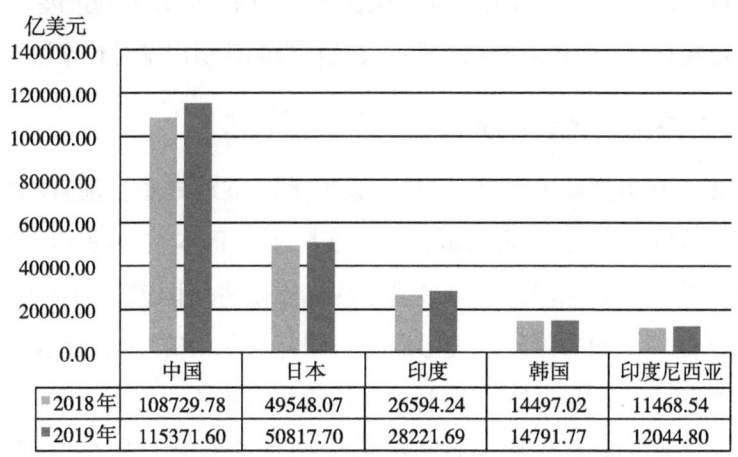

图 6　亚洲五国协议生效前后 GDP（2018—2019 年）
资料来源：世界银行数据库。

三、CPTPP 扩容设想和可能性

CPTPP 第五条明确规定，国家或独立的关税区域可在条约生效后与缔约国达成一致的基础上加入，这意味着 CPTPP 具备开放性特征。CPTPP 生效后，第一届名为"TPP 委员会"的部长级会议于 2019 年 1 月 19 日在日本东京召开，会上通过了多项决议，其中一项为"关于 CPTPP 加入手续的委员会决议"。该项决议规定了 CPTPP 的加入流程：拟加入国提出申请，委员会在一定期限内决定是否受理，若受理则设置工作组来负责具体谈判，最后由委员会按照一致同意的原则来决定是否批准加入。整体而言，手续较为简便，与 CPTPP 的开放性特征相吻合。此外，由于冻结条款等因素使 CPTPP 在规则门槛方面较 TPP 有所降低，对于某些经济体而言具备更大的吸引力，因此可以说，CPTPP 有较为强烈的扩容预期。

目前，CPTPP 也正着手扩容事项，泰国、韩国、印度尼西亚、英国等国家均对加入 CPTPP 表示出兴趣。但结合上述 CPTPP 发展的进展、存在的问题以及其对亚洲经贸的影响，我们仅从自身的认识出发对其作如下推断。

（一）全面评估美国重返 CPTPP 的可能性

首先，日本推动 CPTPP 生效有吸引美国重返之意，前首相安倍晋三曾声称 TPP 对日美而言是最佳的。实际上，日本主导的 CPTPP 也的确一直为美国敞开大门，其中最典型的标志是将美国谋求的多项条款进行了冻结处理，而非删除。美国战略与国际问题研究中心高级副主席马修·古德曼（Matthew P. Goodman）认为，日本不仅在推动达成协议方面发挥了关键的领导作用，而且在说服 10 个合作伙伴暂停而不是撤销 22 项华盛顿感兴趣的项目方面，也发挥了关键的领导作用，以使美国能够在做好准备的情况下尽可能容易地重返。美国国内对于重返也有一定呼声，指出 CPTPP 的生效让美国商界体会到了一种"世界在前进，而我们还止步不前"的紧张感。

美国如果重返 CPTPP，在很大概率上可以巩固美日同盟。日本前驻美国大使佐佐江贤一郎在美国布鲁金斯学会发表演说时曾明确指出，CPTPP 对于日、美两国具有三重战略意义：第一，有助于日美经济复苏；第二，有助于美国在亚太的再平衡政策；第三，为日美在地区、全球强势的外交与安全战略奠定坚实的经济基础。佐佐江贤一郎特别强调，没有美国参与的 CPTPP 不可能构建未来日美经济同盟，更无法构建亚太自由贸易。强化美日同盟是日本战后外交的三支柱之一，美日两国虽时常爆发经济摩擦，也出现过两次"漂流"，但总体而言，日本战后采取的是追随美国的路线。美国重返 CPTPP 对于日本推动巨型 FTA 战略具备示范效应和特殊意义，不仅有助于宣示美日同盟依然坚固，同时也可以对冲美日之间经济摩擦带来的不利影响。

其次，吸引美国重返不仅是日本的想法，其他成员国也有此意愿。美国《国家利益》杂志网站上的一篇评论文章称，马来西亚双威大学商学院经济学教授叶金玲（Yeah Kim Leng）表示，将世界上最大的经济体纳入贸易协定，将极大地增强其影响力，并有利于实现其他较小的成员国所寻求的贸易和投资收益。可以说，在这一点上，日本的立场并不孤单。

第 46 任总统竞选人拜登曾在竞选中宣称对外政策要回归全球治理。在贸易方面，拜登不支持使用关税武器，倾向于联合盟友对他国施压，关注"不正当竞争"和窃取美国知识产权行为。拜登预计在贸易规则、气候协定等方面的国际合作可能更注重"团结"。此外，拜登支持自由贸易、支持 WTO 多边贸易体系，未来有望推动全球和区域贸易关系修复。可以预测，拜登对重返 CPTPP 的兴趣很大。如果美国重返，预期其会凭借自身强大的实力来全面影响亚太区域经济的整合进度，削弱中国在亚太的影响力和号召力，美国在谋求其经济利益的同时，不忘觊觎东亚地区的政治利益和安全利益。此外，美国重返 CPTPP 可能对现有规则条款进行改造，搁置的条款可能重新启动。

综上所述，对美国重返 CPTPP 的可能性进行分析，既需要全面评估美、日两国的传统外交理念及当前外交和贸易战略的重心，CPTPP 成员国的贸易状况及对待美国回归的态度，冻结条款"解冻"对美国及 CPTPP 成员国的影响等因素，也需要对拜登的相关外交理念等进行观察和预测，才能得出较为全面科学的预判。

（二）英国实现加入 CPTPP 面临不少困难

英国对申请加入 CPTPP 态度积极。据悉，英国贸易部长利亚姆·福克斯已经和澳大利亚、新西兰等 CPTPP 成员国展开了非正式洽谈。澳大利亚和新西兰作为英联邦成员国，英国和它们进行预先洽谈，可提前帮助英国了解加入 CPTPP 的程序和实体内容。但是，英国加入亚太区域的 CPTPP，除了脱欧麻烦外，还有其他不利因素。

首先，英国不属于亚太区域，以欧洲大西洋国家的名义加入 CPTPP，和这个贸易集团的性质名实不符。英国加入 CPTPP，与其说是建立更广阔的英国贸易圈，还不如说是英国脱欧后的焦虑所致。由于和欧盟的分家，英国在脱离欧盟这个大市场后，希望通过打造新的贸易圈来弥补英国的疏离感。

其次，CPTPP 的成员国对于英国的加入不太积极，其实它们更渴望美国不要离开。成员国普遍认为，英国如果加入虽对 CPTPP 的实力提升有作用，但意义不大。而且，如果英国加入其中，英、加、澳、新四个具有英国文化传统的贸易大国，将会挑战日本的主导地位。因此，日本对英国的加入也未必欢迎。

最后，CPTPP 作为水平较高的贸易机制，美国在开放市场上是做出重大让步的。正因如此，特朗普才以对美国不公平为由退出 CPTPP。日本为了达成 CPTPP 的目标，也在农副产品和汽车市场做出了让步。要想做 CPTPP 的主导者，日本就要让渡一部分贸易利益，其他成员国才会加入 CPTPP 的贸易圈。英国虽然国力大不如从前，但若加入 CPTPP，则经济实力仅次于日本。英国要加入，也要像日本那样去做负责任的成员国，要放弃一部分市场和贸易利益。从英国脱欧的谈判进程来看，英国和欧盟在"分手费"、是否留在欧盟统一市场上存在重大分歧,在"钱"和"贸易"问题上英国的一贯原则是能争取的利益决不放弃。所以英国内部要达成统一,通过让渡部分权利来加入 CPTPP 就十分困难。

综上,英国虽表态愿意加入 CPTPP,但由于其本身并不属于亚太经济圈范畴,且国内政局复杂,是否能在舍弃了欧盟庞大市场的情况下加入一个规模更小的市场,仍存较大疑问。

(三) 新冠疫情对 CPTPP 扩容的影响

目前,新冠疫情还没有结束的迹象,对全球经济以及供应链会产生多大影响还难以预估,对世界经济、东亚经济和东亚经济合作的影响也不可估量。以下我们来分析疫情之后影响 CPTPP 扩容的正、反两方面因素。

一方面,疫情暴发后东亚国家加快了在区域公共安全、防控疫情扩散蔓延和促进经济恢复方面的合作。2020 年 6 月 24 日,召开第 10 次 RCEP 部长级会议,东盟十国和中国、日本、韩国、澳大利亚、新西兰的经济贸易部部长参加会议,并发表联合声明强调,由于新冠病毒大流行给贸易、投资和全球供应链带来了前所未有的挑战,需要各国加强合作和协调,以促进强劲的、有韧性的经济复苏。我国在此前就表达了推动加强区域合作的强烈意愿。2020 年 5 月 24 日,两会期间的记者招待会上,李克强总理在回答日本记者提问时说,中国对加入 CPTPP 持积极开放态度。11 月 20 日,习近平主席在出席 APEC 第 27 次领导人非正式会议的发言中表示,中方欢迎"区域全面经济伙伴关系协定"完成签署,也将积极考虑加入"全面与进步跨太平洋伙伴关系协定"。

另一方面,全球的智库和学术界也出现了一些不同声音。例如,穆迪公司在 2020 年 5 月全球贸易监测中指出,新冠疫情的暴发使各国经济发展重心转移至国内,可能对 CPTPP 的扩容带来挑战。日本神奈川大学法学部教授大庭三枝撰文指出,新冠疫情暴发极大地破坏了国际经济秩序,我们应该反思过度一体化的弊端,疫情暴发成为我们调整东亚区域合作进程的重要契机。2020年4月19日《日本时报》上发表的文章指出，疫情过后安倍政府已经将政策重心更多地转向国内经济，而不是承担更大风险的区域经济合作。确实，疫情的暴发使许多国家意识到过度依赖其他国家提供生活所需的重要产品和物资的弊端，希望生产生活所需的重要零部件和产品都能由本国生产供应，这一趋势也削弱了这些国家开放市场、加强区域合作的积极性。同时，我国很多学者也对能够加入 CPTPP 持怀疑态度，认为短期内我国尚不具备加入的条件，CPTPP 的某些条款和要求我国目前无法达到。

很显然，新冠疫情的突然暴发打乱了各个国家的经济社会秩序，各国在短期内出现政策重点的转向也是很自然的现象，这对 CPTPP 扩容的顺利推进有一定的负面影响。但是应该看到，疫情过后为重振全球经济，贸易合作仍将是强大且成本低廉的工具。

（四）CPTPP 扩容面临的挑战

首先，理论上而言，作为全球范围内主要的创新国和发达经济体，日本可以依靠其强大的技术实力和海外投资能力在 CPTPP 框架内建立相对独立的生产体系，但现实中由于日本经济本身固有的内向开放度不足问题，其他国家的商品和资本进入日本市场的难度极大，这种单向开放的弊端无疑会使日本对其他国家的吸引力大幅降低，在组织中的话语权也会受到相应的影响。

其次，从各国发展目标的分化情况来看，CPTPP 未来的凝聚力取决于区外力量和区内力量之间的博弈。目前来看，亚太区域经济一体化主要沿着 CPTPP 和 RCEP 两条路径发展。在 CPTPP 缺乏大国主导的情况下，来自区外的吸引力显然会更占优势。在经济固有惯性影响下，加拿大和墨西哥会更倾向于重启北美自贸区，而伴随着 RCEP 的成功签订，东盟与中国之间的密切经贸往来也使 RCEP 和 CAFTA（中国—东盟自贸区）相对于 CPTPP 有着更大的吸引力。

最后，CPTPP 所秉承的高水平开放方针虽然不啻保护主义阴影下的一缕暗夜微光,但现实中这种过于理想化的制度设计,以及对于国家主权更高的让渡要求能否抵御目前保护主义的侵蚀,也存在一定的未知性。而CPTPP的成员国多为民主政体,易受到国内民粹主义的影响,在当前经济压力巨大,供应链、资金链都向国内收缩的情况下,左派政府上台的概率会大增,某些成员国极可能步美国后尘,这将对整个CPTPP体系的稳定产生较大负面影响。

四、中国申请加入CPTPP面临的障碍及应对

由前述分析可知,我国与CPTPP成员国之间的贸易往来非常密切,CPTPP各成员国对我国的贸易和投资依存度都较高,因此,外界对于我国加入CPTPP的呼声也较高。确实,加入CPTPP等高水平经贸协定有利于我国深化改革开放,加快形成国际、国内双循环相互促进的新格局。但是目前我国要成为CPTPP成员,仍面临不小的障碍。

(一)中国申请加入CPTPP面临的障碍

首先,CPTPP的前身TPP是美国试图提升其在亚太地区的影响力并遏制中国的战略部署,因此在谈判伊始便在美国的主导下设定了一系列针对中国的壁垒。目前的CPTPP虽然在知识产权等方面有了一定的放松,但有关国有企业问题、劳工问题等大部分中国最难接受的条款仍然被保留(见表3)。尤为重要的是,由于相关规则的认定主动权并不掌握在中国的手中,如果CPTPP成员国主观上缺乏接纳中国的意愿,即便中国做出让步,可能也无法符合对方的要求,因此,CPTPP准入标准的降低对于中国不具有很强的现实意义。

表3 中国加入CPTPP的主要障碍性条款

可接受度	CPTPP条款
难度中等	卫生与植物卫生措施、技术性贸易壁垒、跨境服务贸易、金融服务、商务人员临时入境、电信服务、政府采购、竞争政策、监管一致性、环境、中小企业、透明度与反腐败

续表

可接受度	CPTPP 条款
难度较大	国民待遇与市场准入、投资、国有企业和指定垄断、知识产权
不能接受	电子商务（数据跨境自由流动条款）、劳工（允许自由结社和集体谈判等条款）

其次，从大国博弈角度来看，日本长期将亚太地区视为其根基和命脉，并不乐见 CPTPP 中出现一个足以与其争夺亚太主导权的身影；美国重返 CPTPP 的可能性较大，因此美国可以凭借其经济与政治霸权地位对相关国家施加必要的压力。在这种情况下，中国加入 CPTPP 会受到美国霸权主义的影响。

最后，从我国对新贸易规则的话语权角度来看，CPTPP 规则采用了大量的"负面清单模式"。负面清单模式实际上是一种高度开放服务与投资等领域各部门准入的规范方式。但是对于中国而言，由于中国正处于经济转型期，存在着多项部门领域，包括敏感行业、脆弱行业、新兴行业等需要审慎地审核外资和服务准入，不得不选用相对必要的"正面清单模式"。当"负面清单模式"随着 CPTPP 规则在亚太不断推广，乃至成为一种管理保障贸易自由化的基准规则时，一方面中国可能对这类规则的标准和水平一时间无法充分参与意见；另一方面当中国在"负面清单"管理模式经验成熟时，亚太地区对此模式的区域规则有可能已被发达国家掌握了话语权，我国可能再次处于规则制定的被动地位。另外，在中国当前参与主导的双边、多边国际经贸协定中，对非传统贸易领域，如电子信息、电子商务等进行安排的规则仍然较少，中国的双边贸易规则体现出极强的贸易传统性。相比之下，CPTPP 包含了电信、电商、电子采购等一系列非传统贸易领域的新规则。所以当我国再次参与 CPTPP 的有关规则体系时，则会体现出明显的滞后性和被动性。

（二）中国的对策

虽然 CPTPP 与 TPP 相比在规模、影响方面都有所"打折"，但其依然是仅次于 TPP 的高水准自贸协定，对中国经贸环境的影响不可忽视。有必要对 CPTPP 的规则和走势进行持续、充分的关注和研究，并在此基础上制定我国的相应对策。

第一，深入研究 CPTPP 中有可能对中国形成牵制的条款，建立动态评估和监控体系。CPTPP 虽然对 TPP 内容或修订，或冻结，但在 30 章的内容中依然保留了 20 章的原始文本，如"电子商务""国有企业""劳工"等条款，整体而言，在贸易规则方面具备较高标准。对于 TPP 或 CPTPP 中牵制中国的条款，国内外学术界研究较多，多集中于知识产权、劳工、环境、政府采购、国有企业等条款上，主要从如何规避的视角进行研究。中国的关税水平和贸易规则正在持续向国际标准靠拢，但国际政治经济形势瞬息万变，贸易投资环境也在不断变化。在这种形势下，CPTPP 的各项条款对我国的影响并非一成不变，会呈现出动态特征，我们应该在持续对 CPTPP 牵制中国的条款进行深入研究的基础上，建立动态评估和监控体系，必要时可以形成年度或一定时期的报告，为我国制定相应对策提供数据支撑和意见参考。

第二，积极打造双边和多边开放体系，对冲 CPTPP 对我国的不利影响。2020 年 11 月 15 日，由东盟十国（ASEAN）以及中国、日本、韩国、新西兰、澳大利亚等 15 国通过通信会议正式签署了区域全面经济伙伴关系协定（RCEP）。RCEP 作为全球最大的自贸协定，能够扩大中国在经贸方面的活动范围，从而促进中国经济的包容性发展，并提高抵抗负面贸易转移影响的能力。实际上，我国自加入世界贸易组织以来一直致力于降低关税，全面落实准入前国民待遇及负面清单管理制度，积极对标高标准贸易规则，使投资环境大为改善。据中国商务部副部长王受文在世界贸易组织相关会议上的发言得知，我国在关税方面已基本达到发达国家水平，这也为加速实施 FTA 战略创造了良好的条件。

另外，CPTPP 成立后，在贸易方面对中国的影响最有可能来自未与中国签署自贸区协议的日本、加拿大和墨西哥，重视与这些国家相关的自贸区建设可以减少 CPTPP 对中国的负面影响。立足中国目前的自贸区战略，谈判重点可以放在日本和加拿大上。中国与日本有关的自贸协定是已经签署的 RCEP 和中日韩自贸区两个多边协议。中日韩自贸区于 2018 年 3 月在韩国举行了第 13 轮谈判，三方就推动货物贸易、服务贸易和投资等取得进展并交换了意见。推动中日韩自贸区的建设可以采用"经济先行"的理念，以经济领域的良性发展增强政治互信。对于中、日、韩三国存在严重分歧的部分，可放在多边自贸协定 RCEP 的背景下，暂时采用 RCEP 的条款，以此寻求三国都可以接受的解决方案。中国与加拿大的中加自贸协定目前正在研究中，双方均表现出了积极意愿。中国与加拿大的经济具有较高的互补性，自贸区的建成能够充分挖掘两国贸易潜力。因此，中国现阶段要加强两国对话交流，以克服谈判阻力、增强双方互信，争取早日启动中加自贸协定谈判。

第三，深化国内体制机制改革，提前布局可能受到冲击的产业，以提升规则适应能力。首先，我国应当积极推进市场化改革。公平的竞争环境和市场经济体制不仅是新一代国际经贸规则的要求，同时也是缓解国内存在的激励扭曲和资源错配的必要举措。可从以下四方面着手推进：其一，可以围绕混合所有制改革来进一步推进国有企业改革，逐步取消国有企业各类显性和隐性的补贴；其二，进一步放松私有企业在市场准入和融资等方面的限制，实现企业待遇标准的统一；其三，通过财税和政绩考核体制的改革消减地方保护主义，确保公平的市场环境建设落到实处；其四，通过行政审批体制改革和信息技术的应用简化行政审批流程，进一步提高行政审批的公开度和透明度。

其次，CPTPP 成立后最深远的影响是改写国际贸易规则，其中很多内容代表了国际经贸规则的发展方向。为适应这一趋势，避免在未来的国际经济秩序中被边缘化，我国应当努力进行相应的调整和改革，实现与国际经贸领域的普适性规则接轨。同时，要积极投身于研究和尝试，提出有利于人类共同发展、共赢的新规则。CPTPP 有关劳工、环境和知识产权保护规则对我国未来发展具有一定的借鉴意义，应当进一步研判其中的条款，在维护我国基本权益的基础上实现与国际主流规则的对接。其一，应进一步强化知识产权的立法与执法，以维持对创新的激励，同时在对知识产权保护的期限以及范围方面可奉行稍微宽松的标准，以促进知识的扩散；其二，进一步健全劳动要素的市场化建设，通过户籍和人事制度改革打破劳动力跨区域、跨部门流动的壁垒，同时可通过加强私有企业部门中的党组织建设，塑造符合中国特色的劳动者权利维护机制；其三，应当进一步规范生产经营活动的环境保护标准，强化相关的执法工作。

再次，CPTPP成立后，对于最有可能受到冲击的产业，如机电产品、纺织品及原料等产业，应提前规划。一方面，在国家层面通过实施"中国制造2025计划"增强创新能力，发展智能制造、绿色制造和服务型制造，将产业逐步由中低端向中高端升级，提高相关产品在国际市场上的竞争力；在企业层面则通过加大技术投入、加强技术创新以及培育自主品牌来增加产品附加值，提高机电产品、纺织品及原料等在全球产业链中的位置。另一方面，可以通过对外投资的方式，将产业转移到已与中国签署自贸协定且成本相对较低的CPTPP成员国内，从而进入其他成员国市场。例如，东盟国家中越南、柬埔寨等拥有丰富的人力资源和自然资源，而且中国—东盟自贸区已经建成，双边投资的自由化和便利化水平较高，这些都为中国企业"走出去"提供了良好的条件。通过将易受冲击的中低端产业如纺织品、鞋靴、玩具等向越南等国转移，使之利用原产地规则进入CPTPP成员国市场，不仅有利于减少中国的贸易顺差，也可以降低CPTPP建成后对中国相关产业的冲击。

最后，积极探索更高水平的贸易和投资开放举措。目前，我国在制造业的贸易领域已经基本实现了较高水平的开放，未来可在准入前国民待遇和负面清单原则基础上积极探讨更高层次的开放措施。其一，通过自贸试验区的先行先试进一步开拓服务业领域，包括金融、商务服务等领域的对外开放；其二，进一步削减外商投资的负面清单，并在公平市场环境下以"国民待遇"原则统一内外资企业待遇；其三，积极推进跨境数据流动、跨境电商、离岸金融等新兴领域的开放路径研究与规则制定，引领对外开放向更高的水平和层次迈进。

第四，积极推动"一带一路"倡议。"一带一路"是我国提出的与沿线国家经济合作的倡议，贯穿亚欧非，东接活跃的东亚经济圈，中间穿过具有广阔发展潜力的腹地国家，西边到达发达的欧洲经济圈，拓展了中国与周边国家的互利合作。"一带一路"倡议对于促进我国经济贸易发展、提升我国在全球经济一体化进程中的地位具有重要意义。积极推动"一带一路"倡议既可以加强我国与沿线国家的经济合作，促进我国经济发展并提高应对风险的能力，又可以提高我国在新一轮国际经贸规则重构的影响力，避免被动接受别人制定的规则。我国可以将"一带一路"作为与发展中国家签订自贸协议的平台，特别是将正在谈判中涉及"一带一路"相关区域和国家的自贸协定作为引领发展中国家贸易规则制定与改革的试验田。通过继续稳步推进"一带一路"倡议，加强与周边国家的经济合作，降低 CPTPP 在贸易、投资以及经贸规则主导权等方面给我国带来的负面影响。

第五，新冠疫情之后应进一步扩大开放，对加入 CPTPP 秉持更加积极的态度。2020 年 10 月 14 日，习近平总书记在深圳经济特区建立 40 周年庆祝大会上指出，要锐意开拓全面扩大开放。当前，世界经济面临诸多复杂挑战，新冠疫情的全球流行使变局加速演进，保护主义、单边主义抬头，但是我们决不能被逆风和回头浪所阻，要站在历史正确的一边，坚定不移地全面扩大开放，推动建设开放型世界经济，推动构建人类命运共同体。2020 年 11 月 20 日，习近平主席在 APEC 第 27 次领导人非正式会议的发言中更是公开表示，中国将积极考虑加入"全面与进步跨太平洋伙伴关系协定"。

当前，我国要通过构建开放的国际、国内双循环体系，加快推进规则标准与世界先进标准的对接,构建高水平的对外开放经济体系。CPTPP作为目前跨度最大的区域性自贸组织,也是代表当前最高水平的贸易协定,我国的加入不仅是当前应对疫情对经济冲击的战略选择,也有利于我国加快形成国际、国内双循环发展的新格局。

(执笔人:王婧)

参考文献

[1]孙秀娟,吴一鸣.CPTPP的规则、影响及中国对策:基于和TPP对比的分析[J].法制与社会,2020(19):1-3.

[2]王辉耀.中国加入CPTPP的时机正在成熟[N].环球时报,2020-06-11(015).

[3]张宇.CPTPP的成效、前景与中国的对策[J].国际贸易,2020(5):52-60.

[4]李春顶,张杰皓,张津硕,杨泽蓁.CPTPP经济效应的量化模拟及政策启示[J].亚太经济,2020(3):12-20,149.

[5]李天国.逆全球化背景下韩国亚太自由贸易区战略——基于RCEP、CPTPP规则比较[J].东北亚学刊,2020(3):61-75,149.

[6]沈铭辉,李天国.区域全面经济伙伴关系:进展、影响及展望[J].东北亚论坛,2020,29(3):102-114,128.

[7]崔晓静,陈镜先.CPTPP税收措施规则解析及中国应对[J].河南师范大学学报(哲学社会科学版),2020,47(2):61-67.

[8]刁莉,杨玉蒙,陈哲馨.CPTPP对中国与东盟双边贸易的影响研究[J/OL].开发性金融研究,(2020-03-16)[2020-07-26].https://doi.org/10.16556/j.cnki.kfxjr.20200316.001.

[9]郑建成,王卓.CPTPP、美日贸易协定及中国的应对——基于日本与CPTPP10国及美国贸易投资面板数据的分析[J].东北亚经济研究,2019,3(6):76-92.

[10]关兵,梁一新.中国应该加入CPTPP吗?——基于一般均衡模型

GTAP 的评估[J].经济问题探索,2019(8):92-103.

[11]苏庆义.中国是否应该加入 CPTPP?[J].国际经济评论,2019(4):7,107-127.

[12]白洁,苏庆义.CPTPP 的规则、影响及中国对策:基于和 TPP 对比的分析[J].国际经济评论,2019(1):6,58-76.

[13]袁波.CPTPP 的主要特点、影响及对策建议[J].国际经济合作,2018(12):20-23.

[14]管丽莉.逆全球化背景下中国的应对策略[J].经济研究导刊,2020(6):170-171.

[15]佟家栋,刘程.后疫情时代的逆全球化与国际经济秩序探索[J].长安大学学报(社会科学版),2020,22(4):33-40.

[16]裴桂芬,王欣颖.疫情背景下东亚区域经济合作及日本政府的政策取向[J].日本问题研究,2020,34(4):15-23.

[17]田原.英国想借加入 CPTPP"重返亚太"?[J].世界知识,2020(15):48-49.

[18]邱君帝.逆全球化对中国对外开放的影响与对策[J].经济动态与评论,2019(1):196-204,214.

专题三
中日韩 FTA 对亚洲经贸合作的影响

中日韩 FTA 于 2012 年 11 月启动,截至 2019 年年末已举行 16 轮磋商,总体进展积极。中、日、韩三国同为全球重要经济体,建立中日韩自由贸易区将有助于充分发挥三国间的产业互补性,挖掘三国贸易投资潜力,促进区域价值链进一步融合,符合三国的共同利益。不仅有利于本地区的繁荣与发展,也有助于提升区域经济一体化水平。特别是 2020 年 11 月 RCEP 的顺利达成,填补了中日韩之间没有 FTA 的空白,为中日韩经贸合作迈向高质量发展奠定了基础。

但是,日韩贸易摩擦给中日韩 FTA 谈判取得实质性进展造成了重大影响。2019 年 7 月,日本宣布对韩国实行一系列贸易制裁手段,日韩对立再次升级,由之前的对立表态上升为实际的贸易摩擦。据日本经济产业省网站公告,自 2019 年 7 月 1 日起,日本针对将韩国从《外汇及外国贸易法》白名单中剔除的动议征求意见;同时宣布自 7 月 4 日起,将限制氟聚酰亚胺、光刻胶、高纯度氟化氢等三种材料,以及相关制造技术和制造设备向韩国出口[①]。韩国三星电子、LG 和 SK 等厂商所需的大多数氟聚酰亚胺和高纯度氟化氢都是从日本进口。这些是智能手

---

① 资料来源:日本经济产业省,https://www.meti.go.jp/press/2019/07/20190701006/20190701006.html。

机、芯片等产业中的重要原材料。制裁至今已经一年多的时间，给韩国半导体产业供应链造成了巨大影响，同时也波及了世界范围内半导体的产业链。贸易摩擦给日韩双方经贸合作造成了负面影响，长期持续将带来双输结局，同时也影响了中日韩 FTA 谈判进程。

新冠疫情虽然对中日韩 FTA 谈判造成了一定影响，但同时也给中日韩合作推动经济一体化提供了机遇。美国的力量一直横亘在中、日、韩三国之间，阻碍三国联合成经济一体化组织。这次疫情危机催生了机遇，疫情对日韩的影响会使它们在经济上更加迫切需要与中国合作。疫情可能加速中日韩 FTA 的签订，甚至促成超越经济领域之外的更广泛合作。

一、东亚生产网络的变化以及对中日韩经贸合作的影响

近年来，国际形势复杂多变，东亚生产网络由来已久的竞争与合作并存的局面，由于中美、日韩之间的贸易摩擦与地缘政治纠葛变得更加复杂。东亚生产网络中，中、日、韩三国的地位和制造业模式剧烈变化，特别是受到新冠疫情冲击，产生了新的机遇和挑战。

（一）中、日、韩在东亚生产网络中的地位

从历史上看，19 世纪七八十年代，日本通过给美国进行半导体代工生产承接美国的技术和产业转移，逐渐占据东亚生产网络中产业链高端地位，韩国和中国台湾等遵循"雁行模式"，为日本进行代工生产和产业链配套，也逐渐在产业链中取得一定地位。产业链分工合作是当时的主旋律。

但是，日本经历了几次日美贸易摩擦，特别是从 19 世纪 80 年代开始的以半导体和汽车为代表的技术摩擦，给日本先进制造业的产业链发展造成较大障碍，尤其是美国通过"日美半导体协定"中的限价和第三国监督的机制，将日本半导体的市场限制在日本国内，借此使东亚生

产网络进入竞争时代。重新夺回半导体产业主导地位的美国,仍然需要东亚生产网络提供产业链代工和配套,韩国和中国台湾趁机抢占了产业链中高端地位,与日本形成较强的竞争关系。中国加入 WTO 之后,开放的大门越开越大,由于在资源、人力等方面比较具有优势,进一步承接了日韩等经济体的产业转移,并形成强大的产能,同时也积累了一定的生产技术和经验。经过合作和竞争的过程,东亚产业链不断调整布局,东亚生产网络逐渐形成,中、日、韩三国产业链地位也逐渐清晰。日本主要占据产业上游,具有技术和经验优势,特别是掌握半导体和汽车产业链中的关键核心位置,并且担当技术创新引擎的角色。韩国虽然在产业整体上后来者居上,但是其单纯技术实力与日本仍然有较大差距,这一点从日韩贸易摩擦中可以清晰地观察到。韩国的优势在于半导体产业链较为完整,特别是三星公司,几乎涉足半导体制造全产业链,而且在产业链各个关键环节都具有较强的技术优势和生产能力,这一点在半导体产业逐渐趋于细化分工、模块化生产的今天,显得较为突出甚至另类。这既体现了韩国经济发展的整体特点,也是三星这家公司的核心竞争力所在。中国经历了"三来一补"时代,逐渐认识到产业链布局的重要性,经过 40 多年的改革开放,中国先进制造业逐渐迈向产业链中高端,通过自主研发和引进技术相结合积累了一定的技术实力,同时利用中国巨大的产能和市场优势获得了大量生产经验。目前,中国已经能够在部分领域与日、韩形成有效竞争,形成东亚生产网络新的竞合局面。

(二) 东亚生产网络中制造模式的变化情况

从"雁行模式"到国际生产网络的转变。20 世纪 80 年代以来,发达国家的消费市场开始出现饱和,原有的产业优势发生变化,国际市场面临新的供求矛盾。跨国公司为了追求利益最大化纷纷调整发展战略,国际生产转移出现加快的迹象,促进了资源、资本及其他生产要素在全球范围内的配置和流动,形成了以加工贸易为主要形式的新型国际分工和生产网络。跨国公司作为全球经济中最为活跃的参与者，在全球范围内布局其产业链，将同一产品的生产过程在不同地区进行差异化分工，在技术能力最强的地方进行产品研发，在成本最低的地方组织生产，在规模最大的市场上营销。① 产业链开始从母国向目标东道国转移，形成了国际化生产网络下的产业链分工。东亚作为世界上最具成长性的发展引擎，产业链分工模式紧跟这样的剧烈演变大潮，从"雁行模式"逐渐向国际生产网络方向发展。例如，日本汽车产业从20世纪80年代开始逐步向中国转移，在中国的本土化进程作为其参与国际生产网络的一部分，经历了从产业价值链到品牌文化不断深度融合的过程。

东亚以产业内贸易为主要形式，中国中间品贸易地位不断提升。中间品贸易在双边贸易中占比较高符合世界趋势，目前在中、日、韩三国双边贸易中，以中国自韩国进口中间品占比为最高，达到75%；中国自日本进口中间品占比处于60%左右；韩日之间中间品贸易处于60%~70%。这些体现在产业链分工中，表现为中韩互补性较强，日韩之间存在较强的竞争关系。

近年来，受到中国产业转型升级、日本产业链转移，以及韩国产业发展的挤压，中日之间中间品贸易占比有所下降，根据OECD数据库②，从2013年的67%逐年下降到2019年的58%，体现了东亚产业链内部日本地位的变化，东亚产业链重构正在进行中。汽车制造业方面，日本对中国出口中间品占比从2014年的33%下降到2019年的32%，较为平稳，体现出中日在汽车制造业方面产业链地位相对稳定。ICT制造业方面，日本对中国出口中间品占比从2014年的84%下降到2019年的81%，这一趋势与日本对华整体出口中间品占比下降趋势相同，体现出中国对日本形成了较为有力的竞争替代关系。2019年，受到日韩贸易摩擦和世界经济下行双重影响，日韩之间的中间品贸易明显下降，

---

① 资料来源：中国经济网，http://intl.ce.cn/right/jcbzh/200706/14/t20070614_11743704.shtml。
② 以下中间品贸易占比数据来源于OECD STAN 数据库。

受其拖累，韩国对全世界的出口都产生大幅下降。这反映了韩国对日本中间品的高度依赖和缺少中间品对韩国产业的巨大影响。

（三）新冠疫情在全球蔓延，对中日韩经贸合作产生严重影响

疫情对中日韩经贸合作的影响主要表现为：一是双边贸易暂时萎缩，双边进出口同时大幅下降；二是以中间品为主的产业供应链受到严重打击，疫情期间日企生产经营受阻，造成日本对华零部件出口下降；三是服务贸易大幅萎缩，商务交流也相应减少，派驻中国的日籍人员滞留日本，双方人员交流短期遭遇冻结。长期而言，疫情对全球产业链布局的影响将会更加深远。

新冠疫情跨境扩散会影响全球三大生产网络之间的联系。在欧洲、日韩、美国，新冠疫情都已经或正在逐步进入社区传播阶段，新冠病毒传染病例数量将继续上升。欧洲、日韩、美国等主要经济体对疫情较为严重的城市和社区进行管控的力度不断增大，各国间人员流动尤其是国际客货航运将受到越来越多的限制，直接影响跨国企业商业活动，将会对主要经济体经济和贸易投资形成不利影响。

疫情影响下，相关经济体主要制造业城市对企业本地、区域和全球供应链造成了负面影响。在防护产品和医疗能力有限的情况下，企业将采取类似于中国的停产措施，或进行小规模、零散化生产，物流运输将会面临较紧张的状况，其中包括人工成本上升造成的行业从业人员短缺、跨境道路运输管控限制、海关清关效率因疫情管控下降等状况。东亚、欧洲、北美三大生产网络之间的跨境货物贸易、服务贸易、电子商务和数字贸易联系将会受损。无论是上游的原材料供应、中游的加工制造还是下游的组装销售环节，均会受疫情影响出现供应能力下降，进而面临全产业链供应链的需求下滑。这种影响长期化则导致：各国对全球产业链安全性的担忧加剧，产业链短缩化、本土化、区域化趋势增强；随着疫情长期化，产业链彻底断链风险逐渐加剧，恢复起来将难上加难。

日本逐渐从"中国+1"转向"中国-1",但是日企普遍对中国市场充满信心。2003年非典时期,日本学术界提出了"中国+1"战略,意在通过在中国之外建立生产基地"备胎"来抵减产业链风险。近年来,全球化退潮趋势明显,2020年新冠疫情蔓延以来,产业链安全再次从隐忧转变为当务之急。日本政府借机于疫情期间提出2435万亿日元(约合143亿元人民币)的"改革供应链"计划,鼓励日本公司将生产转移到中国以外的其他国家或日本本土,以实现生产基地多元化。日方对这一政策的完整表述是,对某一国依存度高的制成品和零部件生产回归日本国内,以及对于向东南亚分散生产基地,谋求产地多元化的企业,日本政府将对其中的中小企业提供2/3的(搬迁)补助,对大企业提供1/2的(搬迁)补助。这一表述出自安倍政府在出台的"新型冠状病毒感染症紧急经济对策"。舆论一度认为这与特朗普政府推出的产业链回流美国政策相呼应。日本在新冠疫情期间提出的这一措施与之前提出的"中国+1"有明显区别。"中国+1"的基本原则是在以中国为主要生产基地的前提下,将在东南亚等地增加生产基地作为备选,以保证中国内地发生突发事件(公共卫生或中日关系等)时,产业链能够保持正常运行。简单来说,就是"备胎"性质,平时不用或者不以其为主。而2020年日本的新政策,其背后逻辑是中国内地整体已经不安全,需要把中国内地原有的生产线逐渐撤出,迁移到东南亚或者日本本土等更安全的地方,其他地区已经由原来的"备胎"上升为多个生产基地之一,简单来说,就是"中国-1"。

"中国-1"战略既是"中国风险论"的再次升级,也是逆全球化背景下产业链区域化、近岸化、短缩化趋势的进一步发展。虽然目前"中国-1"仍只是一个政策或者一种现象,还没有上升到战略层面,但是其苗头和趋势值得我国关注。

尽管如此,疫情期间日本贸易振兴机构上海代表处对中国华东地区

710家日企调查结果显示,约90%的日企表示不愿意从中国撤离。① 而在日本政府108万亿日元刺激政策下,日本破产企业仍在大规模增加,日本在拯救该国企业方面已经显得有些力不从心。过去五年考虑缩小或转移在华业务的日企比例一直稳定在不足10%,疫情暴发后这一数据未有明显变化。② 无论从经济角度还是产业链安全角度考虑,中国仍旧是日本企业海外布局中最重要的地区,随着中国经济的复苏,这一优势将越来越明显。

日企不愿撤出中国,首先当然是看中中国市场的成长性,更重要的原因是,即使疫情期间日企的生产受到一定波及,导致一些日本企业产生搬迁意愿,但是日本政府提出的迁移计划根本不能补偿日企迁移成本,经济上不成立。"中国-1"作为政策理念有可能被长期坚持,就像"中国+1"一样,日本官、民两界很可能长期使用这一理念看待日企产业链布局问题,虽然短期内在经济上不划算,但是日本政府的政策却能推动天平向撤离中国的方向不断倾斜。

二、中日韩 FTA 对主要经济体的贸易效应研究

近几年,区域贸易一体化迎来热潮,RCEP 签署标志着中国主导的包容性区域经济一体化合作取得重大进展;虽然美墨加协定产生于特殊形势下,但已经形成一种新的区域贸易一体化模式。下面通过 GTAP 模型对 RCEP、美墨加协定和中日韩 FTA 达成对主要经济体的影响进行模拟,进而比较不同区域贸易一体化安排之间的效应。

GTAP 模型设定。如表1所示,本章设立3种情景对中日韩 FTA 与其他区域贸易一体化安排进行比较。情景一为中日韩 FTA 达成,所有

---

① 资料来源:《联合早报》:在华日企"想说离开不容易",中国日报中文网,http://china.chinadaily.com.cn/a/202005/25/WS5ecb5faba310eec9c72bb2cd.html。

② 资料来源:日本政府鼓励日企撤离中国真相,和讯网,http://news.hexun.com/2020-04-18/201068283.html。

商品关税均设为零；情景二为美墨加协定达成的影响，三国之间所有商品关税均设置为零；情景三为 RCEP 达成，16 个成员国之间所有商品关税均为零。由于成员国之间差异较大，不同贸易协定中的自由度水平有高有低，关税为零是较强假设，虽可能高估实际情况，但是能够看出不同自贸协定的最大潜力和效果。

表1　情景设定

编号	情景设定
情景一	中日韩 FTA 达成
情景二	美墨加协定达成的影响
情景三	RCEP 达成

具体模拟结果如下：

第一，对 GDP 的影响。表2 显示了不同情景下对主要经济体 GDP 的影响。情景一显示，中日韩 FTA 达成将使中国 GDP 提升 0.33%。情景二显示，美墨加协定达成对中国 GDP 影响效果较小（0），表明在贸易上对我国没有实质影响。情景三表示 RCEP 达成对中国 GDP 影响效果为 0.55%，说明 RCEP 影响范围更大，促进区域贸易自由化的效果更强。从情景一和情景三的对比中可以看出，中、日、韩三国的贸易同三国与东盟之间的贸易具有一定相似性，因此中日韩 FTA 达成后，东盟国家 GDP 会有小幅度下降（-0.04% 和 -0.02%），这表明虽然整体上中日韩产业链比东盟高端，但是仍然在一定范围内存在竞合关系。

表2　不同情景下对主要经济体 GDP 的影响　　（%）

区域/情景	情景一	情景二	情景三
中国	0.33	0	0.55
东盟中的 CPTPP 国家	-0.04	0	0.27
东盟中的其他国家	-0.02	0	0.16
日本	0.05	0	0.09
韩国	0.31	0	0.41

续表

区域/情景	情景一	情景二	情景三
澳新地区	-0.02	0	0.13
印度	-0.01	0	0.53
加拿大和墨西哥	-0.01	0.03	—
智利和秘鲁	-0.01	0	—
美国	0	0.09	-0.01
欧盟27国	0	0	-0.01

第二，对进口的影响。表3显示了三种情景对各地区进口规模的影响。总体上，中日韩FTA和RCEP的达成对中、日、韩三国进口都有促进作用，由于三国之间主要是产业内贸易，相互增加进口表明东亚生产网络的合作更加活跃。可以看出，中日韩FTA达成对东盟和美墨加等其他经济体的进口有负面效应，有可能是本来通过其他国家完成的产业内贸易由于中日韩FTA的达成转向了中、日、韩三国。

表3 三种情景对各地区进口规模的影响 （%）

区域/情景	情景一	情景二	情景三
中国	3.02	-0.01	4.26
东盟中的CPTPP国家	-0.39	-0.01	3.83
东盟中的其他国家	-0.55	-0.02	4.87
日本	4.42	-0.05	6.44
韩国	4.47	-0.01	5.74
澳新地区	-0.44	-0.09	4.07
印度	-0.17	-0.01	3.72
加拿大和墨西哥	-0.04	0.54	—
智利和秘鲁	-0.53	-0.08	—
美国	-0.50	0.36	-0.87
欧盟27国	-0.11	-0.02	-0.27

第三，对出口的影响。不同情景对各地区出口规模的影响如表4所示。总体上，中日韩FTA和RCEP对中、日、韩三国出口规模有促进作用；与前面结果相似，RCEP效果大于中日韩FTA，而且日本的

贸易创造效应较小，韩国较大；其他地区也呈现出类似趋势。总体而言，中日韩 FTA 和 RCEP 对国际出口贸易形成了较大促进作用。

表4　不同情景下对各地区出口规模的影响　　　　　　　（%）

区域/情景	情景一	情景二	情景三
中国	2.28	0.06	3.15
东盟中的 CPTPP 国家	-0.01	0.01	1.68
东盟中的其他国家	0.09	0.04	3.45
日本	0.04	0.14	0.32
韩国	2.21	0.03	2.75
澳新地区	0.25	0.06	1.21
印度	0.08	0.05	5.90
加拿大和墨西哥	0.14	0.67	—
智利和秘鲁	0.01	0.03	—
美国	0.36	-0.16	0.54
欧盟27国	0.09	0.04	0.19

从以上分析结果中可以看出如下三点。

（一）中日韩 FTA 达成对东亚经济有很大促进作用

根据模型测算，中日韩 FTA 达成之后，中、日、韩三国的 GDP 会有显著增加，但幅度稍小于 RCEP；三国进出口呈现出明显增加态势，表明中日韩 FTA 的贸易创造较为显著。由于 RCEP 比 CPTPP 等更具有开放性，相对来说排他性较小，因此，可以预见达成之后在增进中日韩与东盟之间互惠贸易的同时，为了获取更廉价的劳动力和资源，中日韩产业链将不可避免地向东盟转移。当然，产业链转移的根本原因是我国劳动力成本上升，产业逐渐迈向中高端，基于成本驱动的产业链将遵循经济规律发生自然转移。但是，无疑 RCEP 有可能加速这种趋势。中日韩 FTA 达成有可能促使日韩的投资者在产业布局上重新考虑。中国虽然劳动力成本上升明显，但是具有产业集群优势，如果通过中日韩 FTA，三国之间的贸易和投资能够更加自由化、便利化，节省的交易成本将能够对留住日韩产业形成足够的吸引力。虽然中、日、韩三国被包含在 RCEP 中，但是由于中、日、韩三国产业链集中在中高端，中日韩 FTA 与 RCEP 的贸易效应方向并不完全一致。简单而言，中日韩 FTA 对东亚生产网络的区域化贡献更大，而 RCEP 对世界主要经济体的贸易具有促进作用。

（二）美墨加协定对国际贸易的冲击有限

美墨加协定，亦即升级版的北美自由贸易协定，已经于 2020 年 7 月 1 日起正式实施。经过模型测算能够发现，美、墨、加三国大幅降低关税固然能对三国各自的 GDP 和进出口产生影响，但是对其他地区影响较小。因此，从"301 调查"到"毒丸条款"，美墨加协定在制度和国际贸易秩序上颠覆 WTO 的意义较大，但是对国际贸易的实质影响较小，同时协议达成的确有利于各国参与。

（三）中日韩 FTA 能够成为中日自贸区战略的重要交会点

RCEP 达成和 CPTPP 扩容是近期区域经济一体化方面的热点问题。两个巨型 FTA 分别代表了中日不同的自贸区战略。RCEP 具有开放包容的特点，通过谈判协商给予最不发达国家特殊与差别待遇来凝聚共识、互利共赢。与之不同，CPTPP 强调高标准，更具有排他性。也就是说，RCEP 更加偏向于中国倡导的自贸区理念，而 CPTPP 更加偏向于日本的理念，二者距离仍然较远。目前，中国政府已经明确表示有意加入 CPTPP，作为中国自贸区战略重要一环的中日韩 FTA 能够起到在理念上凝聚中、日两国共识的积极作用。首先，中日韩 FTA 在关税减让和市场准入方面比 RCEP 具有更高标准，更符合日本的期待，也更符合中国开放的大门越开越大的既定方针，将中日双方的谈判基点进一步拉近。其次，中日韩经济发展水平较高，能够承担高水平开放带来的冲击，中国也能通过中日韩 FTA 向日本展示中国开放的决心和实力，为未来东亚区域内各自贸区升级打好基础。最后，对于中国而言，想要加入

CPTPP，面向高标准开放还有很多工作要做，需要通过不断提升自贸区标准逐级迈上台阶。中日韩 FTA 是实现这一路径的重要一步。

三、中日韩经贸合作的分歧和矛盾

尽管在贸易上中日韩 FTA 符合东亚各国共同利益这一点毋庸置疑，但是谈判的分歧焦点在于中、日、韩三国对 FTA 的标准不一致，日韩期望更高标准的贸易自由化，尤其是日本希望以 TPP（现在的 CPTPP）进行高标准谈判，而中国期望渐进达成适用的亚洲标准，韩国则希望在通过 FTA 打开其他国家市场的同时，尽量保护本国市场。中日韩 FTA 谈判主要有以下几个分歧点。

（一）中日韩 FTA 谈判分歧的主要方面

中、日、韩三国经贸合作是重要的课题，但在实际推进中三国合作往往很难获得实质性成果。中日韩 FTA 谈判已经多年，但至今仍未有较大进展，原因在于中、日、韩三国各有自己的特点和局限性，三国谈判往往会因双边关系出现恶化而受阻，这从中日韩领导人峰会屡屡中断就可以看出端倪。考虑到竞争力会受到影响，韩国产业界对日韩 FTA、中日韩 FTA 的谈判不是很赞成。特别是在汽车产业领域，韩国汽车企业担心汽车产业发展受到日本车企的竞争威胁，但是它们对美韩 FTA 是支持的，认为韩国人不太喜欢美国汽车，但美国开放汽车市场可以让韩国汽车企业获得更多的利益，因而会极力说服本国政府推动美韩 FTA 达成。对于通过 FTA 谈判推动中国汽车市场开放，韩国汽车企业是非常积极的，但其更愿意韩国政府通过推动升级中韩 FTA 的方式达成而不是推动中日韩 FTA 达成。基于以上原因，中、日、韩三国经贸合作应当从小范围开始，即便推进速度慢，但在积累经验后可以逐步扩大到更广泛的范围，使推动取得实质性进展。当前，中日韩 FTA 的意义已超越经济合作，具有非常大的象征性意义。与欧盟相比，中日韩经济一体化相对更艰难一些。从地缘角度看，中国属于大陆国家，日本属于海洋国家，韩国又是把大陆和海洋连接起来的半岛国家。三国地理位置不一样，经济融为一体颇有难度，而作为一个大陆整体，欧盟一体化就比较容易。从历史眼光看，中、日、韩三国之间有不堪回首的历史问题，至今还没有得到彻底解决，始终成为三国间紧密合作的主要障碍之一。如果三国能相向而行，完全基于国民利益最终签署中日韩 FTA，将有可能推动亚太地区实现大的整合。

货物贸易关税撤销减免存在分歧。中韩要求在工业产品等撤销进口关税等方面承受较轻负担。2015 年媒体报道，在 FTA 谈判以 90% 商品零关税为目标的前提下，中韩需要追加撤销关税的商品种类比例分别达到 82% 和 74%，而日本追加撤销关税的商品种类比例只有 50% 左右，中韩要求将自身需要撤销关税的商品种类比例与日本保持同等水平。[①] 这是一个关于存量和增量的矛盾，日本认为自身的贸易自由化率已经非常高，中韩只要朝着日本水平努力即可，但是中韩的目标设定着眼于增量，认为日本追加撤销关税比例较低不甚公平。这就造成了各方在具体谈判目标上的分歧，如在 2013 年第二轮谈判时，日本提出了"在 10 年内将自由化率提高到 90% 以上"的目标；中国主张"先从 40% 开始"；韩国则表示"不应提出具体的数字目标"。[②]

农产品市场开放标准存在分歧。日韩两国对农业的保护程度都很高，也都是食品、农产品价格最高的国家之一，农业利益集团的政治游说能力较强，开放难度较大；而中国是农产品出口大国，愿意开放农产品市场。中、日、韩三国不能在农产品贸易方面达成共识。为了保护农业，日本政府实行巨额财政补贴和高关税保护。日本农产品的平均关税为 21%，在日本已生效的大多数 FTA 中，约一半的农产品都被列为例

---

① 资料来源：日中韩 FTA 谈判因中韩要求减轻零关税触礁，[2020 - 10 - 20]，中国日报中文网，http://caijing. chinadaily. com. cn/2015 - 05/20/content_20773286. htm。

② 资料来源：日本主张中日韩 FTA 自由化率在 90% 以上，[2020 - 10 - 20]，环球网，https://china. huanqiu. com/article/9CaKrnJD48E。

外处理或再协商。① 韩国主要关注农林水产领域，这方面与日本存在较强的竞争关系，韩方在谈判时的主要诉求是，要求日本取消农林水产品关税，废除水产品进口配额制度，并希望日本降低农产品相互认证、政府采购等方面的非关税壁垒。②

服务贸易市场开放存在分歧。日韩两国希望中国开放金融、电信等较为敏感的服务业，并按照准入前国民待遇和负面清单管理模式进行高水平开放，但是中国考虑到市场不够成熟和监管能力建设滞后，希望服务业市场有一个渐进的开放过程。在2018年第十三轮首席代表谈判中，三方召开了服务贸易、电信、金融服务等工作组会议，并就服务贸易管理措施进行了全面细致的政策交流。③ 近年来，中国开放的大门越开越大，银行、证券、保险等金融服务业相继大幅度开放，相信未来与日韩在相关领域的谈判能够比之前达成更多共识，并不断向前推进，取得更好成果。

（二）中日韩 FTA 谈判分歧的原因

三国 FTA 谈判存在诸多分歧的根源在于各自对利益诉求的差异，而这种利益诉求则植根于各自不同的政治经济制度。具体而言，中、日、韩三国在各个领域的利益诉求是很不相同的。

来自国内产业保护的压力。从全球价值链分工看，中、日、韩三国均处于东亚的生产网络之中，整体已展现出竞争力。然而，中国尚处于价值链的中低端，在很多产业开放上可能持有谨慎态度；而日韩两国都是工业较为发达的经济体，优势产业均处于价值链的高端，因此期望有高水平或高标准的 FTA 协定。中国在低端产品出口上有成本优势，希

---

① 金香兰. 日本 FTA 进程影响要因分析[J]. 合作经济与科技,2017(6).

② 王皓,许佳. 中日韩 FTA 建设与东北亚区域合作——基于中日韩三国自贸区战略的分析[J]. 亚太经济,2016(4).

③ 资料来源:中韩自贸区第十三轮谈判首席谈判代表会议在首尔举行[EB/OL]. 新华网 http://www.xinhuanet.com/world/2018-03/23/c_1122583409.htm.

望在货物贸易、服务贸易及投资领域逐步谈判,但日韩期望一次性参照高标准的要求开展谈判。例如,在货物贸易关税撤销方面中、日、韩三国的诉求不同,都不希望对国内的弱势产业造成损害。相反的是,在农产品的谈判上,日韩较为保守,而中国优势突出,三国围绕农产品的谈判难度极大。尤其是日本的农业协会力量非常强大,在 FTA 谈判时往往形成最坚固的阻力。

来自国内政出多门的机制。在 FTA 谈判上,中、日、韩三国的谈判代表团多数由多个部门构成。中日韩 FTA 的推进在很大程度上取决于日本的立场。日本的 FTA 谈判代表通常由外务省、经济产业省、农林水产省、财务省等中央省厅构成,中国和韩国也由类似的谈判代表构成。尽管谈判时会有牵头单位,但是当涉及国内产业利益时往往谈判代表团需要协商或向上级汇报,这就会花费较多的时间和精力,而内部达成一致意见也不是一件容易的事情,从而影响三国 FTA 谈判的进程。

来自国家主导权的争执。中、日、韩三国都是区域内有影响力的国家,尤其是中日两国区域主导权竞争日趋激烈,中国的崛起已经威胁到日本的传统区域大国的地位,使其在 FTA 谈判时屡屡采取牵制、排斥的态度。比如,日本在 2002 年制定的 FTA 战略和 2004 年的基本方针中将中国排除在优先建立 FTA 对象之外;而当 2001 年中国提出与东盟建立 FTA 时,2002 年 1 月,日本也宣称要与东盟各国开启 FTA 谈判;当中国提出建立中日韩和东盟在内的东亚自由贸易区("10+3"机制)时,日本却主张把澳大利亚、新西兰、印度三国纳入构建东亚区域合作体系("10+6"机制)。[①] 在亚太区域合作方面,日本之前以参与 TPP 谈判为优先,后主导推动 CPTPP 的签署生效,并不是完全出于经济利益考量,而是巩固美日同盟关系,有牵制中国在亚太影响力的意图。2019 年年末 15 国就 RCEP 签署达成共识之后,日本反复强调不签署没

---

① 金香兰. 日本 FTA 进程影响要因分析[J]. 合作经济与科技,2017(6).

有印度的RCEP，后来又表现出"外柔内刚"的态度，表示要积极与印度沟通，希望与中国一起做好印度的工作，争取印度，其实质还是为本国利益拖延RCEP分阶段达成。

对三国FTA的战略考量存在分歧。日本的FTA战略采取"远交近攻"的策略，倾向于与美欧等域外国家建立FTA，如前期日本把TPP放在优先地位，当美国退出TPP之后，日本又加快推进日欧FTA谈判，而RCEP和中日韩FTA却被放在后面。日本还坚持先达成RCEP，因为RCEP包含中、日、韩三国，要在RCEP基础上以获取附加价值的形式推动中日韩FTA达成。这一态度虽然看上去有道理，但是在2019年RCEP推进遭遇困难、国际形势复杂的情况下，无疑又给中日韩FTA的达成平添困难。由于韩国产业结构与日本相似，中韩率先达成双边FTA，这种情况下韩国对推动中日韩FTA的积极性不高。日本却认为中韩FTA并不是高水平的自贸协定，推动高水平的中日韩FTA仍有重要意义，因此，日本希望有必要让韩国尽快重返中日韩高水平FTA谈判中。韩国方面的FTA战略考量是既然已与中国建立了FTA，倾向于继续谈判FTA的升级版，没有必要积极推行中日韩FTA，特别是因为日韩的产业结构相似，继续推进三国FTA的意愿就不太强。中国最早提出建设中日韩FTA的构想，有意愿推进三国FTA早日达成，但是考虑到经济发展的层次等因素，中国并不愿意一步到位建成超高标准的FTA。现在中国的优先选项是加快落实RCEP签署成果，加快推动高质量共建"一带一路"。即便在全球化遭遇逆风的情形下，中国仍加快构筑立足周边、辐射"一带一路"、面向全球的高标准自贸区网络，继续扩大自贸伙伴的"朋友圈"。进展缓慢的中日韩FTA对中国的重要性虽然有所下降，但是在RCEP已经达成的基础上，中国更希望加快推进中日韩FTA谈判进程，因此采取更加乐观积极的推进态度。

四、加强中日韩经贸合作的路径

（一）发挥日韩两国对中日韩 FTA 谈判的黏合剂作用

鼓励日本和韩国积极落实 G20 大阪峰会成果，同时激励日本扮演推进中日韩 FTA 的关键角色，引导其表达支持三国 FTA 的政治意愿，主动开展与中、韩两国的经贸对话，拉近中日韩经贸合作的紧密度，如通过推进中日 FTA、日韩 FTA 等举措，扩大中日韩经贸合作的最大公约数，推动中日韩 FTA 谈判高效落实。积极发挥日本作为域内重要发达经济体的黏合剂作用，支持日本早日出台细则落实 RCEP 签署成果，充分利用其紧密的经贸伙伴关系，重点增强印度的参与感和归属感，适时引导印度尽快回归 RCEP 谈判，增强 RCEP 的包容性，塑造多元化、联动、包容的亚洲。

（二）支持日韩在"一带一路"框架下探讨区域经贸安排

积极引导日韩将"一带一路"框架下的合作体现在政策和行动当中，提高日韩在参与主导区域经贸合作中的存在感，支持日韩同中方共同开发"一带一路"框架下第三方市场，完善双边或多边区域经贸投资安排，其中重点促进中日韩 FTA 标准规则升级，将其延伸至共建"一带一路"沿线国家，构建"中日韩 FTA +"的自贸区网络，同时通过提升基础设施互联互通水平，推动形成区域统一大市场，拓展中日韩 FTA 区域自由贸易制度安排适用的新空间。

（三）增强"二轨"渠道对区域经贸投资安排的助推力

进一步发挥企业、智库、民间等对话的"以经促政"作用。充分发挥经贸关系在双边、多边关系中"压舱石"和"助推器"的作用，深化中日韩及亚洲区域内民间经贸联系和人员交流，夯实已建立的中日"二轨"渠道，拓展中韩"二轨"交流，积极倡导自由贸易，呼吁反对保护主义，构建稳定的经贸合作关系，继续发挥"二轨"渠道"以经促政""以民促官"的助推作用，营造积极稳定的对话沟通氛围，弥合"RCEP＋"和"中日韩 FTA＋"各个谈判方的鸿沟，改变部分谈判对象的保守倾向。

（四）加强中日韩科技合作

在 2019 年 12 月成都第八次中日韩领导人会议上三国达成共识，认为未来十年将是国际形势深刻演变、世界经济新旧动能转换、科技革命与产业变革迅速发展的十年。中日韩应加强合作，与其他国家一道为地区和国际社会面对的广泛问题做出积极和应有的贡献。目前，中国在新能源产业上还存在着开发利用技术成本高、技术创新管理体制滞后等问题。因而在推进能源改革上，中国政府可以在完善能源税收和消费政策、新能源产业基础设施建设、科学研究和共性技术开发等方面与日韩加强合作。

同时，在日韩贸易摩擦如火如荼的形势下，中国应与韩国加强合作，加速推进在半导体原材料方面的产业布局。目前，中国主要的氟化氢厂商有滨化集团、瑞丰高材、中化国际、多氟多等，其中能达到 UP－SSS 级别（电子级超高纯度）的厂商只有多氟多和正在建设中的湖北兴力。多氟多现有产能只有年产 3000 吨左右，因此中国与韩国一样，高纯度氟化氢严重依赖进口，产能和技术都不具备替代日本的实力。中国要在加紧自主研发的同时，借助日韩贸易摩擦契机，与日韩企业合作，承接高端原材料生产的产业转移，以提高技术和产能，保障产业安全，实现互利共赢。

（五）加强中日韩之间的人才交流

加强三国互派留学生，增设相关奖学金，鼓励留学生为中日韩经贸合作做出贡献。为日韩高端人才来华工作和生活提供便利，简化其租房、上网、缴纳社保等方面的手续，可参照粤港澳大湾区规定，对能够提供本国已缴纳社保证明的日韩人士，可予以免交社保的优惠；允许不在中国工作的外国人缴纳医疗保险，方便其就医。多举办中日韩人才交流活动，可考虑由政府牵头定期举办跨国人才交流（招聘）大会。

五、新形势下推进中日韩自由贸易的思路与建议

中、日、韩三国都是自由贸易的受益者、拥护者和推动者，在维护多边主义和反对保护主义等方面拥有共同的利益诉求。受中美经贸摩擦和全球新冠疫情等因素的叠加影响，中日韩经贸合作与自由贸易遭受了一定冲击，特别是其供应链被驱使回迁会威胁贸易自由化，继而导致多边贸易体系碎片化。在后疫情时代，中日韩自贸区建设进入提速关键期，三方应一鼓作气，坚持多边主义、反对保护主义，坚持自由贸易方向、坚持市场开放，加快推动中日韩自贸区谈判早日达成，引领东亚经济共同体建设，以区域经济一体化增强供应链的韧性，积极维护世界自由贸易的秩序。

作为近邻国家，中、日、韩三国经贸关系密切，贸易依存度高，经济互补性强。中国是日本和韩国的最大贸易伙伴国，日本和韩国分别是中国的第二大、第三大贸易伙伴国。作为经济全球化进程中发挥重要作用的增长极，中、日、韩三国都坚持推动贸易和投资的自由化和便利化，通过自由贸易来推动本国、区域乃至全球的经济增长。

（一）中日韩自由贸易发展进入新阶段

近年来，中、日、韩三国之间双边经贸维持稳定关系，日韩对我国贸易的依赖度高，三国都在坚持推行各自的自贸区战略，在区域贸易及多边贸易中保持密切合作，引领中日韩自贸区（FTA）谈判进入新阶段。2020年5月，我国在政府工作报告中重申，推动签署区域全面经济伙伴关系协定（RCEP），推动中日韩自贸区谈判。

中国与日韩双边贸易联系在逐步增强。据中国海关统计，2018年，

中日、中韩双边经贸规模分别达到3276.6亿美元和3134.3亿美元,合计贸易额超过美国和东盟,仅次于与欧盟的贸易额。受中美经贸摩擦影响,2019年中国与日韩的双边贸易额有所下降,却仍接近6000亿美元,虽然低于欧盟和东盟两大经济体,但依然超过美国。受全球新冠疫情的影响,2020年前5个月,中国与日韩合计贸易额达到2290亿美元,略低于与东盟的双边贸易额2424.2亿美元,与欧盟的2295亿美元相当,超过美国同期水平。由此可见,在中美经贸摩擦和全球新冠疫情的影响下,全球三大生产网络(北美、欧洲、东亚)之间的贸易联系在减弱,而东亚经济体内部的贸易联系在增强。

中日韩区域内贸易依赖度有所增加。中、日、韩三国在产业结构、消费市场和投资走向上具有很强的互补性,同时拥有较强的产业互补性,在全球产业链分工体系中占据重要地位。从贸易占比看,中国与日韩双边贸易总额占我国对外贸易额的比重与中美、中欧以及中国与东盟大致相当,基本保持在14%~15%的水平。中日双边贸易额占比从20世纪90年代的超过20%下降到2018年的7%左右(平均12.7%);中韩双边贸易额占中国对外贸易额比重保持相对平稳,保持在6%~7%。与此同时,日本财务省数据显示,中日双边贸易额对日本的重要性上升,已由2004年的16.48%攀升至2019年的21.31%(见图1),而日韩双边贸易额占日本的比重保持在5%~6%,中韩合计占比超过日本对外贸易额的1/4。韩国国际贸易协会数据显示,中韩双边贸易额对韩国的重要性上升,已由1990年的2.12%攀升至2018年的23.28%,而日韩双边贸易对韩国的重要性有所下降,已由1990年的23.14%下降至2018年的7.27%,中日与韩国双边贸易额合计占比超过30.00%(见图2)。如果今后中、日、韩三国达成更高水平的自由贸易协定,那么日本对我国贸易的重要性还将进一步上升。

中日韩各自加快推动FTA战略布局。相比于中国,日韩因国内资源有限,积极探索推进自由贸易区战略,尤其是韩国在签订双边、多边

FTA方面走在前列。近年日本在推进FTA战略实施上取得显著成效,中国也在稳步推进高标准自贸区网络建设。

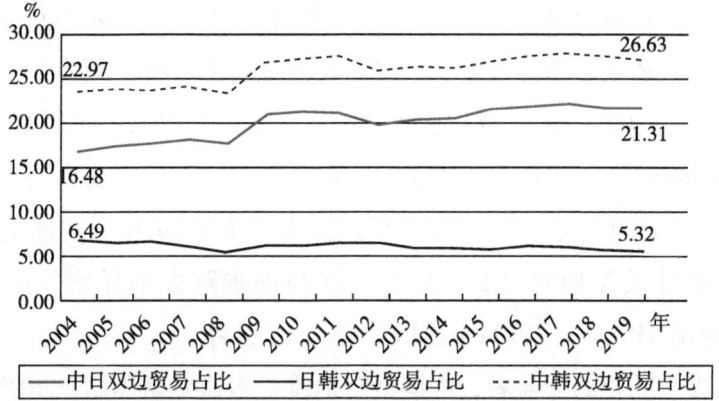

图1 中日、日韩双边贸易占日本对外贸易额的比重(2004—2019年)

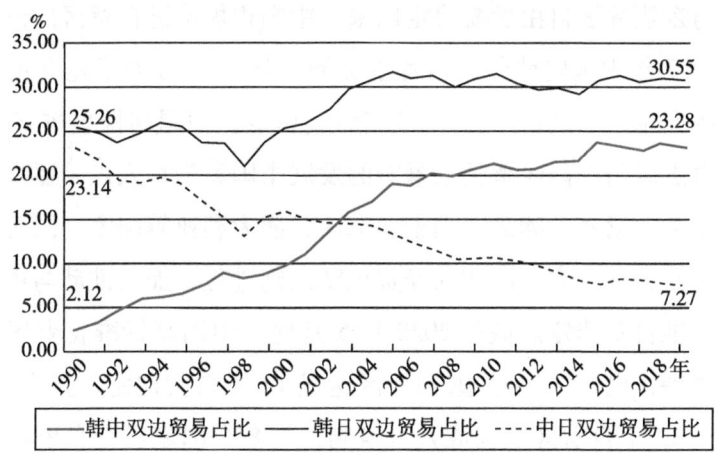

图2 韩中、韩日双边贸易占韩国对外贸易额的比重(1990—2018年)
资料来源:韩国国际贸易协会。

韩国长期坚持"贸易立国"战略,积极投身于发展FTA战略,采取双边与多边并行的策略,自1999年韩国率先与智利谈判了第一份双边自由贸易协定后,其先后又与美、欧、中及东盟等主要经济体均签订双边贸易协定,以期通过FTA战略扩大进出口贸易范围,实现自由贸易驱动的经济增长。2019年,韩国与英国及以色列分别签订了双边

FTA，进一步拓展了货物与服务自由流动的市场，使其双边 FTA 扩大到涵盖三大洲 42 个国家的贸易区及签订 12 个国家的 15 项 FTA。

日本在实施 FTA 战略上虽起步比较晚，但是发展速度很快。日本处在经济全球化的惯性之中，在安倍政府推行的自贸区战略中拟把 FTA 比率（已生效的 FTA 在贸易总额中所占比重）从 2012 年的 18.9% 提高到 2018 年底的 70.0%。自申请加入跨太平洋伙伴关系协定（TPP）谈判以来，日本排除农业部门阻碍后期发力，于 2018 年分别推动了与欧盟经济伙伴关系协定（EPA）和全面与进步跨太平洋伙伴关系协定（美国退出 TPP 后，TPP11 国即 CPTPP）的签署。

作为全球化的受益者，中国坚定地维护多边贸易体制，积极构建立足周边、辐射"一带一路"、面向全球的高标准自贸区网络。自 2002 年中国与东盟签署自由贸易协定以来，中国积极推进自贸区建设，包括 2002—2007 年中国内地分别与香港和澳门签署了《关于建立更紧密经贸关系的安排》（CEPA）协议及其后续协定。中国加快推进 FTA 战略实施，重点以与中国经贸关系紧密的发展中国家为切入点，逐步拓展到对华贸易关系紧密的冰岛、瑞士、韩国、澳大利亚等国家，同时积极推进与美、欧、日三大经济体的经贸机制谈判进程，加快推动与更多国家商签高标准自贸协定。截至 2020 年 5 月底，中国高标准自贸区建设取得积极进展，已与 25 个国家和地区达成 17 个自贸协定，正在与 28 个国家进行 13 个自贸区谈判或升级谈判，与 8 个国家进行自贸区联合可行性研究或升级研究。

中、日、韩在促进区域经济一体化中发挥重要作用。从合作实践看，中、日、韩三国都强调维护以 WTO 为中心的多边贸易体制，坚决支持自由贸易并反对保护主义，着力建设高水平的自贸区网络，推进区域经济一体化。中、日、韩建立更紧密的经贸安排有利于共同应对当前世界经济中的不确定性。在东盟主导的"10+3"框架下，中、日、韩三国一直推动区域内贸易自由化安排，包括于 2019 年 11 月携手东盟、澳大利亚、新西兰等国家推动 RCEP 15 国结束协定文本的实质性谈判，2018 年年底日本推动 CPTPP 生效、加快推动中日韩 FTA 谈判进程等。

中、日、韩三国除了积极推动多边贸易体制现代化改革外，加快推动 2020 年年底如期签署 RCEP，并在此基础上进一步提高贸易与投资自由化水平，纳入高标准规则，打造"RCEP＋"的中日韩 FTA，努力在东亚经济大循环中建立中日韩经济小循环。2020 年 5 月 28 日，十三届全国人大三次会议闭幕后，李克强总理通过网络视频会见中外记者时表示，中方对于参加 CPTPP 持积极开放的态度。在此情形下，加快推动中日韩 FTA 建设既备受关注也相当紧迫。倘若尽快达成中日韩 FTA，不仅将成为推动 RCEP 高标准发展和 CPTPP 扩容的重要机制安排，也可能助力 RCEP 与 CPTPP 这两大区域经贸安排的有效衔接。

（二）中日韩 FTA 谈判进入提速关键期

在 2002 年举行的中日韩领导人峰会上，中日韩 FTA 这一设想被首次提出。此后许多研究表明，推进中日韩经济一体化能更大程度地发挥三国的产业互补性，更有效地提升区域贸易投资水平，更广泛地惠及三国人民。2012 年 11 月 20 日，中、日、韩三国正式启动 FTA 谈判。截至 2019 年年末，中、日、韩三方已经开展了 16 轮谈判。

1. 中日韩 FTA 谈判已取得积极进展

截至 2019 年年底，中日韩 FTA 谈判已经历了 16 轮，其中大致可划分为以下四个阶段。

第一阶段（2013 年 3 月至 2014 年 12 月）：框架磋商阶段。2013 年 3 月，在韩国首尔启动了中日韩 FTA 第一轮谈判。此后，每年安排 3 轮次谈判，三国在该阶段提出各自相应的方案，但就货物贸易等多个领域分歧点较多，历经两年没有取得任何实质性进展。同期，中国与韩国正在开展双边自贸区协定的谈判，并于 2014 年年底宣告中韩 FTA 谈判结束，2015 年 6 月 1 日中韩 FTA 正式签订。日本同期也开启参与、优先开展美国主导的 TPP 谈判，并对其倾注全力。

第二阶段（2015 年 4 月至 2016 年 12 月）：谈判僵局阶段。2015 年，中、日、韩三国 FTA 谈判正常推进，三国轮流举办 3 轮次谈判，同时增加了首席谈判代表谈判环节，但在 2016 年第 10 轮谈判后陷入谈判僵持阶段，除在协定的范围领域达成一致外，受外部因素影响，三国轮流的谈判没有持续下去。

第三阶段（2017 年 1 月至 2018 年 3 月）：重启谈判阶段。2017 年以来，中、日、韩三国重启前期有所中断的 FTA 谈判，并在第 11 轮谈判中对 FTA 的内容达成一致。随后第 12 轮谈判增加涉及电信、金融服务、自然人移动、竞争政策、知识产权、电子商务等内容。其间，2016 年 11 月 10 日，日本众议院强行表决通过了 TPP 批准案及相关法案。2017 年年初，美国总统特朗普就任后宣布退出 TPP，但日本安倍政府并不甘心，仍坚称要寻求对 TPP 协议的战略和经济意义的理解，即便在缺少美国主导的情况下，日本依然继续主导推进 TPP。2018 年 3 月 23 日，中日韩自贸区第 13 轮谈判首席谈判代表会议决定，尽快完成中日韩自贸区谈判符合三方共同利益，对于深化区域经济合作、实现东亚地区贸易投资自由化和便利化具有重要意义。

第四阶段（2018 年 5 月至今）：重返快轨道阶段。2018 年 5 月 9 日，在日本东京举行的第七次中日韩领导人会议重申，进一步加速中日韩 FTA 谈判，引领推动制定东亚经济共同体蓝图。12 月 7 日，中日韩 FTA 第 14 轮谈判首席谈判代表会议认为，中日韩 FTA 谈判提速的基础已经具备，三方将在区域全面经济伙伴关系协定（RCEP）已取得成果的基础上，探讨通过中日韩自贸区进一步提高贸易投资自由化水平。2019 年 4 月 12 日，作为三方达成全面提速谈判共识后的首轮谈判，中日韩 FTA 第 15 轮谈判首席谈判代表会议期望进一步提高贸易和投资自由化水平，并纳入高标准规则，打造"RCEP＋"的自贸协定。2019 年 11 月 28 日至 29 日，中日韩 FTA 第 16 轮谈判首席谈判代表会议围绕货物贸易、服务贸易、投资和规则等重要议题深入交换了意见，取得积极进展。2019年12月22日，第十二次中日韩经贸部长会议提出，将为早日谈妥签署RCEP开展合作，同时反对任何形式的保护主义，加快中日韩FTA谈判进程。24日，在中国成都举行的第七届中日韩工商峰会上，中日韩领导人再次表态支持自由贸易，并加速中日韩自贸区谈判。

中日韩FTA谈判达成的条件愈加成熟。无论如何，加快推进中日韩FTA及区域经济一体化都具有极其重要的意义。中、日、韩三国均已充分认识到FTA建设的关键性和重要性，致力于尽早达成一份全面、高水平、互惠并具有独特价值的自贸协定。近年来，中日韩FTA呈现出加速的可能性。全球新冠疫情过后，中、日、韩三国面临稳定外贸外资、深化对外开放的需求将更加迫切，在RCEP如期签署的基础上，加快推动中日韩FTA高水平发展成为重要选项。如今，中日韩FTA加速谈判的条件成熟度越来越高。如果中日韩FTA能够及时谈成签署，那么将为中日韩带来巨大红利。

（1）中日韩经济上的共同利益融合诉求越来越多。相较于北美、欧洲两大经济圈，东亚经济圈缺少大规模、制度化的区域一体化机制。中、日、韩三国GDP合计已经超过欧盟，仅次于北美自贸区，但经济一体化程度却落后于欧盟和北美。中、日、韩三国经济合作的利益诉求始终存在，而且三国都在推行经济结构性改革，经济结构的互补性仍然存在，三国都很担心在经济转型方面落后于对方。三国FTA的建成不仅有助于促进三国的经济增长和结构调整，也有利于增强东亚在全球价值链中的竞争力。中、日、韩三国既是自由贸易的受益者，更是自由贸易的积极倡导者，在产业发展上有竞争的一面，也有开展协调合作的新空间。为了确保三国竞争有益无害，需要中日韩开展贸易、投资、产业、金融等多领域同向良性竞争。倘若采取便利化的机制性安排，消除区域内的贸易和投资壁垒，将有助于发挥三国之间的互补性，促进区域内各类资源合理配置，提高彼此的生产效率，最终实现经济融合，有助于建设东亚经济共同体。中日韩自贸区建成后，将会分别给三国的 GDP 带来 0.9%~1.5%、1.0%~1.2% 和 3.3%~5.2% 的增长。

（2）RCEP 谈判已达成共识为 FTA 谈判提供了正能量。2019 年 11 月 4 日，在泰国曼谷召开的第三次 RCEP 领导人会议上发表的联合声明宣称，东南亚国家联盟成员国和澳大利亚、中国、印度、日本、韩国和新西兰等 16 个 RCEP 成员国已经结束全部 20 个章节的文本谈判，以及实质上所有的市场准入问题的谈判。印度虽有重要问题尚未得到解决，但所有 RCEP 成员国将共同努力以彼此满意的方式解决这些未解决问题。2020 年以来，东盟已同意尝试说服印度重返 16 国区域全面经济伙伴关系贸易协定（RCEP）的谈判桌。如印度能在 2020 年年底重返 RCEP，同意 RCEP16 国所有商品关税减让至零，将拉动中国 GDP 提升 0.55%，拉动印度 GDP 提升 0.53%，拉动日本 GDP 提升 0.09%；中国出口总量将提升 3.15%，加入 RCEP 的国家都会获得可观的经济效益。为此，东盟将推动签署 RCEP 当作十分重要的目标，争取 2020 年 6 月前完成 RCEP 法律文本审核，11 月前完成国内审批程序。中国政府也期望 RCEP 于 2020 年年底如期签署生效。受全球新冠疫情影响，中国与 RCEP 其他成员国的经济增长压力较大，为尽快稳定外贸，中国已提出要更大力度推动改革开放，采取更有力措施，加快推进双边和多边自贸协定谈判，包括加快推进中日韩 FTA 谈判，加大中国—海合会自贸协定谈判力度，积极推进与以色列、挪威、斯里兰卡等的自贸协定谈判和与韩国、秘鲁等的升级谈判，等等。

（3）区域经济一体化已成为不可回避的现实选择。受中美经贸摩擦和全球新冠疫情影响，全球产业链供应链正在加速调整，本地化和区域化倾向相当明显，即基于距离的供应链资源配置成为新的发展趋势。2017 年，美国退出 TPP 及其开启的"美国优先"贸易政策，降低了东亚地区对美国市场的依赖，也促使美国主导的亚太地区的经贸规则让位于区域内的贸易安排转移，而近邻的中、日、韩三国在坚持自由贸易的前提下，也在加快寻求区域内的贸易自由机制安排。比如，日本坚持推动缺少美国参与的 TPP 签署生效，并在美国缺位的情况下积极推动 RCEP 谈判进程。这表明日本正在调整其现有的 FTA 战略，增强区域经济合作的紧迫性和危机感，加快与东盟、中国、韩国等主要周边贸易伙伴的自贸区谈判。短期来看，CPTPP 很难吸引美国重新加入，日本无法回避与中韩两国的 FTA 谈判问题，也不可能久拖不决。美国退出 TPP 后留下的亚太地区多边贸易真空，可能让日、韩两国把更多精力放在三国 FTA 谈判中。倘若中、日、韩三国齐心协力推动中日韩 FTA 谈判，以 RCEP 为基础的中日韩 FTA 终将加快签署生效。

2. 中日韩 FTA 进程仍存在不可忽视的挑战

现实情况是，中日韩 FTA 谈判虽有所提速，但尚未出现实质性进展。一方面中日韩 FTA 谈判仍需在某些分歧领域达成共识，另一方面也面临着复杂的内外因素的干扰，既有三国历史、政治、安全等问题制约，也有美国干扰、半岛局势、贸易保护主义等外部因素的阻力。

（1）中日韩 FTA 谈判本身存在利益分歧点。中日韩 FTA 谈判的分歧焦点在于中、日、韩三国追求的 FTA 标准不一致，日韩期望更高标准的贸易自由化，尤其是日本希望以 TPP（后来为 CPTPP）高标准谈判为参照，而中国期望渐进达成适用的亚洲标准。比如，在货物贸易关税撤销减免方面，中韩要求在工业产品撤销进口关税等方面承受较轻负担。在 FTA 谈判以 90% 的商品零关税为目标的前提下，中韩需要追加撤销关税的商品种类比例分别达到 82% 和 74%，而日本追加撤销关税的商品种类比例只有 50% 左右，中韩要求将自身需要撤销关税的商品种类比例与日本保持同等水平。而日本在为何将已撤销关税的商品所占比例大小作为谈判的前提条件这一问题上存疑。在农产品市场开放方面，日韩两国对农业保护程度很高，日韩也是食品、农产品价格最高的国家之一，开放难度较大；而中国是农产品出口大国，愿意开放农产品市场。在日本已生效的大多数 FTA 中，约一半的农产品都被列为例外处理或再协商。韩国关注的焦点问题在农林水领域，这方面特别是与日本存在竞争关系，但在谈判时也强烈要求日本取消农林水产品关税、废除水产品进口配额制度。究其原因，中、日、韩三国对各自利益诉求存有差异，包括来自国内幼稚产业（infant industry）保护的压力、各主管部门协调的难度以及区域主导权的较量。

（2）中、日、韩三国仍面临潜在的历史安全问题纠葛。中日韩在FTA谈判中尚面临来自彼此历史安全方面的干扰。在历史问题上，日本安倍政府并未做出深刻的反省，日本国内右翼政客散布"中国威胁论"，在国际社会上不断拉拢其他国家给中国制造麻烦，造成中日关系、韩日关系陷入低潮。中日、日韩、中韩之间的政治隔阂仍未彻底消除，这在很大程度上制约着中日韩FTA谈判的进程，甚至还会给三国的经济合作带来负面影响。

2009年以来，受政治阻力的影响，中日韩FTA谈判进展迟缓。2012年，中日岛屿主权争端和安倍政府的修宪行为等严重威胁到中日关系的正常化。随后一段时间，安倍政府强力修宪并搞小动作与中国抵牾，中日政治互不信任加深，造成中、日、韩三国首脑会晤推迟，中日定期高层互访屡遭中断。2018年，中日高层互信有所增强，双方推进中日韩FTA的意愿趋于一致，但不确定性风险仍然存在。

2016年，受美国在韩部署"萨德"系统影响，中韩关系也走向低迷。2017年7月，在G20汉堡峰会上，中国国家主席习近平与韩国总统文在寅会见，提出恢复两国的正常关系，随后中韩关系逐步恢复正常化，但美韩安全同盟对中国来说仍然如鲠在喉。2018年以来，日、韩两国在慰安妇等问题上龃龉不断，日韩关系近期虽有改善，但尚存不确定因素。2019年7月，日韩围绕半导体原材料爆发的贸易摩擦反映出日韩之间的政治互疑。另外，时刻生变的朝鲜半岛局势尤其是朝核问题可能继续让这一地区安全遭受威胁，成为中、美、俄等大国博弈的竞技场。朝鲜半岛形势的持续演变，促使各国之间的经济合作让位于安全合作。

(3) 域外阻力因素对东亚经济事务的长期干扰。长期以来，美国通过政治、经济等措施参与东亚事务，特别是美国不希望存在一个将其排除在外的东亚经济共同体存在。在中日韩 FTA 谈判期间，美国奥巴马政府通过实施重返亚太战略和推动 TPP 谈判拉拢日韩盟国，拟通过 TPP 全面介入并试图主导东亚经济一体化进程，进而阻挠中日韩 FTA 的谈判。在美国因素作用下，日本更是把 TPP 谈判放在首位，在中日韩 FTA 谈判上犹豫不定，观望拖延。

特朗普政府尽管引导美国退出 TPP，但是日本仍主动承担推动 CPTPP 谈判达成的任务，在中、日、韩三国 FTA 的谈判上缺少主动性。韩国文在寅政府并没有抵制美国"萨德"部署的意愿，这让中、韩两国在推进三国 FTA 上遭遇较大的外部阻力。韩国对美国市场存在巨大依赖，考虑到韩美经贸、政治和安全关系的重要性，韩国文在寅政府于 2018 年 3 月重新签订韩美自贸协定，以应对美国对韩国钢铁、电子、光伏、洗衣机等出口产品扩大进口的限制。

特朗普政府的双边谈判策略让东亚经济一体化建设面临更为复杂的变数。在朝鲜半岛核问题上，美国的影响仍然存在，美朝、日朝、朝韩关系仍存在诸多未解课题。出于国家安全利益的考虑，日韩将会屈从于美国的政治压力，很难真正维持对华政经背离的状态。由于东北亚复杂的地缘政治关系和美国因素的介入，中、日、韩三国关系将更加复杂多变。

(4) 全球贸易保护主义影响日益加深。伴随外部环境复杂性和不确定性的增加，中日韩自由贸易面临着保护主义的挑战。美国各种"退群"行为引发全球贸易合作机制的转变，特朗普政府注重用双边谈判取代多边谈判，并重新启动了美韩、美日、美欧及美中的双边经贸谈判。倘若全球化遭遇更加严峻的挑战，WTO 等多边贸易机制将面临停摆，特别是在美国领导力缺位的情况下，WTO 的现代化改革利益诉求不一，面临被边缘化的风险，关税壁垒和非关税壁垒更难被拆除，世界贸易也很难走出持续低迷的状况，这将会给区域自由贸易带来阴影。

中美经贸摩擦给中日韩经济合作造成负面冲击，在新冠疫情影响下，美国的内倾化更趋严重，对中国的遏制力度加大，而这种竞争已不是在国际规则和准则下的良性竞争。如果贸易保护主义得不到遏制，全球贸易增速可能继续放缓，全球投资和生产增速将会随之下降。中美经贸摩擦叠加全球新冠疫情，已给以东亚为主要生产基地的亚洲供应链带来较大冲击，正在破坏东亚产业链供应链的总体布局。在新冠疫情影响下，日本政府已采取行动推行"改革供应链"项目，自主日本制造企业回撤，实现供应链的多元化布局。在贸易保护主义抬头、全球经济形势复杂严峻的背景下，许多跨国公司表示将被迫推迟投资计划，以规避贸易摩擦的风险。

（三）中日韩自由贸易发展的预期前景

在 RCEP 基础上加速中日韩 FTA 谈判。从当前形势看，伴随新冠疫情给全球经济带来的冲击，中、日、韩三国亟须抱团取暖，通过加快消除贸易壁垒、促进服务贸易自由化、加强区域经济一体化合作，最大限度地减少疫情给经贸合作带来的影响。

1. 中、日、韩三国均有意愿加快 FTA 谈判进程

从当前谈判进程看，中日韩 FTA 谈判已提速，三方谈判意愿有所加强。2019 年 11 月底，中日韩 FTA 谈判已经到第 16 轮次，在协定范围领域等方面已经达成一致意见。在此谈判的基础上，中、日、韩三国仍可继续就分歧领域加快谈判进程，包括加快推动新一轮的首席谈判代表磋商，发挥中日韩领导人峰会和中日韩 FTA 贸易部长会议的主推作用，最大限度地克服三国在敏感领域的争执，以更积极的姿态争取最好的结果。2019 年 12 月 25 日，第八届中日韩领导人会议在成都发表了《中日韩合作未来十年展望》，再次提出加快中日韩自贸协定谈判。2020 年 3 月初，中国商务部表示将继续用好中、日、韩三国经贸部长

会议及经济高官会议机制，积极推动三国间和区域内的全方位经贸合作，充分发挥三国产业互补性，提升贸易投资合作水平，拓展务实合作领域，共同推动 RCEP 协定如期签署生效，加快中日韩自贸区谈判进程。

2. 打造"RCEP+"的高水平中日韩 FTA

目前来看，RCEP 谈判已取得实质性进展，各国期望在 2020 年年底如期签署生效。在此情形下，RCEP 谈判的成果可为中日韩 FTA 谈判所借鉴，倘若如期签署生效，则会对中日韩 FTA 谈判形成鞭策和激励。全球新冠疫情得到有效控制后，中、日、韩三国将会在共同参与的 RCEP 协定的基础上探讨中日韩自贸区谈判全面提速事宜，并希望纳入高标准规则，打造"RCEP+"自贸协定。目前，中、日、韩三国正在加快推动在 RCEP 的基础上开展对话与协商，加强政策沟通，寻找合作平衡点，进一步深化三国 FTA 谈判内容，为进一步推动东亚经济共同体建设奠定坚实基础。如果在 RCEP 如期签署的基础上，中日韩 FTA 能够以较高标准顺利达成，那么将能帮助企业降低成本，增强抵御风险的能力，为实现中、日、韩三国和区域经济发展做出积极贡献。

中日韩 FTA 谈判达成预期渐趋明朗。从当前谈判进程看，中日韩 FTA 很难在 2020 年如愿达成。应加快推动 RCEP 如期签署，在此基础上探讨将中日韩 FTA 纳入高标准规则，而围绕高标准规则中日韩 FTA 还需进一步磋商。因此，笔者对中日韩 FTA 的谈判前景持谨慎乐观态度。

争取在 2022 年之前达成高水平 FTA。随着中日、中韩关系得到改善和恢复正常化，更加具备 FTA 谈判再提速的有利条件。2022 年是中日韩 FTA 谈判启动 20 周年，争取在 2022 年举办北京冬奥会之前达成高水平的 FTA。目前谈判的焦点在于通过"RCEP+"寻求更高标准的中日韩 FTA。关键是这一高标准可能介于 RCEP 和 CPTPP 的标准规则之间，涉及的高标准可能是三国分歧较大的标准，包括知识产权保护、国有企业定义、劳工环境标准等。

受印度等其他发展中经济体影响,谈成高水平 RCEP 的可能性不大。相比之下,中日韩 FTA 可以谈成较高水平规则,如在关税减让、非传统议题、服务贸易开放等方面的标准和水平都可能要高于 RCEP。相比于 RCEP 覆盖范围的其他发展中国家,中国在很多领域已经具备达成高水平贸易投资协定的前提条件,不应再坚持渐进的低水平贸易投资谈判策略。

新冠疫情对中、日、韩三国促进自由贸易造成了短期冲击。此次全球新冠疫情虽在短期内对中国与日韩的合作造成了一定程度的困扰,但也同时倒逼其合作,使三国通过深化经贸合作来对冲疫情对经济不利影响的需求更为迫切。如果疫情在短时间内得不到有效控制,出口商的大量包裹将可能被拒收,订单流失情况更趋严重;倘若日韩海关加大对中国商品的清关限制,也将给中国的外贸企业带来致命打击。近期,中国财政部、海关总署和税务总局联合发布公告,实行更优惠的进口税收政策,进一步降低疫情对外贸企业的负面冲击。随着新冠疫情在亚洲逐渐缓和,中韩、中日分别开辟了"快捷通道",让商务、技术等人员顺利往来。疫情得到有效控制后,中日韩将继续加强经贸协调,消除疫情防控带来的种种壁垒,采取有力措施推进货物和服务通关便利化、贸易自由化和人员自由流动。

中日韩 FTA 谈判形势正变得更加明朗化。一旦 RCEP 如期签署生效,中日韩 FTA 谈判的形势将更加明朗。RCEP 参与方里,中国、韩国、澳大利亚、新西兰和东盟之间的 FTA 已基本签署,日本和印度在 RCEP 谈判上的态度大抵决定该协定是否能够顺利签署生效。日本政府有加快推进中日韩 FTA 的意愿,但 CPTPP 达成后对高标准协议的执着追求也可能令这一多边经贸协定谈判进展受到影响。若能促成中日联合积极推动中日韩 FTA 谈判,预计中日韩 FTA 尽早达成的概率将大大增加。

（四）我国推进中日韩自由贸易的思路与建议

近年来，我国把推进中日韩 FTA 战略作为对外经济合作的重要支点。加快推进中日韩 FTA 谈判进程顺应了经济全球化和区域经济一体化的演变趋向，也体现出中国坚持对外开放的信心和决心。在后疫情时代，应该更加重视保持中日韩经贸顺畅，加快推进中日韩自贸谈判，提高区域经济合作水平。我国推进自由贸易和供应链开放的基本思路是，以构建周边自贸区网络为重点，审时度势、克服困难，采取有效措施巩固和扩大与周边国家的利益诉求共同点，抑制消极面，围绕中日韩 FTA 谈判重点加大制成品关税减让力度，力促服务贸易、环境、知识产权等领域条款谈判的达成。RCEP 谈判中强调高水平贸易便利化、电子商务、中小企业等领域的条款，中日韩 FTA 应在此基础上积极探索相关高标准适应性。

一是充分利用已有合作机制与平台达成最大共识标准，推进高标准中日韩 FTA 的建立，推动形成高标准亚洲区域贸易投资机制。

二是加强日韩与中国的经济联系，推进中日韩产业链互联互通，构建高标准 FTA 网络，密切经贸联系，减缓政治干扰。

三是充分发挥中日韩首脑峰会作用，推动高层交往，自上而下落实三国领导人已达成的共识，推动三国经贸合作走深走实。

四是打造兼容性更强的高标准中日韩 FTA。可以采用里外条款和设置过渡期等形式，推动早日达成兼容性更强的高标准中日韩 FTA。

（执笔人：刘向东、李浩东）

专题四
亚洲产业链的转移趋势和对策

16世纪以来,随着航海技术的进步和地理大发现,全球化推动形成全球市场,产业合作成为现实。从农产品贸易开始,国际贸易带动技术、产业、人员跨国流动。进入19世纪,工业革命成果开始向第三世界国家转移,全球开始有史以来规模最大的产业链重构,产业链重心尤其是制造业开始由欧洲大陆和美洲向亚洲地区转移,日本率先融入全球产业链。此后,全球产业链向亚洲的转移不断延伸,经历了"雁行模式""亚洲四小龙"后再向中国大陆转移。在2008年国际金融危机后,亚洲产业链整合程度进一步提升,东盟国家被融入亚洲产业链,产业再次出现梯度转移。历次产业转移进程,基本按照劳动密集向资本密集,再向技术密集转向的产业升级次序。要素禀赋差异尤其是劳动力、土地等要素价格优势,是促进产业梯度转移的重要原因。

一、亚洲产业链的现状与趋势

亚洲产业链在转移重构的过程中,呈现出产业梯度转移持续时间较长的趋势。越南在亚洲产业链中占有越来越重要的地位,可能成为东盟及东亚产业链、价值链、供应链中关键一环。

(一)现状

经历多次产业链转移与重构,在数轮全球化驱动下,亚洲国家中日本、韩国率先进入发达经济体行列,表现为从微笑曲线底部向两端爬升,在一些行业中的技术优势逐渐凸显。例如,日本、韩国在精细化工、装备制造、材料科技等领域占据优势地位。中国逐步迈向中高收入国家,产业链条齐备,工业制造能力突出,成为全球最重要的制造中心、制造基地,在全球产业链中处于中枢地位。同时,中国积极推动产业链价值链水平提升,若干行业技术水平逐步攀升,引导制造业企业转型升级,部分行业已具备较强的国际竞争力。总体来看,中国在全球产业链中的中枢地位不会被动摇,一些产业将会迈向中高端,部分低附加值产业向东盟国家转移。与此同时,东盟国家逐步被纳入亚洲产业链,尤其是自2008年以来,中国的纺织业、电子零部件制造和组装等低附加值产业逐步向印度、越南等国家转移。纺织业的产业转移从2008年后开始提速,国内纺织业工业附加值增速持续走低,对外投资持续加码。2018年中美贸易战导致国内电子产业转移提速,中国电子产业在越南、菲律宾、泰国等东盟国家加快布局,电子中下游产业链外迁提速。

总体来看,以中日韩合作为主体的东亚小循环是整个亚洲产业链循环的重要支撑。依托于中日韩经贸合作,三国在区域一体化市场、技术转移合作、产业内分工与贸易联系的基础上,将会不断提升三国产业尤其是制造业在全球价值链中的位次。同时,依靠资本输出与机械设备等出口的把控,中、日、韩三国能够与东盟国家形成生产制造环节的有机衔接。考虑东盟、东亚市场规模因素,以中日韩小循环为基础的亚洲产业链,将成为未来全球经济发展最重要的驱动引擎。

(二)趋势

1. 产业梯度转移将会持续较长时间

目前,中国产业转移仅限于纺织业、电子加工等部分领域,尚未出现大规模产业向外转移的现象,短期对经济的影响相对有限。第一,中国外商直接投资金额占全球比重仍在上升,增速高于越南、菲律宾和印度等国。第二,东盟国家的制造能力及效率与中国尚有差距,短期内承接大规模产业转移难度较大。从体量来看,中国制造业增加值远高于东盟和印度;从制造能力来看,2018 年中国劳动生产率为 6.68%,约为东盟平均劳动生产率 3.43% 水平的 2 倍。第三,我国制造业在智能自动化领域的快速发展,以及管理能力提升带来的效率提高,有助于对冲成本端的上行。从这些角度来看,产业梯度转移仍需较长时间。在此时段内,加快与东盟的经贸合作有助于提升我国产业链的把控能力。

2. 越南可能成为东盟及东亚产业链、价值链、供应链中关键一环

2007 年越南加入 WTO,开启外资投入热潮。越南政府加紧调整产业政策方向,将加工制造作为制造业增长关键环节,并加快改革经济管理体制,促进人力资源素质提升,改善国内基础设施建设水平。越南政府提出要在 2011—2020 年将经济平均增速保持在 6.5%~7.0%,到 2020 年实现工业和服务业占 GDP 比重突破 85%,劳动生产率年均增长 5%。为此,越南政府加大对私有经济的扶持力度,加快对外资开放,鼓励发展中小企业、高附加值企业和生产制造企业。

数据显示,2010 年以来,以不变价计算,越南 GDP 增速基本维持在 6.0% 以上,工业和建筑业同比增速总体走高,保持年均 7.4% 的增长(见图 1)。2018 年,越南 GDP 增速达到近 11 年最高点 7.08%,工业增长对经济增长贡献率达到 2.85%,其中加工制造增长率为 12.98%,对国民经济增加值贡献率为 2.55%,加工制造占 GDP 比重增长至 18.33%。

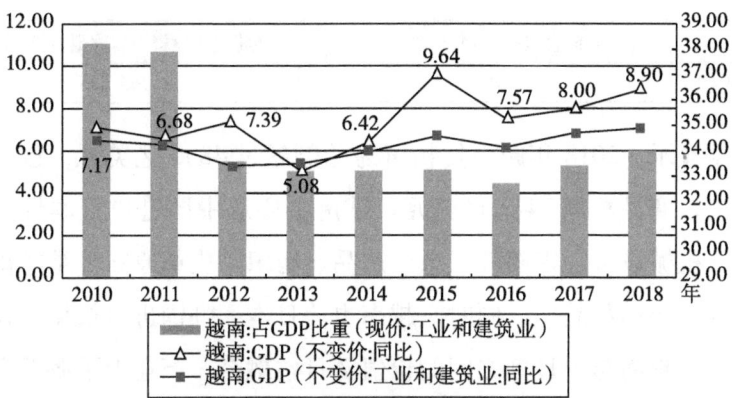

图1 越南可能成为东盟及东亚产业链、价值链、供应链中关键一环

如表1所示，自2010年以来，越南吸引外资数量及外商直接投资项目注册资金快速攀升，2018年外商直接投资项目数量超过3000个，注册资金金额超过360亿美元。越南加速发展加工制造，依靠区位优势加速承接中国产业转移。越南积极融入区域经济一体化进程，与东盟、中日韩、澳大利亚等签署贸易协定，越南也与欧盟签署自贸协议，致力于消除关税壁垒，促进贸易和投资自由化。越南与欧盟签署的贸易协定有利于越南纺织品、鞋类、农副产品向欧盟出口。越南推动双边及多边贸易安排，有利于企业利用越南原产地标签享受普惠制待遇，客观上促进了产业向越南转移。

表1 越南吸引外商直接投资变化（2010—2018年）

年份	外商直接投资项目数量/个	外商直接投资项目注册资金/亿美元
2010	1237	198.868
2011	1186	155.981
2012	1287	163.480
2013	1530	223.522
2014	1843	219.217
2015	2120	241.150
2016	2613	268.905
2017	2741	371.006

续表

年份	外商直接投资项目数量/个	外商直接投资项目注册资金/亿美元
2018	3147	363.686

数据显示，2018年越南货物贸易总额超过4800亿美元，创下历史新高，出口商品总额2447亿美元。越南主要从中国进口资本性产品和中间品，机械设备、零部件、电子产品、纺织、皮革原料等是越南从中国进口的主要商品品类。同时，越南也从日本、韩国进口机械、设备与工具配件。越南与中日韩之间的价值链日益融合，产业上下游关系日益紧密。越南加工制造大国地位逐步确立。据联合国贸发会议统计数据，2011—2018年，越南高端技术密集型制造品出口金额已扩大至900亿美元（见图2），高出劳动和资源密集型制造品出口金额180亿美元左右，高端技术密集型制造品出口在过去8年间保持了年均31%的增长速度（见图3）。"越南主要出口商品从纺织品转为电子产品和机械。占越南总出口1/3的越南高科技产品出口同比增长33%，出口增长超过20%，贸易额也由逆差扭转至顺差。"

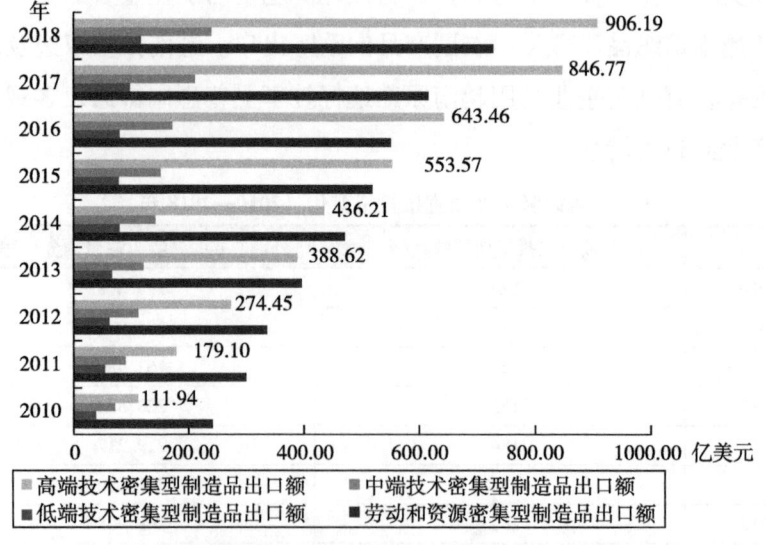

图2　越南制造品出口额变化（2010—2018年）

资料来源：Wind资讯。

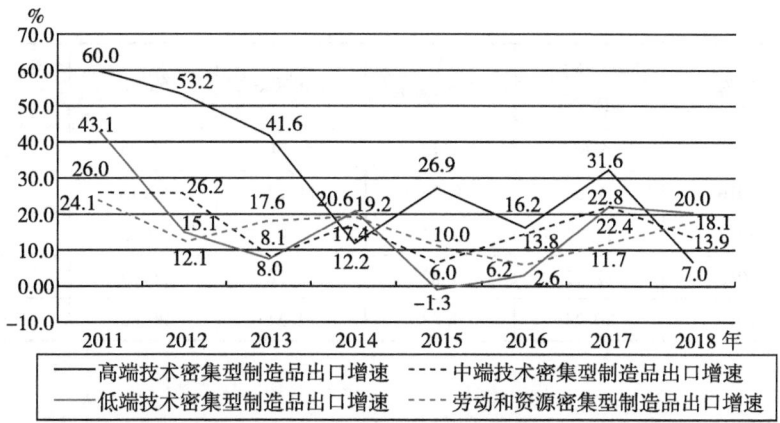

图 3 越南不同类型制造品出口变化趋势（2011—2018年）
资料来源：Wind 资讯。

目前，越南仍在中美贸易摩擦大背景下积极承接产业转移，外商投资增长速度加快。据统计数据，1995—2018年，越南总投资资本扩张10倍至近580亿美元。如表2所示，自2016年以来，来自中国大陆（内地）、中国香港和日本的外商直接投资逐步增多，其中日本增长幅度最大，外商直接投资注册资金由2016年的不足9亿美元直线攀升至77.45亿美元，且近两年仍维持在高位。中国内地赴越南直接投资注册资金2020年以来出现快速增长，2020年约为2018年注册资金额的2倍以上。在外资流入的同时，越南劳动力成本低、人口素质提升加快的优势逐渐凸显，越南政府计划到2020年，在基础设施建设上投入1300亿美元，以改善基础设施现状。随着越南加快城镇化进程和加快交通、港口等基础设施水平的改善，越南仍将会是亚太地区最具吸引力的投资对象国，有望复制我国20世纪90年代的发展经验，将成为承接我国中低端制造业的目的地之一。

表2 越南外商直接投资注册资金分地区金额　　　　　单位：亿美元

年份	中国大陆（内地）	中国台湾	中国香港	韩国	日本
2013	22.76	4.00	6.04	37.52	12.95
2014	2.53	5.12	28.03	61.28	12.09

续表

年份	中国大陆（内地）	中国台湾	中国香港	韩国	日本
2015	6.65	9.40	6.29	26.78	12.85
2016	12.63	8.26	11.02	55.18	8.68
2017	14.09	3.26	7.40	39.73	77.45
2018	12.17	4.80	11.28	36.57	65.92
2019	20.23	4.33	12.51	20.95	15.82

二、全球产业链变化趋势

（一）全球产业链正在发生深刻调整

20世纪90年代，随着经济全球化加速发展，全球贸易规模扩大和新兴经济体融入全球化改变了各国的比较优势，要素重组带动产业链融合变迁，新技术革命带来的技术进步也进一步推动了全球产业链形态由国与国之间的产业间分工转向产业内分工，进一步形成产品内分工，即国际工序分工新形态，形成了发达国家、新兴经济体和资源富集国家之间的"三角循环"。发达国家占据产业链中高端，新兴市场国家快速工业化占据产业链中低端，资源富集国家为全球制造提供生产资料。这一结构在一定时间内曾基本稳定，然而部分主要发达国家为了谋取全球超额利润，过度发展金融、房地产、建筑业等造成了严重的产业空心化现象。2008年国际金融危机过后，发达国家产业链遭受金融危机重创，在全球经济和产业总量中的比重下降，新兴经济体和发展中国家在全球经济和产业中的分量明显加重。为维持全球产业竞争优势，确保其全球霸权地位和全球领导力，美国不仅推动了重振制造、重振创新、重振出口的产业结构调整战略，而且推动了美国优先、保护主义、单边主义的产业链重构战略。在这种情况下，支持全球"三角循环"产业分工结构的重要条件发生变化。发达国家更加注重发挥政府作用，推动实施新的产业政策,使新兴经济体积极迈向产业链中高端,"一带一路"国际产能合作加速沿线国家工业化进程和融入全球市场,部分资源富集国家被锁定在产业链低端,全球产业链深度调整不可避免。与此同时,全球服务贸易占比快速上升,推动中低端制造业向附加值更高的高端制造业转型。贸易保护主义回潮推动国际经贸规则重塑,以及大国博弈态势加剧,这些都对全球产业链调整形成了新的冲击和挑战。

(二) 发达国家重振制造业,带动全球产业链布局调整

2008年国际金融危机重创全球经济,使各国决策层认识到依靠金融等第三产业拉动经济增长具有重大的监管风险,且金融等服务业占比过高严重影响公平,带来民粹主义等政治压力。因此,金融危机后主要发达经济体将重振制造业作为重要的政策方向,并推出相关战略,全球产业链也出现相应的变动。德国推出"工业4.0"和"国家工业战略2030",有针对性地扶持重点工业领域,提出到2030年使工业增加值占GDP比重提升至25%,带动欧盟工业占GDP比重提升到20%的宏伟目标。美国自奥巴马政府时期出台多项先进制造业回归战略,特朗普上台后也延续了重振制造业战略,且利用减税等多种手段促使海外美元资本回流,目标是推动美国继续保持产业领先优势。发达国家重振制造业,锁定价值链高端,制造业与服务业融合态势加快,生产性服务业对服务业增加值的贡献比重增长较快。智能制造、柔性生产、智能装备等工业物联网发展模式主导新一轮发达国家产业革命方向,在高附加值和高技术密集的航空航天、生物医药、机械装备、半导体等领域,发达国家继续保持领先优势。

(三) 新兴大国产业迈向中高端,将是结构转型的艰难过程

随着中国加入世界贸易组织,开放程度扩大,全球化进展加速带动产业链深度融合,美国、日本、德国等发达经济体制造业占全球制造业比重连续多年下降,中国制造业占全球制造业比重快速上升。2010年,

中国制造业产出占全球比重超过美国，此后保持连续上升态势。中国制造业出口中高技术产品出口比重也不断增高，制造业迈向价值链中高端态势明显，有力地推动了全球经济的稳定和发展。印度作为人口大国，2003 年以来持续保持高速增长，2014 年至今，年均增速基本维持在 7% 左右。莫迪执政以来提出"印度制造"和"数字印度"两大重点产业发展计划，明确提出将印度制造业占 GDP 的比重提升至 25% 的目标，并积极利用新技术革命带来的发展机遇，通过国内的市场化改革和放松管制促进新技术和制造业融合发展。印度尼西亚作为东盟最大的经济体，一直维持稳定的制造业比重，第二产业占 GDP 的比重保持在 50% 左右，制造业占第二产业的比重约为 50%，制造业对经济增长的贡献率基本稳定在 20% 左右。印度尼西亚政府将制造业作为国民经济的支柱，始终将推动制造业升级作为优先政策目标，推动工业由劳动密集型向资本密集型和知识密集型转变，石油炼化产业链完备，生物制药、微电子、汽车制造等附加值较高的产业在制造业中占比提升。

（四）资源富集国家被锁定在产业链中低端，迈向产业链中高端举步维艰

巴西、委内瑞拉等资源富集国近十年来产业结构调整成效不显著。由于国内经济结构较为脆弱，资源富集国家依靠原材料出口拉动经济增长，对国际市场依赖程度较深，大宗商品价格波动及国际资本流向变化对资源富集国家经济增长影响较大。巴西、委内瑞拉等资源富集国家在金融危机后受外部需求疲软和美元等国际资本回流发达国家影响，一度陷入经济负增长困境。外汇储备不足，债务规模屡创新高，国内产业调整空间小，主要的工业企业几乎全部是资源加工型，工业占 GDP 比重连续多年下降，陷入以资源换消费品的发展困局，短期内难有改变，基本被锁定在产业链中低端。但近年来，巴西也开始发展汽车等产业，着手实施迈向产业链中高端战略。

（五）"一带一路"倡议推进国际产能合作，促进世界经济和产业再平衡

"一带一路"倡议以互联互通推进国际产能合作，通过提升沿线国家基础设施互联互通水平，推进沿线发展中国家贸易、投资、产业等领域深度合作。"一带一路"倡议积极对接沿线国家发展战略及有关规划，结合沿线国家发展战略和资源禀赋，共同推动沿线发展中国家融入全球市场，加速工业化进程。研究显示，机电设备及能源大宗商品等成为"一带一路"主要贸易品，"一带一路"沿线国家成为国际资本流动重点区域，外资流动规模占全球比重不断上升。沿线国家间总体贸易水平提升将会推动区域一体化进程，通过释放区位、资源和市场优势，沿线国家间、产业间贸易将会向产业内贸易转向，区域产业链交融发展趋势明显，"一带一路"沿线国家内需不断扩大，承接全球产业转移能力增强，空间增大，将在全球产业链深度调整中发挥重要作用。

（六）"排他性"区域经贸安排兴起，全球产业链格局面临深度重组

近几年来，以保护主义、单边主义为主要特征的逆全球化趋势明显升温，出现了具有排他性的区域自由贸易协定，这不仅影响了全球产业链的深入发展合作，也导致了贸易增长受阻。例如，美国等发达经济体为保护本国中低端产业和就业，纷纷鼓励制造业等实体产业和资本回流本国，开始呈现出经济内向化发展趋势等；WTO改革停滞不前，发达经济体与发展中经济体、大国与中小国家诉求分歧较大，争端解决机制等运作困难；CPTPP、美墨加自贸区、欧日EPA等涵盖更大经济体量的区域贸易安排不但越来越多，而且出现了一些新特征，即不但扩展到服务贸易、直接投资、政府采购等更广领域，而且在关税减让、环境保护、劳工福利等方面制定高标准条款的同时，在原产地规则等方面也具有极强的排他性，对WTO全球多边贸易体系形成挑战；美国凭借其综

合国力、巨大市场、高端贸易竞争力、贸易规模大等优势,在美墨加自贸区、中美贸易谈判中奉行霸凌主义,力图实现美国利益最大化,因此美国以区域和双边贸易安排方式参与国际经济合作的力度明显加大;以美国为首的发达国家以公平贸易为名,在有关谈判中积极推行取消产业补贴、限制国有企业、竞争中性、环境劳工标准等"边界后"规则,迫使其他国家国内经济体制与其靠拢,这有可能削弱中国等其他国家的传统优势。

国际经贸规则重构对经济全球化进程造成严重影响。例如,经济全球化进程可能放慢、停滞,推动全球经济、贸易、投资增长的作用继续被削弱;区域和双边自贸安排重要性上升,相对碎片化的区域分工体系给全球分工体系带来负面影响,现有全球产业链会随之调整,美国等位于产业链高端的国家对区域/双边贸易安排的主导能力明显提高;全球分配格局也将调整,一方面受全球分工深度和分工效率降低的影响,全球整体福利水平下降;另一方面发达国家中低端人群相对受益,发展中国家相对受损。

三、逆全球化、新产业革命和新冠疫情等对产业链的影响

(一)逆全球化进程持续

自 2016 年以来,英国脱欧、特朗普当选美国总统等事件标志着欧美社会民粹主义兴起,贫富差距不断扩大引起较为严重的社会意识形态分歧乃至对抗。民粹主义兴起对欧美国家的国内政治格局的冲击越发明显,民粹主义力量在国内政治中的分量加大,对国内政策议程的影响力增强,并逐步向外交、国际合作等领域推行具有保护主义倾向和内顾色彩的政策议题,规避国际合作责任,推行逆全球化,倡导有限的国际合作领导力以及以价值观、意识形态统一为基础的价值观外交。

1. 民粹主义兴起正改变欧美国家的国内政治格局并冲击国际合作机制和世界秩序

民粹主义在欧美社会有着巨大的社会基础，从历史维度来看，历史上欧美国家多次出现由社会分配不均衡、贫富差距扩大所引起的国内政治分裂和族群冲突，并逐步从分裂冲突演变为政治对抗，使其改变国家政治外交基本路线，并逐步向地区政治、全球政治层面推行其国内政治议程，寻求本国优先、推行排外主义，对地区秩序、世界秩序和全球化进程造成较大不利影响。

从近年的实际情况来看，在欧洲内部，意大利、荷兰、德国、法国、英国等传统欧洲国家都已出现具有较强民众支持基础的右翼、极右翼政党，并在地区和国家层面通过进入立法机构等形式对国内政治形成强大影响力。这些政党不仅反对欧洲一体化，对现有的欧盟合作机制持批评态度，而且反对全球化，对于欧洲内部的劳动力自由流动、欧洲国家与其他国家之间的国际交往持反对态度。从美国来看，特朗普上台标志着美国社会进入以种族、身份阶层等标志作为区分政治态度的"极化政治"阶段。美国国内的极右翼势力和鹰派势力抬头，对政策的影响力增强。美国从多个国际合作机制中退出，推行"美国优先"的单边主义政策。全球治理宏观政策协调机制、国际安全体系、贸易规则体系等合作框架均受到一定程度的冲击，大国关系面临深刻调整，经贸摩擦加剧，中美、美欧、俄美关系均进入调整期。

2. 大国关系调整为全球化进程带来较大不确定性

冷战结束以来，国际关系格局与理念均由美国掌控，在美国霸权体系下形成"美国制下的权力格局"，在文化价值、思想观念、交往准则、生活方式等方面，以美欧为首的价值观与意识形态均在世界范围内产生深刻影响。自2008年国际金融危机后，世界经济重心东移，力量对比发生重大变化，以中国为首的新兴经济体与发展中国家变革全球治理机制和世界秩序的意愿增强，建设更加公平、能够充分反映发展中国家群体利益的世界秩序成为主流。同时，金融危机对欧美经济的影响十分巨大，经济复苏缓慢且贫富差距继续拉大，美欧社会政治、文化、身份认同产生深刻变化，传统价值观念动摇，逆全球化、反精英、反建制、反移民的多重单边主义、保护主义、民粹主义行径增多。基于经济、文化、种族、意识形态等多种因素影响，美国对中国的阻遏力度加大，从贸易、科技、人文等多领域加强对中国打压，并通过价值外交、规则排外等手段孤立中国，中美关系进入深度调整期。可以判断，在较长时期内，中美关系中竞争的一面将越来越突出，美国对我国阻遏打压的力度将不断加大，在极端情况下有可能形成中美各自独立的"平行体系"，全球化进程受阻，区域化、本地化等碎片化治理机制增多。同时，随着中美竞争加剧，地区安全、非传统安全、粮食安全、能源安全等问题的重要性将会更加突出，必须着眼于中美关系深度调整的基本判断，从维护我国安全角度全面构建粮食、能源安全体系，同时避免因地区冲突等问题扰乱我国发展大局，突出区域合作重点，有效扩大"朋友圈"，使国际合作力求高效、有为有度。

（二）新产业革命激发各国利用现代科技提升产业链水平的积极性

当前，以物联网、5G、人工智能、云计算、大数据为主要标志的新一代信息技术、信息产品和信息获取处理方法呈指数级增长，以信息化和工业化融合为基本特征的新一轮科技和产业革命，正在世界范围内孕育发展，为各国利用现代科技实现更加高效和环境友好的经济增长提供了历史机遇。

1. 新一轮科技和产业革命重塑制造业的发展路径、技术体系以及产业业态

新一代信息技术向纵深拓展是新工业革命的核心本质。互联网革命使信息、生物、纳米、新能源等技术不断交叉融合，可能导致创新突破

和创新集群涌现。新一代信息技术、新能源技术、新材料技术和生物技术将为社会生产力变革性发展奠定技术基础。

数字化、网络化、智能化技术在制造业被广泛应用，制造系统集成式创新不断发展，形成了新一轮工业革命的主要驱动力。新一代智能制造作为新一轮工业革命的核心技术，正在引发制造业在发展理念、制造模式等方面重大而深刻的变革，正在重塑制造业的发展路径、技术体系以及产业业态，推动全球制造业发展步入新阶段。据统计，2018年欧洲的数字化工厂占比已达46%，美国的数字化工厂占比是54%[①]。人与机器的分工将产生革命性变化，智能机器人将替代人类大量的体力劳动和相当部分的脑力劳动，人类可更多地从事创造性工作。普华永道的研究表明，在人工智能的推动下，2030年全球GDP将增长14%，相当于15.7万亿美元（见表3）。同时，新一代智能制造将有效减少资源与能源的消耗和浪费，持续引领制造业绿色发展、和谐发展。

表3　2030年人工智能对宏观经济的影响

项目	全球	中国	北美	南美	北欧	南欧	发达的亚洲国家	其他地区
GDP/万亿美元	15.7	7.0	3.7	0.5	1.8	0.7	0.9	1.2
占GDP比重/%	14.0	21.6	14.5	5.4	9.9	11.5	10.4	5.6

资料来源：普华永道. 人工智能对宏观经济的影响[R].2017.

2. 数字化转型改变了世界范围内的生产和投资布局

源于数字技术的颠覆性，新兴技术不断涌现。除了耳熟能详的物联网、云计算、大数据、3D打印技术等基于信息通信技术深化发展起来的数字技术创新之外，基因、仿生、生物医药、生物工程等新生物技术，光伏、氢能、核聚变等新能源技术，石墨烯、生物材料等新材料技术，也不断取得突破。数字技术广泛渗透、快速应用并促进了各学科发展和行业技术进步。数字技术不仅被广泛扩散应用到各领域，而且进一

[①] 资料来源：《中国数字经济发展与就业白皮书》(2018)。

步加快了知识和信息传播，有利于提高社会整体技术进步的速度。通过跨学科交叉融合，数字技术带动了新兴学科发展。例如，脑科学与数理、信息等学科领域的结合，正在催生脑—机交互技术，将极大地带动人工智能、复杂网络技术发展。数字技术与制造、能源、交通、农业等各行业技术结合，带动了智能制造、智能电网、智慧城市、智能交通、智能农业的迅速增长，正在深刻改变人们的生产和生活方式。

数字技术主导的技术群落使数据资源价值被全面发掘，数据资源产生并扩散到经济社会各领域可以提高其他要素的生产率。除了数据成为关键生产要素外，互联网、物联网等大大增强了要素的流动性和"连接"，人工智能（机器人）快速替代劳动，甚至被称为新的生产要素，数字技术提升了研发速度从而推动技术加快进步；数字化转型改变了企业生产经营和资源配置的方式和投向，从而改变了世界范围内的生产和投资布局。

随着技术要素和市场要素的配置方式发生革命性变化，小企业的黄金时代即将到来。信息和数据作为独立的供给要素，可获得性和流动性日益增强，将成为新工业革命的核心投入要素。借助数字技术的快速渗透力和现代金融的支持，越来越多的中小企业（如"独角兽"企业）成为引领创新前沿的重要力量。

进入数字化时代，全球创新资源之间的连接进一步增强，创新资源的流动性和可用性得到了极大提升，创新主体可以在更大的范围内应用知识、创意等创新要素和资源。当前，研发众包已成为一种趋势，企业通过网络吸取全球智慧来获取技术解决方案。还有一些企业将顾客集成到研发设计等创新过程，在产品正式销售前与潜在购买者共同设计产品，使客户由一个纯粹的消费者转变为一个合作生产者，从而帮助企业完善自身产品。

国际贸易模式将由传统跨国企业主导的大宗贸易模式向分散化、平台模式转变。随着数字经济的发展，跨境电商等新商业模式兴起并将占据主导地位，一些中小微企业和个人通过电商平台参与国际贸易，平台经济在国际贸易中发挥越来越重要的作用。电子商务在实物商品上的扩张导致了小包裹和低值货物数量的激增，这些货物通常由小型公司和个人运输，形成了从大批量发货到小规模、高频次小包裹的转变。

（三）新冠疫情冲击全球产业链合作

1. 疫情初期已导致部分产业链合作受损

自2020年2月初疫情流行后，停产停工造成供应链缺口，上下游国际产业合作受到冲击。在疫情初期停产的状况下，下游制造业企业受到较严重影响。复工复产后，由于从复产到有效供应存在时间差，且受到各国航运运输限制，一些国家的生产情况受到影响。例如，在汽车行业，按照UBS的分析数据，以价值链核算来看，中国制造业产出约占全球的1/4，且全球汽车制造中大约8%的零部件生产依靠中国。汽车行业供应链企业复工情况缓慢且受物流运输限制，造成在海外生产的下游企业不得不在2月和3月开始有限停产。英国企业JCB有大约25%的供应商来自中国，受疫情影响，3月JCB工厂得不到中国的材料和组件供应，一半生产线停产，工人工作时间由每周39小时下降至34小时。菲亚特克莱斯勒、韩国现代两大汽车厂商均关闭了部分本土生产线。类似汽车行业受到的冲击在其他行业也在发生，特别是组件、零部件对中国供应链依赖较多的行业，钢铁制品、机械设备、化工、玩具等行业都受到了影响。相对来看，中小企业复工更快，生产集中、用工更多的大企业则受各地疫情管控措施限制、内陆物流运输限制，以及各国航运清关限制，全面复产并有效供应海外下游企业需较长时间，处于供应链下游的制造业企业停产在疫情流行初期确有增加，对全球产业链合作造成一定的不利影响。

2. 疫情加剧了中美竞争态势，美国借机推动产业链脱钩

疫情发生之前，美国政府已不断通过加征关税，通过"长臂管辖"

遏制中国高技术企业发展、限缩科技国际交流与合作、制造排他性区域经贸规则等手段,在多边、双边、科技、人文、经贸等领域对我国实施打压,形成遏制中国的政策取向,加剧了中美竞争态势。疫情发生后,围绕边境封闭、必要公共卫生用品生产制造等议题,美国国内形成广泛的关于通过供应链转移以保障国家安全的舆论氛围,一些长期支持经济全球化的美国国内自由化媒体、学者的态度也开始转变,支持"需要在全球化和自力更生之间取得更好的平衡",制约反对特朗普政府加剧中美竞争的理性声音趋弱。同时,企业因疫情暴发所承受的风险损失过于巨大,将会重新评估参与全球化的成本与收益,支持供应链本地化、区域化、分散化的积极性提高。总体来看,疫情在美暴发后,美国社会各界关于特朗普对华经贸政策已从质疑与支持混杂,逐步转向支持在多领域推动经贸科技领域"去中国化",成为特朗普政府继续加大限制、遏制发展中美经贸关系的重要背景。特朗普政府在 2020 年大选之前,全面加大针对我国参与全球产业链、供应链、价值链的打压力度,借疫情冲击加快推动供应链转移。

3. 建立多元化供应链、增强供应链弹性可能加快地区产业链重构

疫情发生后,由于限制人员流动和企业停产,供应链首先受到严重冲击,全球贸易快速下降。此后,疫情对经济的影响从企业生产供给等层面快速向就业、消费等领域扩散,全球经济供需体系与要素循环陷入混乱。一些国家将加强供应链弹性和多元化视作降低外部冲击、保障国家安全的政策选项。欧美主要经济体政府陆续有声音表示,要推进供应链多元化,降低供应链集中所带来的风险。在此背景下,美推动供应链转移可能获得更多国际社会支持,形成以美欧为中心的多元化供应链体系,产业链重构可能性增加。

特朗普政府加快推动构建本土供应链体系和受信任的供应链"合作圈",美国政府既可以通过总统紧急权力授权强制要求美国企业回归本土生产，也可以继续加大经贸摩擦，以加征关税方式推动美国企业回流本土。按照中美商会2019年5月关于加征关税影响的调查数据，将近四成的在华美资企业基于关税影响已有外迁意向，若在疫情冲击下美撕毁第一阶段贸易协议继续加征关税，可能促使更多在华美资企业回流。同时，特朗普政府继续通过"长臂管辖"限制使用含有美国技术和设备的全球企业为我国企业供货，这将会对正处于赶超关键阶段的我国半导体等高新技术企业形成巨大冲击，延缓我国产业追赶进度。美国政府向台积电、英特尔两大重要芯片企业施加压力，要求企业在美设厂扩大产能，类似这样做法的行为可以预见未来将会越来越多。美国政府还可以通过税收优惠、补贴等手段进一步吸引美资企业向美国本土回流，形成关键产业、关键领域的本土供给能力。

还应注意到，因受劳动力价格上升等内部因素和经贸摩擦力度加大等外部因素影响，我国外资企业中近两年来已经出现一些企业向东南亚转移的现象。印度、越南、墨西哥近两年外商直接投资都有较快增长。我国国内一些传统制造业企业可能因成本考量继续外迁，跨国企业生产力布局将更加多元。此外，美国政府若继续推动"排他性"经贸协定等规则体系调整，则将会进一步促使更多企业转移至受信任的国家与地区。供应链转移持续较长时期后，东南亚等其他后发国家与地区将会形成一定的产业配套能力，产业链重构的可能性增加。

四、亚洲产业链转移的对策

以扩大内需为支点，全面构建以国内大循环为主体，国内、国际双循环相互促进的发展格局。

（一）全面推动我国产业链水平提升

在基础技术方面，要重视科技革命和产业革命带来的技术内涵变化的影响，把发展新一代信息技术基础软件和工业软件作为优先发展方向。要推动基础原材料、基础工艺、基础元器件和基础技术四类基础工业能力协同突破，根据行业特点整合材料、工艺、零部件等关键环节技术攻关需求，组织政府、企业、科研机构等创新主体开展协同研发。加大对企业与科研院所联合进行基础工业能力技术突破的经费支持，对攻关难度高、市场应用空间小的技术突破要发挥政府统筹协作能力，形成对此类技术领域研发创新的长效化资金投入机制。对经过行业专家和标准体系认证的基础工业能力自主创新产品，要在应用推广方面加强政策支持力度。要优化提升传统产业生产效率及技术创新能力，聚焦传统产业生产效率的提升和技术创新能力的发展，从产出角度以传统产业单位产出的价格提升作为衡量产业链水平的基准。要注重传统产业企业挖潜增效，支持企业扩大技术创新，引导企业将产品生产从中低端产品转向中高端产品，支持企业与工程机械装备生产企业联合开展传统产业设备国产化，逐步推动传统产业由产品出口转向"产品+设备"出口。要看到传统产业在吸纳就业方面的贡献和优势，建立研发经费定向支持机制，支持传统产业中的龙头企业率先开展产品提质增效。建立技术创新与装备研发容错机制。

（二）推动制造业数字化、网络化、智能化融合发展

新一轮科技产业革命，一方面对我国传统产业、生产组织方式、生产布局等造成很大冲击，甚至产生破坏性、颠覆性影响，部分跟不上变革的产业、企业和区域面临被淘汰的风险；另一方面我国也有机会抢占科技产业革命制高点，在新产业、新技术、新生产方式、新商业模式等方面实现"弯道超车"。我国作为制造业大国，一方面要通过率先适应新科技产业革命变化，如智能化生产、平台式企业、分散式布局等，推动产业、企业、生产、消费等转型；另一方面要集聚科技创新资源，在新科技产业革命中占据先机，增强对产业链和全球资源的配置能力。

（三）继续加强中日韩经贸合作

新冠疫情对全球经济造成的负面影响巨大，欧美国家积极推动供应

链转移，日、韩两国相对而言态度较为谨慎。由于中日韩产业链关联程度高，以中、日、韩三国为主体的东亚生产网络制造业产出占全球比重超过50%，中、日、韩三国供应链与产业链合作水平高，产业、企业合作成熟度高，很难因疫情等突发外部冲击而解体。继续加强中日韩经贸合作，符合三国共同利益。当前，应全面推进中日韩经济小循环更加畅通，推动中日韩自贸区谈判早日达成。

（四）继续推动"一带一路"建设

继续支持国内传统制造业企业"走出去"，通过"一带一路"沿线国家经贸合作园区等平台，在若干关键国家提升产能合作水平，可长远考虑通过企业"走出去"，构建由我国主导的"一带一路"次区域供应链体系。要重视资本流动对产能转移的影响，从长远来看，企业外迁后我国仍可通过扩大对外投资联结这些外迁产能，通过资本投入和新技术、新标准应用，完全可以在企业生产力布局空间变化后，继续保持产能的联结与高水平合作。在推动传统制造业产能转移的同时，也要注重加强对中间品生产企业外迁的支持力度，通过支持中间品生产企业外迁，保障国内生产企业与海外园区企业在中间品制造环节的高度合作，有利于继续维持我国全球制造中枢地位。

（五）加强政策引导力度，创造更有利于企业发展的制度环境

除了通过多种方式维系我国对外迁产能的合作之外，也要尽力在留住企业方面下功夫。短期内要有针对性地加强对受美遏制政策等外部因素影响的企业的政策支持力度，如税收优惠、研发补贴等；同时，要加大开放力度，为外商在华经营创造更为优越的制度环境，落实好保护知识产权等规则体系建设工作。

（执笔人：田栋）

专题五
推动亚洲经贸合作的中国方案和相关建议

受新冠疫情叠加中美经贸摩擦影响，经济全球化遭遇挑战，全球产业链供应链阻滞，中美经济脱钩的风险在加大，对东亚生产网络稳定性构成威胁。无论美国优先还是中国优先，出于国家利益的考虑，都会促使供应链本地化、产业链区域化趋势得到加强。地缘安全考量所驱动的供应链加速向本地或靠近消费地的方向迁移，全球价值链也将呈加速缩短趋向，贸易投资区块化配置倾向在加强，区域合作更注重地缘和制度上的安全。这表明新形势下国家安全利益更胜于纯粹的商业利益，而企业经营将受到政府和公众更为严格的安全监督。

在经济安全忧虑增加的形势下，东亚生产网络既面临不小的挑战，也孕育着新的机遇。挑战在于依靠美欧市场的出口导向模式面临艰难调整，许多跨国公司开始追求生产基地的多样化，并依赖政府提供的经济激励措施试图减少对中国制造基地的依赖，而美欧等发达经济体也试图给中国制造贴上市场"不友好"的标签，利用其消费者的力量推动与中国经济脱钩。无论东亚地区还是整个亚洲地区，需求不足的问题依然突出，特别是中国在减贫方面虽取得显著成效，但确保居民持续增收方面难度不小，需着力培育更大规模的中等收入群体，亟待解决城乡居民收入不高和差距过大问题，尤其是中国仍有约6亿人的月均收入不足

1000元人民币，这是制约中国充分发挥超大规模市场优势的关键因素。

亚洲区域合作的新机遇在于亚洲经济一体化进程正在提速，虽受到新冠疫情影响而按下暂停键，但区域经贸一体化合作前景仍然被广泛看好，特别是亚洲主要经济体付诸更多努力，成功推进区域全面经济伙伴关系协定（RCEP）签署，开启亚洲区域一体化的新征程。相比以往，亚洲地区的市场规模持续增长，倘若再寻求经济上的高度一体化，其经济总规模将是世界上最大的经济体。作为世界经济增长的重要引擎之一，亚洲经济内生化发展趋势在增强，新的区域经贸安排有待破茧而出，但这并非自然地出现，仍需域内各成员国达成共识和采取集体行动。因此，创造亚洲新机遇的希望在于推动亚洲内部深度的贸易一体化，即通过制定更便利化、更强约束力的自贸协定（FTA）安排，引导不同发展利益诉求的域内各经济体摒弃"以邻为壑"的保护主义做法，重新平衡经济发展与国家安全的需要，通过让渡部分经济主权，依靠地缘上的自然纽带和经济上的共生力量寻求互利互惠和共同发展，尽可能避免每个经济体都走上过度自主自足和国家优先主义的道路。即便在区域层面，持续在公平高效的开放条件下探求实现经济繁荣的道路，仍是任何经济体追求国富民安的必由之路。

在全球日益复杂的变局下，亚洲经贸合作正在迈向一体化新阶段，东亚经济共同体的呼声日益高涨。客观地说，地缘相近的区位优势促使亚洲经济体在自由市场驱动下深入推进经贸合作，既促使各经济体之间经济利益相互依赖交织，也使得即便受到新冠疫情这样的公共危机或地缘政治危情的冲击，依靠域内的深度合作仍能较快地恢复。多年来，亚洲地区并未像欧洲那样形成大范围的经济共同体，主要是因为亚洲经济体人口结构、政治体制、发展阶段和诉求等复杂多样，特别是发展中经济体与发达经济体有较大的利益诉求分歧。综合考虑各方协调难度和利益趋同性，小范围或次区域的经贸一体化合作显然领先于大范围或较大区域的一体化合作进程，而且经济体之间的双边合作机制安排也要快于多边经贸机制安排，尽管这类做法会带来碎片化的风险，但也符合由小到大、由易到难，以及由双方到多方的自然演进过程。近年来，亚洲的区域经贸合作主要以推进自由贸易区（FTA）建设为主，已从以签订双边 FTA 为主逐渐拓展到签订多边 FTA，包括 2020 年 11 月中旬东盟与中、日、韩、澳新 15 国成功签署 RCEP，逐步形成并行不悖的区域经贸合作网络。

在亚洲，促进更广范围的区域经贸合作并不是很容易的事情。即便是同一区域内的多边经贸合作也是相当困难的，如中日韩 FTA 谈判虽在提速，但短期谈成的难度仍然较大，主要是多种分歧因素共同作用的结果。亚洲地区之间的经济连接本身就存在分裂，有些经济体之间产业竞争加剧、有些经济体之间未形成双边联通，并行推进区域多边的联通合作难度更大；有的经济体如日、韩、澳新等坚持更高标准的自贸规则；有的经济体如印度和部分东盟国家，则担心自身产业受到损害。与此同时，亚洲主要经济体地缘政治安全顾虑较多，受意识形态影响较重，容易因被域外实力牵制而采取离心行动，即区域经贸合作的初心容易被地缘政治安全担忧所动摇。随着经济发展方式的不同，亚洲区域此消彼长的经济再平衡过程始终在持续演进，特别是中国正在成为各个领域的最大生产和消费市场，并展现出对区域整合的内在吸引力和外在影响力。

随着中国经济体量在世界经济中的分量加重，中国在亚洲经贸合作中的主导地位逐渐凸显，由此威胁到美国和日本在亚洲经济事务上的主导地位。由于在亚洲经贸合作中的利益广泛存在，美国最为担心的是中国经济势力在亚洲渗透从而将其在这一地区边缘化。从奥巴马时期提出亚太再平衡战略，到特朗普时期提出的印太构想和经济繁荣网络计划，均在构建排除中国在外的亚太经贸圈，并通过施压日本、韩国和拉拢东盟、印度等措施，阻挠亚洲内部的一体化合作进程。受制于美日军事同盟的存在，日本虽有意推进区域经济一体化进程，但仍期望在确保战略安全优先的前提下，寻求能抗衡中国经济实力的区域经贸合作新框架。

对于亚洲地区的中小经济体来说，经济上它们虽有寻求合作的利益动机，但又担心被挟裹到大国博弈中成为受害者。如新加坡总理李显龙就发文，表示了小型经济体在中美之间"选边站队"的苦恼。在大国博弈长期化且未分胜负的情况下，中小型经济体展现出受经济利益驱使的战略自主性提升，并通过抱团合作抵御大国博弈带来的不利影响，采取更灵活的措施积极在大国之间周旋，以提高自身的安全边际。由于亚洲中小型经济体发展阶段、政治体制和利益诉求各异，在看待亚洲经济一体化合作方面仍持有不同的态度，对区域一体化方案的妥协接受程度略有不同，但总体上中小型经济体更倾向于参与区域一体化的机制性经贸安排，以便搭上大国市场面向区域开放带来的"红利便车"。

对于中国来说，未来十年是中国发展与全球化演变最为关键的十年，稳定与亚洲周边经济体的经贸合作关系至关重要。随着中美博弈长期化，中国虽然仍面临时间上的重要战略机遇期，但谋求高质量发展新机遇、寻求跨越突破的空间逼仄，对外主要表现为美国在贸易、科技、人员交往等方面的限制不会自动消失。考虑到美国在经济、军事和政治等领域仍有不可替代的全球影响力，中国短期内成为全球领导者的代价可能极大，即中国面临的外部发展空间越发狭窄，特别是壮大的经济体量使其回旋腾挪的相对空间变小。对内在跨越中等收入陷阱的关键十年里，中国还要做好自己的事情，更加谨慎地探索产业转型升级和新旧动能转换之路。在妥善处理周边关系中，应更注重遵守国际规则制度，更加当心国际关系中的种种陷阱，谨防在制度试错中遭遇滑铁卢。

中国深耕亚洲的一个可行方案是，聚焦与周边国家在地缘经济层面的合作共识，坚持构建高标准自贸区网络，加强供应链、产业链、价值链分工协作，并采取有效手段提升技术的先进性，释放国内以大循环为主形成的超大规模市场潜力的国际影响力；通过扩大进口让更多周边经济体共享持续成长的超大规模"市场蛋糕"，形成亚洲域内双循环驱动的区域大市场,以此填补"中美脱钩"留下的市场需求缺口,充分利用好区域共同市场,更高效地分享全球化红利;继续巩固和扩大现有的地区合作机制和成果,真正做到口惠实至,以实实在在的行动推动亚洲的稳定繁荣,以实实在在的方式体现中国深化亚洲经贸合作的强烈意愿,以实实在在的意愿推动共建"一带一路"高质量发展,进而全面提升亚洲内向开放水平和联动世界的能力。

由此建议,坚持双多边 FTA 并行推进策略,加快与周边经济体签订相适应的双边 FTA,支持其加入 RCEP 等区域经济合作框架;以制度型开放为切入点,引导共建"一带一路"倡议与国际自贸规则接轨,并与亚洲各经济体形成基于规则的发展伙伴关系,持续扩大对亚洲全域而不仅是发展中国家的公平、包容、开放的层次和水平;统筹考虑意识形态和政治体制之间的差异,在坚持求同存异原则的基础上,秉持亲、诚、惠、容的周边外交理念,摒弃部分媒体主张的"战狼式外交",避免陷入把经济问题政治化的"温柔陷阱",逐步与亚洲其他经济体共建超越政治安全的地缘经济合作新模式;持续改善与日本、印度等周边大国的双边关系,重点在管控好地缘安全分歧和冲突的基础上,增强其战略外交的自主性,谨防其成为美国联合制华的主要对象;充分发挥好韩国、澳大利亚等地区中等国家"亲美近华"的桥梁作用,积极寻求中美关系有效改善的新通道,还需致力于把亚洲中小型经济体纳入区域经济一体化发展中,增强它们在参与亚洲经济事务中的获得感、归属感和安全感,展现中国的大国担当与领导力。

一、亚洲经贸合作方案的利益交会点与分歧点

过去几十年中,经贸合作对推动亚洲经济繁荣发展发挥了无可替代的作用。21 世纪以来,世界经济重心正逐渐从发达国家向发展中国家转移,"欧美世纪"正在向"亚洲世纪"转变,亚洲经济已成为拉动世界经济的"火车头"。麦肯锡全球研究院发现,全球价值链呈现出区域

化属性加强、全球化属性减弱的态势。这种情况在亚洲尤为显著，如马来西亚、新加坡、菲律宾这三个国家的最大贸易伙伴都是中国，而且资源丰富的国家如澳大利亚更依赖中国的需求。相比较而言，北美、欧洲早已形成了统一大市场下的一体化生产网络，而亚洲形成统一市场仍在路上，区域一体化的生产网络尚面临诸多挑战，尽管区域内经贸联系日益紧密，但该地区至今尚未完全实现真正意义上的经贸整合，仍然受到域外、域内不同势力和冲突事件的纷扰。新冠疫情迫使亚洲区域一体化面临更加内卷化的外部环境，全球价值链塑造的驱动力已由单纯的成本因素转向更加兼顾安全因素的双轮驱动，特别是美欧等经济体已开始引导制造业回归，缩短供应链和价值链的长度。在此形势下，我国基于国际形势变化，提出加快形成以国内循环为主、国内国际双循环相互促进的新发展格局。客观地讲，加快以国内循环为主意味着主动降低价值链的长度，促使生产供给越来越靠近最终消费市场。

由于资源禀赋、发展阶段、合作理念、地缘关系等存在复杂多样的明显差异，亚洲区域经贸合作更多体现在大小经济体之间由市场驱动的地缘经济联系。1998年亚洲金融危机后，亚洲各方已认识到在政治层面推动区域经贸合作的重要性，由此开启强化地区经贸制度安排的系列行动，特别是次区域或细分领域的制度或机制性安排取得实质性进展。

（一）利益交会点

自古以来，亚洲经济体通过陆海多条通道开展密切的通商往来，曾一度出现类似汉莎同盟的亚洲"地中海"贸易圈。时至今日，多数亚洲经济体是支持贸易自由化和反对贸易保护主义的，也是推动区域经贸一体化合作的重要力量。近年来，经济全球化遭遇单边主义、保护主义的严峻挑战，全球贸易摩擦虽有所加剧，但亚洲区域内贸易一体化仍在提速，而且仍是全球资本重要的投资目的地，区域内产业转移和产业链合作等一体化进程仍在向前推进。即便在全球贸易和投资大幅减速的背景下，由经济利益驱使、具有地缘利益交会点的亚洲区域一体化合作仍成为不可阻挡的发展趋势,呈现出次区域合作进程快于整体合作进程,以及各经济体主动推进区域经贸一体化的自贸协定(FTA)安排。

1. 自由市场驱动的经济利益引导亚洲经贸合作

2020年以来,新冠疫情曾让全球供应链受到重创,商品、服务和人员跨境流动中断,贸易和投资陷入停滞状态,由此反映出亚洲乃至全球之间经济相互依赖和影响的程度之深。疫情带来的冲击虽然刺激了各国祭出保护主义政策,在一定程度上阻碍了亚洲经济一体化进程,但并不会改变自由贸易的方向。经济全球化符合大多数国家的共同发展利益。亚洲经贸合作仍会继续由市场和政府共同推动,而且体现出全球化和区域化紧密结合的自由市场经济发展进程。

2018年以来,中美经贸摩擦风险上升,给亚洲经贸合作带来不确定性和严峻挑战,但亚洲经济体对区域内贸易和直接投资的依存度仍在上升。从区域内贸易情况来看,大多数亚洲经济体对亚洲的贸易依存度长期趋势增强,亚洲直接投资对区域内依存度也进一步增加。中国是日本、韩国、东盟等的第一大贸易伙伴。2018年,日本、韩国、东盟三大经济体对中国的贸易依存度分别达到21.4%、23.6%、16.0%。

究其原因,自由市场的形成并由此驱动的经贸合作,使亚洲经济体之间形成不可分割的生产网络。可见,亚洲地缘衔接的经济体之间的经济联系(贸易、投资、技术、资本)主要遵从的是经济规律。即便在没有制度化安排的情况下,只要有开放的市场环境,贸易和投资就可以得到较大的发展,即经济体之间已形成"你中有我、我中有你"的协作分工格局和快速响应的生产网络。这就是所谓的东亚发展的"雁行模式"。

反映亚洲内部价值链合作的一项重要指标是中间品贸易情况。亚洲区域内中间品贸易占据主导地位,中、日、韩三国是亚洲经济体中间品的主要出口目的地,而且中国在亚洲全球价值链的构建中发挥着重要的枢纽作用,亚洲多数主要经济体仍把中国作为中间产品出口的最终目的地。根据亚洲开发银行数据，2018年中国在亚洲内部价值链网络中的前向参与度①为34.4%，远高于日本的16.8%。

2. 东亚次区域经贸合作领先于整体区域合作进程

"区域经济一体化"是指将不同国家的市场紧密联系在一起的过程，这取决于多种因素的相互作用和共同推动。次区域经济合作是相对的概念，且具有特定的经济内涵和地理内涵。在亚洲地区，相比于整体范围的经贸合作，次区域经贸合作机制起步更早，也更为成熟。从经验来看，区域合作常常从范围较小的周边地缘经济合作开始，从双边逐步推进到多边。最为典型的例子就是东盟经济共同体。在亚洲，东盟有强烈的次区域认同，现已由松散的区域合作逐步发展到具有法律框架的共同体。2015年正式成立的东盟经济共同体（ASEAN Economic Community，AEC）是东盟经济一体化道路上的里程碑式的安排，旨在形成覆盖6.2亿人口、GDP总额超过2.6万亿美元的统一大市场。根据《东盟经济共同体蓝图2025》，到2025年东盟经济共同体将拥有五大特征：①高度一体化；②竞争力强、创新水平高、充满活力；③互联互通和各领域合作进一步加强；④韧性强、包容度高，以人为本；⑤融入全球经济。亚洲地区还有许多次区域经济合作组织，包括1981年成立的海湾阿拉伯国家合作委员会、1985年成立的南亚区域合作联盟、1991年提议的大图们倡议、1992年成立的大湄公河次区域经济合作（Greater Mekong Subregion Economic Cooperation，GMS）机制等。

除了大图们倡议等少数次区域经济合作未得到实质性推进外，其余的次区域经济合作均取得实质性进展。相比较而言，包括东亚经济共同体在内的亚洲经济合作仍处在构想之中，并未真正由构想变成现实。以"东亚经济共同体"为例，长远目标的东亚经济一体化仍是各国的共同利益所在。从趋势来看，亚洲特别是东亚地区仍有一体化发展的基础条

---

① 前向参与度是指一国出口中，中间产品所占的比例。

件，除了地缘经济上的互补之外，社会文化价值的趋同也相当重要。比如，亚洲国家具有一定的文化和价值认同，特别是东亚各国文化渊源深厚，各国经济发展模式存在较大共性，如高储蓄率、积极的产业政策、对基础设施和教育的高投入，这些都使各国能彼此相互了解、在社会文化认知上的分歧较小。

3. 以构建自由贸易区为主推动区域经济一体化

构建区域经济一体化机制主要是通过政府的努力，达成有制度规范、法律保证的市场运行体系，即通过制度安排降低或者消除关税与非关税障碍，增加内部贸易，降低经营和交易成本。20世纪90年代以来，与区域经济一体化在全球的发展大体一致，亚洲地区以FTA为主要形式的区域经济一体化获得快速发展。亚洲的主要经济体纷纷效仿他国FTA策略进而扩展自身的自由贸易圈，推进由市场驱动的区域经济合作。很多经济体采取了双边和多边FTA并行的做法，推进与周边区域乃至全球范围的经济合作，且已形成复杂的FTA网络格局。在自由贸易驱动下，亚洲整体的区域经济合作已取得实质性进展。2019年11月4日，"区域全面经济伙伴关系协定"（RCEP）第三次领导人会议在泰国曼谷举行并发表联合声明，宣布15个成员国结束全部文本谈判及所有实质性市场准入谈判。2020年11月15日，包括中国在内的15个国家，正式签署了RCEP——这一世界上最大的自由贸易协定，随后进入15个成员国各自在国内的协定批准程序。RCEP的签署达成将极大地赋能亚洲新世纪，促进区域内自由贸易和双向投资，助力亚太区域经济一体化，新增了中日、日韩两对重要国家间的自贸关系，使区域内自由贸易程度显著提升。特别是RCEP促使曲线实现了中日韩自贸区，中日之间首次达成了双边关税减让安排，实现了历史性突破。RCEP的签署在区域层面能有效对抗单边主义和贸易保护主义的损害，促进东亚地区形成强韧的产业链和供应链，为区域内经济增长注入新动能，势必增加东亚地区的繁荣与稳定因素。

值得注意的是，区域一体化正取代经济全球化成为当前国际供应链变化的趋势。全球供应链呈现出由全球性、开放性走向区域性、封闭性的趋势，原有互补性、合作性产业体系逐步转向替代性、竞争性产业体系。在此背景下，盛行按"朋友圈"做生意，区域性零关税、零壁垒、零补贴成为国际贸易新趋势。美国白宫国家经济顾问委员会主席库德洛呼吁所有在华的美企全部撤回美国本土，并建议政府支付企业回迁费用。2020年4月，日本经济产业省宣布从"改革供应链"项目中专门列出2435亿日元（约22亿美元），用于资助日资企业实现生产基地多元化，协助日本制造商将部分生产线撤回国内，以恢复中断的供应链。同年5月，英国首相约翰逊提出，要让英国重要医疗物资和关键领域摆脱对中国的依赖。

在此情形下，中国需加强与东盟、日韩、中东等地区的经济贸易协作，进一步推进更广泛区域的自由贸易区建设，形成联系紧密、依存度高、互补性强的自贸区网络，在美日等发达经济体"去中国化"的同时，采取更加开放的措施紧紧扭抱住外资企业和周边经济体，深化经济利益合作，以抵抗保护主义和单边主义带来的逆全球化趋势。

（二）主要分歧点

尽管亚洲在次区域、部分领域和项目合作上有了制度性安排，但长期以来相对缺失整体性的制度型安排，即尚未形成内向开放的区域主义。究其原因，既有对亚洲共同体意识和身份认同的相对缺失，也有外部政治安全等非经济因素的干扰。亚洲各方在经济一体化方面的基本态度和主要目标、利益诉求、妥协承受程度等方面仍存在较大分歧。

1. 亚洲的区域连接存在一定的分裂

长期以来，亚洲主要经济体都在追求走向统合的区域经济一体化方案，乃至拓展到整个亚太地区。如日本学者小岛清最早提出构建环太平洋经济共同体的思想，并且这一思想得到官方认同。尽管多年来，亚洲的区域经济一体化进程已取得较大进展,但与建设自由开放的区域大市场相比仍有较大的距离。与欧洲不同,亚洲区域的连接长期存在裂缝,东亚、南亚、中亚、西亚等地区区域认同性并不强,即便有些次区域间的经济合作,但仍很难形成区域整体的机制化安排。经济的竞争性促使区域内存在离散性,制度上的差异特别是安全利益诉求的不同,让亚洲区域缺乏统合的凝聚力,甚至某些国家存在严重的政治隔阂,这些都是亚洲区域长期存在裂缝的内在因素。倘若考虑到域内主要经济体之间存在领土争端、历史纠葛、宗教纠纷等政治安全议题,构建一个紧密联系的亚洲统一市场已变得不现实。最明显的一个例子是,印度因担心RCEP达成后涌入的外国商品会冲击其关键产业,以尚有重大问题悬而未决为由,在最后关头退出RCEP协定。没有印度参与的区域经贸一体化安排显然是不完整的,因而印度在一定程度上阻碍了亚洲区域一体化进程。

亚洲区域主要经济体坚持奉行"开放的地区主义",即不限制亚洲其他成员参与其他地区的经济合作,也不愿意搞内向闭环的亚洲大市场。即便提出经济共同体建设,也主要是基于合作精神开展协商合作,而不会像欧盟那样真正形成统一的共同大市场。亚洲复杂的现实催生了相互促进、相互补充的多种合作机制,而且由东盟主导的东亚合作方式照顾了各方的舒适度,使区域合作进程得以维持。例如,"10+1""10+3""东亚峰会"均为对话合作机制,虽在很多场合共同呼吁深化经贸合作的意愿,但并无强烈的区域认同。比如,在对"东亚经济共同体"[①]的认识上,各成员国对未来建设的前景未形成统一认识,在合作框架选择上存在多种理解。有的认为东亚经济共同体建设的主体应是"10+3",

---

① "东亚经济共同体"(EAEC)构想源于2001年"东亚展望小组"(EAVG I)提供的《迈向东亚共同体:和平、繁荣与进步的地区》的研究报告,其中强调"贸易、投资和金融等经济领域的合作是东亚一体化进程的重要催化剂"。面对东亚合作新形势,2011年在韩国的倡导下成立了"东亚展望小组2"(EAVG II),并于2012年向"10+3"(东盟+中日韩)机制提交研究报告,建议将"2020年实现EAEC"作为新愿景的主要支柱,此建议被同年召开的东亚领导人峰会采纳。

有的认为是"10＋6"等,在区域一体化连接上主要经济体仍存在分歧。

2. 更广泛的亚太区域经贸统合分歧较大

在更广泛的区域合作上,亚洲经济体发展利益诉求不同,特别是发达经济体与发展中经济体、大型经济体与中小型经济体之间的发展诉求并不一致,也缺少必要的统合行动力,即便是在促成生产基地协作分工和形成更加有效的大市场方面仍难以做到协调一致,更不用说实现公平高效和可持续发展。譬如,2014年亚太经合组织(APEC)领导人会议决定对亚太自贸区(FTAAP)进行战略性研究,确立了到2020年实现亚太开放大市场的"茂物目标",但这一目标基本无法完成,今后也难再被列上议事日程。事实上,APEC提出的2015年"发达经济体率先完成"的目标也没有实现。这意味着亚洲各个经济体的经济发展利益诉求长期存在分歧,使区域经济连接长期处于相对离散状态。新冠疫情加速了全球产业链供应链调整,对中国这一"世界工厂"势必产生冲击。

3. 对亚太、印太等地缘政治安全顾虑太多

地缘政治安全仍将是影响亚洲经贸合作的重要因素之一。由于历史原因,亚洲地区存在着诸多地缘安全冲突的引爆点。亚洲地区存在复杂的历史纠葛和现实利益冲突,域内大国之间缺乏战略互信,"政冷经热"特征明显。受历史分歧、政治矛盾、外部干扰等因素影响,中日韩合作总会出现这样或那样的问题甚至停滞。以近十年为例,2012年因日本政府非法"购岛"问题,中日陷入"政冷经凉"局面长达7年,双边贸易额、日对华投资连续多年负增长。当前,亚洲许多国家政治互信依然略显不足。东南亚、南亚、中亚、西亚等地区长期以来是大国博弈的焦点地带,大国间利益角逐造成这些地区政局不稳,加之宗教冲突、种族矛盾等因素交织,地缘风险积聚,致使合作项目进度被拖延甚至被叫停的事件时有发生。无论是伊朗和朝鲜的核问题、巴以冲突、印

巴紧张关系，还是中东地区的宗教冲突，抑或是中国面临的台海、东海、南海地区的安全挑战，随时都有可能阻碍亚洲区域经济一体化进程，让亚洲的经济贸易合作遭遇停摆或倒退。

特别是在当前中美经贸摩擦背景下，亚洲地区地缘政治冲突有所加剧，亚洲主要经济体之间存在着地缘安全的顾虑，包括围绕中国南海问题的主权声索、中印边境的军事冲突、中日韩之间领土争议等，这些安全顾虑都对区域一体化构成阻碍，使亚洲的区域一体化表现得不稳定、不成熟。亚洲区域内较大型经济体为了使自己处于更有利的位置，往往会把区域主导权作为谋求的目标，区域经济的竞争博弈反而会沿着权力的动机推进，更容易爆发地缘安全冲突。

以中日韩FTA为例，主要受政治安全冲突的影响，2009年以来中日韩FTA谈判进展迟缓。2012年以来，中日岛屿主权争端和安倍政府的修宪等行为严重威胁到中日关系的正常化。随后一段时间，安倍政府强力修宪并搞小动作与中国抵牾，中日政治互不信任加深，造成中、日、韩三国首脑会晤推迟，中日定期高层互访屡遭中断。2016年，韩国准许美国部署"萨德"也造成中韩关系日渐趋冷，受这一影响，中韩关系也走向低迷。2018年以来，日、韩两国在慰安妇等问题上龃龉不断，日韩关系近期虽有待改善，但尚存不确定因素。2019年7月，日韩围绕半导体原材料爆发的贸易摩擦就反映出其间的政治互疑。朝鲜半岛局势尤其是朝核问题可能继续让这一地区安全遭受威胁，成为中美俄等大国博弈的竞技场。朝鲜半岛形势的持续演变，促使各国之间的经济合作不得不让位于安全合作，阻碍了区域贸易和投资的自由化、便利化进程。

4. 美国插手亚太事务带来一定的离心力

美国因素对于亚洲地区的影响，以及中美关系的发展趋势都是亚洲区域合作进程中的关键因素。长期以来，美国通过政治、经济等措施参与东亚事务。特别是美国不希望存在一个将其排除在外的东亚经济共同体。在中日韩 FTA 谈判期间，美国奥巴马政府通过实施重返亚太战略和推动 TPP 拉拢日韩盟国，拟通过 TPP 全面介入并试图主导东亚经济一体化进程，进而阻挠中日韩 FTA 的谈判。2011 年，美国正式加入跨太平洋伙伴关系协定（TPP），并赋予其更多的经济与战略内涵，主要目的在于通过跨区域性的超大型自由贸易协定，组建环太平洋的高标准经贸协定，以取代多边贸易规则，从而把中国排除在外。特朗普上台后，美国终止了前几任领导人推动的亚太区域构建，不仅退出 TPP，而且更重视以"美国第一"为出发点的双边经贸谈判，但并未放任对亚洲建设自主的区域经贸机制安排，而是通过拉拢盟国等方式，寻求设置"毒丸条款"等方式构建起以北美为核心、欧洲和印太为两翼的排他性经贸集团。近年来，印度洋—太平洋地区已经成为世界各大国战略竞争与博弈的重点区域。美国提出的"印太战略"是其整合印太地区进行战略布局以平衡中国影响力的地缘制衡框架。自 2017 年美国总统特朗普在亚洲之行期间宣布美国将构建自由、开放的"印太"地区，到 2019 年 6 月美国正式发布《印太战略报告》（*Indo-Pacific Strategy Report*），其在安全、经济、价值观上的内涵逐渐完善，并确立了东盟在"印太战略"中的中心地位，以换取东盟国家对美国"印太战略"的支持，在安全、经济议题上对抗中国。2018 年以来，美国在对华启动贸易战的同时，积极拉拢东盟国家，加大了在政治、经济、安全上对东盟国家的影响。

2020 年 5 月，美国全面升级对华为的打压措施，随后又将 33 家中国企业、机构和个人列入"实体清单"，以及可能联合或压迫盟友进一步激活《瓦森纳协定》，扩大对中国出口禁运范围。日韩及东盟有关国家在安全方面对美国依赖较强，中国促成亚洲经贸一体化合作可能面临美国的打压破坏。

二、中美日在亚洲经贸合作中的定位、演变及前景

在亚洲经贸合作中,中日两国扮演着重要角色。随着中国经济体量和对外贸易需求的日益增加,亚洲经贸合作正在由日本主导转向中国主导,但美日、美韩的同盟关系使中日、中韩乃至包含中日韩在内的亚洲经贸合作面临诸多障碍和挑战,特别是美国对亚洲经济事务的调整,将会令中国主导推动的亚洲经贸合作更加复杂,充满变数。在新形势下,尚需认真研判分析当前及今后一段时期中美日在亚洲经贸合作中的地位、演变及其前景。

(一) 中国与亚洲经贸合作关系定位及演变

由于地缘上的便利,改革开放以来,中国与亚洲周边国家联系日益密切,经贸合作持续深入,与东盟等经济体已建立紧密的经贸机制安排,在产业链上与日韩保持紧密的协作分工,对西亚、中东的能源需求越来越大。作为"世界工厂",中国在亚洲经贸合作中处于价值链关键位置;作为重要的消费目的地,中国正成为吸引亚洲经贸合作的新引擎。

1. 中国在亚洲经贸合作中日益走进中心

改革开放以来,中国积极实施"引进来"和"走出去"并重的对外经济合作政策,已成为全球120多个国家和地区的第一大贸易伙伴,尤其是与亚洲的经贸合作更为广泛深入,已经和东盟、新加坡、新西兰等20个国家签署了自贸协定,预计未来十年内,这些国家仍是中国的主要贸易伙伴。基于发展的视角,中国致力于加强区域经济一体化和双边经贸往来,积极推动全球化和自由贸易,主动加大亚洲地区性多边贸易投资体制建设,持续强化和拓展双边FTA和投资协定范围,包括加快推进中日韩FTA谈判,推动RCEP实施生效,研究推动建立"金砖国家"自由贸易区。随着经济体量和经贸规模的持续扩大,中国在亚

洲区域、次区域经贸合作中的分量增加,并成为推动区域一体化合作的重要推手。当前,中国加快构建高标准的自贸区网络,对所有有利于发展的双、多边 FTA 均持有积极开放的态度,包括对加入 CPTPP 等高标准自贸协定。与此同时,中国还在积极深化改革,营造良好的营商环境,培育中等收入群体支撑的内需市场,以构建内部大循环为切入点带动形成相互促进的国内国际双循环新发展格局。特朗普政府加大对华贸易制裁,引发中美经贸脱钩,反而更加促使中国形成强大的内需市场,以此稳固与亚洲其他贸易伙伴的合作关系。从发展规模来看,将来在生产和需求两端,中国都有望成为亚洲经贸合作的主要推动者和塑造者。

2. 加快拓展以东亚为轴的全球经贸联系

近年来,中国在与亚洲经贸联系持续加深的同时,也在通过经济全球化、共建"一带一路"等渠道,加深与世界的经济联系。作为全球第二大经济体,中国经济具有世界影响力,经贸合作范围已从周边亚洲国家拓展到欧洲、美洲、非洲等地区。中国对外经济依赖日益增强。从中间品贸易角度来看,2018 年中国的中间品出口规模已达到 11115 亿美元,高于欧盟 28 国中间品出口的 10693 亿美元,远高于美国中间品出口的 8655 亿美元。其中,关键零部件等中间投入品严重依赖美日欧进口,汽车行业关键零部件对美日欧的依赖度高达 82.8%,芯片等部分商品间接依赖或技术依赖美日欧授权。中国参与签署的 RCEP 涵盖了澳大利亚和新西兰两个太平洋国家,而中国倡议建设的"亚洲基础设施投资银行"虽聚焦于促进亚洲区域建设的互联互通化和经济一体化的进程,但成员国遍布欧亚大陆,拓展至非洲、拉美等地区。麦肯锡全球研究院发布的《中国与世界:理解变化中的经济联系》显示,若中国与世界的经济联系减弱,那么中国所能发挥的贸易作用和合作深度就会被削弱,受影响的与贸易相关的经济价值可能达到 3 万亿~6 万亿美元,综合服务、资本、气候变化和基础设施,以及技术等领域的相关经济价值可高达 22 万亿~37 万亿美元,相当于 15%~26% 的全球 GDP。

3. 中国引导亚洲形成内向开放的经济圈

随着区域主义的兴起,亚洲地区内向开放一体化大幅提升。在亚洲区域贸易中中国经济规模影响力越来越大,而且正在由生产提供者转向市场提供者,这表明中国不仅强调出口的稳步增长,而且不断扩大进口需求,如连续举办上海进口博览会,从而给亚洲的贸易伙伴提供更多市场机会。中国在亚洲贸易、投资、金融等领域的合作地位持续上升,包括与东盟、韩国等经济体有更稳定的自贸制度安排,增强亚洲域内经贸联系。随着特朗普政府祭起单边主义和保护主义举措,多边贸易体制面临挑战,促使亚洲经济体更加倾向区域一体化,这意味着亚洲有望告别过去以出口导向为主的发展模式,转向以内需市场主导的经贸发展模式,即形成以区域内循环为主导的内向性开放合作的经济圈。

(二) 美国与亚洲经贸合作关系定位及演变

国际金融危机之后,美国就开始对中国的崛起有所警惕。2010年罗伯特·卡普兰(Robert D. Kaplan)在美国《外交事务》上发表题为《中国权势的地理学》的专题文章,提出美国能否在避免与中国发生冲突的同时,维护亚洲的稳定、保护其亚洲盟友并限制中国的崛起。美国在亚洲经贸合作中的定位仍是领导者角色,即始终作为一个亚太国家参与区域合作进程,并利用其世界霸权引领这一过程。

1. 美国在亚洲经贸合作中的影响广泛存在

在亚洲经贸合作中,美国的影响始终存在,甚至挥之不去。例如,中日韩FTA谈判原本有很多机会谈成,但美国的介入使其日韩盟友必须服从美方的经济利益诉求,即以美国倡导的双边或多边贸易协定为先决条件。关于最早的TPP构想,美国并不是首创者,而它介入后,TPP就把其改造成美方主导亚洲经贸合作的重要版图,构建与亚太盟友和贸易伙伴的经贸圈,且将中国排除在外。特朗普执政后抛弃了奥巴马政府重返亚洲的再平衡战略,而是在亚太经贸与安全合作的基础上将战略范围拓展到印度洋,即所谓的"印度太平洋美国愿景"。与奥巴马政府亚太再平衡战略中把东南亚作为重要战略支点和突破口不同,特朗普政府的"两洋战略"主要是突出了印度的作用和地位,即把印度作为亚洲新的战略支点。从经贸合作看,特朗普政府强调不允许他国占美国的便宜,即便对其盟友亦是如此。

不管怎样,美国以战略安全为先的政策方针,将会胁迫其亚太盟友就范,将安全利益置于经济利益之上。美国希望依托其在亚太、印太地区的同盟和伙伴关系网络,重塑亚太、印太地区秩序,遏制中国的崛起,以维护美国的霸权。美国可能取消香港单独关税区地位,以此为由纠集亚洲的盟友,对华发动新一轮大规模贸易制裁或安全遏制,加速中美经贸脱钩和孤立中国的进程。美国提出实施"经济繁荣网络"计划,试图建立产业链新支点,组建由美国牵头的所谓"可信任伙伴"联盟,打造亲美的全球产业链供应链新格局;在医疗物资领域鼓励购买美国制造,在半导体和电子信息领域吸引英特尔、台积电、三星等厂商在美建厂,在稀土等矿物资源领域推动本土化生产,并竭力引导在华美企向拉美、南亚、中亚支点国家转移。

2. 从重返亚太到构建经济繁荣网络构想

由于特朗普政府强调的"印太"构想相对比较松散,而且更侧重于地缘安全领域的合作,在经济上对中国不能形成制约。在此条件下,美国参与亚洲经济事务就需要把由双边构成的可信赖经济伙伴联合起来。特别是受新冠疫情的影响,美国意识到依赖中国供应链会对其经济造成的威胁。于是,特朗普政府采取新的部署,推动构建由值得信赖的伙伴组成的联盟,即所谓的"经济繁荣网络计划"。该计划包括数字业务,号召从能源和基础设施到研究、贸易、教育和商业等所有领域的公司和公民社会团体都应遵循相同的标准。美国重建可靠伙伴供应链系统,旨在充分利用美国与澳大利亚、印度、日本、新西兰、韩国和越南的合作关系,试图取代中国制造产业,彻底摆脱和规避由中国制造带来的制约和依赖风险。其中，美国提供先进科技和消费市场，澳大利亚负责提供主要的矿产资源和能源；日本和韩国负责提供技术和高端产品制造；越南和印度负责提供低端的组装和生产制造。尽管这一计划对中国的供应链构成了威胁，但全球供应链的形成并非一朝一夕完成，完全摆脱对中国制造的依赖性则需要更长时间。而且，美国精选的可信赖伙伴都在产业链上和中国有一定的竞合关系，要求它们与中国实施完全切割对于它们来说也是件很痛苦的事情。从发展趋向看，特朗普政府出台《美国对华方略》，宣称将改变过去几十年对华接触政策，采取"全政府对华"方针，通过公开施压手段遏制中国在经济、军事、政治等领域的扩张；美国商务部宣布将全面限制华为购买美国软件和技术生产的半导体；美国禁止至少13所中国高校的毕业生在美学习或研究。而且，美国启动与中国产业链的脱钩计划，已经说明美国的新亚洲战略有所调整，即在经贸上形成共同制华的包围联盟。

3. 美国在极力撕裂亚洲经贸一体化合作

特朗普政府以单边取代双边推进亚太经贸合作，但美国优先的内倾政策曾一度使其亚洲战略出现裂缝，包括RCEP等排除美国参与的区域自贸安排进入加速实施阶段，而且中国在积极实施以周边为重心的区域、次区域突围。虽然随着RCEP的成功签署，中日韩FTA等谈判条件有所好转，但仍然充满着不确定性，特别是美国在完成双边经贸谈判后，有可能通过经济繁荣网络计划建设新的经贸朋友圈，甚至不排除美国重返跨太平洋伙伴关系协定（TPP）的可能性。美国可能取消香港单独关税区地位，发动新一轮的大规模贸易战，加速中美经贸脱钩进程。拜登就职美国总统后，可能重拾TPP和跨大西洋贸易与投资伙伴关系协定（TTIP），通过塞入"毒丸条款"构建起以北美为核心、欧洲和印太为两翼的排他性经贸集团。

美国要维持在亚洲的经济利益，不仅单边极限施压中国，而且极力拉拢其盟国及其他合作伙伴加入美国主导的贸易圈。比如，美国热炒中国南海自由航行问题，曾一度引导东盟与日本、韩国、印度等经济体重新考虑 RCEP 和中日韩 FTA 等包含中国在内的多边自贸安排。亚洲经济事务没有美国的存在，这是美国不愿意看到的。美国意图控制亚洲，引领新型贸易准则。

印度和日本作为美国在印太地区的重要战略伙伴和重要盟友，两国均与美国建立了密切的战略合作伙伴关系。自 2011 年 12 月美国主导的首次美印日三边对话会以来，三方之间战略互动日趋频繁，合作水平逐步升级，涉及的内容也越来越宽泛，包括美国提出的"经济繁荣网络计划"在内的经贸合作，以便有效牵制中国参与的中日韩 FTA 和 RCEP 协定等区域经贸合作机制的推进，甚至阻挠亚洲达成没有美国参与的经贸合作协定。拜登尚未就职之前就已经放出风声，要深化与盟友的合作，以对抗中国日益增长的影响力。

从趋势看，美国针对中国参与亚洲经贸合作的机制进行蓄意破坏，特别是拉拢澳大利亚等盟友与中国针锋相对。新冠疫情虽然凸显了中国在全球供应链的地位，但中国与美国亚太盟友关系则出现一定的恶化迹象，并阻碍中国与区域内经济体的经济合作。RCEP 虽已如期签署，但随后各国尚有国内程序，而且在各国切实履行手续之前仍有可能存在一定变数，而尽早达成更高水平的中日韩 FTA 则更为困难。之前，美国已联合或压迫盟友进一步激活《瓦森纳协定》，扩大对中国的禁运范围，并通过联合其盟国设置非关税壁垒，提高中国货物进入国际市场的难度。以 5G 通信设备为例，美国和欧洲多个国家以安全为由拒绝或限制华为等企业产品进入其国内市场。

（三）日本与亚洲经贸合作关系定位及演变

战后较长时期内，日本扮演着亚洲经贸合作领导者的角色，特别是在贸易、投资和科技等领域，是亚洲经济合作的关键伙伴。随着 2010 年中国超越日本成为第二大经济体，日本在亚洲经济的影响力相对被削弱，但日本仍是世界第三大经济体，在亚洲经济合作中仍处于极其重要的位置。作为当今世界第三大经济体，日本有着丰富的资金、雄厚的科技实力与产品研发能力。但日本国内资源极其匮乏，需要不断拓展海外尤其是亚洲市场。

1. 日本在亚洲经贸合作中占据重要地位

作为亚洲最具实力的发达经济体，日本在亚洲乃至世界的经贸合作中占据重要的地位。近年来，日本在推动区域经贸合作方面取得值得称赞的成绩。比如，在美国退出 TPP 的情况下，日本承担起推动 TPP 继续谈判生效的重任；同时，日本还与欧盟达成世界上最大的经济伙伴关系协定，在推动 RCEP 达成实质性谈判结果中也发挥了重要的作用。日本与欧盟的经济合作协定（EPA）和全面与进步跨太平洋伙伴关系协定（CPTPP）的签订实施，加快提升了日本在亚太价值链中的地位。拜登就职后，美国如重新考虑加入 CPTPP，可能形成以美日为核心的"零关税"贸易圈，也很有可能引入美墨加贸易协定（USMCA）中的"毒丸条款"，将中国排除在亚洲经济贸易圈之外。可以说，在亚洲区域经贸合作中不可能缺少日本的支持，而建设东亚经济共同体，则需要中、日两个重要经济体携手合作共同推进。由于历史形成的地位和声誉，日本在亚洲区域经济合作中都是不可或缺的关键伙伴。

2. 日本经历从"脱亚入欧"到重返亚洲的演进

作为亚洲率先发达起来的国家，日本明治维新时期就提出实施"脱亚入欧"，使其成为亚洲唯一跻身于发达经济俱乐部的成员。对于日本而言，美日同盟一直是日本对外战略的基石。近年来，随着美国提出重返亚洲的再平衡战略，日本也在积极寻求亚洲身份的认同，继续深化与东盟、中国和印度的经济合作。作为美国在亚洲的重要盟国，日本一直在或明或暗地配合美国推动落实推进日美同盟下的亚太或印太战略，包括亚太再平衡、印太战略构想、经济繁荣网络计划等。为扩大在亚洲内部的影响力，日本还借助巩固美日同盟，开始以印度洋—太平洋为依托，建设日、美、澳、印四国联盟，积极寻求与中国、东盟、西亚等国家和地区的经贸合作,特别是重视与印度的经贸关系。在美国加快印太战略实施的助推下,日印双边关系不断得以强化。2019年6月,在美国国防部发布的《印太战略报告》中,明确将"印日扩展安全和防务关系"确定为"建立亚洲内部安全关系"的重要组成部分。在印太框架下,日印两国相互借助扩大其在印太地区经济安全事务中的发言权,两国战略伙伴关系提升至"特殊全球战略伙伴关系",并增加在诸多层面的战略合作。

3. 日本在推动区域经贸合作中扮演关键角色

作为资源匮乏的国家,日本必须坚持自由贸易方向,对外建立经济联系和开展国际贸易。在亚洲,日本积极以经济伙伴关系协定为主要抓手,增强与亚洲其他国家的经济联系,包括中国、印度与东盟,以及澳大利亚、新西兰等经济体。当中国提出要依托东盟开展东盟+中日韩的"10+3"合作框架时,日本主力提倡推进东盟+中日韩印澳新的"10+6"合作框架。由于担心亚洲经贸合作框架被中国主导,日本优先加入TPP乃至主导推动把CPTPP摆在重要位置,而对推动中日韩FTA、RCEP等区域内经贸协定表现得并不积极。直到特朗普政府的"敲竹杠"做法使其不得不转向亚洲,为此在推进RCEP方面表现较为积极,并于2020年11月携手东盟与中、韩、澳、新四国签署该协定。在中国提出"一带一路"倡议和"亚洲基础设施投资银行"后,日本表现出较大的疑虑,并不愿积极参与进来,甚至曾提出一些反对的看法。经过几年观察后,日本认识到中国倡导的经贸合作机制对日本企业具有较大的商机,转而采取有限支持的态度。对于亚洲区域合作来说,日本的态度还是相当关键的。在除印度之外的15个国家达成RCEP文本谈判后,日本曾经放出风声,如果没有印度的加入,日本不会签署RCEP。可见,日本曾以此作为威胁,希望拉拢印度在RCEP框架内制衡中国。

近年来,日本在南海、中国香港等问题上与其西方盟友及我国周边部分国家勾连,助推反华浪潮。这是日本国内民意对华感情恶化等内部因素与中美关系紧张等外部因素综合作用的结果。日本防卫省还将成立专门管辖印太地区的部门,推动日美标榜的"自由开放的印太构想"。这一部门将推动日本与澳大利亚、印度、东南亚国家的防卫合作。日本对华政策区域强硬与其说是挑衅,不如说是在美国压力下的顺势而为。作为美国的盟友,日本虽会继续配合美国,但也会继续重视与中国在亚洲地区的经济合作,力求维持双边关系稳妥发展。

三、中小经济体在亚洲经贸合作中的利益诉求及分歧

亚洲经贸合作中,大型经济体往往扮演着主要推动者角色,但中小型经济体的作用也不容小视。韩国、澳大利亚、新加坡等中小型经济体在经贸制度安排中具有重要的示范效应,对区域一体化合作能起到更为积极的助推作用,但因其经济体量相对较小,对区域贸易投资的影响有限。这些中小型经济体因有其自身的利益诉求,所以在大国博弈中往往面临"选边站队"的矛盾心态。

(一)利益诉求

相比较而言,中小型经济体更愿意促进区域经济一体化,以便从统一大市场中获益,但它们也有地缘安全利益的诉求,特别是大国博弈时唯恐被殃及,参与区域经济合作中往往会权衡各种利益,以求得稳定繁荣发展。

1. 经济利益驱使其战略自主提升

当全球化面临挑战时,在区域化逐渐增强的情况下,亚洲中小型经济体具有较高的选择灵活性,在选择区域经贸安排方面往往从经济利益出发,以期搭上大型经济体开放国内市场的"便车"。在区域一体化方面,东南亚国家不仅积极主导推动签署 RCEP 等多边贸易机制安排,而且通过双边经贸安排与中国、印度、日本等域内主要经济体建立经济关系,同时也与美国和欧洲其他发达国家保持着牢固的联系,从而享有

"两全其美"的好处。亚洲的中小型经济体想通过促进自由贸易和融入全球化开拓海外市场，获取全球化和区域化的红利。在面对大国博弈时，亚洲中小国家的经济自主性有所提升，即只从经济利益考虑两全其美的经济合作方案，而不用顾及选择进入由某个大国主导的经济圈。比如，澳大利亚、新西兰、新加坡、越南等国家同时参加 RCEP 和 CPTPP 的谈判，并表现出较强的自主适应性。

2. 抱团合作抗衡全球和区域大国的影响

当大国博弈"殃及池鱼"时，亚洲中小经济体要么"选边站队"抱大国的大腿，要么"抱团合作"保持自主性。面对中美经贸摩擦，亚洲的中小国家和地区纷纷做出灵活性的选择，即在尚未分出胜负的情况下，继续保持双向联系并保持战略自主性，有些国家则选择"抱团合作"，以免被大国冲突所误伤。例如，东盟国家组成经济共同体，保持与中、美两国的经济联系，尽力避免因卷入其中而受损，因此对中美博弈持有"隔岸观火"的态度，并不显著地表示支持或反对哪一方。再如，作为美国的盟友，韩国并未完全像澳大利亚那样倒向美国，而是选择犹豫观望态度，在继续加强与美国的"特殊关系"的同时，积极寻求改善中韩关系，力争促使韩国在大国博弈中保持基本平衡和灵活，以免被误伤。作为亚太地区中等国家，澳大利亚坚持采取追随美国的策略，并与美国在经济、政治、外交等多个层面保持密切的交流和互动。在区域内，澳大利亚积极寻找美国主导下的盟友经济合作，包括与日本开展广泛深入的经贸合作，并在亚洲区域经济合作安排上采取协商一致的行动。2018 年 1 月，日澳首脑会谈讨论双方共同关注议题的同时，对日澳美三国、日澳印三国及日澳美印四国合作进展进行评价，并一致同意继续合作。

3. 通过多边协调提高自身的安全边际

作为亚洲的中小经济体系，韩国、澳大利亚、新西兰等保持多边开放合作的空间，努力通过多边协调提高自身的安全边际，避免被卷入大国博弈的窠臼和陷入被大国支配的局面。2019年6月,东盟发布《东盟印太展望》,提出建立一个基于东盟中心地位的,开放、透明、包容和尊重国际法的地区新机制。面对中美之间涉及全球全局性的较量,亚洲中小型经济体更关注周边安全问题,更加有意愿积极推动多边的协调。亚洲中小型经济体不仅在经济领域深化经济合作关系、推进区域一体化、建立多边机构,还要在外交、军事、意识形态等领域开展与地区大国之间的协调协作,积极制定或调整本国、本地区的战略,在关乎自身的课题上采取共同的立场。

另外,韩国在美国的压力下显得左右为难。美国要求韩国加入意在推进供应链"去中国化"的所谓经济繁荣网络构想,要求韩国参与封杀华为,要求韩国在中国全国人大涉港决定问题上表态,支持美方立场。这些要求都令韩国左右为难。中美冲突加剧,韩国政府尽可能保持低调姿态,不就相关问题发表立场。2020年5月底,美国总统邀请韩国、澳大利亚、俄罗斯和印度出席2020年七国集团(G7)峰会,韩国总统文在寅在与特朗普通话中表示愿意接受美方邀请,并提议增加巴西,从而将会议扩大至12国峰会。韩国选择参加七国集团扩大会,并不能改变韩国在中美之间左右为难的境地。文在寅总统此次表态故意在通话中不涉及中国,是在力求保持战略模糊,在中美之间"走钢丝"。

(二)主要分歧

面对纷繁复杂的国际局势,亚洲中小型经济体并非铁板一块,各个中小型经济体有其自身的发展思路和条件,也面临不同的外部环境,对大国博弈的认识和立场也不尽相同,因此在推动亚洲经贸合作中会有较多的利益分歧。

1. 对区域合作的发展理念认识不一

亚洲地区内中小型经济体发展基础各异,既有发展中经济体,也有新兴工业化国家,因此在选择区域经贸合作中的发展理念和认识是存在分歧的。发展中经济体更强调发展权，即包含国内幼稚产业不因加入区域一体化而遭受损害；而新兴工业化国家更希望通过建设高标准的经贸协定拓展更多海外市场，为其工业品寻找更为便利的销路。明显的一个例子是，RCEP 谈判中印度以保护国内发展为由拒绝加入，像缅甸、柬埔寨、老挝等其他发展中经济体也面临同样的问题。由于 RCEP 以发展中经济体为中心，未采取发达国家主导的"高标准"投资规则，而是承诺对发展中经济体给予特殊和差别待遇，使其整体约束力较弱，争端解决条款的效力也受时间约束。相比较而言，韩国、新加坡等国家则愿意加入更多的高标准自贸协定，以提升本国对外贸易和投资的自由化、便利化。亚洲经贸合作的本质是建立共同发展基础上的互利合作，有些中小型经济体并不认同全面融入经济全球化就会带来更好的发展。如不丹、尼泊尔等中小型经济体的发展理念更崇尚自我演进，不希望因被经济全球化所席卷而受损。再如，印度尼西亚有较高安全合作需求，拥有全球海洋强国、区域大国和中等强国的愿景，而马来西亚虽与美国经济相互依赖性较高，但历来不愿过多追随美国，始终对美保持一定距离，愿意积极参与推动亚洲一体化进程。

2. 经济和安全利益诉求有较大差异

对于亚洲的中小型经济体来说，利益诉求存在较大的差异，特别是统筹考虑安全利益和经济利益时，它们做出的反应和选择将是不同的。有些中小型经济体涉及政治、宗教、信仰等问题，在参与区域经贸合作中不想某些领域被完全世俗化，因此对区域经济共同体建设持谨慎态度；而有些经济体更希望在确保安全利益诉求的情况下，参与有利于自身经济社会发展的经贸合作机制。例如，作为美国的安全伙伴或盟友，新加坡和泰国对美国提供的安全保护有较深的依赖，有借助与美国的联盟关系充当安全调解角色，提升在东盟、亚洲地区的话语权，实现主导亚洲地区事务的利益诉求。

中小型经济体尽管积极支持发展新的区域经贸安排，但也希望维持和改革现有的多边机构，使其符合当前经济和战略发展的现实需要。中小型经济体在双边或多边、经济或安全等多方面都有各自的利益诉求，特别是面对由大型经济体主导的区域经贸合作方案时，其在诸多方面存在分歧与差异，尤其是对规则制定和理解上有不同的制度诉求。举例来说，中国台湾地区长期保持与美国的紧密关系，扮演着美国亚太"盟友"的角色，享受美国的"安全保护"，意图借助美国"力抗中国大陆"，因而其在推动区域经济合作中面临较多的安全焦虑，往往会把地缘安全置于经济发展之上。

3. 对一体化合作方案妥协接受程度不同

中小型经济体本身体量较小，受到外部风险冲击的脆弱性较大，因此对亚洲经贸合作方案的妥协接受程度有所不同。新加坡同时接受较低标准的 RCEP 和高标准的 CPTPP 是可以理解的，但越南同时接受这两个标准就较难理解了。同样，东盟中的柬埔寨、老挝、缅甸等国家接受高标准的 CPTPP 难度就较大，特别是涉及"边境后"的能力建设问题。对亚洲经贸合作方案的接受程度存有分歧，主要与各个经济体本身的发展阶段相关。发展相对落后的经济体对大幅度的关税减让难以接受，而发展较成熟的经济体更希望接受高标准的经贸规则，以保护其优势产业和市场地位。中小型经济体发展中的差异是个动态过程，因此在接受亚洲经贸合作方案上会有不同的表现。

四、促进亚洲经贸合作的中国方案及相关建议

当前形势下，中国应把握亚洲周边国家对区域经贸合作的基本认知和利益诉求，立足中国发展实际，在做好最坏打算的前提下，还应继续本着"求同存异"的原则，加强与亚洲周边国家和地区的经贸合作，深化与东盟、日韩、印巴、中亚、西亚等国家和地区的双边、多边全面经济合作，共同塑造亚洲地区发展新秩序，共同构建高标准的自贸区网

络，推进共建"一带一路"和打造全方位开放新格局。

（一）中国方案

促进亚洲经贸合作，中国聚焦与周边国家在地区层面的合作共识，坚持构建高标准自贸区网络，加强供应链、产业链、价值链分工协作，形成开放条件下内循环驱动的区域大市场，同时共享全球化红利；继续巩固和扩大现有的地区合作机制和成果，强化对企业的正向激励，真正做到口惠实至，以实实在在的行动推动亚洲稳定繁荣，以实实在在的方式体现中国深化亚洲经贸合作的强烈意愿，真正在全面开放的背景下，推动共建"一带一路"，全面提升区域内向开放的水平。

1. 加快构建高标准自贸区网络

中国继续坚持以开放促改革，以坚持自由贸易为方向，以加快构建高标准自贸区网络为目标，积极与亚洲周边国家和地区开展多层次、全方位和宽领域的 FTA 谈判，从双边贸易投资协定积极拓展到建立多边区域经济合作伙伴关系，包括加快落实 RCEP 签署后的国内程序以避免日久生变，加快推动中日韩 FTA 尽早达成以稳固东亚生产网络等。在自贸协定框架下，继续加强规则、制度和政策沟通，增强安全互信和包容性发展。重点在互补性较强领域开展深入合作，拓展数字经济等新的合作领域，形成更加和谐、紧密的经济关系。就加入 CPTPP 而言，中国面临的问题是必要性充足但可行性不够，对此需要进一步明细加入 CPTPP 的前置条件，争取对 CPTPP 规则的认同，进一步化解日本对中国挑战规则的忧虑，获得加拿大、澳大利亚、新西兰、越南等国家对接纳中国加入的认可。积极参与 WTO 改革和国际经贸规则制定，在各方对我国重点关切的产业政策、国企改革等问题上，结合国内深化改革需要予以建设性回应。

2. 稳妥推进高质量共建"一带一路"

中国仍要坚持以规则和需求为导向推进高质量共建"一带一路"，

积极响应亚洲经济体的非对抗利益诉求，尊重其国家安全、经济需求的多样性，进一步扩大双方的共同利益。重点加强亚洲地区基础设施建设和互联互通建设，倡导绿色可持续发展的理念，推动落实联合国可持续发展目标，围绕亚洲公共产品需求，加强基础设施、公共安全等领域的务实合作，围绕开放、包容、透明，对话而非对抗，系统阐述中国关于亚洲、亚太、印太等地区发展秩序的主张。尊重亚洲地区各国选择的发展道路，对处于政治经济转型中的缅甸、柬埔寨、菲律宾等东南亚国家提供力所能及的帮助。

3. 全力打造全方位开放新发展格局

以落实《中华人民共和国外商投资法》为重点，加强投资促进和投资保护，保障外商投资享受平等待遇。加强知识产权执法、维权援助和仲裁调解工作以及知识产权对外合作机制建设。进一步深化区域、次区域经贸合作，加快澜湄经贸合作五年规划落实和修编，举办首届中国—南亚合作论坛，搭建连接中国与南亚经贸合作新平台，继续推进泛黄海中日韩经济技术交流合作。在中日经济高层对话框架下建立健全中日第三方市场合作工作机制；在中韩经济高层对话框架下，推进共建中韩产业园合作，支持开展中韩发展战略对接和"一带一路"合作1.5轨、2.0轨研讨会议。

4. 释放以国内循环为主的国际影响力

麦肯锡全球研究院最新编制的"中国—世界经济依存度指数"显示，2000—2017年，世界对中国经济的综合依存度指数从0.4逐步增长到1.2，而中国对世界经济的依存度指数则在2007年达到0.9的最高点，到2017年则下降到0.6。这一现象在一定程度上反映了中国经济的重点已逐步转回国内消费市场，同时也反映出中国经济的开放度仍有提高的空间。新冠疫情对全球供应链的影响进一步加剧了中国以国内循环为主的发展格局，而在坚持开放条件下的双循环战略意味着在追求贸易平衡上走得更远，扩大海外优质产品供给将成为常态。世界银行数据显示，在汽车、酒类、奢侈品、手机等许多品类中，中国都是全球第一大市场，约占全球消费总额的30%（甚至更高）。在未来较长时期内，亚洲区域的价值链重构将更加围绕着最终消费地开展，中国将成为其中关键的一环。在亚洲经济体与中国的联系因区域性供应链合作而愈加紧密的趋势下，应充分利用亚洲最大规模市场的优势，积极推进亚洲区域经济合作，推动贸易自由化、便利化安排，建设区域统一大市场，形成以中国为消费目的地的生产供应基地和商品交换及消费服务网络。

（二）相关建议

稳固和扩大与亚洲周边国家和地区的经贸合作，在坚持深化改革开放的基础上，应采取更积极主动的开放政策措施，把推进FTA战略作为对外经济合作的重要支点，加快推进与周边国家FTA的谈判进程，顺应经济全球化和区域经济一体化的演变趋向，提高区域经济合作水平，加快推进双、多边FTA谈判，尽早达成更高水平的合作协议，同时引领共建"一带一路"倡议形成与国际接轨的国际规则，持续扩大对亚洲所有经济体开放的层次和水平，打造全方位高水平开放新格局。继续推进自由贸易和供应链开放的基本思路是，今后应以构建周边自贸区网络为重点，审时度势、克服困难，采取有效措施巩固和扩大与周边国家的利益诉求共同点，抑制消极面，围绕中日韩FTA谈判重点加大制成品关税减让力度、服务贸易、环境、知识产权等领域的条款等谈判达成。

1. 坚持双边、多边FTA并行推进策略

一是积极参与有经贸合作的区域经济组织。坚持对话协商合作，加强与由亚洲地区国家共同发起的区域经济一体化组织的联系，并利用这些平台深化亚洲经贸合作，如亚太经合组织、上海合作组织，以及正在积极推进的中日韩FTA、已经签署的RCEP等。

二是强化与亚洲贸易伙伴的贸易同盟关系。抓住日韩、东盟等经济体抗疫过程快于欧美国家和地区的时机，重视强化与周边国家和地区的

经贸合作，尤其是加快推进中日韩FTA谈判尽早达成。积极利用中日韩合作机制框架下21个部长级会议和70多个合作机制，保持对话"频度"，维持合作"热度"，拉紧利益纽带，增进政治互信。

三是建立健全跨区域性的多边贸易关系。立足国际、国内形势，进一步建立健全"一带一路"倡议、"金砖国家"合作机制等，积极引导各国重新确认国际合作、多边主义和自由贸易的价值观。以第三方市场合作为抓手，在更大区域范围内形成产业分工合作新机制，维护产业链供应链安全稳定。

四是推动区域经贸规则重构。依托现有"中日韩国际产能合作机制""东盟与中日韩'10+3'领导人会议机制"等多边外交平台，加强区域经贸规则制定，包括加快推动签署综合性经贸协定，深化亚洲经济融合，发挥各种地区多边机制的作用；建立区域合作机制，提升经贸规则谈判技巧。

五是构建高标准的中日韩FTA。遵照最大公约数的原则，加快达成介于现阶段适用标准的RCEP和高标准CPTPP之间的中日韩FTA标准。借鉴中国加入WTO和日欧签订框架性EPA的做法，在敏感领域划定相应过渡期，也可采取渐进更新的办法事先设定例外条款，待到条件成熟后，再逐步升级某些规则，让中日韩FTA达到具有区域特色的高标准。针对中日韩FTA域内不同发展阶段的经济体，还可量身定做与之相适用的贸易投资规则模块，待其进入发展的高级阶段，再升级更加适用的高标准规则。

2. 引导"一带一路"接轨国际规则

一是推进双、多边协定谈判实现贸易融通。以构建高标准自贸区网络为突破口，推进与"一带一路"沿线国家的双边或多边自贸协定谈判，以达成的国际标准推进双边贸易融通和多边贸易自由化，有效提升"一带一路"建设贸易融通的规则标准，进一步提升"一带一路"建设的质量。促进进出口贸易双向平衡，用好中国国际进口博览会等平台，积极主动地扩大沿线国家优势产品进口。

二是主动参与制定高质量的基础设施规则。在 G20 大阪峰会提出的有关高质量建设基础设施的规则基础上，引领共建"一带一路"高质量建设的规则体系和标准体系。以中欧班列为纽带，提出"一揽子"合作计划，包括中欧铁路规划对接、重点项目认定、投融资合作，以及标准互认等相关内容。提高基础设施互联互通的规则和便利性，重点包括港口、公路、铁路、网络等技术质量标准，逐步形成具有国际约束的建设规则，建议成熟一项，实施一项。

三是增强"一带一路"发展融资的透明度。进一步完善共建"一带一路"的发展融资规则体系，促进绿色融资规则形成，在规则基础上推进资金融通，提升发展融资的透明度，降低发展中国家的主权债务负担。

四是构建东亚及"一带一路"区域供应链。借助共同抗击新冠疫情所建立的互信互助基础，推动区域产业链协同恢复、发展，巩固各自贸易协定同盟伙伴关系，鼓励企业整合国外原材料、加工装配、中间品配套、物流仓储乃至研发品牌等上下游资源，充分吸收国际先进生产要素，以对外直接投资等方式顺应各国产业链本地化诉求，主动适应全球供应链调整趋势"走出去"，优化全球产业链布局，构筑安全稳定的区域供应链网络。

3. 持续扩大提升开放的层次和水平

一是加快自贸试验区和自贸港的制度探索。依托我国现有的 21 个自贸试验区和海南自贸港建设，加快探索规则、规制、标准、管理等制度性开放的具体举措，并将成熟的政策举措逐步拓展到全国范围，如商场免税店可由机场、港口等海关特殊监管区拓展到全国各地商场，让免税商品惠及更多人民群众。依托自贸试验区和自贸港平台，不断优化营商环境，持续激发开放市场活力，吸引更多国际资本、技术、人才扎根中国，以高质量次区域合作机制促进沿边开发开放，推动边境城市以口岸经济和边境贸易为主，向产业综合开发和优化空间布局跃升。

二是进一步推进"边境后"行业对外开放。着力扩大改革开放，以二次"入世"的标准推动更高水平对外开放，主动对接高标准国际经贸规则，进一步缩短负面清单，进一步放开服务业开放，引导外资企业在中国内地展业，让医疗、养老、教育、文化等行业面向国际开放，充分利用海外的资金、技术和管理经验，提升国内服务行业的效率和质量水平。主动朝着"零关税、零壁垒、零补贴"方向推动对外开放，营造政策稳定、公平、透明、可预期的良好营商环境。

三是构建内外循环促进支撑的稳定供应链。在积极培育强大内需市场的同时，更好地稳定住亚洲区域国际循环，夯实与东亚、东盟产业链"小循环"基础，重点发挥中国制造业领域积累的产业、技术、人才优势。加快构建产业链供应链服务平台和集群，提高产业配套能力，通过产业链集群模式培育一批"链主"与"隐形冠军"企业，带动产业供应链的参与者融入全球供应链网络，形成更高水平的开放型经济体系。以外需市场有效支持企业创新发展，积极参与国际市场，提高出口竞争力，仍把出口到发达国家市场视为产品竞争力提升的重要指标。

4. 构建超越政治安全的地缘经济新模式

一是有效管控分歧，排除域外势力干扰。推进亚洲区域自由贸易机制化安排可能遭遇很多麻烦，这在一定程度上与域外势力的介入有关，包括中美"脱钩"倾向下域内国家"选边站队"问题。中国应以区域大国的姿态在不损害主权利益的情况下，有效管控在历史认知、领土争端等问题上的冲突和矛盾，创造互利共赢的合作条件，寻找更多的经济利益交会点，引导日韩、澳新等周边国家转变思维，逐步从对抗走向对话。例如，抓住中日韩签订投资协定和签署 RCEP 带来的贸易投资自由化、便利化机遇，把握住周边国家经济上追求对华深度合作的利益诉求，推进亚洲地区的供应链互联互通，签署高标准的区域贸易安排，构建以周边为依托的更大范围的 FTA 网络。在经济利益牵扯的基础上，支持日韩、澳新等国继续充当扩大自由贸易的"旗手"，推进经济领域的合作磋商，引导开展对华签署 FTA 或 EPA 的竞赛。

二是积极发挥亚洲各种首脑峰会的积极助推作用。在积极落实 G20 峰会、APEC 峰会、东盟"10 + 3"峰会和中日韩三国领导人峰会达成的各项共识基础上,加快引导中国与周边国家增强促进亚洲区域一体化合作的责任感和使命感,促使亚洲其他国家把改善对华关系的意愿更多地体现在政策和行动当中,重信守诺按规矩办事,维护好政治基础。积极推动恢复高层交往并开展机制性交流,增强政治互信和民心相亲,并推动把经贸议题纳入亚洲区域领导人多边高层交往之中。同时借助多种、多边机制平台推进高层的定期密切交流,聚焦经贸领域的互利合作,构建超越政治安全框架的经贸合作关系,支持亚洲区域内企业在商言商,把跨境经贸合作做实做深,在推动贸易自由化方面发挥更加积极的建设性作用。

三是搭建高标准区域一体化利益诉求沟通机制。借助东盟"10 + 3""10 + 6"等区域合作平台,搭建高标准区域一体化合作的利益诉求沟通机制,加强在深化对外开放和国际合作上的共同利益。在双向投资、电子商务、知识产权保护等部分领域,可以尝试纳入高标准的内容,但不一味追求所有领域的高标准。在各领域可采取模块组合的方式形成包含最大共识的标准,既为推进区域自贸区网络升级和达成高水平的大市场提供制度基础,也为形成亚洲区域性的贸易投资机制的高标准提供案例典范。

5. 处理好与亚洲周边国家的双边关系

一是推动中日关系持续改善发展。亚洲区域合作离不开日本的参与。日本菅义伟政府全面继承了安倍政府的既定方针,以日美同盟关系为基轴,表达出与中国等亚洲邻国保持交往的意愿。在区域经贸合作方面,中国应坚持以东亚为核心,加快提升亚洲区域整合的黏合度。实现这一目标无疑需要中日联合发力,特别是在 RCEP 签署实施生效和中日韩 FTA 谈判,以及中国积极加入 CPTPP 等方面,都应以中日关系持续改善为前提条件。借助此次抗疫合作积累的良好基础,中国应与日本加深合作关系，充分利用中国超大规模市场，继续增加对日本的吸引力，以实际利益为纽带在多领域开展合作，助力日本抵抗住美国的施压，有效管控日美同盟在推动"印太战略"等方面带来的不确定性冲突，削弱日本可以制约中国发展的能力。

二是争取与印度成为和平共处的合作伙伴。近年来，中印边境安全冲突严重恶化了中印关系，但在总体上得到了很好的管控。无论是亚太地区还是印太地区，印度都具有举足轻重的地位，而且印度还是美欧等发达国家争取替代中国的重要对象，特别是"印太战略"构想的重要一环，有可能成为中美脱钩的最大受益者。在管控分歧的情况下，利用双边或多边机制紧紧拉住印度，避免其成为美国"联合制华"的主要对象，充分利用中印在经济上的互补性，把印度的软件服务技能与中国的硬件制造能力结合起来，共同组建信息通信技术领域的商业联盟，从而打破美国对华为等中国信息通信公司的技术封锁。

三是保持对亚洲中等国家的足够重视。相比日本和印度，韩国、澳大利亚等国家在亚洲的地位并不那么突出，但对于中国经略周边来说仍是难得的经贸合作伙伴，特别是在中韩FTA、中澳FTA的签订上表现出两国对中国经济的依赖。借助韩国和澳大利亚对中国的经济依赖，进一步改善与韩国、澳大利亚的经贸关系，并对其利益诉求给予更大的重视，更大的经济利益会驱使其在"选边站队"时不全面倒向美国，利用其贴近美国的中等国家地位，将其转变成为改善中美关系的协调者，以及实现中美博弈破局的胜负手。

四是把亚洲中小型经济体纳入经济一体化进程。作为亚洲区域的最大经济体，中国应充分利用形成强大内需市场的磁吸力，为亚洲中小型经济体提供经济快速发展的市场激励；同时，借助其相对中立的地位，探寻更广泛的区域一体化合作空间，避免其在中美之间"打摆子"并做出有损区域和平发展的事情。

（执笔人：刘向东）

参考文献

[1]李克强.携手合作 同舟共济 共同促进地区发展繁荣与和平稳定[N].人民日报,2019-12-25.

[2]高燕.携手开启新时代中日韩经贸合作新征程[J].人民论坛,2020(3).

[3]张燕生,刘向东,等.当前中日政经关系问题研究[M].北京:企业管理出版社,2020.

[4]中国国际经济交流中心课题组.新形势下中日韩经济发展合作的挑战与新机遇[J].北京:中国经济出版社,2020.

[5]Lee Hsien Loong. The Endangered Asian Century: America, China and the Perils of Confrontation[J]. Foreign Affairs,2020(6).

[6]Lee Kyung Tae, et al. Rationale for a China – Japan – Korea FTA and Its Impact on the Korean Economy[EB/OL].(2005-12-30)[2021-04-06]. http://www.kiep.go.kr/eng/sub/view.do?bbsId=policyAnalyses&nttId=131933.

[7]张燕生.疫情后将面对一个不同的世界和中国[J].财经智库,2020(4).

[8]丹尼·罗德里克.贸易的真相:如何构建理性的世界经济[M].北京:中信出版社,2018.

[9]道格拉斯·欧文.贸易的冲突:美国贸易政策200年[M].北京:中信出版社,2019.

[10]刘鹤.两次全球大危机的比较研究[M].北京:中国经济出版社,2013.

[11]钟山.积极应对疫情冲击 稳住外贸外资基本盘[J].求是,2020(7).

[12]中国与世界:理解变化中的经济联系[EB/OL].麦肯锡全球研究院,(2019-07-02)[2021-04-06]. https://www.mckinsey.com.cn.

会议综述报告

铸就抗疫合作典范　推动中日疫后加快经济复苏发展

——第六轮中日企业家和前高官对话主要观点综述

2020年12月2日，中国国际经济交流中心（简称国经中心）与日本经济团体联合会（简称经团联）以线上会议形式共同召开第六轮中日企业家和前高官对话会。国经中心理事长曾培炎、日本前首相福田康夫及两国工商领袖、前高官及专家学者30余名代表参加对话。来自中国投资、中芯国际、华为、中国华电、中国东方航空，日本三菱电机、丰田汽车、住友商事、三菱化学、第一生命、瑞穗金融集团公司、丸红株式会社、伊藤忠商事株式会社等著名企业代表就各自企业的创新发展进行了介绍和交流，提出了一些有见地的新观点，现总结如下。

一、共同应对当前复杂形势，推动抗击新冠疫情国际合作

国经中心理事长曾培炎表示，面对突如其来的疫情，中日两国各界同舟共济、守望相助，用实际行动再次彰显了两国民间交流的强大力量与深厚积淀。疫情对世界经济冲击的严峻形势，凸显了中日两国加强合作的重要性。两国应抓住有利时机，增进政治互信，共同维护好两国关系的正确发展方向，在抗击疫情、科技创新、数字经济、绿色发展、人文交流、应对老龄化，以及推进中日韩自由贸易协定（FTA）、全面与进步跨太平洋伙伴关系协定（CPTPP）谈判等领域深化合作，全面提升

中日两国合作质量。日本前首相福田康夫表示，在全球新冠疫情持续蔓延、国际格局深刻演进的背景下，本届对话仍能以视频会议形式顺利召开，具有十分重要的意义。中日应共同合作抗击疫情，促进世界经济回归正常轨道。坚持规则导向、开放导向，致力于构建和谐的世界秩序。要充分发挥中日"二轨"对话交流平台作用，推进后疫情时代的中日合作。经团联审议员会副议长、伊藤忠商事株式会社代表取缔役社长铃木善久表示，要推进中日两国"以民促官、以经促政"不断发展。

中方代表认为，中国经此疫情大考，坚定了"做好自己事情"的信心。国经中心常务副理事长、全国政协经济委员会副主任毕井泉介绍了中国"十四五"规划和2035年远景目标。他指出，中国将进入全面建设社会主义现代化国家、向第二个百年奋斗目标进军的新发展阶段，将继续贯彻落实"创新、协调、绿色、开放、共享"新发展理念，加快构建以国内大循环为主体、国内国际双循环相互促进的新发展格局。国经中心常务副理事长、执行局主任张晓强认为，构建新发展格局是适应中国发展新阶段要求的必然选择，是对中国客观经济规律和发展趋势的主动把握，也具有实践基础。党的十八大以来，中国坚持扩大内需战略，使发展更多依靠内需特别是消费需求拉动。中日两国处在不同的发展阶段，经济深度融合，中国的现代化建设、经济社会发展和不断成长中的14亿人口的广阔市场，必将为两国企业带来更多新的发展机遇。

中日两国在应对疫情上有良好的合作基础。国经中心副理事长、中信集团原董事长常振明表示，面对新的形势，中日两国有必要进一步加强防控政策、标准对接的沟通，建立人员往来行之有效的机制。经团联副会长、住友商事株式会社取缔役会长中村邦晴指出，疫情阻碍了人员的跨境流动和对海外新的投融资预判，希望尽早放宽人员往来限制，重新启动全球投融资活动，推动世界经济重回发展轨道。期待中日商务人员快捷通道顺利运转。

二、积极推进贸易和投资向好发展，共同维护产业链供应链安全

面对全球新冠疫情蔓延的严峻形势，应坚持开放融合，促进全球贸易投资自由化、便利化，继续完善相关规则。中国投资有限责任公司副董事长、总经理兼首席投资官居伟民指出，在疫情影响下，各国纷纷加大跨境投资安全审查力度，外商直接投资流量大幅缩水，对外投资面临的不确定、不稳定因素明显增加。中日合作设立了中日产业合作基金，聚焦两国先进制造、医疗健康和消费等领域，积极关注第三方市场合作机会，以共赢合作应对挑战、开创新机。双方表示，中日两国应加强宏观政策沟通与协调，扩大货币互换规模，深化资本市场合作，共同防范金融风险，减少市场波动和稳定性。中日金融界要保持紧密合作，推动金融开放创新合作，保持协调发展态势。

中芯国际集成电路制造有限公司董事长周子学认为，亚太地区的技术发展及市场应对，是推动全球半导体产业发展的重要动力之一，中日半导体产业互补合作空间巨大。区域全面经济伙伴关系（RCEP）框架下，两国将分阶段撤销90%以上的商品关税，包括部分半导体设备和材料。可进一步密切双边合作，发挥两国产业互补优势，为促进全球经济早日恢复做出更大贡献。经团联审议员会副议长、三井住友海上火灾保险公司董事长柄泽康喜表示，应以新冠疫情为契机，重塑两国社会和产业合作模式，积极推进贸易和投资。

与会代表认为，处于全球产业链供应链最重要位置的中日两国应率先合作，接续断链环节，共同修复和打造产业链供应链韧性，促进本地区生产生活有序运转，共同维护产业链供应链安全与稳定。中日两国可加强跨境电子商务领域的双边专项服务政策对接，实现互认互通，在物流供应链范围内加强征信合作，建立国际样板。日本经团联副会长、瑞穗金融集团公司董事长佐藤康博和经团联副会长、丰田汽车公司副董事

长早川茂认为，在 RCEP 等框架平台下稳定和重构供应链尤为重要，需构建高效强韧的供应链，以给亚太地区带来繁荣和稳定。

三、深入推进数字化转型合作，促进各国经济社会新发展

双方代表认为，疫情加速了数字化转型浪潮。数字化转型需以开放、稳定、有韧性的全球数字供应链为基础，数字化转型所必需的材料、零部件、设备、软件、解决方案均高度依赖全球产业分工。日本正积极利用数字技术推动社会 5.0 战略，提高生产率、解决老龄化、缩小教育差距、盘活地方经济。利用数字技术推动经济社会转型，两国面临的课题是一致的。数字经济将为中日企业打开新的市场，两国企业应开展基于信任的研发创新合作，增强产业链供应链互补关系，共同维护全球数字供应链的安全稳定。推进数字化转型，要加强知识产权保护、数据流通规则、网络安全保障等领域的对话与合作。

四、深化医疗健康领域合作，推动绿色低碳可持续发展

与会代表表示，人口老龄化是中日两国共同面临的课题，在应对人口老龄化方面可优势互补、互学互鉴，深入开展医疗产业创新合作，为两国人民服务。希望通过 RCEP 等平台构建并完善中日之间数据有效运用环境，致力于解决全球面临的医疗保健领域问题，为中日人民健康和两国的可持续发展做出企业界应有的贡献。

应对全球气候变化，要兼顾经济增长和碳减排目标，加强技术创新合作，继续推进节能环保等领域协调与合作，加快开发和普及清洁能源、环保技术，提供绿色金融支持，推动向脱碳社会转型，共同为达成联合国可持续发展目标（SDGs）做出贡献。

五、推动实现更高水平的区域经济一体化,维护亚洲繁荣与稳定

积极推进区域合作及经济一体化进程。RCEP 正式签署,中方对加入 CPTPP 持开放态度,双方共同维护多边主义和自由贸易体制,共同抵制逆全球化。张晓强指出,RCEP 签署之后,中日立即启动了关税减让,体现了我们在扩大开放上的坚定不移。从根本上说,构建新发展格局是适应中国发展新阶段要求的必然选择。中村邦晴表示,希望形成一个透明、公平、多元的自由贸易体制,并不断加强。早川茂表示,希望以 RCEP 签署为契机,携手推动早日达成高水平的中日韩 FTA,对 WTO 进行必要改革,推动中日两国和本地区可持续、包容增长与繁荣。中日是维护亚洲繁荣稳定的基石,双方应本着对亚洲人民前途命运负责的态度,维护亚洲团结,助力亚洲振兴,促进亚洲经济尽快摆脱疫情影响,重获增长。

(执笔人:逯新红、刘向东、李浩东)

下 篇
中日韩及东北亚经贸关系研究

课题组成员

课题负责人
魏建国　中国国际经济交流中心副理事长
课题组组长
逯新红　中国国际经济交流中心战略研究部研究员
课题组副组长
刘向东　中国国际经济交流中心经济部副部长、研究员
课题组成员
元立兴　中国国际经济交流中心经济研究部副研究员
李　娣　中国国际经济交流中心经济研究部副研究员
林　江　中国国际经济交流中心经济研究部助理研究员
李浩东　中国国际经济交流中心战略研究部助理研究员
李　翔　中国国际经济交流中心经济研究部副处长

（注：课题组成员所在单位和职务为参与课题时单位和职务）

总报告

当前国际形势错综复杂，中日韩及东北亚局势总体稳定向好，加强中日韩及东北亚区域合作的有利条件不断累积。中日韩及东北亚地区国家亟须抓住难得的历史机遇，进一步挖掘合作潜力，加强重点领域合作，共同为地区和平、稳定、繁荣做出积极贡献。随着东北亚地区经济合作的不断拓展，中日韩FTA、图们江地区、环渤海经济区、环日本海经济区、中蒙俄沿边地区等次区域经济合作均在推进中，并迈出了坚实步伐。中国为进一步推动东北亚区域合作提供了中国方案。

一、当前中日韩及东北亚经贸合作面临的新形势

当前，世界经济形势深度调整，贸易保护主义、单边主义愈演愈烈。美国各种"退群"行为的贸易政策造成多边贸易格局遭受挑战，美国贸易保护主义政策引发全球贸易预期变化，中美经贸摩擦给以中国为主要生产基地的东亚供应链造成负面冲击。在此背景下，中日韩及东北亚地区局势总体稳定向好，中日韩及东北亚区域内合作显著增强，为世界经济发展注入新的动力。

（一）世界经济增长动能偏弱，下行风险加大

当前，国际环境变化有可能处于百年来最复杂的时期。全球经济增

长动能偏弱，面临下行风险。IMF 在 2019 年 10 月预测中，连续第五次、年内第四次下调全球经济增速预期，将 2019 年全球经济增长预期下调至 3.0%，为 2008 年国际金融危机爆发以来最低水平。其中，将 2019 年美国经济增长预期下调 0.2 个百分点至 2.4%，将欧元区经济增长预期下调 0.1 个百分点至 1.2%，将中国 2019 年经济增长预期下调 0.1 个百分点至 6.1%。

全球贸易恶化和制造业低迷是导致全球经济同步放缓的两大主要原因。特别是中美两个大国之间的战略博弈在非理性对抗与理性合作、脱钩与反脱钩、规则变局与战略定力之间的较量，将呈现出长期性、复杂性和反复曲折的特点，这对未来国际格局、国际秩序和世界经济的发展前景将产生难以预料的重大影响。在中美贸易摩擦、全球经济下行风险加大的背景下，发达经济体的经济增速放缓，新兴市场普遍表现不好。美国经济增长虽相对稳健，但出现放缓迹象。2019 年前三季度，美国 GDP 环比折年率分别为 3.1%、2.0% 和 1.9%。欧元区经济虽保持平稳，但仍面临经济疲软、关税争端对制造业造成冲击、欧洲银行业不良资产大幅上升、英国可能无序脱欧等风险，经济下行风险加大。前三季度 GDP 环比折年率分别为 1.7%、0.8% 和 0.8%。日本经济波动性较大，第一、第二季度 GDP 环比折年率分别为 2.2% 和 1.3%。中国经济前三季度同比增长分别为 6.4%、6.2% 和 6.0%，虽然呈下行态势，但在全球经济下行和中美贸易战背景下，仍能取得这一成绩，实属来之不易。贸易政策的不确定性，导致全球贸易形势恶化；关税政策的不确定性，导致企业对长期投资更加谨慎。德国、日本等传统制造业国家工业生产大幅下降。比如，全球汽车行业收缩，汽车产量和购买量分别下降约 1.7% 和 3.0%，直接拖累全球经济增速 0.04 个百分点。

受世界贸易摩擦影响，国际贸易和投资增长放缓。世界贸易组织（WTO）预测 2019 年全球货物贸易量增速将回落至 1.2%，为过去三年来最低。联合国贸易和发展会议（UNCTAD）预计 2019 年全球 FDI 增长

10%，约为1.5万亿美元，但仍低于过去10年的平均水平（见图1）。

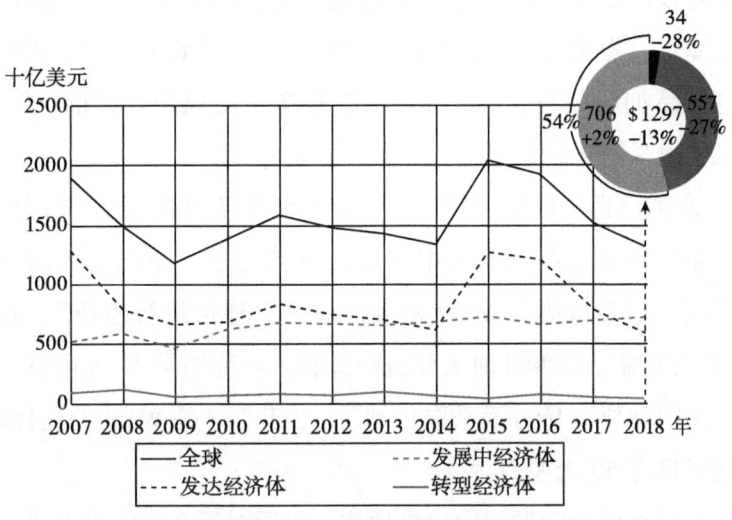

图1 全球直接投资下滑趋势明显

资料来源：UNCTAD，FDI/MNE database（www.unctad.org/fdistaistics）。

全球金融风险加大。随着全球贸易摩擦升温和金融市场波动加剧，金融市场不平衡扩大和资产泡沫泛起，将进一步拖累全球经济贸易和投资的增长。美国单边主义和贸易保护主义加剧了全球经济和金融的不确定性风险，从而成为引发全球金融风险的导火索。全球化背景下全球产业链和金融体系相互依赖，贸易战与金融风险相互放大，新的危机正在生成，向爆发系统性风险演化，贸易战将诱发全球金融危机。

（二）全球多边贸易体系面临前所未有的挑战

WTO多边贸易体系规则遭受到前所未有的挑战，将对中日经贸合作乃至全球经济运行产生重大影响。WTO多边贸易体系规则使发展中国家有了参与全球分工的机会，有效推动了全球发展。但美国作为世界第一大经济体，认为WTO这套规则不能有效维护其利益，将其国内"301条款"凌驾在世界贸易规则之上，并多次提出退出WTO。美国不顾全球价值链体系的运行，不愿意承担国际责任，使WTO的多边贸易体系遭遇了前所未有的挑战。例如,《信息技术协议》(ITA协议)是全球范围内被广泛认可的信息产品协议,该协议中90%的信息产品均可享受跨境贸易零关税或低关税的优惠待遇,但随着美国对中国的很多电子信息产品加收关税,ITA协议面临被搁置的风险。目前,WTO陷入上诉机构成员遴选的僵局。

WTO改革遭遇美国单边行动施压。2019年7月26日,美国白宫发布的《改革世界贸易组织发展中国家地位备忘录》指出,美国贸易代表将"使用一切手段确保WTO对发展中国家地位进行改革",并设置了90天的谈判期,以倒计时大棒进行威胁。声称如果90天内看不到明显进展,美国就要"单方面采取行动"。由于8月是WTO的夏休时间,这个谈判间只有60天左右。

美备忘录否认中国发展中成员地位。美国对近2/3的世界贸易组织成员将自己定义为发展中国家以获得特殊待遇,并承担较少的WTO承诺表示不满,认为其中有些并非真正的发展中国家,这种现象同时损害了其他WTO发达经济体和真正需要特殊和差别待遇的经济体。虽然该备忘录列举了一些国家和地区,但显然其指责的重点是中国。备忘录指出,中国的国内生产总值居世界第二位,中国占全球商品出口总量的近13%,中国是全球最大的商品出口国且高科技产品出口排名已经是第一,中国对外直接投资额超过36个经合组织成员中的32个并接近1.5万亿美元,中国吸引外国直接投资额仅次于一个经合组织成员国并接近2.9万亿美元,世界500强企业中中国企业占120家,中国的国防支出和太空卫星总数仅次于美国等,试图用这些数据证明中国不应被视为发展中国家成员。

美国的目的是重构"美国优先"的国际贸易体系和国际贸易规则。不同意中国的"发展中国家地位"实际上对美国并没有多少利损,也未必对诸如新加坡等经济体有多么利多,美国也从未承认过中国的发展中国家地位。实际上,那些在世界贸易组织获得特殊"发展中国家"

地位的经济体所享受的大部分优惠早已过期，新加坡宣称其并未在贸易谈判协议中使用过 WTO 针对"发展中国家"提供的"优惠和特别待遇"，中国也在积极承担更多的国际责任，这表明美国夸大了 WTO 中"发展中国家地位"的作用。美国选择对 WTO 中"发展中国家地位"这个关键的全球贸易治理原则"开刀"，意味着美国对现存多元的、包容的世界经济秩序的挑战已全面开始了，美国希望重构"美国优先"的国际贸易体系和国际贸易规则，也为其实施的单边主义和保护主义找一个新理由。美国主导包括美加墨贸易协定、美日贸易谈判和美欧贸易谈判等高标准贸易协定谈判，准备在 WTO 的多边框架以外构筑新的国际经贸规则。

美国发难中国，用 WTO 中的"发展中国家地位"作为中美贸易谈判的筹码。WTO 一直是中美贸易摩擦的多边战场。为遏制中国的发展，美国采取了所有可能的措施，从贸易战到科技战，再到发难中国的 WTO 中"发展中国家地位"。因为美国从未承认过中国的"发展中国家地位"，此时发难，意图明显。

（三）中美贸易摩擦长期化的负面影响逐步显现

贸易战没有赢家。美国的冷战思维、单边主义、霸凌主义将导致中美贸易战长期化，中美作为世界第一大和第二大经济体，如果不能妥善解决分歧，那么对全球经济的影响不言而喻。日本作为中美两国重要贸易伙伴必然受到影响，中美贸易战成为中日经贸合作不可逾越的障碍。

中美经贸摩擦源自美方单边做法。自 2018 年 3 月美国对华启动"301 调查"以来，特朗普政府对中国的贸易摩擦持续升级，从贸易领域延伸到科技领域。美国通过打压华为等中国高科技企业，限制正常的科技人才交流与合作，充分显示出美国在其利益优先原则下，通过恶意粗暴的行政干预手段压制企业的公平竞争，以达到使中国科技发展永远落后于美国的目的。这是美国霸凌主义、唯我独尊的表现。美国霸凌主义不仅破坏了全球经济增长前景，全球价值链、产业链、供应链大格局，全球科技技术交流合作及产业技术进步，也破坏了国际经济秩序和多边合作机制。

中美贸易摩擦是客观形势发展的必然结果，具有长期性。其实质是美国企图限制中国发展，是两个国家实力的较量。对美方挑起的贸易摩擦及科技遏制，中方在中美贸易磋商中提出的三项核心关切完全正当合理。中方一贯主张贸易磋商应秉持相互尊重、平等互利的原则，并抱有足够诚意；美方却出尔反尔，执意继续加征关税，致使贸易摩擦再次升级。所谓"美国在和中国的贸易中吃了大亏""盗窃知识产权""强制技术转让""中国违背贸易磋商承诺"等抹黑中国的论调完全站不住脚。中方从来不拿原则作交换，将坚决维护国家主权和核心利益。冷战思维、单边主义、零和游戏都是过时的产物，无益于解决任何问题，只有平心静气地坐下来平等协商，才能找到解决问题的途径。美方对华政策应回归理性，要有解决问题的诚意，要有平等协商、务实合作的态度，而不是极限施压等非理性行为。

G20大阪峰会后中美重启经贸磋商。2019年6月29日，中美两国元首在大阪会晤，就事关中美关系发展的根本性问题，当前中美经贸摩擦以及共同关心的国际和地区问题深入交换意见，为下阶段两国关系发展定向把舵，双方同意推进以协调、合作、稳定为基调的中美关系。中美两国元首同意在平等和相互尊重的基础上重启经贸磋商，美方不再对中国产品加征新的关税。中美重启经贸磋商就意味着中美经贸问题将重回正常轨道，释放了积极信号。

中美双方第一阶段协议磋商已取得实质性进展。中美双方已就中美第一阶段经贸协议文本达成一致。但中美贸易摩擦只是阶段性缓和而非结束，即使签订部分协议也不意味着一劳永逸地解决了中美贸易摩擦问题。而且，美国极限施压政策和关税制裁不断向全球加码，如何保障供应链、价值链安全将是未来一个长期的重大挑战。美方的做法践踏了现有多边贸易规则，破坏了全球产业链、供应链的稳定和安全。作为世界前两大经济体,中美经贸关系既对两国意义重大,也对全球经济的稳定增长有着举足轻重的作用。美国坚持单边主义和保护主义的做法不仅不符合中美两国利益,更对拖累国际贸易和世界经济增长负有不可推卸的责任。目前,中美贸易摩擦久拖不决的根源,在于美国不改变贸易霸凌主义和极限施压的做法。美方应该拿出诚意和实际行动与中方相向而行,双方共同努力,通过坦诚、建设性的方式就主要议题进行交流,在平等和相互尊重的基础上找到解决问题的办法。

中美贸易摩擦长期化的负面影响显现。中美贸易战增大了全球经济的不确定性,凸显了经济全球化、多边主义和自由贸易体制面临的新挑战。中美贸易战对中美两国经济的负面影响已经显现,对中国出口方向的影响表现在企业出口、商业信心、投资规模和经济增长等方面,对美国进口方向的影响表现在消费者福利、公司盈利和股市波动等方面。从全球范围看,美国挑起的贸易战已成为世界经济的主要风险之一,国际组织纷纷下调世界经济增长预期。新的国际贸易规则的封闭性、歧视性和区域性特点,使WTO多边贸易体系规则遭受到前所未有的挑战。受中美贸易战常态化、长期化、复杂化趋势影响,全球产业链、价值链、供应链将加快重塑,增加了发展中国家的崛起成本。

(四)全球价值链、产业链、供应链"断链风险"更趋频繁

从长期来看,中日经贸合作要为未来可能频繁发生的"断链风险"做好战略准备。当前,全球经济体系已经出现了历史性的变化,高度分工、全球协作,如计算机、智能手机、飞机等复杂商品的生产过程已经打破了国家的边界,连接成复杂网络。全球供应链网络让国家之间、企业之间形成了相互依赖的共同体,特别是高科技企业早已形成了全球科技发展的链条,与全球供应链环环相扣、相互影响。

当前,《外国投资风险审查现代化法案(2018)》(FIRRMA 2018)显著扩大了外国投资委员会审查的法律基础。该法案涉及三大重点领域:一是重要的工业技术,包括人工智能、机器人、纳米和微芯片技术

等;二是基础设施,包括港口设施和运营、能源和电力生产与分配、公路和铁路、通信系统,以及数据中心;三是与国家安全相关的科技和制造业,如航空航天、遥感和电信硬件。与此同时,美国已全面修订现行出口管制法规,强化"长臂管辖"行为。特朗普签署的《2019财年国防授权法案》,作为其重要组成部分的《出口管制改革法案》提高了对外国控股公司,特别是对中国公司的限制条件,增加了对"新兴和基础技术"的出口管制,建立了跨部门协商机制以提高执法能力。美国商务部工业安全局(BIS)将华为、中科曙光等中国高科技企业或者实体列入"实体清单"。未来科技前沿重要的工业技术包括人工智能、机器人、纳米、航空航天等,由此不排除美国未来在上述这些领域也将加大遏制力度[①]。

(五)中日韩及东北亚区域内经贸合作显著增强

东北亚区域内经贸合作不断加强。仅以远东合作为例,2018年中国与俄远东联邦区贸易总额达97.7亿美元,占远东外贸总额的28.4%,同比增长25.9%。其中,中国自远东进口64.2亿美元,占远东出口总额的22.8%,同比增长26.3%;中国向远东出口33.6亿美元,占远东进口总额的53.5%,同比增长25.1%。中方参与远东跨越式发展区和自由港项目45个,规划总投资26亿美元,占外资对远东投资的63.0%。两国还在另外35个总投资规模达178亿美元的项目上积极合作。中国是俄罗斯远东地区第一大贸易伙伴国和第一大外资来源国。此外,2018年远东联邦区对华农产品出口总额为18.4亿美元,占该区农产品出口总量的49.0%。无数合作事例证明,只要各方积极开展发展战略对接,大力推动小多边合作、次区域合作,东北亚地区国家完全有能力、有条件充分发挥各自优势,开展各领域深层次合作,努力构建东北亚经济圈。

---

① 张茉楠. 新形势下中国价值链发展方向 路径及其支撑体系[R]. 国经中心内部报告, 2019.

中、日、韩三国经贸合作区域优势明显，三国的经济合作对东北亚乃至全球范围都具有非常重要的影响。中、日、韩三国互为近邻，都是世界经济和贸易大国，是东北亚区域经济的基础。中、日、韩三国地理位置上的便利条件，以及彼此相似的文化背景都促进了三国之间的经贸往来，降低了三国之间的经贸成本。同时，三国的经济合作对于东北亚乃至全球范围都具有非常重要的影响，经贸活动的加速也带动了包括资本在内的要素在区域内的流动，区域内双边投资优势互补较为明显。此外，三国资源要素互补性较强。中国地域辽阔，不仅拥有丰富的自然资源，也拥有相对较低的劳动力成本。相对而言，日、韩两国国土面积较小、资源匮乏、劳动力成本较高。为降低生产成本，弥补国内资源不足，日韩企业不断将本国劳动密集型产业，特别是已经标准化的劳动密集型产业转移到中国。

区域内贸易为中日韩合作提供较大合作空间。在全球贸易保护主义盛行和多边贸易体制受到冲击的背景下，亚洲经济体仍保持了较高增速，亚洲经济前景成为世界关注的焦点，这为中日韩亚洲三大经济体的经贸合作提供了重要战略机遇。世界各个区域之间贸易密切，占总贸易额50%以上的均发生在内部。2018年亚洲区域内贸易份额占全球贸易额的比重为57.8%，相比2010—2015年的平均比重55.9%和2016年的57.3%，进一步提升，创历史新高。这说明若提升区域内贸易，中日韩将有很大合作空间。三国在国家经济发展战略上存在共同利益，有利于实现战略对接，进一步推动中日韩区域内贸易发展。例如，在科技创新领域，中、日、韩三国分别实施科技创新发展战略，这为三国加强交流对接，在移动互联网、云计算、智慧城市、大数据等领域加强联合研发等合作创造了条件。

二、中日韩及东北亚经贸发展与合作的新动力、新机遇

当前，国际形势错综复杂，东北亚局势总体稳定向好，加强东北亚

区域合作的有利条件不断累积。东北亚国家亟须抓住难得的历史时机,进一步挖掘合作潜力,共同为地区的和平、稳定、繁荣做出积极贡献。

(一) 中日韩及东北亚经济发展优势互补潜力巨大

东北亚六国经济发展潜力巨大。东北亚地区六国人口总数占全球人口的23%,国内生产总值占全球经济总量的19%,地区能源资源丰富,具有世界领先的科技研发能力,资金和人力资源充足,各国经济发展各具优势,特点鲜明,互补性强。

东北亚地区经济发展具有优势互补、合作共赢的最好条件。一是东北亚地区的资源型国家拥有十分丰富的自然资源。如俄罗斯西伯利亚地区拥有丰富的石油、天然气、木材、黄金、金刚石等自然资源;蒙古国的煤炭、铜矿、黄金、铁矿储藏量都很大;朝鲜拥有丰富的铁矿、煤炭、黄金、有色金属等矿产资源。二是中国东北亚地区在制造业,尤其是在重化工业、装备业、汽车制造、航空航天等方面都有很好的基础。三是日本和韩国不仅在高端制造方面具有显著优势,而且在科技和资金方面也具有明显优势[①]。

长期来看,东北亚地区完全具有形成与欧盟、北美地区经济类似的发达经济区的可能。但是,由于这一地区长期以来十分复杂的政治、安全形势,合作优势和潜力基本上没有发挥出来。

(二) 多数国家间的双边安全关系改善为东北亚区域合作注入新动力

2018年以来,东北亚地区的双边安全关系出现了大幅调整,区域内多数双边关系都有了极大的改善。例如,中韩关系、中日关系迎来重大改善的新周期;俄韩关系也因时隔19年韩国总统首次对俄进行国事访问而进一步提升。随着各国双边关系的改善,整个东北亚地区局势趋

---

① 胡必亮. 东北亚经贸合作的三大机遇与四大挑战[EB/OL]. 央广网,2018-06-01.

稳,也为区域合作带来新的机遇。新形势下东北亚经济合作重启广受关注。朝鲜半岛和平发展对中、朝、韩三国都具有重要意义。对中国来说,加强中朝韩三边经济合作有利于推动中国东北地区的振兴发展,构建稳定繁荣的周边经济关系,并对区域经济一体化起到推动作用。

1. 中韩朝关系稳步改善和发展

作为重要的友好邻邦,中国和朝鲜半岛自古联系紧密。朝鲜半岛南北分治后,中国与南北双方均保持密切交往。中国和朝鲜有着传统友谊,彼此信赖和相互支持,高层保持密切交往。中国和韩国的历史渊源颇深、高层互动密切,经济依赖较高。朝韩在劳动力、自然资源、资金和技术等生产要素上具有较强互补性,双方合作能发挥不小的协同效应。

2. 中日关系迎来重大改善的新周期

2019年中华人民共和国迎来成立70周年,日本进入"令和时代",G20大阪峰会开启了中日合作的新时代。近两年来,中日两国领导人实现了互访,增进了政治信赖关系,强有力地推动双边关系行稳致远。随着中日政治互信加深,中日经贸关系持续改善,具备了向更高水平发展的条件。在中日关系重回正轨的情况下,中日"政温经暖"的态势明显,中日经贸合作领域更加广泛;同时,中日经贸合作也面临诸多挑战,需要双方共同努力推动中日经贸关系向高水平发展。

3. 俄韩关系也因19年来韩国总统首次对俄进行国事访问而进一步提升

2018年6月,韩国总统文在寅赴俄进行国事访问。这是继1999年总统金大中访俄后,韩国总统时隔19年再次对俄罗斯进行国事访问。韩国希望通过"新北方政策"与俄罗斯的"新东方政策"对接,通过发展韩俄之间的天然气、铁路、港湾、电力、北极航线、造船、就业、农业、水产等"九桥战略"(9 - Bridges),实现多边合作。通过发展对俄关系，韩国不仅可以实现在亚欧大陆构建对自身有利的交通、物流和贸易网络，还希望借助推动韩、朝、俄三方合作，为实现韩朝经济融合这一目标打下基础。

4. 中、蒙、俄三国毗邻而居，三方合作具备先天地缘优势和深厚传统积淀

随着共建"一带一路"倡议的提出，中、蒙、俄三国将在战略对接的基础上推进各项合作。目前，《中华人民共和国、俄罗斯联邦、蒙古国发展三方合作中期路线图》已经制定，将以重点合作带动三方合作。

（三）东北亚国家纷纷推出相关对外经济政策并寻求区域合作对接

东北亚地区安全环境改善既为各国打开了经济合作和区域一体化的新局面，也为各国发展战略的对接带来了机遇。从国际形势来看，推动多边合作是当今时代主题，如今东北亚国家纷纷推出相关对外经济政策，并寻求区域合作对接。例如，中国提出了"一带一路"倡议，韩国提出了对外经济合作三大政策构想、"韩半岛（朝鲜半岛）新经济地图"构想、"新北方政策"和"新南方政策"，俄罗斯提出跨欧亚大通道建设，蒙古国提出"发展之路"倡议，日本主导达成CPTPP、中日韩FTA谈判等。

1. "韩半岛新经济地图""新北方政策"与中国的"一带一路"对接

韩国的"韩半岛新经济地图"与"新北方政策"可以直接与中国国内连接，而且都与东北亚互联互通相关联。"韩半岛新经济地图"是针对半岛经济合作与互联互通的政策课题，"新北方政策"的核心合作对象是东北亚国家中的中、蒙、俄等国家。"韩半岛新经济地图""新北方政策"与中方的"一带一路"相对接，将成为东北亚互联互通的重要桥梁。

2017年文在寅总统访华时，提出希望通过"新北方政策"与"一带一路"倡议对接，寻求具体合作方案，形成东北亚经济共同体。

2. 韩国的"新北方政策"与俄罗斯的"新东方政策"对接

韩国希望通过"新北方政策"与俄罗斯的"新东方政策"对接，通过发展韩俄之间的天然气、铁路、港湾、电力、北极航线、造船、就业、农业、水产"九桥战略（9-Bridges）"，实现多边合作。通过发展对俄关系，韩国不仅可以实现在亚欧大陆构建对自身有利的交通、物流和贸易网络，还希望借助推动韩、朝、俄三方合作，为实现韩朝经济融合这一目标打下基础。

3. 中国的"一带一路"建设与韩国的"新北方政策"对接，与俄方的跨欧亚大通道建设、蒙方"发展之路"倡议对接

东北亚多数国家都在积极推动区域合作，实现互联互通。"一带一路"倡议形成了"六廊六路多国多港"的建设框架，其中"六廊"中的中蒙俄经济走廊是"一带一路"建设的重要组成部分，中俄共同推进"冰上丝绸之路"建设。此外，远东开发、长吉图开发开放等次区域合作提速，正在为东北亚区域内国家发展与合作注入新的动能。

"六廊"是指中蒙俄、新亚欧大陆桥、中国—中亚—西亚、中国—中南半岛、中巴、孟中印缅国际经济合作走廊；"六路"是指铁路、公路、水路、空路、管路、信息高速路互联互通路网；"多国"是指选取若干重要国家作为合作重点；"多港"是指构建若干海上支点港口。

（四）区域内各国发展模式与水平较为多元为互补合作带来机遇

从国际比较看，东北亚区域合作自成特点，区域内各国发展模式与水平较为多元。然而，从合作的视角看，差异也意味着机遇，只要各方积极挖掘互补性，就能实现互利共赢。从东北亚地区内部的具体情况看，加强彼此合作是各国尤其是地区人民的切实需求。近年来，在各国

制定的发展战略中,加强区域合作都是其重要内容。人们看到中俄蒙经济走廊、远东开发、长吉图开发开放等次区域合作提速,正在为域内国家发展与合作注入新的动能。

中、日、韩三国合作还可以为区域融合发展出一份力。亚洲地区发展中国家众多,整体发展还不充分、不平衡,开展"中日韩+"合作、共享三国发展经验,可以合力帮助其他国家缩小地区差距,实现多元包容的共同发展。

三、中日韩及东北亚经贸合作面临的新挑战

中日韩及东北亚地区要真正实现经济方面的务实合作,实际上面临着巨大的挑战。

(一) 地缘政治是影响中日韩及东北亚地区安全稳定的重要因素

半岛和平问题。半岛无核化是东北亚经贸合作与和平发展的基础。半岛问题、美朝合作问题如果没有重大突破的话,东北亚地区实现长期经济发展和繁荣也不可能。朝鲜半岛自近代以来一直遭受着西方列强的瓜分,如近代的中日甲午战争、日俄朝鲜半岛之争,冷战时期美苏对峙导致的朝鲜半岛分裂。其中,朝韩关系自分治以后也一直处于紧张状态。首先,两国选择了不同的政治阵营,韩国在美国的军事和经济扶持之下,迅速走上了资本主义国家道路,而朝鲜受苏联影响选择了社会主义阵营,并在苏联这一保护伞解体之后,大力发展核能力,与中国进行贸易合作等,也逐渐实现了经济复苏和发展。朝鲜从20世纪50年代开始便与苏联进行核领域的合作,苏联解体之后国际格局发生巨大变化,朝鲜不得不寻求安全保障的替代品。"先军政治"、不惧制裁和强烈的拥核意志,使朝鲜走向了核武器强国之路,既给周边国家带来了强有力的威慑,也实现了国家的安全和稳定,这也使相邻的韩国备受威胁。朝韩两国相邻,韩国首尔距离朝韩边界40公里左右,处于朝鲜火炮的射

程之内，一旦朝韩开战，首尔将第一时间受到朝鲜的火炮打击。首尔作为韩国的经济政治中心，很难承受这样的损失。而朝鲜的核威胁，更使韩国倍感国家安全危机，从而不断接受美国保护，签署《美韩共同防御条约》，采取美韩军事同盟战略制约朝鲜对其的安全威胁。由于受北方威胁，韩国每年需要耗费大量精力和金钱用于维护国家安全，间接地给韩国经济带来不利影响，从而影响到中韩的经济合作。

此外，美国、俄罗斯、日本和中国在朝鲜半岛问题上也有着自己的利益关系。朝鲜自冷战后一直受美国制裁，美国一直联合日韩对朝鲜实施军事上和经济上的遏制政策；中国一直以来都与朝鲜保持着睦邻友好的合作关系，一直呼吁美方停止"斩首行动"，希望实现半岛和平机制，促进多边共同发展；俄罗斯作为亚欧大陆上的超级大国采取等距离外交政策，也主张降低半岛冲突，缓和地区紧张局势；韩国则谋求与大国之间的经济合作等，实现对朝鲜的抑制；而日本为了自身的利益，对促进朝韩和平持否定态度。由此可见，中韩两国在维持朝鲜半岛和平的思路上存在差异，也致使两国政治互信度降低，有碍于两国的经济合作。

2018年以来，在有关各方共同努力下，半岛形势趋缓。然而，美朝之间的战略互疑成为和平解决朝核问题、实现半岛持久和平的最大障碍。朝鲜不定期的发射活动和美韩的军事演习，让朝美重启磋商谈判面临变数，朝鲜半岛问题政治解决进程的不确定因素有所上升，美朝谈判仍具有不确定性，导致多方参与的朝核谈判重新进入观望的静默期。

美朝主要分歧有两个。一个是无核化，这是最大的分歧。在历史上的数次谈判中，美朝各自希望得到对方的承诺，这就好像是一个死循环，朝鲜坚持美国先解除制裁再弃核，美国则要求朝鲜以CVID的方式（"完全的、可验证的、不可逆的"方式）弃核再解除制裁，使无核化问题积重难返。另一个是制裁问题。朝鲜要求更大程度放宽制裁，而美方则要求加强制裁，双方诉求差距很大。因为朝鲜领导人认为核武器对其政权生存至关重要，朝鲜将寻求保留拥有大规模杀伤性核武器能力，不可能完全放弃核武器及其生产能力。从美朝双方来讲，诉求愿景与底线坚守是存在本质性差异的，这也是历史上数次的朝鲜半岛无核化谈判无果而终的根本原因。但是，只要美朝愿意坐下来谈，就释放出半岛局势不会恶化的可能性，毕竟就在一年多以前，人们还在为半岛上空笼罩的战争阴云而担忧。现在美朝，包括美韩将会继续接触，只不过没有人们预料的那么乐观、那么快而已。

当前，半岛局势出现曲折。2018年以来，在有关各方共同努力下，半岛形势从紧张对峙转向缓和对话，政治解决进程重新启动并逐步取得进展。朝鲜半岛局势转圜始于2018年平昌冬奥会期间朝韩关系的改善，此后中朝、朝韩、美朝领导人分别实现多轮次会晤，推进半岛无核化和构建持久和平合作机制迎来新的契机。朝美第三次会晤在一定程度上增进了朝美之间的政治互信，传递出重启协商推动半岛无核化与构建持久和平机制的积极信号。最近围绕半岛局势出现新一轮紧张，主要原因是朝美新加坡联合声明未能有效贯彻落实，朝方的正当合理关切未能得到重视和解决。和平的窗口再度面临变数，对话的机会正在不断流失。朝鲜国务委员会委员长金正恩于2020年1月1日在朝鲜劳动党七届五中全会上提到"新的战略武器"，并暗示重启核试验和洲际弹道导弹（ICBM）试射。如何防止朝鲜脱轨、促其重返谈判桌，维护半岛来之不易的和平趋势，是当前亟须解决的问题。

朝美之间的战略互疑是和平解决朝核问题、实现半岛持久和平的最大障碍。应保持半岛核问题政治解决势头，避免局势恶化甚至失控。美方应尽快拿出落实新加坡共识的实际举措，鼓励朝美双方就建立半岛永久和平机制和实现半岛完全无核化形成可操作的路线图。

领土领海争端持续升温。领土领海争端一直是影响东北亚地区安全稳定的重要因素。由于一些国家之间存在海上岛屿、海域划界、专属经济区等方面的争端，这些争端不断发酵和升温，进而引起舆论及民意对立，引发局部冲突，甚至影响国家间关系，给东北亚地区的政治经济发展带来巨大的负面影响。尽管这些争端尚不至于诱发大规模军事冲突，但是由于带有偶然性和突发性，具有难以管控的危险性和破坏性。英国"亚洲之家"主席葛霖认为："中国正在倡导的'一带一路'倡议可能成为人类历史上规模最大、最为重要的经济发展项目。然而，随着新的全球秩序的形成，很多风险和问题正在出现。从地缘政治上说，对朝鲜半岛的误判可能引发灾难；中东持续动荡不稳；俄罗斯仍然不能与邻国轻松相处。由于'一带一路'倡议而紧张不安的印度如何适应一个联系更加紧密的欧亚大陆？等等。"

东北亚地区围绕国家战略取向、海洋资源等海权开发的分歧和矛盾日趋激化，特别是日本与域内的中国、韩国、俄罗斯等都存在领土争议，并且都牵扯到历史问题，解决的难度很大。主要表现在三个方面。一是以岛屿为标志的领土主权争执日益严重，并且呈现持续发酵的态势。中日围绕钓鱼岛的对立乃至走向局部对抗，日韩围绕独岛的互不相让乃至日本要诉诸国际法庭，日俄围绕南千岛群岛僵持不下，这些都凸显了东北亚地区围绕海洋开发与合作在涉及主权争执背后的矛盾和分歧。二是中日韩不同程度地落实海洋立国战略，为应对危机和紧急事态，加强对本国海域和岛屿的常态化和立体化维权，通过制造先进的航母、准航母等海洋舰艇和潜艇，以发展海军力量等军备作为有力手段，随着海洋维权向亚太地区蔓延，东北亚地区的海洋军备竞赛也将日益炽烈，从而对区域和平与发展构成巨大挑战。三是东北亚区域国家间的博弈已呈现出综合化和跨区域化趋势，战略博弈的域内结盟、域外干预与泛区域化特征显著，导致东北亚区域的矛盾难以通过区域多边机制予以内部消化解决，挑战系数陡然增大。海权权益争端带来的地缘政治风险与挑战主要表现在：一方面，以海上问题为切入点，美国借用军事同盟力量深度介入亚太地区安全事务，导致争议复杂化；另一方面，当事国之间围绕岛礁主权与海洋权益不断发生冲突。海权权益争端加剧将会导致中国在海洋安全上面临严重威胁,从而给"一带一路"倡议的顺利推进带来风险和挑战。

(二) 美国的深度介入影响了区域内国家间的经贸合作

美国对东北亚地区事务的深度介入,已经严重干涉了区域内主权国家的内政,影响了区域内国家之间的经贸合作。从当前情况来看,中日韩和东北亚地区经贸发展态势总体保持平稳,但仍受萨德问题、半岛问题、美国单边主义等各类复杂因素的影响。从美国的全球战略来看,重返亚太、遏制中国是目前的优先战略,美国在亚太地区构建驻日、驻韩军队,与日本、韩国组成"铁三角",这个"铁三角"是用来应对亚洲地区来自中国和俄罗斯逐渐强大的两股势力的,当前更是用于遏制中国的重要手段。

(三) 中美贸易摩擦不利于东北亚区域经济发展

美国对华遏制行径严重影响中日韩及东北亚经贸关系。美国单边主义对中日韩经贸合作的影响不可小觑。受中美贸易战影响,日韩一些企业将在中国出产的环节迁移至其他国家和地区,以规避美国的关税制裁。日韩作为美国的盟友,面临着选边站的困境,这将成为影响中日韩及东北亚关系的关键性因素。

(四) 国际贸易规则重塑冲击中国供应链地位

全球供应链的制造环节可能重回发达国家。近年来,美欧日等发达国家加快构建高标准自由贸易体系,重塑国际贸易规则,达成了CPTPP、日欧EPA、美墨加协定等。美欧日正在积极推动美日贸易协议谈判和美欧贸易谈判,出台重振制造业和制造业回归政策,鼓励本国制造业回流和吸引外来企业投资本国制造业,增加就业、提振本国制造业发展水平,将全球供应链中的制造环节拿回本国。由于信息网络、自动化和3D打印等技术的突破缩短了全球供应链,机器替代人工的智能化发展解决了发达国家人力成本过高的问题,全球供应链的制造环节可能重回发达国家，以发挥其人力资本水平高、靠近消费市场等优势。一旦这种情况发生，供应链格局将发生颠覆性变革，在根本上排除后发国家利用劳动力成本优势实现制造业赶超的可能性。

近年来，发达国家通过主导排他性的国际区域贸易协定来强化其在供应链中的主导地位。比如，CPTPP中的关税减让和市场准入、数据跨境自由流动、国有企业、劳工和环保条款，有些条款对中国的针对性很强，涉及中国的基本经济制度。比如，美墨加协定（USMCA）中的"毒丸条款"，规定若三国中有一国与某个"非市场经济国家"签署自贸协定，则其他协议伙伴有权在6个月内退出USMCA协议。尽管该条款没有点名中国，但是被普遍认为是"排华"条款。《华盛顿邮报》在报道中则认为，这一条款目的就是"团结美墨加，孤立中国"。如果美国将这一条款复制到其他国家的贸易协定中，其他国家将面临选择与中国合作还是与美国合作的问题，中国面临被孤立的压力增大。此外，美墨加协议中的原产地规则中要求更高的本地含量。在WTO改革中，美欧日聚焦于非市场主导政策、产业补贴、国有企业和强制技术转让等规则的改革。"零关税、零壁垒、零补贴"的"三零"贸易规则，进一步固化了发达国家和发展中国家在全球供应链中的地位，削弱甚至剥夺了发展中国家在全球供应链中的话语权。

（五）中国东北经济因素与东北亚经济发展的相互影响

中国东北经济与东北亚经济的发展相辅相成。近年来，中国东北经济增长势头下滑，对东北亚的经济影响力和经济一体化推动力不足。同样，东北亚经济的发展水平对东北经济的影响巨大，东北亚经济发展滞后将制约中国东北经济的发展。

四、加快中日韩及东北亚经贸合作的重点领域和突破口

在巨大的挑战面前，当前及今后一段时期，东北亚区域合作的重点

领域和突破口在哪里？

（一）利用 2019 年中俄、中蒙建交 70 周年的时机

中、俄、蒙三国毗邻而居，三方合作具备先天地缘优势和深厚传统积淀。随着共建"一带一路"倡议的提出，三国将在战略对接的基础上推进各项合作。目前，《中华人民共和国、俄罗斯、蒙古国发展三方合作中期路线图》已经制定，将以重点合作带动三方合作。2019 年，中俄、中蒙分别建交 70 周年，三方合作也将迎来新的机遇。三方将继续加强交通运输的互联互通，加强贸易、能源、金融等领域合作，推动中蒙俄经济走廊具体合作项目落地实施，建立有关机制安排，推动三方通关便利化和重点口岸改造升级，深入开展地方合作。同时，扩大在上合组织框架内的合作，维护地区安全稳定和经济发展。

（二）抓住中日韩合作 20 周年的重要契机

三国合作站在一个新的历史起点上。从 1999 年中、日、韩三国开启合作以来，形成了以领导人会议为核心、21 个部长级会议和 70 多个对话机制为支撑的合作架构，并在科技、环保、海关、卫生、运输物流、信息通信等领域实施了大量合作项目，收获了累累硕果。20 年间，中、日、韩三国签署了三方投资协定，共同参与 RCEP 谈判，三国之间的贸易额从 1300 亿美元增至 7200 亿美元，成为彼此最为重要的经贸伙伴。这不仅得益于三国产业链紧密相连、经济结构高度互补，也得益于三国共同致力于参与全球化进程，积极推进区域经济一体化。20 年来，中日韩合作为亚洲和世界经济的发展做出了重要贡献。目前，中、日、韩三国合作站在一个新的历史起点上，要从加强东北亚次区域合作入手，合力建设东亚经济共同体，进而培育亚洲命运共同体，最终朝着构建人类命运共同体的目标迈进。

（三）抓住中朝两国建交 70 周年的时机

中朝一直保持着高层交往的传统。双方在科技、教育、文化、体

育、民生等领域保持着交流合作。在两国最高领导人的共同引导下，两国关系掀开了新篇章。未来，两国将继续加强友好交往和务实合作，为中朝关系发展注入新动力；落实好业已商定的合作项目，拓展两国民间友好往来，扩大教育、文化、体育、旅游、青年、地方、民生等各领域交流合作，服务两国发展，增进两国人民福祉。

（四）抓住朝鲜半岛和平发展新机遇

在各方共同努力下，朝鲜半岛局势趋缓，未来各方将加强沟通对话和协调合作，为地区和平稳定开创新局面。各方应提前做好准备，推进东亚区域经济合作。

（五）"一带一路"为东北亚经贸合作打开了"机遇之窗"

加强东北亚合作契合域内各方利益，是本地区国家的共同追求。破题区域合作，格外需要使命担当与建设性方案。作为东北亚地区重要一员，中国始终秉持和平发展理念，努力营造和睦友好的周边环境，致力于推动地区各国交流对话，中国提出的"一带一路"倡议也为加强东北亚合作提供了切实可行的路径。中俄正在积极开展"一带一路"建设和欧亚经济联盟对接，中蒙继续大力推动"一带一路"同"发展之路"对接，韩方愿积极参与共建"一带一路"，日本前首相安倍晋三在多个场合提出，希望与中方积极探讨在"一带一路"框架内的合作……"一带一路"在东北亚地区获得广泛响应，为推动实现本地区多元化、可持续发展打开了"机遇之窗"[1]，共建"一带一路"为拓展和深化地区合作持续注入新动能。中方愿同东北亚各国一道，充分发挥各自优势，深化共建"一带一路"合作，进一步扩大贸易规模，拓展投资与产业链合作，提升基础设施互联互通水平，为促进东北亚地区繁荣发展做出更多贡献。

---

[1] 钟声. 东北亚合作创造发展新机遇[EB/OL]. 人民网,2018-09-13.

(六)利用好中国—东北亚博览会平台

中国—东北亚博览会是世界上唯一由东北亚6国共同参与,并面向全球开放的国家级国际性综合博览会。自2005年以来,东北亚博览会已成功举办十二届。2019年8月23日,第十二届中国—东北亚博览会在吉林长春开幕,博览会主题是"增进互信合作,开创东北亚美好新未来",反映了各方对实现地区繁荣发展的一致向往。在东北亚各国及世界其他国家的积极参与下,博览会在东北亚区域乃至全世界产生了重要影响,培育了国际一流品牌。中国—东北亚博览会能够不断适应东北亚区域发展趋势和各国需求变化,实现了商品贸易、投资合作、人文交流的有机融合,规模和层次不断提升,国际化、专业化水平日益提高,已然成为推进东北亚区域国家间互联互通、有效建立合作机制的重要平台,成为中国向周边国家传递亲诚惠容的重要名片。中国—东北亚博览会取得令人瞩目的成就,在一定程度上反映了近年来东北亚地区的快速发展,同时也证明,只有秉持互利共赢原则,完善区域经济合作安排,推进贸易和投资便利化,才是推动区域经济发展的正确选择。各国政府、机构和企业代表应用好这一平台,汇聚共识、推进合作、扩大成果,携手开创东北亚新的美好未来[1]。

(七)利用该地区连续举办奥运会契机

未来四年,东亚地区将是奥运会历史上前所未有的密集举办区。2018年韩国平昌已成功举办冬奥会,2020年日本东京举办夏季奥运会,2022年中国北京和张家口举办冬奥会,因此国际上称为"东亚奥运圈"。后以中、日、韩三国接续举办奥运会为契机,推进东北亚奥运经济合作。一是进一步扩大人员往来。体育文化上的交流将比过去任何时候都密切。充分利用奥运赛事,激发体育爱好者的潜能,吸引更多体育

---

[1] 《吉林日报》评论员. 抢抓东北亚区域合作新机遇[N]. 吉林日报,2019-08-24.

爱好者参与进来，进一步促进东北亚地区人员的密切往来，包括游客、文体交流和商务往来。二是借助奥运会的契机共同发展经济，大力发展旅游观光产业，分享奥运经济带动区域经济发展的经验。三是探讨推进后奥运经济的互学互鉴机制，进一步提高奥运场馆的使用效率，使其在奥运会后发挥更大的功效和创造稳定的经济效益。借助成功举办奥运会的经验，东北亚地区可共同推进奥运经济合作，联合申办国际重要体育赛事。

（八）深化绿色经济和环保合作

深化节能环保和雾霾防治领域务实合作。东北亚地区各国应在东北亚次区域环境合作计划（NEASPEC）和中、日、韩三国应在中日韩环境部长会议（TEMM）两大综合性环境治理机制的基础上，继续推进《中日韩环境合作联合行动计划（2015—2019）》的落实，进一步深化中、日、韩三国的环境治理合作及相关产业合作。一是继续完善针对大气质量问题的专项合作机制，包括东亚酸沉降监测网（EANET）、东北亚长距离跨界空气污染共同研究项目（LTP），以及关注沙尘暴的三边高官会议（TDGM）等，提升区域大气治理的有效性。二是建立东北亚环境治理试验区，深化节能环保和雾霾防治领域务实合作。三是推进城市环境治理合作，促进城市间环境技术转移和环境治理的优良做法互鉴，构建城市环境监测评价体系，形成东北亚城市环境综合治理网络，为区域环境治理提供适当的灵活性机制。四是发挥各国在环境治理和发展绿色经济方面的比较优势，开展节能环保技术与产业领域的务实合作。如日本具有先进的环境技术与经验，中国有环境治理方面的强烈需求，推进本国环境治理与区域环境合作的有效对接，积极培育绿色低碳产品和技术的有效市场，可以共同提升区域环境治理的有效性。五是加强东北亚各国在全球环境和气候治理中的角色，通过加强环境治理合作，维护巴黎气候协定和推进联合国2030年可持续发展目标，共同推动国际环境和气候治理机制的完善。

五、深化中日韩及东北亚经济发展与合作的政策建议

目前,东北亚地区经济合作在不断拓展。图们江地区、环渤海经济区、环日本海经济区、中蒙俄沿边地区等次区域经济合作均在推进,并迈出了坚实步伐。特别是中韩签署自由贸易协定为东北亚区域合作注入了强劲动力。中国为进一步推动东北亚区域合作提出了中国方案。

(一)东北亚区域合作路线图

2018年,习近平主席在第四届东方经济论坛上为东北亚区域合作描绘了清晰可行的路线图。就进一步推动东北亚区域合作问题,习近平主席提出四点主张:增进互信,维护地区和平安宁;深化合作,实现各国互利共赢;互学互鉴,巩固人民传统友谊;着眼长远,实现综合协调发展。2019年8月,习近平主席在致第十二届中国—东北亚博览会(长春)的贺信中,高度肯定了东北亚地区的发展活力,指明了共建"一带一路"为拓展和深化地区合作带来的重大机遇,以及加强东北亚区域合作的有利条件,对开展发展战略对接、建设开放型区域经济提出了殷切希望,必将对进一步深化中国与东北亚地区各国经贸合作,发挥重要的引领和促进作用。这些主张体现了对东北亚区域合作现实基础的综合把握,充分反映了各方的共同需求,是顺应时代发展潮流、契合域内各方利益的,为开创东北亚地区美好未来描绘了路线图,注入了新动力。

(二)加强"一带一路"框架下的东北亚区域经贸合作战略对接

中国的"一带一路"倡议与东北亚地区已有的双多边合作、次区域合作在多个层面和多个领域高度契合,日韩蒙俄等区域国家纷纷提出希望与中国探讨、加强"一带一路"合作。从长远看,各方在"一带一路"框架下,积极开展发展战略对接与合作,加快推进重大项目落地实施,重点提升跨境基础设施互联互通、贸易和投资自由化便利化水

平,将为构建东北亚经济圈奠定坚实的基础,为本区域人民带来切切实实的利益。

东北亚地区是当前亚洲乃至全球最具发展活力和潜力的地区之一,地区内各国经济发展各具优势,特点鲜明,互补性强。积极推动发展战略对接,必将有力促进东北亚区域更深层次、更高境界的合作发展。当前,东北亚地区各国基于强烈的发展意愿都制定了各自的发展战略,如中国的"一带一路"倡议和面向东北亚区域的长吉图开发开放战略,韩国的"新南方""新北方"战略,俄罗斯的"欧亚经济联盟"和远东地区开发开放规划,蒙古国的"草原之路"等。这些基于各自国情制定的发展战略,有很多联系点和相通之处,可以做到相辅相成。它们的实施必然促成地区与地区之间、国与国之间的互补与合作,从而为东北亚区域强化战略联动对接创造了难得的历史机遇。

推动发展战略对接,体现了中国开放、包容、平等的国际合作理念。习近平总书记在庆祝改革开放40周年大会上提出:"前进道路上,我们必须高举和平、发展、合作、共赢的旗帜,恪守维护世界和平、促进共同发展的外交政策宗旨,推动建设相互尊重、公平正义、合作共赢的新型国际关系。"中国始终本着伙伴精神,牢牢坚持共商、共建、共享,在国际交往中积极促进政策沟通、设施联通、贸易畅通、资金融通、民心相通,推动经济全球化朝着更加开放、包容、普惠、平衡、共赢的方向发展。实践证明,"一带一路"走到哪里,就把共同发展的机会带到哪里,中国与越来越多的国家实现政策和发展战略对接,促进了经济要素的有序自由流动、资源的高效配置,以及市场的深度融合,做大了与各国共享发展成果的利益"蛋糕",为东北亚地区各国与中国的相互信任与合作发展打下了坚实基础。在开放中扩大共同利益,在合作中实现机遇共享,积极推动东北亚发展战略对接,不仅将为我国新一轮对外开放和实现东北振兴提供有力支撑,也将为东北亚地区乃至全球经济的繁荣发展注入强劲动力①!

以制度化保障区域合作关系。一是加强各国宏观经济政策的沟通和协调,积极推动多边国际合作机制建设。二是合理定位政府与市场关系,进一步开放市场、保护外商投资,明确投资市场准入、投资审批程序,加强货币互换、汇率政策合作,促进直接投资加强法制建设,更大力度保护知识产权,提供更好的营商环境和机制保障,共同形成规划衔接、发展融合、利益共享的深度合作局面。三是建立贸易的相关体制机制,包括信息共享机制、中介服务机制、跨境业务咨询、贸易争端解决机制等。四是在海关通关、货物出入境、签证颁发、人员流动等领域上推进东亚各国政策标准联通,实现"信息互换、监管互认、执法互助",创造良好的外部环境。

推动发展战略对接的软硬件联通。推动发展战略对接,既要积极推进基础设施建设的"硬联通",也要加强政策对接和规则对接的"软联通"。一方面,积极推进基础设施建设的"硬联通"。依托项目驱动,推进铁路、公路和海上港口建设,完善油气管道、电力输送、通信网络,推进经济走廊建设,办好经贸、产业合作园区,让基础设施建设发挥出促进投资、聚合产业、带动就业、增进区域间凝聚力的重要载体作用。另一方面,加强政策对接和规则对接的"软联通"。要以政策、规则、标准和机制的对接打造畅通无阻的"规则高速公路"。建立政策协调对接机制,以对话化解分歧、协商解决争端,编制合作规划,采取共同行动。

不断夯实新兴产业合作基础。随着第四次产业革命的到来,新能源、人工智能、生物制药、工业物联网等新兴产业蓬勃发展,新的商业合作模式不断涌现。东北亚地区各国近年来都以创新推动产业发展,中国的"中国制造2025"、日本的"超智能社会5.0"、韩国的"制造业

---

① 董淑杰. 积极推动发展战略对接——二论担负起新时代东北亚开放合作新使命[N]. 吉林日报,2019-08-25.

创新3.0"战略、俄罗斯的"创新发展战略"和"国家技术创新计划"、蒙古国的"发展之路"战略和科技创新战略、朝鲜的"科技强国战略",都是以扩大创新、推进科研创新、培育创新人才等为主要发展方向,借助各国战略的共通之处,以现有的产业园区为基础,促进创新人才交流、建立产业创新科研平台,联合参与国际标准制定,展开产学研战略联盟,发挥各国在不同领域上的技术优势,实现资源的最优配置,加快东北亚地区各国产业革命步伐。特别是推动以现代信息技术与新一轮科技革命、产业革命加速融合为基础的智能产业的合作发展,发挥智能产业对经济发展、社会进步、全球治理等方面的重大影响。中国高度重视智能产业发展,加快数字产业化、产业数字化,推动数字经济和实体经济深度融合。中国愿同国际社会一道共创智能时代,共享智能成果。

建立合法有效的贸易争端解决机制。建立有效的贸易争端解决机制,营造良好的合作环境,解决由于贸易不平衡、逆差严重、贸易保护及贸易摩擦等问题引发的贸易冲突,维护地区稳定和持续发展。东北亚各国共同编制区域贸易标准,在标准中对相关贸易活动进行标准解释和应用,并制定贸易争端解决程序和办法,必要时可以设立第三方监督(如WTO),确保争端机制可以合理有效地运行,提高区域经济一体化和区域贸易标准的权威性和合法性,促进东北亚区域经济一体化发展进程。

加快东北亚区域金融合作。东北亚区域金融合作仍处于初级阶段,存在着合作程度低、国际竞争力弱,易受外部金融波动影响等诸多问题,面临着一系列风险。东北亚地区各国可以就融资机制、银行业务、货币互换业务,以及保险证券等领域展开广泛合作,共同推动区域投融资体系和信用体系建设,为推动相关构想提供金融支持。此外,东北亚地区各国还应携手加强金融监管合作,提高金融服务领域的监管透明度,化解潜在的金融危机风险,维护区域金融稳定。可以借助亚投行强化金融合作，进行金融创新，创造更广阔的金融需求，提升东北亚地区各国金融服务贸易的国际影响力。

促进东北亚区域合作机制构建。纵观历史，每个区域合作机制的过程都是以几个核心国倡导促使合作达成，鉴于东北亚区域经济的全球影响力，可以积极倡导建立东北亚地区多边合作机制，改变多年来东北亚地区合作严重滞后的局面。在经济合作机制方面，建立包含整个东北亚地区国家的自由市场，共同推动图们江流域的经济发展。在政治安全机制的建立上，可以考虑激活停滞多年的"六方会谈"合作机制。六方会谈是当代东北亚地区大部分国家都参与的唯一的多边安全合作机制，随着朝韩关系缓和、中日关系、中韩关系转暖，可以重启"六方会谈"机制，将其建设为具有常设机构的覆盖整个东北亚地区的多边安全机制，成为构建东北亚地区新秩序的平台。在能源安全合作机制方面，寻求区域间共同利益，共同促进东北亚地区能源安全合作机制的建设，为东北亚地区各国政府加强政策协商提供平台。东北亚地区具有丰富的自然资源，建立能源安全合作机制是促进东北亚地区一体化的重要路径，东北亚地区的多边能源合作方式大多停留在油气贸易上，区域能源市场、共同石油战略储备、建立区域能源共同体等许多合作方式还没有被纳入合作的范畴，能源安全的共同利益与合作方式尚不明确，东北亚地区各国可以通过发展战略对接建立多元的合作机制，推动东北亚能源合作深入发展。

（三）以中国为"一体"、以"欧亚大陆"与"环太平洋经济圈"为"两翼"的"一带一路"建设

总之，韩半岛局势趋缓，为东北亚互联互通打开了大门，"韩半岛新经济地图"与"新北方政策"实现的可能性也大幅提高。韩国世宗研究所客座研究员、韩国北方经济合作委员会专门委员李昌林提出，以"韩半岛新经济地图、新北方政策"为杠杆，与"一带一路"实现东北亚互联互通的对接，实现以中国为"一体"，以"欧亚大陆"与"环太

平洋经济圈"为"两翼"的"一带一路"建设。

可以说,多年来亚洲国家一直致力于亚洲的和平稳定与地区合作,逐渐形成利益融合、安危与共的命运共同体。新形势下亚洲区域合作机遇与挑战共存,需要各方共同努力增进互信,坚持对话协商,找到切实可行的路线图,才能实现东北亚地区经济的长期繁荣稳定。

(四) 建设开放型区域经济

联通发展机遇,建设开放型东北亚经济圈。共同构建自由开放的区域贸易投资环境,继续推进区域贸易投资自由化、便利化,深化区域贸易投资务实合作。充分发挥大图们倡议(GTI)作为各国中长期战略汇合平台的积极作用,共同推动 GTI 向独立的国际组织转型。

不断深化合作,实现更高层次的互利共赢。提升区域跨境基础设施互联互通水平,加强绿色产业、互联互通、高新技术、人文交流等方面的合作,共同建设经济繁荣、环境优美、文明互鉴、民心相通、惠及当代、泽被后世的东北亚,推动东北亚区域经济一体化,促进区域包容性增长。

(五) 防范全球价值链、产业链、供应链"断链风险"

长期来看,东北亚经贸合作要为未来可能频繁发生的"断链风险"做好战略准备。当前,全球经济体系已经出现了历史性的变化,高度分工,全球协作,如计算机、智能手机、飞机等复杂商品的生产过程已经打破了国家的边界,连接成复杂网络。全球供应链网络让国家之间、企业之间形成了相互依赖的共同体。特别是高科技企业早已形成了全球科技发展的链条,与全球供应链环环相扣、相互影响。美国极限施压政策和关税制裁不断向全球加码,如何保障供应链、价值链安全将是未来长期的重大挑战。

(执笔人:逯新红)

参考文献

[1]张茉楠.新形势下中国价值链发展方向、路径及其支撑体系[R].国

经中心内部报告,2019.

[2] 胡必亮. 东北亚经贸合作的三大机遇与四大挑战[EB/OL]. 百度网,(2018-06-01) [2021-04-06]. https://baijiahao.baidu.com/s? id = 160 2033333384387676.

[3] 东北亚合作创造发展新机遇[EB/OL]. 人民网,(2018-09-13) [2021-04-06]. http://opinion.people.com.cn/n1/2018/0913/c1003-30289743.html.

[4]《吉林日报》评论员. 抢抓东北亚区域合作新机遇[N]. 吉林日报,2019-08-24.

[5] 董淑杰. 积极推动发展战略对接——二论担负起新时代东北亚开放合作新使命[N]. 吉林日报,2019-08-25.

专题报告

专题一
促进中日经贸关系高水平发展

2019年，我国迎来中华人民共和国成立70周年，日本进入"令和时代"，G20大阪峰会开启了中日合作的新时代。近两年来，中、日两国领导人实现了互访，增进了政治信赖关系，强有力地推动了双边关系行稳致远。随着中日政治互信加深，经贸关系持续改善，具备向更高水平发展的条件。在中日关系重回正轨的情况下，"政温经暖"的态势明显，经贸合作领域更加广泛。同时，中日经贸合作也面临诸多挑战，需要双方共同努力推动中日经贸关系向高水平发展。

一、中日"政温经暖"的态势明显

（一）中日政治互信加深

近两年来，中、日两国领导人实现了互访，增进了政治信赖关系，强有力地推动了双边关系行稳致远。G20大阪峰会上，习近平主席与日本前首相安倍进行了会晤，达成了10项共识，可以说开启了中日合作的新时代。随着中日政治互信加深，经贸关系持续改善，双方合作具备向更高水平发展的条件。近两年，中日经贸关系总体趋好，双边贸易恢复正增长，并连续两年突破3000

亿美元,双向投资保持较高水平,"政温经暖"的态势明显(见图1)。

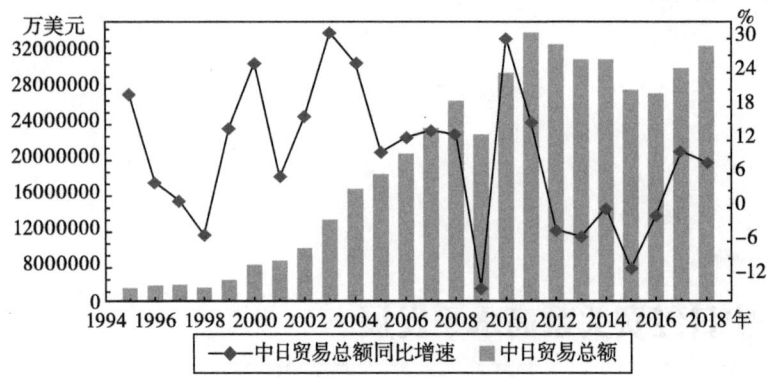

图1 中日双边贸易总体趋好

资料来源:Wind。

(二)中日双边贸易受到贸易摩擦影响

中日双边贸易总体趋好。2018年,中日贸易总额达3276.6亿美元,比上年增长8.1%,占我国外贸总额的7.1%(见图2)。按国别排名,日本是我国第二大贸易伙伴国、第二大出口对象国和第二大进口来源国。但是受贸易摩擦影响,2019年1—11月,中日双边贸易额为2859亿美元,同比下降5.0%。其中,中国对日本出口1307亿美元,

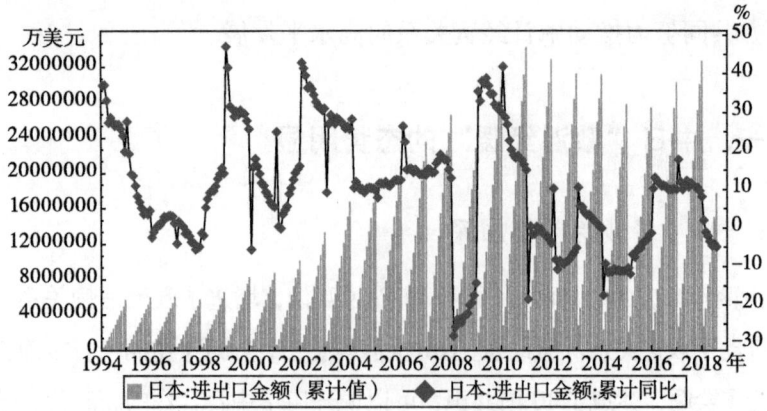

图2 中日双边贸易受贸易摩擦影响出现下降

资料来源:Wind。

同比下降2.6%；自日本进口1552亿美元，下降6.9%。

（三）中日双向投资扩大

2018年，日本在华新设企业828家，比上年增长40.3%；实际使用金额38.0亿美元，比上年增长16.5%，占我国吸引外资总额的2.8%。除中国香港和自由港外，日本是我国第四大外资来源国。2019年1—10月，我国实际使用日资金额33.0亿美元，同比下降2.9%，占我国吸引外资总额的3.0%，在我国利用外资总额国别排名中居首位。近年来，中国对日投资领域扩大。2018年，我国对日本全行业直接投资2.5亿美元。2019年，我国对日本全行业直接投资累计超过35.0亿美元，主要涉及制造业、金融服务、电气、通信、软件等领域(见图3)。

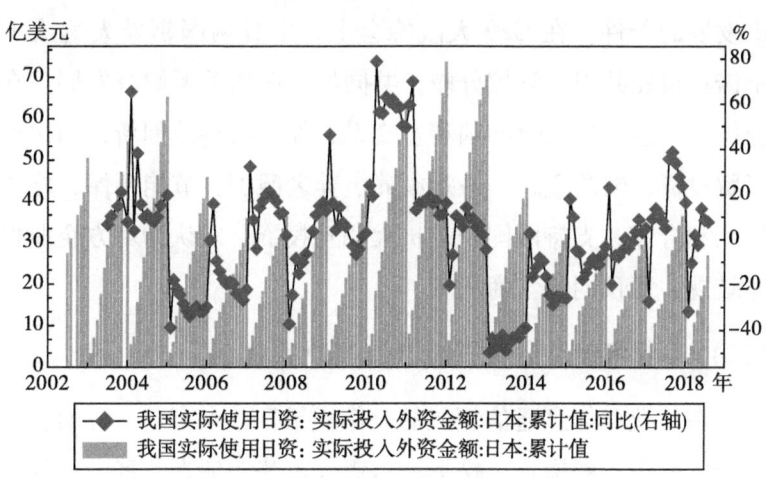

图3　日企对华投资增长

资料来源：Wind。

（四）中日人文交流频繁密切

2018年中日双边人员往来1175.8万人次，增长10.30%。其中，中国赴日游客838万人次，同比增长13.92%，占日本国外入境游客总数的26.87%。2019年1—10月，中国赴日游客813万人次，同比增长

14.00%，全年逼近 1000 万人次大关。两国目前共缔结友好城市 254 对。人文方面，中、日两国积极加强互动交流，尤其是青少年的交流。2019 年是中日青少年交流促进年，双方将在 5 年内实施 3 万名青少年互访。根据两国领导人的共识，2019 年 11 月，中日高级别人文交流磋商机制首次会议在日本举行，进一步推动了中日文化交流。

二、中日经贸合作领域更加广泛

（一）中日开展更加广泛的经贸合作

经贸合作是中日关系的"压舱石"和"推进器"。近年来，中日经贸关系保持良好发展势头，双方经贸日趋紧密，互补性增强，具备向更高水平发展的条件。在 G20 大阪峰会上，中日两国领导人达成十项共识，承诺将聚焦共识、管控分歧，共同推动两国关系健康发展。在双边经贸合作上，进一步深化两国利益交融，加强在科技创新、知识产权保护、经贸投资、财政金融、医疗康养、养老照护、节能环保、旅游观光等领域互利合作，支持两国企业扩大相互投资，确认为对方企业提供公平、非歧视、可预期的营商环境。

（二）工业和信息通信领域合作不断深化

中日在工业和信息通信领域的合作成果日益丰富。一方面，日本在华投资企业数量不断增长。松下、软银、东芝、理光、富士通等日本大企业纷纷到中国投资建厂或设立研发中心，为中国经济发展带来了雄厚的资金和先进技术，同时它们也收获了丰富的利润回报。比如，松下电器曾一度占据中国家电市场 20% 的份额。另一方面，中国高科技公司也逐渐进军日本，受到日本合作方和消费者的欢迎。海尔、中兴、华为、百度、腾讯和阿里巴巴等多家企业也积极赴日发展，创造了大量就业岗位，为日本的经济发展做出了贡献。例如，华为公司在日本成立研发中心，录用日本优秀技术人员。同时，华为的产品也在日本获得了非常不错的市场份额。两国在汽车、超高清视频、新型显示等领域的技术交流合作正不断走深走实。

汽车领域。两国在汽车领域的技术合作历史悠久，且合作成效明显。尤其是近年来，中日在智能网联汽车、新能源汽车的关键技术研发应用方面的合作力度不断加强。2017年11月，广汽集团与日本电装签订《战略合作备忘录》，建立战略合作伙伴关系，在传统汽车零部件领域、新能源汽车零部件领域和智能驾驶领域全面合作，双方还将在人才培养领域开展合作。日本电装是提供汽车前沿技术、系统，以及零部件的顶级全球供货商之一。2018年9月，中国电力企业联合会与日本电动汽车用快速充电器协会（CHAdeMO）签署合作备忘录，在充电设施国际标准化方面开展沟通和协调，重点推进电动汽车大功率充电领域的合作。2019年1月，中国科通芯城旗下子公司硬蛋网宣布与丰田汽车公司达成战略协议，将在中国合作创建"丰田硬蛋网创新平台"（Toyota INGDAN.com Innovation Platform）智能汽车生态系统。通过新平台，双方将把丰田的核心技术应用于中国的创新企业，并且帮助中国智能汽车研发出下一代汽车产品和应用。

超高清视频领域。在中日工业副部级磋商机制下，中、日双方在超高清视频技术合作领域达成系列共识，包括支持双方企业、行业协会、研究机构等开展对接交流，在超高清视频制播设备、频道建设、行业应用等领域开展深入合作等。目前，我国超高清视频（北京）制作技术协同中心与松下、索尼、富士胶片等日方企业签署多项战略合作协议或采购意向，加强两国在超高清视频技术标准制定、内容版权保护、专业人才培养、学术交流等方面的合作，建立多层次、常态化、长效化交流合作机制。

新型显示领域。中、日两国已达成共识，加强技术及应用合作，进一步推进印刷显示、有机发光显示（OLED）等高端技术合作，结合两国产学研用平台，进一步提升工艺成熟度，开辟更多应用场景。

(三) 中日科技创新合作不断增强

中日科技创新合作互补性强、发展潜力大。日本在科技投入、人才培养、产学研用协作、知识产权保护、营造创新文化等方面的做法值得中国借鉴。同时，中国为日本的新技术产业化和高技术产业转移提供了广阔市场。未来，两国在智能制造、机器人、人工智能、5G、集成电路、清洁能源、新材料、生物技术、大健康产业等领域加强技术合作研究，是两国领导人的重要共识，符合两国的共同利益，符合两国在创新驱动发展道路上的行进方向。

(四) 加快推动多边经贸协定谈判早日达成

作为亚洲主要的开放型经济体，中、日两国在自由贸易上的立场是一致的，都坚持自由贸易方向和反对贸易保护主义。区域贸易合作上，双方共同维护多边主义和自由贸易体制，共同推进WTO现代化改革，积极引领区域一体化，加快推动区域全面经济伙伴关系协定（RCEP）于2020年完成签署，加快推动中日韩自贸协定（FTA）谈判进程。抓住朝鲜半岛和平发展新机遇，提前做好准备，深化东北亚合作。

(五) 第三方市场合作开花结果

第三方市场合作上，双方继续着力推动第三方市场合作取得扎实成果，高质量共建"一带一路"。当前，两国企业携手拓展第三方市场合作已具备了良好基础，已在积极探索参股、合建及联营的合作方式，推进有意向的项目逐步落地。中方具备较高的性价比以及快速的决断力和执行能力等优势，日方拥有较高的技术能力以及海外投资的丰富经验、较高的信用度等优势。双方企业积极沟通合作，发挥彼此的强项，共同承担风险，携手推动契合第三方国家需求的项目，探讨开展第三方国际产能合作，加强在相关国家基础设施互联互通建设上的互利合作，进一步落实两国签署的《关于中日第三方市场合作的备忘录》中的52个项目，成熟一个、发展一个，取得显著成效。

（六）共同维护以 WTO 规则为基础的多边贸易体制

面对愈演愈烈的保护主义，中日两国都是对美贸易摩擦的受害者，在维护自由贸易规则和多边贸易体制方面有共同利益。中日两国坚决反对保护主义，共同维护以 WTO 为核心、以规则为基础的多边贸易体制。同时，顺应国际贸易高标准发展方向，积极推动 RCEP 区域多边 FTA 谈判，做到两者并行不悖，共同维护国际经济秩序和地区的稳定繁荣。

三、中日经贸合作面临转型升级挑战

中日经济面临转向高质量发展的共同诉求。日本经济由昭和时代后期（1956—1988 年）高速增长期（平均 6.8%）转向平成时代（1989—2018 年）的低增长期（平均 1.3%）。很多时候，中日经济发展具有相似性，但对应的发展阶段并不同。其中，中国工业化和城镇化 2018 年的发展情况与日本 20 世纪五六十年代的水平相当。这意味着中国经济仍有较长时期中高速发展的潜力，特别是农村劳动力转移还将持续较长一段时间，而且城市吸附劳动力的空间仍有较大余地。中国全要素生产率仅相当于美国的 38%（日本相当于美国的 75%），在技术进步方面还有追赶的空间，其中，数字经济的快速增长推动了中国全要素生产率稳步提升。近年来，日本仍面临老龄化和财政健全化等结构性问题，需要进行结构性改革、提升潜在增长率，实现可持续发展。目前，日本正在实施面向可持续增长的社会 5.0 战略，重点通过推动数字创新和挖掘各种人才的创造力，实现社会的价值创造，并且力图通过一系列措施，包括对社保制度进行根本性改革和提高消费税率，解决政府债务负担过重问题，促进实现经济的可持续增长。当前，为了缓解对美贸易摩擦造成的压力，很多日本企业开始强化离岸能力和淡化品牌，着力聚焦掌控产业链上的核心材料、关键零部件、中间体或母体工厂，中国的大市场虽然是能提供新技术、新产品、新业态的创新试验场所，但中国企业要研制新产品和服务往往需要日本的"隐形冠军"提供相关配套支持。

中国经济增长面临高质量转型的困境。新时期，中国经济已由高速增长阶段转向高质量发展阶段，经济结构出现重大变化，消费需求向高品质升级，科技创新进入活跃期。面临经济增长动力机制转换，需要从以要素驱动、投资规模驱动发展为主向以科技创新驱动发展为主转变，面临经济结构的深度调整，产品从低端向高端的升级等挑战。中国正坚定不移按照创新、协调、绿色、开放、共享的新发展理念，不断深化改革和扩大开放，加快推动经济高质量发展。中国将进一步扩大外资市场准入，更大力度加强知识产权保护国际合作，更大规模增加商品和服务进口，更加重视法规和政策的贯彻落实，促进贸易和投资自由化、便利化，构建全球互联互通伙伴关系。中国正在成长为全球最大的市场，这为世界各国发展和全球经济增长创造出更大空间，为各国企业提供了更多的机遇，使其能共同分享中国成长的"红利"。目前，中国经济增长实现了服务化和消费化两个转变。最近受中美经贸摩擦影响，中国经济短期面临下行压力，而在逆周期调控政策应对下，2019年经济增速大概率会保持在6.2%的水平。长期看，中国经济保持中高速发展的潜力依然很大。原因有四：一是拥有全球最大的潜在消费市场，二是庞大的城镇化需求远未结束，三是拥有世界最为完整的产业体系，四是中国政府持续不断地深化市场化改革和主动扩大高水平开放。

因此，当前中日两国经济都面临转型升级、寻找新的经济增长点的压力，都有扩大海外投资和扩大出口的需求。但受贸易保护主义影响，全球贸易萎缩，这对中日两个出口大国来说无异于雪上加霜，不利于我国国内经济转型升级。同时，内部经济结构性矛盾制约了我国的改革进程，难以在短期内实现转型升级突破。

四、推动中日经贸关系高水平发展的若干建议

新的形势下，中日两国既面临各国美国内顾倾向加重带来的不确定性，同时也面临各国国内少子老龄化、生产率下降等严峻挑战。在承前启后的重要节点上，两国应巩固好政经关系向好发展的势头，共同寻找未来合作的切入点，相向而行、共谋发展。由此来看，加强中日经贸合作仍显得十分紧迫和重要。随着中日关系全面回暖，中日两国应抓住机遇，推进区域一体化，提升双边经贸合作质量和开展第三方市场合作。

（一）构建契合新时代要求的中日关系

当前的复杂形势凸显了中日加强合作的重要性。当前，贸易摩擦风险、地缘政治风险、国际金融风险此起彼伏，凸显了中日两国加强合作的重要性。G20大阪峰会上中日领导人进行了会晤，就构建契合新时代要求的中日关系达成重要共识，这为两国未来经贸发展营造了良好的政治氛围。今后，希望中日企业家抓住中国内需市场扩大升级和以制度型开放为特点的新一轮对外开放时机，加强交流、共商合作，推动新时代中日经贸关系迈上新台阶。

在中美发生经贸摩擦的背景下，日方的立场是比较微妙的。日本经济既会受到美方的影响，也会受到中方的影响，因此不能忽视这种局面存在的背景。当前国际形势的复杂变化更加突出了保持对话的重要性。中国已成为世界大国，也是日本的近邻，加强中日合作关系，增进相互理解是极其重要的。中、日两国应抓住各种对话平台提供的机会，深入交换意见，取得更大的成果。

中美经贸摩擦和地缘政治紧张等加大了世界经济下行风险，需要中日双方建立新的合作关系，包括携手推进基于规则的自由贸易体制。G20大阪峰会上中日领导人进行了建设性会谈，达成了10项共识，并就继续维持自由贸易体制达成共识。双方领导人一致认为，中日都进入

了发展的新时代,双方共同利益和共同关切日益增多,两国关系面临新的发展机遇,双方应共同致力于构建契合新时代要求的中日关系。中日两国应全面落实两国领导人达成的共识,保持高层交往势头,深化各领域务实交流合作,妥善处理有关敏感问题,推动中日关系沿着正确轨道持续向前发展,推动契合新时代要求的中日关系能更顺利地发展。

(二) 共同营造贸易投资自由化便利化国际环境

中日要在自由开放的全球环境下实现共同发展,既有必要通力合作,共同抵制保护主义倾向,维护多边主义和自由贸易体制,推进世界贸易组织改革;也有必要推动区域经济一体化,努力修复受单边主义破坏的产业链和供应链,提升区域内合作层次,加快推动区域全面经济伙伴关系协定(RCEP)于2020年完成签署,加快推动中日韩自贸协定(FTA)谈判进程。双方在完善全球经济治理机制(包括WTO改革)中可以发挥更大的作用,通过优化国内营商环境,进一步扩大双向投资。中日还可以加强在金融科技(Fintech)、电子支付、海外融资和中小企业融资支持等方面的合作。

(三) 抓住当前机遇,提升经贸合作层次和质量

当前,中国经济由高速增长迈向高质量发展阶段。随着国内中等收入群体的日益壮大,4亿~6亿人口消费升级的需要即将形成一个开放的超级大市场。中国正在不断地主动扩大对外开放,采取放宽市场准入,降低进口税费,举办进口博览会等重大举措,正在给很多外国企业提供庞大的市场机会。随着经济社会数字化转型加速,双方在人工智能、大数据、云计算等数字经济领域的合作前景十分广阔。随着服务性消费快速增长,双方在文化、旅游、教育、医疗、养老等五大幸福产业领域的合作潜力巨大。从趋势上看,美国实施保护主义和孤立主义,试图降低与世界经济的联系,这些举措已经威胁到世界经济的复苏,作为近邻的中、日两国理应有所担当,全面提升两国经贸合作的层次和质

量,以规避与美贸易摩擦风险。

(四)抓住第四次产业革命机遇,深化数字经济的合作

当前,在贸易摩擦加剧和世界经济下行风险加大的背景下,围绕企业发展的环境正发生着较大变化,经济社会的数字化转型正有所进展。当前,在推进制造业高度化和服务业现代化过程中形成了产业新业态。中日双方将来需要对数字产业的产权、标准、市场进行界定,可充分利用大数据和人工智能技术引导产业结构优化调整,依托智能制造联盟,推动国际跨界融合,充分探讨数据安全跨境流通问题,扩大数字贸易规模,推动中国实现高质量发展和日本实现社会5.0目标。双方还可以深化在软件外包、跨境电商、汽车创新、人才培养等方面的协同合作。比如,在新药开发应用方面,两国拥有很广阔的合作空间,能创造双赢的技术研发局面。

(五)着力推动第三方市场合作取得现实成果

中日两国企业要加快落实G20大阪峰会上两国领导人达成的共识,着力推动第三方市场合作取得现实成果。中国企业的优势在于性价比高、决策快、项目推行迅速,日本企业的优势在于具有丰富的海外贸易投资及生产经验。面对亚洲地区每年高达12万亿元(190万亿日元)的基础设施建设需要,双方可发挥在贸易投资、产能、技术方面的互补优势,加强在电力、石化、交通等基础设施领域的合作,采取投资联合体、联合投标、融资合作、人才交流和信息共享等多种方式开展重大项目合作,创造出更优异的成果。第三方合作范围不仅要拓展到"一带一路"沿线国家和地区,还可拓展到墨西哥、巴西、安哥拉等全球各地。下一步合作中,双方尚需深化国际规则认识,遵循"共商、共建、共享"和"开放性、透明性、经济性、财政健全性"等原则,开展合规经营,做好技术共享,在工程技术和设备标准方面做好协调和对接,为两国企业实现多赢发展创造新的空间。

(六) 加快推进应对人口老龄化的合作

中日两国都面临着老龄化社会压力,要从两国的长远利益出发,高度重视人口规模和人口结构变化带来的影响,及时调整人口生育政策,增强医疗保险制度可持续性,提高全民健康生活意识,缓解并扭转人口规模和结构双重压力。今后,中日双方既可以在政策体系、运营模式、金融支持、养老金运营、人才培育、设施适老改造、辅器具生产、服务标准规范、老年医学健康管理、社区机构及居家养老照护等领域开展互鉴对接,也可优先确定一些区域或机构进行试点合作。

(七) 深化节能环保合作,实现环境社会协调发展

中日两国在节能环保领域合作有深厚的基础。G20大阪峰会上中日两国领导人强调要推进环境领域的务实合作。日方拥有节能环保技术方面的优势,中方拥有太阳能面板等设备制造优势,双方开展优势互补合作,能为解决环境污染和应对气候变化问题发挥重要作用。今后,双方仍存在深化环境合作的可能性,如共同推进废旧塑料全生命周期管理,构建循环型社会生态系统,共同开发氢能源以及在"一带一路"沿线国家和地区等第三方推广节能环保技术和推动发展中减排,为实现联合国提出的可持续发展目标做出贡献。

(八) 增进两国人文及民间交流

中日两国应以深厚的历史文化渊源为纽带,持续加强人文领域的交流合作,启动中日高级别人文交流磋商机制,积极开展中日民间友好交流,增进相互理解,促进民心相通。

(执笔人:逯新红)

参考文献

[1]张茉楠.新形势下中国价值链发展方向、路径及其支撑体系[R].国经中心内部报告,2019.

专题二
实质性推动 RCEP 协议达成：当前进展及影响

区域全面经济伙伴关系协定（Regional Comprehensive Economic Partnership，RCEP）自 2011 年由东盟首次提出以来，历经 7 年，各方共举行了 29 轮谈判和 18 次部长级会议，最终于 2018 年 11 月 4 日在泰国举行的第三次领导人会议上实现突破，除了印度之外的 15 个成员国结束谈判，并进入最终法律文本准备阶段。在当前全球经济不确定性增强、国际贸易形势趋于紧张的背景下，RCEP 完成谈判与签署对于区域内的各国都有着重要的意义。RCEP 达成之后必将推动亚太区域经贸一体化进程，并对全球经贸规则重塑产生重大影响，因此，有必要对如何评估 RCEP 的当前进展以及后续发展进行探讨。

一、RCEP 的谈判进程与当前成果

（一）RCEP 的提出和目标

1. RCEP 的提出

RCEP 是一个现代、全面、高质量、互惠的经济协定，于 2011 年由东南亚国家联盟（以下简称东盟十国）倡议并推动，由中国、日本、韩国、印度、澳大利亚、新西兰等与东盟存在自由贸易协定（FTA）的

六国共同参加，共计16个国家所构成的更高层次的自由贸易协定。

RCEP覆盖的16个经济体规模庞大，具有广阔的市场，相互之间有着紧密的经贸往来。根据统计，RCEP的16个成员国约共有35亿人口，占全球的47.4%，GDP总量占全球的32.2%。此外，RCEP成员国占到全球贸易的29.1%以及全球投资的32.5%，既是亚洲地区规模最大的自由贸易协定谈判，也是我国参与的成员最多、规模最大、影响最广的自贸区谈判。RCEP的提出旨在加深彼此之间的联系，同时进一步发展与更远地区伙伴的经济关系。RCEP立足东盟与中、日、韩、印及澳、新的5个自贸协定基础，并兼顾高水平目标和渐进性落实两大要求，建立"现代的、高质量的"自贸区。

2008年国际金融危机之后，区域贸易协定特别是巨型FTA（Mega FTA）显著增多。由于WTO多哈回合的停滞和国际金融危机对世界经济的冲击，2008年后，巨型自贸区（FTA）的兴起开始成为一种新的趋势。作为区域合作后来者，亚太地区还没出现过像RCEP这样多边、跨区域的巨型FTA。

2. RCEP的目标

作为东盟主导下亚太地区主要经济体参与的"一揽子"经济伙伴关系协定，RCEP的内容涉及货物贸易、服务贸易、投资、经济技术合作、知识产权、电子商务、政府采购、争端解决等多项议题。经过多轮谈判，目前形成的RCEP协定框架共包括17个章节：货物贸易、原产地规则、海关程序与贸易便利化、卫生与植物卫生措施、标准、技术法规与合格评定程序、贸易救济、服务贸易、自然人移动、投资、竞争、知识产权、电子商务、中小企业、经济和技术合作、政府采购、争端解决。此外，协议也包括2个附件，即服务贸易金融服务、电信服务。

根据目前达成的协议来看，RCEP的主要成就体现在以下四个方面：一是规定了参与国之间90%的货物贸易将实现零关税；二是实施了统一的原产地规则，允许在整个RCEP范围内计算产品增加值；三是拓宽了对服务贸易和跨国投资的准入；四是增加了电子商务便利化的新规则。

其目的在于：①建立一个现代的、综合的、高质量的共同利益经济伙伴合作关系，在本区域建成一个开放型贸易和投资的环境，以加快区域贸易和投资的扩展并且有利于全球经济增长和发展；②基于本地区已有的经济纽带，促进经济增长以及经济均衡发展，加强先进的经济合作，通过RCEP扩大并且深化本区域的经济整合[①]。

（二）RCEP谈判的历史进程

1. 启动阶段

2011年2月26日，第十八次东盟经济部长会议在缅甸内比都举行，该会议提出组建RCEP的概念和草案。

2011年11月，在印度尼西亚召开的第十九届东盟领导人峰会正式批准了组建RCEP的草案，并通过了《东盟区域全面经济伙伴关系框架》文件。

2. 扩大阶段

2012年8月底，在第四十四届东盟经济部长会议及相关会议上，10个东盟国家和6个伙伴国的经济部部长一致同意在2012年底之前开始16国间自由贸易协定的谈判——"东南亚区域全面经济伙伴协定"（RCEP）。

2012年11月，在柬埔寨金边召开的第二十一届东盟峰会上，东盟十国、中国、日本、韩国、澳大利亚、新西兰和印度的领导人共同发布了《启动〈区域全面经济伙伴关系协定〉（RCEP）谈判的联合声明》，同意在2013年年初举行RCEP首次谈判，并设定在2015年年底结束谈判。

---

① Regional Comprehensive Economic Partnership (RCEP) Joint Statement The First Meeting of Trade Negotiating Committee, 10 May 2013.

3. 谈判阶段

2013年5月至2019年8月，RCEP已经进行了27轮谈判、13次部长级会议和1次领导人会议。从实际谈判的进程来看，尽管预期的结束谈判时间经过几次推迟，但总体保持比较密集的谈判步调。

（1）缓慢起步。2013年5月，RCEP16个参与国的政府官员在文莱的达鲁萨兰开始基于细节的谈判，并且提出后续谈判将致力于在2015年底之前结束工作、达成目标。

2013年9月，RCEP成员国在澳大利亚举行的第二轮RCEP谈判进展顺利。代表团主要专注于商品、服务和投资贸易。根据RCEP指导条款，谈判过程中也涉及经济和科技合作、竞争、知识产权、解决分歧以及其他事务。

从2013年开始至2015年年底，RCEP成员国陆续开展了10轮谈判，虽然磋商较为密集，但主要集中确定了RCEP的谈判范围和推进方式，以及在货物贸易和服务贸易领域的基础性工作方面设立相关各领域的工作组，确定相关的工作规划、职责范围及工作议题，以及确定相关内容的原则和章节结构等问题。经过10轮谈判，相继成立了9个工作组，并从第10轮谈判才开始就货物贸易、服务贸易、投资等核心领域展开实质性磋商。

（2）加速推进。2015年10月，TPP结束谈判达成协议，并于2016年2月正式签署，在一定程度上对RCEP形成倒逼，之后RCEP成员国开始加快谈判的推进过程。2016年共进行了6次谈判。2016年2—12月第10~15轮RCEP谈判分别在斯里巴加湾、珀斯、奥克兰、胡志明、天津和唐格朗等地举行，重点推进货物、服务、投资三大核心领域的合作；就货物、服务、投资、知识产权、经济技术合作、竞争、电子商务、法律条款等领域进行了深入磋商，并推进文本磋商，重点是划定货物、服务和投资贸易的市场准入，以及原产地规则、知识产权、竞争和电子商务，并实现年内结束经济技术合作以及中小企业章节文本起草的谈判。

2017年和2018年分别进行了4次谈判。随着前期部分工作的完成，谈判进入较为困难的阶段。2017年2月，在神户进行的第17轮谈判重点继续在加紧推进货物、服务、投资三大核心领域市场准入问题和各领域案文磋商上，同时强调加快谈判节奏。7月，在海得拉巴举行了第19轮谈判，各工作组在市场准入与规则谈判取得进展的基础上，开始了新成立的政府采购工作组与贸易救济分工作组的谈判。

2017年11月，在菲律宾马尼拉举行了首次RCEP领导人会议，发表了题为《驱动经济一体化　促进包容性发展》的RCEP谈判领导人联合声明。同时，会议还发布了截至2017年11月的RCEP框架，涉及货物贸易、原产地规则、海关程序与贸易便利化、卫生与植物卫生措施、标准、技术法规与合格评定程序、贸易救济、服务贸易、金融服务、电信服务、自然人移动、投资、竞争、知识产权、电子商务、中小企业、经济和技术合作、政府采购、争端解决等19个方面。

在2018年3月召开的新加坡部长会议上，RCEP各成员国部长确定了力争尽早解决分歧的方针，讨论了过渡期时长、能力建设、服务贸易、投资等问题，并强调加快进程，力争在2018年底达成协议。2018年5月和7月，第22轮和第23轮谈判分别在新加坡和曼谷举行，各工作组继续就货物、服务、投资和部分规则领域议题展开深入磋商。

（3）最后冲刺。2019年以来，RCEP的谈判已经进入最后的冲刺阶段。之前设定的2018年底力争完成所有谈判的目标没有实现，更加剧了各成员国加快完成协定的紧迫感。截至2019年8月，共进行了3轮谈判，最新透露的消息显示，各方在市场准入谈判方面有超过2/3的双边市场准入谈判已经结束。在规则谈判方面，各方已就80%以上的协定文本达成一致。RCEP历年谈判次数如图1所示。

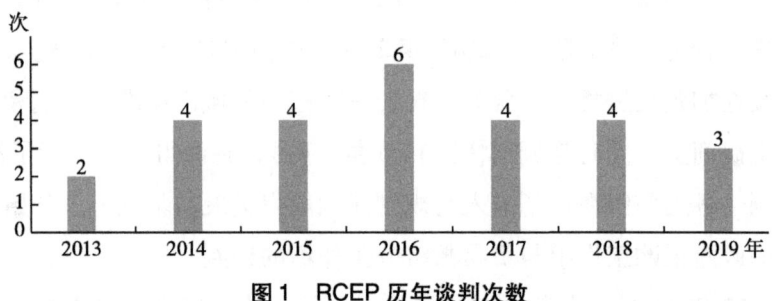

图 1　RCEP 历年谈判次数

4. 谈判结束

2019 年 11 月 4 日，除了印度之外，其他 15 国在泰国曼谷举行的第三次领导人会议上共同宣布同意达成协议，将原先相互之间的双边自贸协定纳入统一的框架之下。在协议签署后，15 个国家将遵守共同的关税、原产地规则、投资准入、知识产权、竞争政策和电子商务方面的规定。

（三）RCEP 与其他相关贸易协定的比较

与 TPP 和 CPTPP 的比较。自 2008 年美国加入并主导谈判以来，跨太平洋伙伴关系协定（Trans - Pacific Partnership，TPP）的推进进程迅速。2013 年日本加入，使 TPP 成员国增加到 12 个，其成员国经济规模占全球经济总量的 36.21%，贸易规模占全球贸易总量的 27.64%，其规模与 RCEP 相近。2016 年 2 月，TPP 虽正式签署，但在特朗普就任美国总统之后迅速宣布退出 TPP，即将走完最后一步的 TPP 走向终结。在 2017 年 11 月亚太经济与合作组织（APEC）峰会期间，日本与越南共同宣布除美国之外的原有 11 个参与国就继续推进 TPP 正式达成一致，并被正式命名为全面与进步跨太平洋伙伴关系协定（Comprehensive and Progressive Agreement for Trans - Pacific Partnership，CPTPP）。2018 年 12 月，这一协定正式生效。

1. RCEP 较 CPTPP 覆盖规模更大

尽管随着美国的退出，CPTPP 覆盖的经济总量和贸易总额相对 TPP

分别缩小了约1/3、1/2，但参与国家共覆盖4.98亿人口，签署国的国内生产总值之和占全球经济总量的13%。RCEP 与 CPTPP 的成员国均具有较大的重叠性，近一半（7个，占44%）的 RCEP 成员国同时参与了 CPTPP（见表1）。此外，RCEP 也向其他外部经济体开放，如中亚国家、南亚及大洋洲其他国家。

表1　CPTPP 及 RCEP 成员名单

RCEP 成员	同时参与 CPTPP 及 RCEP 成员	CPTPP 成员
中国	澳大利亚	加拿大
印度	文莱	智利
印度尼西亚	马来西亚	墨西哥
柬埔寨	新西兰	秘鲁
老挝	新加坡	
缅甸	越南	
菲律宾	日本	
韩国		
泰国		

2. CPTPP 的自由化规格更高

CPTPP 是美国退出 TPP 之后原有成员国进一步调整妥协的成果，不仅协议生效条件被进一步放宽，而且修改和调整了一些附件，也搁置了一些争议性较大的条款，但 CPTPP 仍然保留了超过95%的 TPP 条款内容，暂缓实施的条款主要集中在"投资"、"政府采购"和"知识产权"部分。虽然 CPTPP 的标准相对 TPP 有所降低，但仍然是一个全面而高标准的自由贸易协定，对全球贸易规则的制定较其他自由贸易协定来说更具影响力。从内容上看，标准相对较低的 RCEP 模式更有利于在区域内发展程度不同、经济结构更为复杂的经济体之间取得平衡，更好地扩大覆盖范围，推动经济一体化的发展。

二、推动 RCEP 达成的影响因素

（一）积极因素

在全球化不断深入背景下，区域内经济融合为 RCEP 的达成创造了现实基础。RCEP 覆盖了亚太地区 16 个经济体，规模庞大并具有广阔的市场，相互之间有着紧密的经贸往来。作为亚太地区首个巨型自贸区，RCEP 有助于改善区内日益严重的"意大利面碗效应"，提升成员之间的市场开放水平并提高资源配置效率，"全面、高质量、互惠"的 RCEP 有利于亚太地区生产网络和区内经济发展环境的升级。RCEP 的达成将进一步加强地区经济的融合，为经济增长带来更大的动力。

CPTPP 的签署和实施客观上提升了参与国家的积极态度。在经历了 TPP 签署、美国退出 TPP，并最终签署和正式生效的波折之后，RCEP 中参与 CPTPP 的成员国更加聚焦于 RCEP 的谈判。而对于非 CPTPP 参与国来说，CPTPP 的签署与生效也在较大程度上加速了 RCEP 谈判进程、加大了推动尽快完成相关协议的压力。

（二）消极因素

1. 全球经济形势收紧情况下贸易保护主义抬头

虽然全球经济逐渐复苏，但逆全球化和贸易保护主义显著抬头，贸易摩擦的不断加剧已经对国际贸易投资形成了较大的负面冲击。美国的保护主义正在打乱这一地区的稳定与发展，这是亚洲国家所不愿意看到的。长久以来，东亚地区各经济体的快速增长和繁荣受益于基于包容、透明，基于规则的多边贸易体制与全球化，这是地区内进一步推动经济一体化进程的重要基础，美国破坏现有贸易规则和秩序的做法动摇了当前贸易规则和秩序的稳定性，以及其他国家基于规则依赖现有体制和秩序解决贸易问题的信心，这从整体上看对东亚地区的繁荣与未来构成了

威胁。最突出的例子就是，2019年上半年日本与韩国之间发生的围绕半导体材料展开的贸易摩擦，导致日本将韩国从可享受贸易便利的"白色清单"中移除，随后韩国也把日本移出了贸易"白色清单"。这种双边博弈不仅伤害了两个国家的利益，更破坏了国际自由贸易秩序，目前仍然无法看到解决的具体途径。这一冲突实际上反映的是单边主义和保护主义的扩散。

2. 谈判复杂性导致的技术困难

RCEP的基础是东盟与中、日、韩、印及澳、新西兰的5个自贸协定，因此谈判工作在很大程度上是统一整合现有自贸协定的相关内容。具体比对这5个"10+1"FTA，各方在货物贸易、原产地规则、服务贸易、投资等诸多领域都存在较大差异，要整合到同一开放标准相当困难。有些国家（如韩国）在与东盟签订自由贸易协定时，包括了金融服务领域，而有些国家与东盟签订的自由贸易协定却没有涉及相关领域的自由化，因此RCEP中涉及的相关内容就需要一些取舍和统一。

3. 个别成员之间在特定领域的要求和步调不一致

参与RCEP谈判的各国同意就货物贸易做出更大的减税承诺，希望在整个关税领域和关税量方面维持90%的自由化率。但由于印度国内保护主义力量强大，长久以来对于多边自贸协定抱持疑虑的态度，国内面临较多的阻力，如不主张和支持快速开放，希望维持70%左右的自由化率，与其他参与谈判成员国之间有着较为明显的差距。因此，如何迫使印度与其他国家之间妥协存在较大的困难，存在较多变数和不确定性。

RCEP成员国除东盟十国外，还包括中日韩、印度、澳大利亚和新西兰等亚太地区重要经济体，经济发展形态各有特点。个别国家在特定领域设定了较高的贸易自由化目标和标准，无法得到其他国家的支持。例如，东盟—澳新FTA的关税减让程度最大，达到了95.7%，澳大利亚、新西兰和新加坡甚至实现了100%的零关税，而东盟—印度FTA的平均自由化水平只有79.6%。在扩大服务贸易、提高便利度方面，澳大利亚和新西兰提出希望RCEP能够体现更高水平的自由化，提供更多的服务出口机会，但东盟国家对此有所保留。

4. 各成员国对待标准和进度之间的权衡把握存在差异

RCEP部分成员国与日本主导的CPTPP存在着重合，尽管美国退出TPP导致CPTPP暂缓了原有20个条款的实施，其中涉及知识产权、电信争端、投资等，但CPTPP仍然代表着目前自由贸易协定中的高标准。日本、澳大利亚等国在RCEP谈判中希望更多地将CPTPP中树立的标准与其他成员国引入RCEP当中。相对于其他各国希望早日达成协议，日本等国因为已有实施的CPTPP，则倾向于花更长时间制定"高质量的规则"。

三、RCEP 谈判完成和后续发展

（一）RCEP 的当前成果

1. 谈判结束，等待最终落地

虽然顺利完成谈判，但过程略显艰难。2015年10月，TPP完成协议谈判，改组后的CPTPP在2018年3月签署并于当年年底生效，这些都对RCEP进程的加速起到了一定的推动作用，加速了成员国的谈判进程。原本计划于2018年年底完成的RCEP谈判，经过一年多的多方努力在2019年进入尾声，实际上距离最终的达成已是"箭在弦上"。由于缺乏更加明确的涉及具体谈判的信息，外界对于新设定的2019年底能否顺利完成所有谈判并最终达成协议仍存疑虑。2019年11月4日，RCEP成员国各方在曼谷召开的第三次领导人会议上正式宣布，最终除印度决定退出之外，剩余15国正式结束全部20个章节的文本谈判，以及实质上所有市场准入问题的谈判。

距离正式落地，还需要"临门一脚"。从曼谷领导人会议后发布的联合声明以及领导人的发言中可以了解到，尽管谈判已经结束，但接下来围绕 RCEP 仍然有部分具有挑战性的工作需要完成，包括争取在 2019 年底前完成少数遗留问题的磋商，尽快准备好可供签署的完整法律文本。此外，各国国内也需要加快相应程序，确保协定在 2020 年 RCEP 领导人会议上正式签署。

2. 印度临阵退出带来新变数

印度的立场和态度自始至终是影响 RCEP 谈判进程和走向的重要因素。印度坚持自己的条件和要价，是导致之前谈判进程耽搁、延误的重要原因。

（二）RCEP 达成的影响

1. 打造亚太地区更为自由开放的贸易与投资环境，为推动区域经济发展增添活力

RCEP 作为亚太地区的巨型自贸协定，全部谈判的结束在全球经济下行压力持续加大和贸易保护主义抬头的背景下，为企业开辟了更加宽广的合作空间，使自贸区内成员之间货物贸易的流动性更强，服务贸易市场的准入条件有可能进一步降低。中国已经与东盟十国组建了自由贸易区，中国—东盟自贸区零关税已经覆盖了双方 90% 以上的税目产品，未来不排除 95% 甚至更多税目产品被纳入零关税范围，在降低关税壁垒以及其他非关税壁垒方面需迈出更大的步伐，进一步加大地区内部的经济融合。

2. 维护国际贸易格局和全球化趋势，为全球贸易改革提供助力

尽管近年来全球贸易受到民粹主义和保护主义冲击，但以自由贸易为核心的全球化依然是世界的主旋律，全球经济走向开放、走向融合的大趋势没有改变。RCEP 完成谈判以及可以预见的不久正式生效的符合经济全球化和区域一体化的大势所趋，将打破保护主义的干扰与冲击。中国作为全球最大的贸易国，一方面坚持进一步扩大开放，积极参与

"一带一路"建设；另一方面维护开放、包容、透明、非歧视，以规则为基础的多边贸易体制，成为抵御反全球化逆流的中流砥柱。

3. 构建基于规则的国际贸易体系有利于扩大稳定的外部需求,进一步拓展中国经济未来发展的空间

中国的外贸依存度虽然在降低，但仍是全球近130个经济体最主要的贸易伙伴。2018年，中国贸易总量在全球贸易总量的占比达到11.8%（4.6万亿美元）。中国目前已签署的FTA数量和质量，与日韩相比，还远远落后。中国亟须拓展其规则的国际贸易体系。进一步拓展中国经济的未来发展空间。

4. 扩大和巩固对外开放成果，有利于国内改革的推进和完善

RCEP谈判的完成有助于巩固国际贸易体系的规则基础，为国际贸易新规则的改革创造更好的条件。近年来，在单边主义和保护主义的影响下，包括美国、欧盟、澳大利亚、日本等国家和地区或加快各自的投资立法和贸易政策，或收紧对海外投资和市场准入方面的审查力度，使我国企业在海外投资过程中面临更多的挑战和不确定性。通过扩大多边和双边综合性的贸易和投资，有助于企业规避相关风险。此外，在WTO改革尚未完成之时，RCEP谈判取得重要进展以及RCEP有望达成，或将为全球贸易发展带来新机遇。

（三）RCEP之后：CJKFTA、CPTPP或FTAAP

RCEP结束谈判之后，仍会有相关围绕RCEP方面继续完善的需要，同时中国研究考虑加入CPTPP的讨论，以及推动FTAAP由愿望变为现实的可能性都可以是未来的发展方向。

1. 中日韩FTA前景依然存在较大不确定性

中日韩自贸协定（CJKFTA）最早于2002年提出构想，2012年启动谈判，时间跨度长，且推进过程容易受非经济因素干扰。目前来看，前景仍然面临较多的变数，若要在短期内获得实质性突破，则存在比较

大的难度。

中、日、韩三国经济关联性高，贸易投资往来密切，是达成三方自贸协定的重要基础。中日韩经济体量相加占世界总量的24%。中国是韩国的第一大贸易伙伴国和日本的第二大贸易伙伴国，同时韩国分别是中国和日本的第三大贸易伙伴国，而日本为中国与韩国的第二大贸易伙伴国。2018年中日、中韩贸易额均超3000亿美元，日韩贸易额也达到900亿美元。

目前，加快推动中日韩自贸协定时机更为成熟，节奏有所加快。2018年以来，中日关系、中韩关系有所改善，RCEP谈判也于2019年完成谈判，为中、日、韩三方推动FTA谈判腾出了更多的空间。中、日、韩三国于2019年4月在日本东京举行中日韩自贸协定（FTA）第15轮谈判。此次谈判对货物、服务市场开放等核心问题进行磋商，三方还计划重启通关、竞争和电子商务等规范领域的各小组谈判，重点就实现比RCEP水平更高的贸易自由化进行讨论。11月，中、日、韩三方又在首尔举行了第16轮谈判。12月在成都举行的第八次中日韩领导人峰会上，三方联合发布的《中日韩合作未来十年展望》指出，三国承诺在区域全面经济伙伴关系协定谈判成果的基础上，加快中日韩自贸协定谈判，力争达成全面、高质量、互惠且具有自身价值的自贸协定。

加快中日韩自贸协定谈判，符合中国当前的利益和发展要求，韩、日双方因各有顾虑仍缺乏足够的积极性和主动性。中韩已于2015年签署自贸协定，但韩日产业结构相近，对于三方自贸协定缺乏紧迫感。日本方面，近年在双边和多边自贸协定的拓展方面进展较快，同时主导或参与CPTPP和RCEP谈判，对于中日韩自贸协定缺乏积极性。此外，日韩两国目前关系恶化，中美战略对抗的局面愈加明显，未来受非经济因素干扰的可能性仍比较大。

2. 中国加入CPTPP成为必要的可能选项

首先，未来中国加入CPTPP具备可能性。CPTPP的现有规定允许

"开放性加入",任何国家或单独关税区都可在其生效后与既有各成员国达成一致的基础上成为 CPTPP 的新成员。

其次,随着美国的退出,原有主要由美国主张的 TPP 部分条款被取消。在规则门槛有所降低的情况下,CPTPP 相对更加具有灵活性,对原本有意加入 TPP 的某些经济体反而更具吸引力。印度尼西亚、菲律宾、泰国、韩国、中国台湾地区均已表达出了这一意向,扩容是可以遇见的趋势。

最后,中国是否加入 CPTPP 是出于国内经济发展和改革的需要。开放与对接是当前国际贸易体系呈现出的重要特征和必然趋势,中国的经济发展无法完全独立于未来更加国际化和规范化的规则和标准体系之外。此外,中国通过参与加入规则的讨论和制定过程掌握主动性,对中国经济获取更为有利的国际环境和空间是有利的,积极参与、谋定而后动符合中国经济发展和参与国际经济治理体系,提升话语权的长远利益。

3. 美国中短期内重返 CPTPP 的可能性不大

特朗普主政之下的美国政府优先致力于与相关贸易伙伴的双边贸易谈判,强化经济主权、减少国际规则约束、修改贸易协定和加强贸易执法等。退出 TPP 是特朗普主要的竞选承诺,因此出于遵守选举政策承诺上的考虑,美国不可能在其任内考虑重返 CPTPP 或签署任何类似协议的可能。

此外,退出 TPP 反映了美国内部部分政治精英的共识,即用新的"双边主义"替代旧的"多边主义"。特朗普任期内不断采取看似"激进"的与世界多边贸易协定脱钩的行动,包括基于国内法贸易领域里的"长臂管辖",强化经济主权、减少国际规则约束、修改贸易协定等。这一逻辑的核心依据在于凭借美国的贸易主导地位,以及借助在政治、军事、安全等方面的综合话语权,美国有能力通过逐个重谈双边贸易协定,为美国获取更大的经济利益和优势,实质是用综合强权力量重塑国际经济秩序的经济单边主义①。特朗普任内期"双边"换"多边"虽然在国内外充满争议，但其"单边主义"的强硬态度在一定程度上让美国尝到了甜头，如重谈北美自贸协定和美日贸易协定，取得的成果得到了部分人特别是共和党支持者的认可②。

尽管如此，后特朗普时代的美国虽有可能重返 CPTPP，但同样难度不小。现在已经施行的 CPTPP 冻结了原有 TPP 协议中 22 条具有较大争议的条款，这些条款都是奥巴马政府为维护美国利益而力推的，新签署的 CPTPP 对于美国来说是名副其实的打了折扣的"缩水版 TPP"。未来美国政府如要求重新加入，不仅要与所有 CPTPP 成员国重新谈判，也要说服国内反对者的声音，这一声音并不在少数——正是这股力量在一定程度上把特朗普推上了执政位置。而现在民主党主要的竞争者，除了拜登原先支持签署 TPP 之外，无论是桑德斯还是沃伦，都是其坚定的反对者。

四、政策建议

（一）积极推动后续工作，确保 RCEP 尽快落地

RCEP 作为一个巨型自由贸易协定，由经济发展水平各不相同的 16 个国家共同探讨市场开放问题，特别是在最后收官阶段，仍需各方贡献智慧。东盟作为最初的倡导者并拥有半数以上的成员国，在 RCEP 中发挥着独特作用，东盟"小马拉大车"的模式也非常适合东亚区域经济合作，我国应在维护东盟在 RCEP 核心地位的基础上，在后续未尽问题的清理和法律文本的准备上积极协调，确保正式生效前的后续工作顺利

---

① 王玉主,蒋芳菲. 特朗普政府的经济单边主义及其影响[J]. 国际问题研究,2019(4).
② 根据盖洛普的名义调查数据,对于两任总统在处理对外贸易问题上,特朗普获得美国民众的赞同度较奥巴马任内高(两位总统获得不赞同度均高于其赞同度,奥巴马时期只有 2012 年内一次调查), LYDIA SAAD , "Americans'Views on Trade in the Trump Era", Oct. 25th, 2019, https://news. gallup. com/opinion/gallup/267770/americans – views – trade – trump – era. aspx.

推进。加强与其他成员国之间的沟通，特别是印度和日本，阐明我国的立场，加强意见沟通，确保避免最后阶段出现"掉队"或"扯后腿"的情况。

（二）加快在其他多边和双边贸易协定上取得进展

目前，中国已签署16个自由贸易协定，涉及24个国家和地区，签署自贸协定对象的经济规模占全球的10.3%，加上我国自身约14.9%的份额，已形成占世界经济25.2%的市场。如果再加上正在谈判的自贸协定，这一份额将达到43.3%。但如果进行简单的国际比较，以2017年的数据，韩国和日本已生效的FTA的贸易覆盖率分别为64.0%和39.5%，均高于中国，如果目前正在进行中的FTA谈判全部达成，两国各自达成的FTA的贸易覆盖率则达到84.3%和90.0%，而中国则仅有53.6%。可以说，中国不仅在FTA的数量方面的进展较为滞后，而且在质量上也落后于韩国与日本两国。因此，需要更为积极地开展双边和多边贸易协定的谈判，包括加快现有自贸协定的升级谈判，如中国—韩国、中国—新西兰、中国—秘鲁自贸协定第二阶段的谈判，加快推动中日韩自贸协定谈判等进展，加快对CPTPP的研究，适时推动FTAAP的准备工作等。

（三）继续推动全面对外开放，对标国际先进标准，深化国内改革

加快对外开放的同时，应该首先立足自身，积极适应国际规则，迎接更加严格的竞争环境，应对各种外部风险和挑战。坚持对外开放是我国改革开放40多年来不断取得成就的重要保证和宝贵经验。目前阶段，实行更加积极主动的开放战略，全面提升对外开放的层次和水平，其内涵不再是简单地以廉价资源环境、劳动力和财税让利为特征，以吸引外资为目标和基础的"优惠型"改革开放，而是以放开市场、强化服务、强调公平、优化资源配置为主的"效率型"改革开放，旨在构建高效

率、高水平、高质量的市场竞争环境的改革开放,并通过全面对外开放,主动对标高标准自贸协定的标准,倒逼国内改革的深入推进。具体包括,实行高水平的贸易和投资自由化、便利化政策,全面实行准入前国民待遇加负面清单管理制度,大幅度放宽非关键影响国家安全领域的市场准入条件,扩大服务业对外开放,加强知识产权保护,保护外商投资合法权益等。

(四) 积极维护多边贸易体制,为未来改革提供"中国方案"

中国是全球化进程和多边贸易体制的受益者。"入世"以来,中国一直积极践行自由贸易理念,切实履行了"入世"承诺,大幅开放市场,在自身快速推进"一带一路"建设的同时,也为世界经济注入强劲动力。此外,中国积极推进贸易投资自由化、便利化,维护争端解决机制的法律地位,全力支持发展中国家融入多边体系,维护多边贸易体系的权威性和有效性。目前,单边主义和贸易保护主义抬头,中国应该积极参与全球治理,在国际事务中发挥积极作用,与其他主要经济体共同合作,引导包括WTO在内的全球贸易治理体系改革,提供"中国方案"。

(执笔人:林江)

专题三
中国加入 CPTPP 可行性分析

CPTPP 是当今世界最高水平的区域自由贸易协定（FTA），突出特点为"高标准、高质量、高层次、面向 21 世纪"。鉴于提高自由贸易区标准和质量是大势所趋，自贸区战略已成为大国竞争的战略制高点之一，我们有必要深入评估 CPTPP 对我国的影响，对我国是否加入 CPTPP 作出全面衡量，以支撑国家战略选择。目前来看，CPTPP 已站稳脚跟，我国有必要适时提出申请参与其扩容谈判，不能坐失良机。

一、关于 CPTPP 扩容的新进展

早在 2018 年 7 月，CPTPP11 国就对协议生效后迅速启动成员国扩容谈判达成一致共识。目前，有意愿加入 CPTPP 的国家和地区有韩国、菲律宾、印度尼西亚、泰国、哥伦比亚、英国和中国台湾。其中，泰国和中国台湾加入意愿特别强烈，其次是英国。

（一）扩容规则已经就位

CPTPP 已经生效，并明确了扩容规则。2019 年 1 月 20 日，CPTPP 成员国在日本东京举行了协定生效以来的首次部长级会议。各方就 CPTPP 扩容以及确立有意加入的国家或地区需要完成的具体谈判程序

等事宜达成一致。

（二）拟加入各国的动机不同

目前，日韩贸易摩擦正处于焦灼状态，中日韩 FTA 谈判虽然进展迅速，但是短期内没有达成的可能。韩国加入 CPTPP 非一日之功，从中长期来看，由于日韩在东亚产业链中的竞争关系，韩国担心加入 CPTPP 或者其他包含日本在内的区域经济一体化组织，会扩大日韩的贸易赤字，同时在第三国市场受到日本商品的强烈冲击；反过来，如果不加入 CPTPP，面对东盟这个开放程度越来越高的大市场，韩国担心失去潜在的竞争机遇。因为这样的两难处境，虽然早在 2013 年韩国就表示过对 TPP 的极大兴趣，但是现在韩国官方仍然犹犹豫豫，没有正面积极的表态。

越南、马来西亚已经成功加入 CPTPP，这让菲律宾、印度尼西亚、泰国等东盟国家看到了希望。越南、马来西亚同为发展中国家，许多产业发展滞后，市场开放程度不高，但是 CPTPP 为其提供了解决方案和较为宽松的过渡期。其他东盟国家如果能够参照越南和马来西亚的案例，在对外开放和保护本国幼稚产业方面找到平衡点，就可以在高水平开放的国际潮流中走在前列。

目前，英国"脱欧"已经板上钉钉，具体脱欧方案各方还在博弈之中。英国一直对欧盟无视英国利益、削弱其经济主权抱有不满，特蕾莎·梅很早就确定了英国脱欧的底线，包括英国退出欧盟单一市场、退出共同关税区、结束欧盟法院对英国事务的管辖权、南北爱尔兰的边界人员可自由移动等。一旦英国脱离欧盟共同关税区，就可以和世界其他经济体单独协定关税。加入 CPTPP 可以避免英国脱欧之后在经济上被其他欧盟国家孤立，降低"脱欧"带来的风险。

中国台湾目前的经济措施比较保守，加入 WTO 以来并没有大的对外经济改革动作，试图推动的"自经区"等实验都因为政治上的扯皮无疾而终。目前影响台湾加入 CPTPP 的主要因素有三个：一是中美关系、中日关系和两岸关系决定台湾是否有资格加入 CPTPP；二是大选在即，给未来台湾经济走向带来很大不确定性，决定台湾是否有意愿加入 CPTPP；三是岛内的经济议题严重受到政治议题左右，舆论环境日益保守和民粹，就事论事讨论对外经济政策的空间不大。因此，就目前岛内环境来看，尚不具备加入 CPTPP 的条件。

二、对中国是否加入 CPTPP 的全面研究

加入 CPTPP 是事关我国全局的战略决策，一定要慎之又慎，应全面评估加入 CPTPP 可能带来的利益影响和不加入 CPTPP 可能带来的风险，以保证我国对外经济决策的科学性和合理性。

（一）加入 CPTPP 可能给我国带来的有利之处

CPTPP 是当今开放水平最高的自贸区协议。高水平开放与我国的改革开放国策方向一致。加入 CPTPP 一定会给我国经济发展带来好处。

1. 有利于推进我国自由贸易区战略

党的十八届三中全会提出，"以周边为基础加快实施自贸区战略，形成面向全球的高标准自贸区网络"；党的十九大提出，"促进自由贸易区建设，推动建设开放型世界经济"，要推动形成全面开放新格局，实行高水平的贸易和投资自由化、便利化政策，逐步健全开放型经济新体制。2018 年政府工作报告强调，要加强与国际通行经贸规则对接，建设国际一流营商环境，以高水平开放推动高质量发展。推动形成面向全球的高标准自由贸易区网络的自贸区战略，一直是我国适应经济全球化趋势和构建开放型经济新体制的重要国家战略。加入 CPTPP，有利于推进我国自由贸易区战略，有利于我国加快构建面向全球的自由贸易区网络。

2. 有利于消除中美战略博弈中的不利影响

2008 年国际金融危机以来，贸易保护主义不断升温，逆全球化浪

潮明显抬头，世界贸易增长乏力，多边贸易体制建设面临挑战。特朗普政府改变了美国在国际秩序、多边机制和全球治理体系中的方向，一切以"美国优先"为原则，快速收缩美国承担的国际义务。首先，在北美地区建立自己的贸易堡垒，推翻原来的北美自由贸易协定（NAFTA），代之以美墨加协定（USMCA）。其次，在接二连三的"退群"声中，不仅放弃"自由贸易"原则对 WTO 改革提出新的要求，还推出了以"公平（对等）贸易"为原则的国际贸易体系模板。在这种国际贸易格局调整的大背景下，经济一体化按照两个方向发展：一个方向是 USMCA 模式的对等原则方向。例如，美国联合欧日先后六次向 WTO 提出改革的倡议，是在推动 WTO 向对等方向发展；美国、欧洲、日本等发达经济体进行的自贸区谈判也多是在向这个方向发展。另一个方向是日本主导的 CPTPP 模式下的标准升级方向。在坚持自由贸易大方向的前提下，推进开放程度大幅提高。这个方向实际是传统的自由贸易区谈判方向，是绝大多数发展中经济体能够认同的方向，也是我国大力推进的方向。在中美贸易战升级的大背景下，美欧日等发达经济体有可能加快构建排斥我国的"公平贸易体系"，加入 CPTPP 能够从战略上推进 WTO 改革沿着传统轨道前进，渐进式推进各经济体积极稳妥地扩大开放程度，保护发展中国家利益，保护我国战略利益；能够通过"打楔子"的方式遏制发达经济体集体大幅右转，使我国摆脱被美日欧等发达经济体孤立的危险，摆脱战略被动。

3. 有利于推进落实我国的改革开放国策

改革开放不仅是我国的既定国策，而且其力度呈加大趋势。2017年以来，我国密集出台扩大开放的政策。比如，放宽一些行业外资股比限制，降低关税以促进进口，营造良好市场环境，开展高水平投资贸易协定谈判，加强与国际高标准经贸规则对接，深入推进关税减让和知识产权保护，与原 TPP 条款高标准要求的差距明显缩小。我国还具体实施了许多重大开放措施。例如，大幅度放宽汽车、银证保等行业外资股比限制，全面实行准入前国民待遇加负面清单管理制度，推动金融、基础设施等领域进一步开放；凸显市场化作用，营造公平竞争的市场环境，凡是在我国境内注册的企业都要一视同仁、平等对待；加强知识产权保护，严厉打击侵权和假冒违法犯罪行为，在市场化的基础上，进一步凸显法治化、国际化、便利化；支持海南全岛建设自由贸易试验区，支持海南逐步探索、稳步推进中国特色自由贸易港建设；主动扩大进口，大幅度降低汽车、日用消费品等进口关税，加快推进加入WTO《政府采购协定》进程；主动加强同国际高标准经贸规则对接，增强公平性和透明度，如同欧盟开展高水平的投资协定（BIT）谈判等。通过主动加大全面开放的步伐，推进新一轮改革开放，使我国在降低关税和知识产权保护等方面取得长足进展。今后，我国将继续推进高水平开放，坚持自由贸易方向，充分利用十多个自贸试验区尝试更大程度的开放，对接更高标准的经贸规则，对标国际自由贸易港标准，探索世界最高水平的开放形态。但是，只有这些努力还不够，我们还必须寻求更高的开放标准和标杆，进一步拉动我国的对外开放。CPTPP仍是当前世界水平最高的区域自贸协定，具有"高标准、高质量、高层次、面向21世纪"的特点，是我国进一步提高对外开放程度的新标杆，是当前比较合适的目标选择。而且在一定程度上，CPTPP经贸规则与我国改革开放方向总体上也是一致的，所以加入CPTPP，有利于推动落实我国的改革开放国策。

（二）不加入CPTPP可能给我国带来的不利之处

如果不加入CPTPP，我国可能面临美日欧联合施压的困局，甚至不排除存在被发达经济体孤立的风险。当前，出于维护世界霸权的目的，美国提出了以"美国优先"为目标的未来世界贸易范本——美加墨协定，旗帜鲜明地提出了对等贸易原则，反对自由贸易；而且通过植入"毒丸条款"的方式，在把贸易规则向有利于自己的方向修改的同时，还把打击挑战者提上议事日程。欧盟和日本虽然不赞成美国的单边霸权主义，但在美国提出的针对我国国企、强制转让知识产权等议题上投了赞成票。可见，虽然发达国家都有基于自身的利益诉求，但在对华施压上有着共同利益。在WTO改革等国际贸易治理领域，欧美日共同利益更多，不排除它们联合向我国施压甚至孤立我国的可能。如果我国加入CPTPP，和日本、欧盟的利益共同点就会显著增多。这无疑会减小美日欧联合施压的可能性。

（三）我国加入CPTPP面临的机遇和挑战

当前，在WTO改革成为世界关注焦点的大背景下，我国加入CPTPP既面临巨大机遇，也面临不小的挑战。

1. 我国加入CPTPP面临的机遇

第一，CPTPP降低了规则标准，为我国加入提供了现实可能性。CPTPP暂停了TPP的22项条款（有11项与知识产权相关），将美国曾极力坚持的知识产权保护、劳工标准等"最TPP的元素"予以冻结，意味着CPTPP主动降低部分规则标准，让包括我国在内的更多发展中国家通过自身努力达到其设定的要求，给我国对接高标准国际经贸规则，加入CPTPP提供了现实可能性。

第二，美国短期内难以重返CPTPP，为我国加入CPTPP提供了契机。美国退出TPP是时任政府的国家战略选择。TPP过渡到CPTPP之后，美国虽有加入意愿，但并不强烈。特朗普曾表示，如果美国未来回归TPP，将需要增加额外谈判。从特朗普执政风格来看，在其任期内敲定一个比奥巴马执政时期好得多的TPP协议极为困难。这意味着未来一年或五年内（特朗普获得连任）美国都不太可能重返TPP。一心维护霸权主义的美国不在其中，为我国开启了加入CPTPP的最好时间窗口。

第三，中日关系向好为我国加入CPTPP创造了有利条件。近来，中日政治关系持续改善，高层互动正常化，经贸合作回暖势头持续，双方签署的《关于中日第三方市场合作的备忘录》，为两国深化多边经贸合作提供了便利。面向未来，双方还有一系列重要交往安排，如2019年6月底的G20大阪峰会，习近平主席参会时正式访日；此后是2020年东京奥运会、2022年北京冬奥会和杭州亚运会、2023年中日邦交正常化50周年。可以预期，今后5年中日关系仍有可能保持持续改善、稳定向好的势头。日本主张自由贸易制度，反对贸易保护主义，与我国立场相近，在CPTPP和RCEP上也有共同利益。中日关系的改善有利于减轻我国加入CPTPP的阻力。

第四，大部分CPTPP成员的支持，为我国加入CPTPP创造了良好环境。按照CPTPP加入规则，新进入者要与每个成员一一开展谈判，并征得它们的同意。美国宣布退出TPP后，澳大利亚和智利等成员曾邀请我国加入，我国还曾受邀作为观察员参加TPP成员会议。这说明我国与CPTPP成员有共同的利益诉求，都期望深化经贸合作，降低外部不确定性风险。CPTPP 11个成员国中，与我国签有双边FTA的国家有5个（澳大利亚、智利、新西兰、秘鲁、新加坡），正在谈的有1个（加拿大），没有与我国签订双边FTA但同属中国—东盟自由贸易区的国家有3个（马来西亚、越南、文莱），没有与我国签订双边FTA的国家有2个（日本和墨西哥）。而中日韩FTA谈判近期呈现加速态势，中墨全面战略伙伴关系也在走深走实。这些积极因素都为我国加入CPTPP增加了助力，为我国考虑加入CPTPP提供了可能。

2. 我国加入CPTPP面临的挑战

我国申请加入CPTPP，除了面临高标准规则带来的威胁外，还面临美墨加协定（USMCA）嵌入的"毒丸条款"的挑战。

首先，我国加入CPTPP面临来自原TPP文本中的某些针对性条款的威胁。CPTPP留存了TPP 95%的协议条款，关税减让和市场准入、数据跨境自由流动、国有企业、劳工和环保的条款全部得到保留，基本延续了原TPP协议内容的完整性。这些条款有些涉及我们的核心制度和体制机制，有些超出了我们当前的承受能力，许多条款如果要达到

CPTPP 协议要求，就意味着要修订我国现行法律法规。这些都给我国申请加入 CPTPP 造成现实障碍，构成我国加入 CPTPP 的重大障碍和约束。

其次，我国加入 CPTPP 面临来自 USMCA"毒丸条款"的潜在威胁。USMCA 第 32.10 条规定，若美、墨、加三方中任一方试图与非市场经济国家进行 FTA 谈判，该缔约方需要提前通知其他缔约方，其他缔约方可以对此进行评估，并允许其他缔约方终止 USMCA 相关条款。USMCA 条款内含的"毒丸"对我国发展构成不利影响。虽然美国不是 CPTPP 的成员，但墨西哥、加拿大都是 CPTPP 的成员。我国如果申请加入 CPTPP，美国可能出于遏制我国的考虑动用 USMCA 的"毒丸条款"威胁墨西哥和加拿大，进而对我国加入 CPTPP 的活动构成巨大潜在威胁。

总之，加入 CPTPP 既有好处也有坏处，既有有利因素也有不利因素，挑战与机遇并存，总体上，机遇大于挑战。

三、加入 CPTPP 的谈判策略和政策建议

CPTPP 已于 2018 年 12 月底生效，我国将不可能再作为初始成员提请加入，而只能是申请加入的方式。因此，我国申请加入 CPTPP 的谈判不仅会花费比较长的时间，还应采取跟随策略，总体强调"从大处着眼，从小处着手"。

（一）处理好四方面关系，营造有利宏观环境

目前，我国提请加入 CPTPP 首先要从战略上处理好四大关系：推进 CPTPP 与区域全面经济伙伴关系协定（RCEP）谈判的关系、加入 CPTPP 与维护 WTO 的关系、与日本、韩国等利益相关国家的关系、国内改革提速与高水平开放对接的关系。

1. 处理好推进 CPTPP 与 RCEP 谈判的关系

长期以来，由于美国主导的 TPP 将我国排除在外，因此我国自贸

区发展战略的路线图是优先推动并早日结束 RCEP 谈判，加快亚太自贸区（FTAAP）和东亚经济共同体建设。而且，16 个 RCEP 谈判国中有 7 个是 CPTPP 成员，而我国是绝大多数 RCEP 参与国的第一大贸易伙伴国。特别是 RCEP 谈成后，如何扩围升级发展的问题将会与 CPTPP 存在重叠和渗透。在 RCEP 谈判进入最后冲刺期，我国对加入 CPTPP 不宜操之过急，而应充分利用现有条件推进各个多边贸易安排的融合发展。倘若我国主动申请加入 CPTPP，可能拖慢 RCEP 谈判进程，甚至引发东盟等成员国的不满。因此，宣布申请加入 CPTPP 之前，我国应先利用 RCEP 取得大部分收获，不要对 CPTPP 和 RCEP 谈判成员国的积极性产生负面影响。2018 年 11 月 12 日，中、日、印等 16 国召开了 RCEP 部长级会议，在取消关税等议题方面，印度与其他国家未达成妥协，从而未能在年内推动 RCEP 实现实质性达成。面对这种形势，对于 RCEP 的谈判，适宜的做法是先冻结印度与其他国家的关税议题，留待后续以"打补丁"的方式解决，就已经达成一致的内容形成协议文本，结束 RCEP 谈判。

2. 处理好加入 CPTPP 与维护 WTO 的关系

面对新一轮国际贸易体系和国际贸易规则重塑，我国应坚持推动以 WTO 为核心、以规则为基础的多边贸易体制建设，与欧盟、日本共同推动 WTO 规则更新升级。同时，顺应国际贸易高标准发展方向，积极参与 CPTPP 等区域高标准的自贸协定谈判，使两者并行不悖。为此，我国要坚决维护以 WTO 为核心的多边贸易体制。提出加入 CPTPP 就是我国坚定支持多边贸易体制的一个明确信号；坚持多边贸易规则不能凌驾于 WTO 核心规则之上；积极参与新一轮 WTO 规则的改革，主动作为，积极推动 WTO 朝着更加公平、透明、公正的方向发展。

3. 处理好与日本、韩国等利益相关国家的关系

当前，占全球经济总量 55% 以上的美欧日已经在达成零关税同盟的道路上走得很远，形成了一个零关税自由贸易核心，撇开 WTO 另起

炉灶的倾向明显。作为第一贸易大国的中国有被排除在外的风险。面对新一轮国际贸易体系和国际贸易规则重塑，我国应协调好与日本等利益相关国家的关系，继续推动既定区域经济战略，顺应国际贸易高标准发展方向，积极参与国际贸易规则制定。一是要处理好与CPTPP主导者——日本的关系。随着中日关系逐步转好，处理好中日关系主要是在捍卫自由贸易和多边贸易体制，维护以WTO为核心的多边贸易体制权威性和有效性等共同利益下，做好沟通和协调工作。二是要处理好与CPTPP中发达成员国的关系。我国是澳大利亚、新西兰、加拿大等CPTPP发达成员国的重要贸易伙伴，要在强化双边贸易的前提下推进与这些发达经济体的关系。三是处理好与CPTPP中发展中成员国的关系。CPTPP为保障发展中经济体核心利益采取了例外条款的做法。我国也应借鉴他们的谈判策略，争取在国有企业等类似议题上获得相应的例外条款。为此，我国要处理好与相关发展中经济体的关系，加强交流沟通，争取更多发展中国家的支持，消弭这些国家对我国提防心态带来的障碍。

4. 处理好国内改革提速与高水平开放对接的关系

CPTPP的标准虽然有所降低，但核心条款仍是竞争性政策、服务业开放、知识产权、电子商务等，保持了原有的高标准、高质量、高层次的总基调。满足这些条款需要我国加快全面深化改革和扩大开放的步伐。为此，我国要坚持改革开放的基本国策不变，推动形成全面开放新格局，实行高水平的贸易和投资自由化、便利化政策，加快构建开放型经济新体制；主动扩大开放和深化改革，以实际行动顺应经济全球化发展的新要求，推动我国治理体系和治理能力现代化进程；促进在区域合作中形成政经良性互动的局面，推动全球经济治理体系朝着更加公正合理的方向发展，全面形成更高层次的开放新格局。

(二) 启动加入CPTPP申请的八项具体建议

中美之间的冲突短期内难以消减，而且美国采取单边主义、贸易保护主义及单方面挑起贸易战的做法已使其日欧等同盟不堪其扰，并积极寻求自由贸易的多边贸易政策，如日本主力推动的 CPTPP 现已生效，而且日欧已经签订经济伙伴关系协定（EPA）。RCEP 的谈判仍在持续之中，虽然中印、日韩等国家间围绕关税减让问题仍有争论，但推动的意愿仍较一致。在此背景下，为我国适时提出加入 CPTPP 的申请，特提出以下八项具体建议。

1. 加快推动 RCEP 谈判，为 CPTPP 谈判腾出空间

我国虽可并行推进双边和多边贸易协定谈判，但谈判的议价空间不同，因此不能平均用力。在申请加入 CPTPP 之前，应加快推动 RCEP 谈判进程，争取在 2019 年终达成实质性协议，2020 年能够签订协议。一旦 RCEP 谈判成功后，我国就要争取开启加入 CPTPP 谈判。同时，积极联合东盟、日本、澳大利亚、新西兰等贸易伙伴国和地区，以 RCEP 为基础，吸引 CPTPP 的智利、秘鲁、加拿大、墨西哥等其他成员国加入谈判，推动 RCEP 扩围升级，逐步与 APEC 的成员国范围重合，为推进 FTAAP 奠定基础，使其成为应对贸易保护主义的重要抓手。

2. 做好加入 CPTPP 谈判的前期准备

在双边、多边场合，积极加强与 CPTPP 11 个成员国高层的沟通交流，适时表达加入 CPTPP 的兴趣和意愿，支持研究机构加强对 CPTPP 等新规则的研究，重点引导国内研究机构与日本、澳大利亚、加拿大等相关国家的研究机构或智库开展前瞻性联合研究，充分做好申请加入 CPTPP 谈判的前期准备。对我国企业就 CPTPP 重点、敏感贸易条款的法规和风险防范开展培训，鼓励我国企业研究分析 CPTPP 的实施生效对自己在海外业务的影响，增强企业合规经营意识，提出符合我国长期利益的规则，提出 CPTPP 标准升级的可行方案。同时，还应引导我国企业一旦涉案就要积极应诉，要及时充分利用 WTO、CPTPP 等多边或区域框架下的申诉机制来维护自身合法权益。

3. 深化改革、扩大开放，为加入 CPTPP 创造条件

根据推动我国高质量发展的目标任务，加快深化改革扩大开放，为加入 CPTPP 创造更好条件。深化"放管服"改革，激发市场主体活力，优化营商环境。加快落实市场准入负面清单制度，进一步缩减负面清单，推动"非禁即入"全面落实，完善信息公开机制和动态调整机制。改革完善公平竞争审查和公正监管制度，加快清理妨碍统一市场和公平竞争的各种规定和做法。按照习近平主席在第二届"一带一路"国际合作高峰论坛上提出的要求，更广领域扩大外资准入、更大力度加强知识产权保护国际合作、更大规模增加商品和服务进口、更加有效实施国际宏观经济政策协调。全面实施准入前国民待遇加负面清单管理制度，抓紧制定外商投资法的配套法规，逐步修订发布外商投资准入负面清单、自由贸易试验区外商投资准入负面清单、鼓励外商投资目录，扩大增值电信、医疗机构、教育服务等现代服务业，以及交通运输、基础设施、能源资源等领域的对外开放。

4. 争取日本的理解和支持

尽管日本并不希望我国主导国际贸易规则制定，但近年来中日关系出现明显改善，拓展了我国与日本密切沟通的空间。2018 年 5 月，李克强总理赴日本参加中日韩领导人峰会并对日本进行正式访问，中日高层互访交流逐步恢复；2018 年 10 月 25 日，安倍首相正式访华，提出中日应根据两国间四个政治文件确认的共识推进双边关系，并为国际和地区和平以及维护自由贸易做出贡献。在此条件下，中方可以继续做日本的工作，推动我国高层访日，争取日本对我国加入 CPTPP 的理解和支持，可在 2019 年 6 月习近平主席参加大阪 G20 会议和正式访日期间，表达我国有加入 CPTPP 的兴趣，探寻日方对此的具体态度，促成中、日两国之间更高层次的经贸合作。研究并提出我国加入 CPTPP 的可行方案和时间表，可作为我国领导人访日时发布联合声明的一项实质性成果并择机发表。

5. 积极参与推动 WTO 现代化改革

CPTPP 和 WTO 并不矛盾，过去 TPP 是西方通过高标准自由贸易途径排斥我国的抓手，现在的 WTO 现代化改革也是西方想把我国排斥在未来的 WTO 规则以外。当前美国主推的 WTO 现代化改革，要用非市场导向原则把我国孤立起来。如何使 WTO 现代化改革从对抗转向合作，在 WTO 和 CPTPP 中击破西方边缘化我国的企图，这是我国下一步需要做的事情。我国始终坚持多边主义，WTO 始终是我国推动基于多边的贸易自由化和便利化的重要平台和组织。因此，我国应借助加入 CPTPP 的谈判时机，积极参与 WTO 现代化规则改革，重点通过与日本和欧盟在经贸规则谈判上的合作，就 WTO 相关规则修改问题做好相关国家工作，让 WTO 新规则制定过程中反映我国发展权益、广大发展中国家利益和共建人类命运共同体的诉求，使美国遏制我国的计划不能得逞。

6. 经过努力促使美国回到通过经贸谈判解决中美问题的轨道

在我国推进双边和区域自由贸易协定谈判过程中，无论如何回避不了美国的影响。当前，由于美国对中国采取"极限施压"举措，中美贸易摩擦仍在加剧，在一段时间内中美之间可能无法达成贸易协议。我们在表明"不愿打、不怕打、不得不打"这一立场，对美采取必要反制措施的同时，应寻机缓和或化解中美贸易投资之间的冲突，促使美国重新回到贸易谈判桌前，力争达成平等、平衡的贸易协议。

经过努力促使中美恢复贸易谈判并达成相关协议之后，可考虑通过重启中美双边投资保护协议，且在适当时机启动双边自由贸易谈判，促进中美贸易投资的自由化、便利化。而且，中美双边贸易谈判可以参照 CPTPP 并将其作为范本。

7. 谨防"毒丸条款"的负面影响

目前来看，CPTPP 虽然强调竞争中立的原则，但并没有设置条款限制"非市场经济国家"。这意味着包括我国在内的发展中经济体并未被排斥在外，而且 CPTPP 的多数成员国并不受"毒丸条款"的约束。因此，我国在积极提出加入 CPTPP 的申请时，要强化国际贸易体制的多边主义声音。考虑到美国已经在美墨加协定中设置了排斥所谓非市场经济国家的"毒丸条款"，我国要谨防其他多边贸易体制引入类似条款的可能性，防范美墨加协定"毒丸条款"对我国的负面影响，关注美国重返 CPTPP 的政策动向，尽可能在美国搅局之前，我国主动参与提出维持多边贸易的主张，不主动挑战 CPTPP 的现有规则，而是争取获得例外条款或者增加标准适应的过渡期限。

8. 控制产业链转移风险

虽然在全球化的今天，产业链向更具有相对比较优势的地区转移符合国际经济学原理，是产业链发展的长期趋势，但是如果中国长期被排除在 CPTPP 这样的大型区域贸易协定之外，很可能加速或扭曲这一趋势，造成国内产业空心化、失业以及高端产业链流失等问题。鉴于中国加入 CPTPP 谈判很可能不是一个短期过程，因此在此期间，我国需要改善营商环境，加速产业升级，为高端产业链的培育和发展营造良好环境。同时，要牢牢掌握产业链高端，利用产业链向低成本国家和地区转移的便利，建立完整产业链，加速迈向产业链高端。

（执笔人：李浩东）

专题四
中韩经济发展战略对接研究

一、未来中国经济战略梳理

(一) 当前我国经济发展战略及执行情况

1. 当前我国所处的国际经济环境

(1) 全球贸易摩擦和经济政策不确定性不断增加。

随着美欧一些发达国家在全球经济总量份额中的不断缩减,大国在全球化发展的领导力逐渐消退,以美国特朗普政府为首的"美国优先"政策的实施,反贸易自由化思潮不断发酵,引起了全球范围内的经济政治波动。在国际合作上,美国做出了退出跨太平洋伙伴关系协定(TPP)、巴黎协定、修建"美国—墨西哥"边境隔离墙、提出移民禁令等的诸多行为带来国内、国际舆论声讨。同时,美国还发起了与欧盟、日本、中国等大国之间的贸易战。作为仅次于美国的世界第二大经济体,中国成为美国贸易战斗争的主要对象。2017年,美国启动了针对中国的"301调查",甚至给出了长达215页的调查报告。此后,特朗普政府宣布因知识产权侵权问题对中国征收500亿美元关税并实施投资限制,开启了中美之间的贸易战。自2018年以来,美国频繁对从中国进口的商品加征关税。美国这些贸易保护主义行为破坏了多边自由贸易体系，给世界经济的复苏带来极大的影响，也对以 WTO 为基础的多边贸易与投资体系造成巨大破坏。

根据斯坦福大学和芝加哥大学的 Scott R. Baker, Nicholas Bloom 和 Steven J. Davis 三位学者的全球经济政策不确定性指标（EPU）的研究（见图1），可以发现2018年年末，全球经济不确定指数达到峰值，这也意味着全球宏观经济变量（如经济增长率和就业率）表现极差。

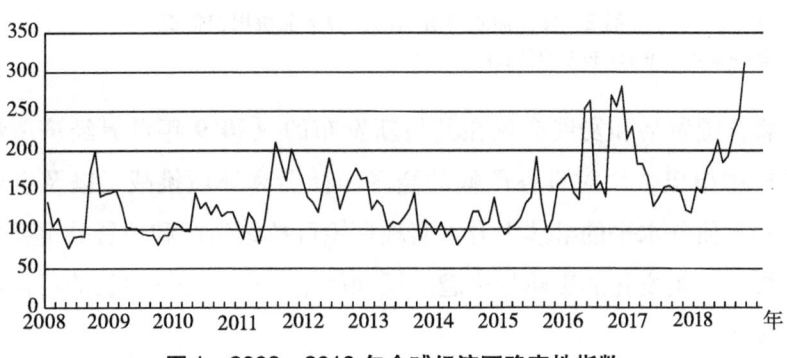

图1　2008—2018年全球经济不确定性指数

（2）全球经济贸易增长放缓。

2018年，随着全球各大经济体的贸易摩擦加剧，全球经济政策不确定性提高，以及投资者和消费者的信心受挫等的影响，全球经济增长再度放缓，仅实现了3.7%的增长，低于年初预期水平。IMF 于2019年4月9日最新发布的预测目标中，2019年全球经济增速将放缓至3.3%，这是2009年以来的最低水平。IMF 提示，全球增长面临的风险偏于下行，贸易紧张局势的升级可能超出增长预测已经体现的程度，英国在未达成协议的情况下退出欧盟，以及中国增长减缓程度超过预期和其他一系列触发因素可能引起风险情绪的进一步恶化，对经济增长产生十分不利的影响。按发展水平分类的世界商品进出口情况如图2所示。

2019年4月，WTO 预测世界 GDP 增长率会从2018年的2.9%放缓至2019年和2020年的2.6%。

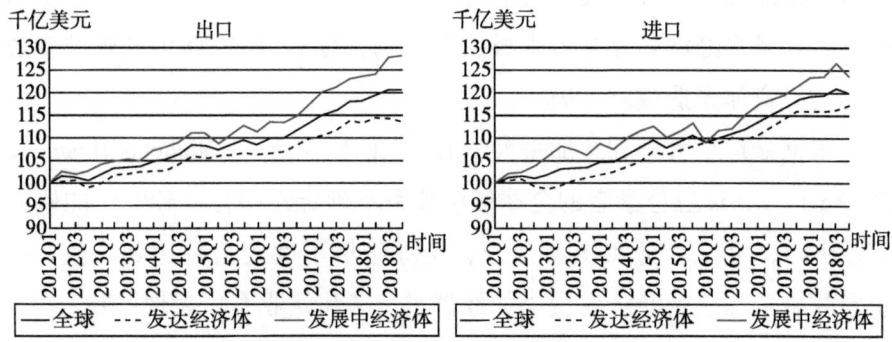

图 2　按发展水平分类的世界商品进出口情况
资料来源：WTO 和 UNCTAD。

联合国贸易和发展会议在其最新发布的《2019 年世界经济形势和前景》中指出，面对日益严峻的金融、社会和环境挑战，以及全球公共和私人债务水平的继续上升，实现环境可持续生产和消费的重要转变不够快，气候变化的影响越来越广泛和严重，全球经济增长的可持续性令人担忧。

（3）经济全球化进入调整期。

进入 21 世纪以来，新兴市场国家和发展中国家群体性崛起，对世界经济增长的贡献率达到 80%，经济总量占世界的比重接近 40%，多个发展中心在世界各地区逐渐形成，经济全球化和区域一体化的不断发展，使各国及地区之间的贸易加强。然而，随着发展中国家的兴起，西方国家在全球经济治理体系的主导权受到削弱，单边主义、贸易保护主义开始抬头，经济全球化和投资自由化的进程不断受阻，形成公正合理的国际政治经济秩序之路更加任重而道远。自国际金融危机以来，经济全球化逐渐呈现以下特点。一是全球化推进速度明显放缓，全球进出口贸易增速明显减缓，跨境直接投资规模增速降低，2008—2017 年的年均增速为 -0.42%。二是内容与格局发生分化。在内容变化上，服务贸易在经济全球化的地位有所上升；在格局变化上，以中国为首的发展中国家越来越深入地参与到全球生产价值链当中，在跨境贸易与投资中的地位不断上升①。三是规则重构争端。享有主导权的发达国家仍不愿意与后起之秀分享国际经贸规则的制定权，南北争端加大，WTO 遭遇了严重的挑战和冲击，面临改革困境。

2. 当前国内经济发展情况

（1）经济发展态势良好，仍是世界经济发展主力。

自党的十一届三中全会以后我国实施改革开放以来，我国经济便开始快速增长，并取得了世界瞩目的成绩，成为继美国之后全球第二大经济体，更是在美欧国家经济增速减缓的时期保持着较高的增长力，成为世界经济发展的重要力量。以 2018 年为例，IMF 估算全球经济增长率为 3.0%，而中国 2018 年实际经济增长率达 6.6%，相对于世界主要发达国家和地区如美国经济增长速度 2.6% 左右、欧盟 2.0% 左右，以及日本经济增长的长期停滞，我国经济保持着较高的增长率。近年来，我国 GDP 总量与美国 GDP 总量之间的差距不断缩小，如图 3 所示。2018 年，我国的 GDP 总量达到 13.20 万亿美元左右，仅次于美国 20.51 亿美元的总量，位居世界第二，即我国的 GDP 总量已经占比美国 GDP 总量的 60% 以上。此外，从人均 GDP 水平来看，我国人均 GDP 持续增加，与高收入国家人均 GDP 和全球人均 GDP 差距缩小。2018 年，我国人均 GDP 值达到 9462 美元，超过中高等收入国家平均水平（见图 4）。

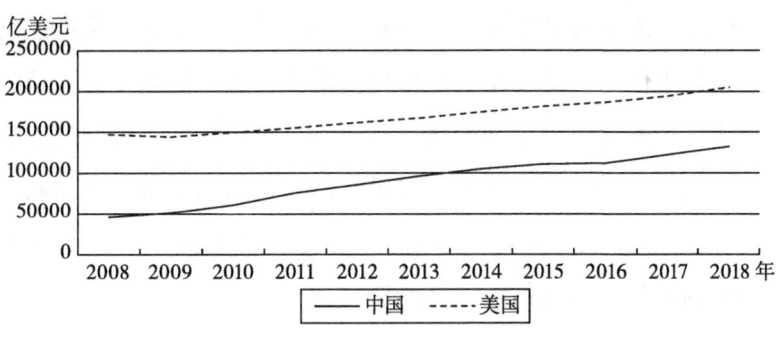

图 3　2008—2018 年中美两国 GDP 总量

---

① 隆国强. 经济全球化的新特点新趋势[N]. 人民日报,2019-02-22(009).

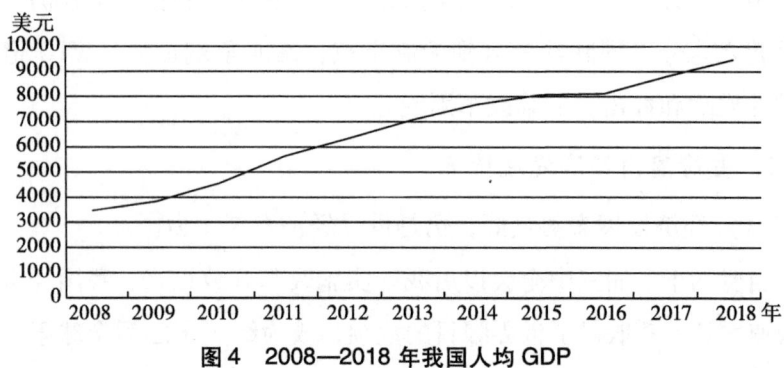

图4 2008—2018年我国人均GDP

从经济结构来看,随着劳动生产率的提高和收入的增长,需求的升级使居民对商品需求的比重逐渐下降,对服务的需求不断增加,与消费升级相关的休闲娱乐、艺术和健康等服务行业占比持续提升。2012年后,我国GDP中第三产业的占比已逐渐超越第二产业,并且近年来第二产业与第三产业的差距不断变大。2017年,三大产业占GDP的比重分别为7.9%、40.5%、51.6%。

(2) 经济进入新常态发展,风险与机遇并存。

改革开放40多年来,我国经济体制不断完善,取得了世界瞩目的成绩。我国经济进入了更高的发展阶段,即新常态阶段,但仍存在许多问题,如发展不平衡、不充分,发展质量和效益还不高,创新能力不够强,实体经济水平有待提高,生态环境保护任重道远等。生产能力大多数只能满足中低端、低质量、低价格的需求,生产能力中有大量过剩产能;供给结构不适应需求新变化,有效供给严重不足。关键核心技术长期受制于人,一些重要原材料、关键零部件、高端设备、优质农产品依赖进口,服务贸易各类产业的供给也不能满足居民需要。这些都是中国经济面临的最为突出的结构失衡矛盾[①]。

---

① 陈和. 深化供给侧结构性改革[M]//《党的十九大报告辅导读本》编写组. 党的十九大报告辅导读本. 北京:人民出版社,2017.

新常态下，我国经济增速虽放缓，但仍处于世界领先地位。此外，我国经济将扩大内需作为经济结构战略性调整的基点。经济结构不断调整和优化，增长驱动由要素驱动向创新驱动转换，提高社会生产力，坚持全面开放格局，这些战略上的调整为应对未来可能存在的风险提供了强有力的支持。

3. 改革开放以来我国经济发展战略及执行情况

自从1978年中共中央召开党的十一届三中全会，将党的工作重点转移到社会主义现代化建设上来，确立了改革开放政策，同时注重国民经济比例严重失调的问题，我国的经济发展才迎来了新的时期。1982年，中共十二大召开，首次提出了"经济发展战略"一词，提出了到20世纪末期中国经济建设的战略目标、战略要点、战略步骤和重要原则。

（1）追求经济高速增长的"三步走"经济发展战略。

1987年，党的十三大召开，提出了我国经济发展"三步走"战略的第三步，即到21世纪中叶人均国民生产总值达到中等发达国家水平。人民生活比较富裕，基本实现现代化，然后在这个基础上继续前进，并提出要坚定不移地贯彻执行注重效益、提高质量、协调发展、稳定增长的战略，将粗放式经营逐渐转移到集约式经营的轨道上。

从20世纪末到21世纪初，在经济快速增长的发展战略指导下，我国工业经济全面发展、第三产业迅速发展、产业结构得到改善，科学技术和教育水平也得到了一定提高。对外开放日益扩大，在国际市场上的竞争力日益提高，综合国力大大增强。经济实现了高速增长，其中，2003—2007年，我国经济增长速率连续达到10.00%以上；2000—2010年，我国GDP年平均增速达10.36%（见图5）。

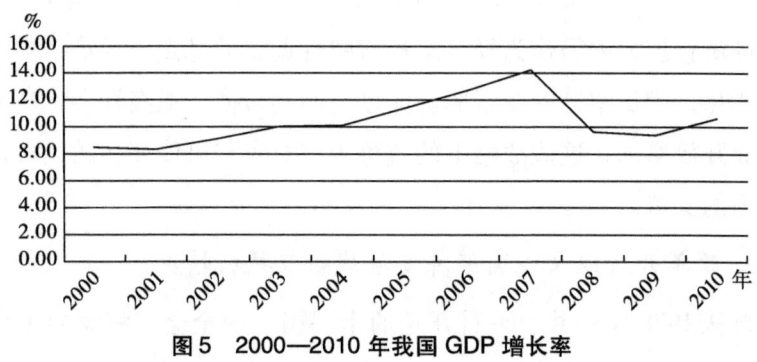

图5 2000—2010年我国GDP增长率

（2）坚持科学发展理念的新发展战略。

2007年，党的十七大报告指出了要解决经济增长中资源环境代价过大，城乡、区域、经济社会发展不平衡等问题，必须深入贯彻落实科学发展观，更加自觉地走科学发展道路。2012年，党的十八大报告中指出，不平衡、不协调和不可持续的发展仍然是一个大问题，科技创新能力薄弱，产业结构不平衡，农业基础设施仍然薄弱，资源和环境限制变得更加严重，必须更加自觉地把全面协调可持续作为深入贯彻落实科学发展观的基本要求，全面落实经济建设、政治建设、文化建设、社会建设、生态文明建设"五位一体"总体布局[①]。2017年，党的十九大报告中指出，创新驱动发展战略大力实施，创新型国家建设成果丰硕，开放型经济新体制逐步健全，对外贸易、对外投资、外汇储备稳居世界前列。中国特色社会主义进入了新的时代。

（3）坚持新发展理念，追求高质量增长的发展战略。

党的十九大报告中指出，中国经济已由高速增长阶段转向高质量发展阶段，正处在转变发展方式、优化经济结构、转换增长动力的攻关期，建设现代化经济体系是跨越关口的迫切要求和中国发展的战略目标。中国经济新常态下的经济发展，依托"创新、协调、绿色、开放、

---

① 赵晓雷.中国改革开放40多年经济发展战略转型研究[J].经济与管理研究，2018，39(11):4-10.

共享"新发展理念进行布局。党的十九大报告中指出,建设现代化经济体系主要在以下六个方面:一是深化供给侧结构性改革,必须把发展经济的着力点放在实体经济上,把提高供给体系质量作为主攻方向,显著增强中国经济质量优势,加快建设制造强国;二是加快建设创新型国家,创新是引领发展的第一动力,是建设现代化经济体系的战略支撑;三是实施乡村振兴战略,切实解决"三农"问题;四是实施区域协调发展战略,建立更加有效的区域协调发展新机制;五是加快完善社会主义市场经济体制;六是推动形成全面开放新格局,加快培育国际经济合作和竞争新优势。

在对外开放上,自2018年以来,我国也取得了突出成效,包括大幅度放开市场准入,大幅度降低进口商品关税等;召开首届进口博览会,不断完善营商环境;加快政府简政放权改革,着力提升通关便利化水平并取得显著成效;继续打造对外开放新高地,提出探索建设中国特色自由贸易港的新目标,支持海南建设全岛型自贸试验区和探索建设自由贸易港,将中国的特殊经济区建设推向了历史新高度。

(二) 未来我国经济发展战略重要内容

自我国经济进入新常态以来,面对经济进入中高速增长的新常态,不断优化经济结构,经济发展方式由要素和投资驱动转向创新驱动;同时,推进供给侧结构性改革,适度扩大总需求。2016年发布的《中华人民共和国国民经济和社会发展第十三个五年规划纲要》(以下简称《纲要》)中提出,要统筹国内、国际两个大局,牢固树立和贯彻落实创新、协调、绿色、开放和共享的新发展理念;用改革的办法推进结构调整,提高全要素生产率,实施创新驱动发展战略[①]。从党的十九大到二十大,是我国"两个一百年"奋斗目标的历史交会期。为实现"两个一百年"目标,党的十九大提出了"两个阶段走"的战略。第一个

---

① 中华人民共和国国民经济和社会发展第十三个五年规划纲要[N]. 人民日报,2016 – 03 – 18.

阶段为 2020—2035 年，在全面建成小康社会的基础上，再奋斗十五年，基本实现社会主义现代化；第二个阶段从 2035 年到本世纪中叶，在基本实现现代化的基础上，再奋斗十五年，把我国建成富强、民主、文明、和谐、美丽的社会主义现代化强国。未来，我国的经济发展战略将继续贯彻新的发展理念，建设现代化经济体系。

1. 从发展实体经济向制造强国转变

深化供给侧结构性改革的重点在于提高供给体系的质量，将发展实体经济作为经济发展的着力点，增强我国的经济质量优势。为培育经济新增长点和新动能，推动传统产业的优化升级，我国出台了大量产业政策，其中包括《国家中长期科学和技术发展规划纲要（2006—2020年）》《国务院关于加快培育和发展战略性新兴产业的决定》（战略重点决策）以及《中国制造 2025》。作为制造业大国，制造业一直是我国国民经济的主要支柱，也是我国未来经济"创新驱动、转型升级"的主战场。我国的制造业仍处于大而不强的阶段，因而由制造大国向制造强国转变，"推动中国制造向中国创造转变、中国速度向中国质量转变、中国产品向中国品牌转变"至关重要，"中国制造 2025"战略成为关键。

"中国制造 2025"战略立足现实、立足国情，提出了中国建设制造强国的"三步走"战略。以十年为一个阶段，通过"三步走"实现制造强国建设；面向制造业转型升级、提质增效，提出了九大战略任务、五项重点工程和若干重大政策举措；着眼应对新一轮科技革命和产业变革、抢占未来竞争制高点，围绕先进制造和高端装备制造前瞻部署了重点突破的十大战略领域，描绘了未来 30 年建设制造强国的宏伟蓝图和梯次推进的路线图。它成为未来几年我国实施制造强国战略的行动纲领，是未来 10 年实现制造强国梦的奠基性文件，将加快引领我国向制造业强国转变，最终进入制造强国阵营的最前列。其核心是加快推进中国制造业转型升级、提质增效，强调新一代信息技术与制造业深度融合,将引发影响深远的产业变革,形成新的生产方式、产业形态、商业模式和经济增长点。

"中国制造2025"战略强调要把两化融合作为主线,把智能制造作为主攻方向。制造业数字化、网络化、智能化是新一轮工业革命的核心技术,应该作为"中国制造2025"的制高点、突破口和主攻方向[①]。中国未来制造业发展的主要指标包括:创新能力、质量效益、两化融合、绿色发展。

2. 继续以创新驱动经济发展

创新是引领发展的第一动力,是建设现代化经济体系的战略支撑。进入经济新常态以来,我国经济依旧面临"自主创新能力相对薄弱""企业核心竞争力弱""高科技产业滞后于发达国家"的事实。在技术创新方面,我们仍缺乏对关键技术、前沿技术及颠覆性技术的自主控制能力。以国产芯片为例,目前国产芯片只能作为中低端芯片的替代品,而通信、工业、医疗、军事等重要领域对芯片的稳定性和性能要求很高,国产芯片远远达不到这个水平[②];创新体制不完善,缺少科技中介机构,以及以政府为主导、促进技术转移的机构和官方性质的科技信息研究和服务机构及信息交流检索平台[③]。

针对这些问题,未来我国在进行创新战略部署时,应当不断改善创新体制机制,以国家引导为主深化供给侧结构性改革,多层次配置产业集群,合理配置资源,扩大有效供给,组建涵盖国家重点实验室、核心技术研究中心、"双一流"高校,以及各行业龙头企业的技术联盟研发联合体,落实产学研结合,促进高校人才优势、科研平台设施优势、企

---

① 周济. 智能制造:"中国制造2025"的主攻方向[J]. 中国机械工程,2015,26(17):2273 - 2284.
② 朱建民,朱静娇. 我国创新驱动战略路径探索:基于中兴事件的思考[J]. 财会月刊,2018,843(23):36 - 41.
③ 董世龙,薛惠. 科技创新法律制度存在的问题与对策[J]. 科技进步与对策,2013(13):116 - 118.

业资源优势的融合①;学习国际上先进的科技服务产业管理经验,建立具有中国特色的官方科技服务管理机构,促进资源最优配置。在技术方面,要针对国情,结合我国智能制造的优势,选择最优领域寻找突破点进行大力研发。此外,还要加大研发投入,激发企业和个人的创新意识和创新积极性,真正实现"大众创业、万众创新",促进我国经济高质量发展,提升国际竞争力。

3. 继续扩大开放实现合作共赢

我国一直积极发展全球伙伴关系,扩大同各国的利益交会点,推进大国协调和合作,构建总体稳定、均衡发展的大国关系框架。未来,我国仍坚持对外开放的基本国策,坚持打开国门搞建设,积极促进"一带一路"国际合作,努力实现政策沟通、设施联通、贸易畅通、资金融通、民心相通,打造国际合作新平台,增添共同发展新动力。以"一带一路"为核心、互联互通为关键、基础设施建设为手段、建立开发性金融机构为战略平台成为中国对外投资战略新方向②。围绕以"一带一路"为核心的对外投资新战略,我国正在不断努力地推动建立国际区域协调机制,逐步实现对周边国家的战略融合,努力促进对外投资新战略的有效实施。

二、未来韩国经济发展战略

(一) 当前经济发展状况

1. 经济增长放缓,出口下滑成为韩国经济下滑的重要原因

伴随着全球经济贸易增长放缓,韩国的经济增长率也一直处于下降

---

① 朱建民,金祖晨. 国外关键共性技术供给体系发展的做法及启示[J]. 经济纵横,2016(7): 113 – 117.
② 赵蓓文,陈煜明. 中国对外投资新战略与开放经济发展新格局[J]. 金融市场研究,2015(6):73 – 83.

趋势。2019年经合组织（OECD）指出，韩国经济先行指数已连续21个月下跌，这种严峻状况即便是在1997年爆发的亚洲金融危机期间都未出现过。此外，OECD于2019年3月将2018年11月预测的韩国经济增长率2.8%下调至2.6%。

2. 通胀压力不断上升，就业形势日趋严峻

近年来，韩国经济延续稳步增长势头，外贸形势趋于改善，但近期通胀压力逐步上升，就业形势依然严峻，财政状况不容乐观，货币政策也趋于收紧。受国际油价攀升和国内食品、交通等价格上升影响，2018年韩国通货膨胀压力持续增大，5月消费者物价指数同比增长1.5%；剔除食品和能源价格波动的核心消费者物价指数，5月同比增长1.4%，维持2018年以来高位。多数市场机构预测，受国际贸易局势紧张影响，2018年韩国通胀压力会不断上升，将逐步接近韩国央行调控目标。受制造业市场萎靡影响，2018年以来韩国劳动力就业形势总体不佳，根据韩国统计厅数据，2018年韩国就业人数为2682.2万人，就业率为60.7%，较上年增加9.7万人，增幅下滑0.1个百分点，创2009年以来增幅新低。就业总规模缩小与劳动力人口持续减少有关，2018年韩国失业人数为107.3万人，连续三年失业人数超百万，为2000年以来的最高水平。2018年失业率为3.8%，较上年上升0.1个百分点，其中青年人就业形势有所好转，青年人失业率为9.5%，比上年下降了0.3个百分点[1]。

（二）当前经济发展战略及执行情况

韩国从建国时期人均GDP水平不到70美元，到如今人均GDP水平接近3万美元仅经历了60余载的时光。韩国经济的快速发展来自韩国两次成功的经济战略转型。第一次转型是在20世纪70年代，从轻工业

---

[1] 孙正民. 在经济下行和工资增长的双重挤压下挣扎：2018年韩国劳务市场述评[J]. 国际工程与劳务，2019(3).

向重工业的转型；第二次转型是在20世纪90年代，从重工业向电子和精密机械工业的转型。经过这两次转型，韩国的工业结构由最初的纺织业转化为石化和钢铁等重工业，最后又转化为电子和汽车工业等高附加值的产业。在两次经济转型中，韩国赶超式的技术创新战略起到了关键作用。在这一战略下，韩国政府成立了研发机构，如1966年成立的旨在吸纳海外留学科学家和工程师的韩国科学技术研究院，以及1974年大川市大田国家级研发综合体的设立。在赶超式技术创新战略下，韩国首先对进行战略投资的行业进行决策，通过技术许可或转移的方式进行技术学习，之后则是通过"从做中学"这一方式进行学习，同时通过企业和政府之间的合作推动产业革命。随着全球化竞争不断加剧，韩国赶超式战略已经不再符合韩国国情，新的促进技术创新和经济发展的战略亟待应用，相关报告提出了"后赶超式战略"，声称韩国必须与过去的赶超式战略决裂，并在技术创新中实施自己的后赶超式战略，技术深化、技术分化和技术开拓则被认为是后赶超式战略的三种具体方法[1]。

此外，韩国通过"出口导向+进口替代"的外向型经济发展模式，结合对本国市场的保护，实现了经济高速发展。主要表现在，韩国政府在经济起飞和高速发展阶段推行出口导向型的贸易发展战略，通过各种手段推进出口增长来带动经济发展，而在进口方面采取一定的地方保护主义政策对国内市场进行保护，进而实现经济的快速发展[2]。

（三）未来韩国经济发展战略重要内容

1. 韩国国政营运五年规划

2017年，韩国新任总统文在寅发表了"国政营运五年规划"，提出将"共同富裕的经济""普济民生的国家""均衡发展的地区""和平

---

[1] 洪元朴. 韩国赶超战略回顾：经济增长与技术创新[J]. 经济论坛, 2018, 576(7): 21-25.
[2] 申东镇. "小国"经济的"大国"战略：韩国经济模式的另一种解读[J]. 韩国研究论丛, 2017(1): 264-276.

繁荣的半岛"作为重要经济目标,同时还将集中力量完成"就业经济""引领第四次产业革命的创新创业国家""避免人口悬崖""地方自治与和平发展"四个综合改革课题。国政企划委提出了未来"五年三步走"发展规划,建立引领第四次产业革命的创新创业国家。第一阶段为2017—2018年,重点构建推进第四次产业革命基础蓝图。成立总统直属的第四次产业革命委员会,并制定迎战第四次产业革命的计划。第二阶段为2019—2020年,为创新产业培育期:一是将用于中小企业的专用研发支出扩至目前的2倍;二是到2020年,集中培育1200家具有国际实力的小型企业;三是实现5G频率商用化,构建下一代社会保障和智能型政策支持系统。第三阶段为2021—2022年,为新产业成果收获期,即到2022年实现智能信息技术水平达到先进国家90%的目标(2015年为75%)[①]。

在韩国2017年发布的《2018政府研究开发投资方向报告》中也可以看出韩国政府倡导的主要发展方向。研究开发报告提出了政府研发大的三大愿景和九个重点投资领域:愿景一是强化先导未来的科技力量,重点投资领域包括增强自主创新和挑战性研究,发展先进的研究基础设施,培养优秀人才,建立开放、共享、合作的研发生态系统,面向第四次产业革命技术及市场的抢先性研发投资;愿景二为确保经济的可塑性,主要投资方向为鼓励支持成长型新市场、新产业的研究开发投资,进行产业研发投资以提高中小企业及地域性研究成果,创造以科学技术为基础的全新、有前途的就业机会;愿景三为提高国民生活质量,主要投资方向在于推进公共服务智能化、先进性,创新灾难、灾害响应系统,应对中长期经济、社会风险的先导反应。同时,韩国政府还制定了十大技术领域的投资战略,包括信息通信技术与软件;生命、保健医疗;能源、资源;材料、纳米;机械、制造;农林水产、食品;航空、

---

① 于晓.《韩国国政运营五年规划》传递出哪些经济信息[N].中国财经报,2017-09-09(006).

航天、海洋;建设、交通;环境、气象;基础研究等①。

2. 对外经济发展战略

为了发掘韩国经济增长新动力,韩国产业通商资源部于2018年发布了"新通商战略",计划将出口额从2017年的5737亿美元扩大至2022年的7900亿美元②。

文在寅政府提出了"新南方政策""新北方政策"。"新南方政策"主要针对东盟,兼顾南亚特别是印度,希望2020年与东盟贸易额达到2000亿美元,这已接近2017年的2200亿美元的中韩贸易额。"新北方政策"的合作对象包括俄罗斯等全部独联体国家、中国与蒙古国,其首要的合作对象是俄罗斯。"九桥战略规划"所涵盖的九个合作领域,多数围绕俄罗斯设计,北极航线是其典型例子③。

三、中韩经济发展战略对接的基础条件

(一) 基础条件

1. 自然与文化基础

中韩两国一衣带水,具有发展经济关系极好的地缘优势,中韩两国文化的同质同源性在一定程度上可以促进两国之间的交往合作④。中韩建交以来,两国的文化交流也一直不断加深。中韩两国相互交流、相互学习,"韩流""汉风"盛行。中韩两国国家制度选择不同:近代社会,韩国文化在很大程度上受西方发达国家的影响,完成了政治民主改革,有了新的文化和内涵、个性突出、东西兼容;中国在马克思主义思想指

---

① 王达,乔新歌,朱莲花,等.2018年度韩国政府研究开发投资方向[J].今日科苑,2017(11):69–78.
② 韩国:2022年取代日本成为世界第四大出口强国[EB/OL]. http://www.seoul.co.kr/news/newsView.php?id=20180406005009.
③ 薛力.文在寅政府"新北方政策"评析[J].世界知识,2018,1724(9):72.
④ 刘金奇.中韩推动东北亚多边合作研究[D].沈阳:辽宁大学,2017.

导下，结合国情演化出具有中国特色的社会主义文化体系，对中国经济和文化发展具有重要意义。这些不同之处更加值得两国相互借鉴、互相沟通。

2. 政治基础

东北亚地区国际环境不断变好。近年来，东北亚地区大国关系逐渐向好、朝鲜半岛局势也趋于缓和，为中韩经济关系的发展准备了良好的外部条件。两国各个层面交往加深，政治互信度不断提高。

3. 经济基础

相似的经济发展经验。作为东北亚地区重要的经济大国，韩国和中国具有非常相似的发展历程。一是都选择了"市场经济+强有力的政府干预"的发展模式，将宏观调控性引导与竞争性市场机制相结合，通过自上而下的方式，依靠"看得见的手"加速推进现代化演进[①]；二是都将经济发展作为强国的第一要义，实施对外开放战略，利用国内和国际两个市场、两种资源，积极寻求国际合作，参与国际竞争和国际分工；三是都将科技发展作为驱动国家进步的重要动力。这些相似的发展历史和发展经验，无疑会促进中韩经济关系的发展。

中韩经济合作已有广泛成就。多年来，中国一直是韩国的最大贸易伙伴国和最大海外投资对象国，而韩国也成为中国仅次于美国和日本的第三大贸易伙伴国以及第四大出口对象国、第五大外资来源国。在贸易与投资方面，中韩两国早在 2004 年就建立中韩自贸区问题就已达成共识，并于 2012 年启动了中韩自贸区谈判事宜，2015 年 12 月，中韩自贸协定正式生效。中韩产业合作的深度、广度加深，合作领域主要集中于汽车、钢铁、船舶、机械、石化、平板显示等传统领域，进一步加强制造业领域的交流与合作，包括传统产业改造、绿色制造、智能制造、机器人开发等领域的未来发展和战略研究，推动智能工厂、绿色工厂、绿

---

① 丁越. 韩国现代化发展及对中国的借鉴意义[D]. 南京:南京大学,2017.

色园区等领域的合作开发、示范推广及经验交流①。

（二）机遇

1. 两国经贸合作空间不断增大

（1）两国都需应对经济下行风险。

在全球经济贸易放缓背景下，中韩两国经济也面临着较大的下行压力。从中国和韩国自2000年以来GDP增长趋势可以发现，两国自2012年后增速明显放缓（见图6）。面对经济增长的下行压力，促使两国不断调整宏观经济政策以稳定国内经济，不断扩大内需，寻求国际经贸合作。中韩两国广泛的经贸合作必会促使两国在面临经济下行风险中抱团取暖、互惠互利。

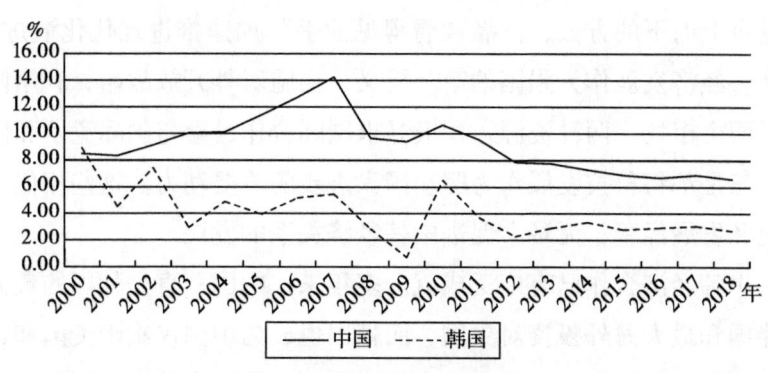

图6　中韩两国GDP增长趋势

（2）互补的经贸合作关系。

中韩建交的20多年里，两国一直拥有着良好的经贸合作关系。在建交初期，经济上的差距促使中韩经贸合作有了共同利益点，基于中国的资源优势和政策支持，韩国在中国大量投资建厂，将劳动力密集型产业转移到中国，同时向中国出口大量的电子、化工等先进技术产品；而中国地广物博，有丰富的劳动力资源和自然资源，市场潜力巨大，向韩

---

① 朱新荣. 区域经济一体化进程中的中韩经济合作研究[D]. 苏州:苏州大学,2017.

国出口大量初级产品，有效弥补了韩国国内劳动力和资源发展上的不足。虽然我国经济进入新常态，经济增速降低，但我国经济增速在全球主要经济体中仍位居前列，出于经济持续增长和发展的需要，中国仍需从韩国大量进口各类商品和服务。首先，近年来中国经济结构不断调整，供给侧和需求侧结构性改革取得良好成效，市场规模优势不断扩大，也给了韩国更多的投资机会。其次，在创新驱动发展战略下，我国努力发展高新技术产业，而韩国领先的技术水平给了中韩经贸合作新的方向，在未来中韩经贸合作可能不再是单纯的货物贸易，而是货物与技术并重的经贸合作局面，在一定程度上会加强中韩的经贸合作关系[1]。

此外，韩国出口对中国市场的依存程度逐步加深。韩国产业通商资源部发表的每月进出口动向资料显示，2018年1—9月，韩国对中国市场的出口额占韩国出口总额的34.9%，高于2017年的比重（31.6%），韩国对中国出口连续23个月增加，主力商品为半导体。它既是引领韩国出口增长的中坚力量，也高度依赖着中国市场。9月韩国半导体的总出口额为125.3亿美元，对中国出口达87.0亿美元，占比为69.4%[2]。

2. "一带一路"倡议为韩国实现繁荣提供机遇和动力

目前，全球100多个国家和国际组织积极支持和参与"一带一路"建设，联合国大会、联合国安理会等重要决议也纳入"一带一路"建设内容。"一带一路"倡议中共商、共建、共享的原则，不仅能解决中国国内经济问题，还是能给欧亚相关国家带来巨大经济发展机遇的经济外交战略，符合亚欧国家的经济发展需求。

虽然韩国希望通过推行"双新政策"降低对中国的经济依存度，但中韩经贸合作的深化发展已无法通过其他合作模式来取代。韩国企划财政部同样认为加入亚投行的目的在于"期待在建筑、通信和交通等

---

[1] 中韩经济一体化趋势分析。
[2] 资料来源：http://www.ccpit.org/Contents/Channel_4115/2018/1022/1076032/content_1076032.htm。

基础建设领域让韩国企业获得更多的参与机会"。韩国贸易协会国际贸易研究院院长金极洙称,中国的"一带一路"倡议可能是给予韩国的"第二个红包"。韩国目前的经济困境,如制造业发展瓶颈问题、国内市场停滞、社会急速老龄化、就业、经济发展缓慢、对外贸易依存度高等问题都亟待解决,而"一带一路"可以满足韩国克服当下经济困境、寻找经济发展新动力的诉求[①]。积极参与"一带一路"建设也为韩国增加了一个通往欧洲的新选择,韩国的产品可以通过"一带一路"东端的连云港一直运送到中亚的哈萨克斯坦等国[②]。

同时,加入"一带一路"也与韩国希望实现半岛和平的目标一致。就国家实力和朝韩关系的现状来看,半岛要实现统一就离不开中国的支持,以及中、美、韩、俄、朝、日之间的多边协调。文在寅总统曾明确表示,希望连接韩朝铁路,并与中国"一带一路"倡议对接,实现全新的陆海丝绸之路,促进朝鲜更加开放[③]。另外,韩国认为如果中国利用亚投行资金扩充连接朝鲜的道路网,那么也将直接帮助到韩国。

由于"一带一路"涉及的大部分是发展中国家,在基础设施建设、工业园区、电子商务等方面的机会巨大,而中韩两国在这些领域上各有优势,通过中国的"一带一路"倡议,中韩两国可以创新合作的方式,探索新的经济增长方法,既造福两国人民,也可造福沿线各国人民。

(三) 挑战

当然,中韩经贸合作仍面临一些挑战,包括朝鲜半岛问题和一些历史问题,萨德问题和美国因素也是中韩经贸合作需要面临的挑战。

1. 中美竞争格局影响韩国选择

一方面,韩国同美国一直保持着密切的同盟关系,依赖着美国的军

[①] 朴钟锦."一带一路"倡议下中韩合作的韩国认知动因分析[J].黑龙江社会科学,2016(4):82-87.
[②] 陈为民.韩国紧盯中国未来发展[N].中国青年报,2015-06-03.
[③] 王维伟.韩国机制化参与"一带一路"建设有关问题分析[J].当代韩国,2018,96(1):85-96.

事保护，尤其朝鲜的核威胁迫使韩国不得不寻求美国的保护。韩国总统文在寅上任后，依然奉行以对美关系为基轴的外交方针，致力于形成"周边四强合作外交"的新局面。作为美国亚太战略布局中的重要一环，美国一直希望韩国能够减少同中国往来，"萨德"事件就是一个很好的例子。另一方面，韩国与中国东北部相邻，地缘相近，又与中国有着密切的经济贸易往来，韩国经济高度依存中国。

2. 中韩在经贸合作上的问题

虽然两国自建交以来一直保持着良好的贸易合作关系，贸易依存度高，但仍面临着许多经济问题，如贸易收支不平衡、逆差严重、贸易摩擦不断、市场竞争不断激烈等。

首先，中韩贸易长期逆差，导致贸易差额的主要原因在于中韩两国双边贸易中的商品结构问题。韩国的发展程度比较高，在技术与资本密集型产品上具有优势，中国从韩国进口的也多是附加价值高的机械、运输设备、电子等工业产品；而中国向韩国出口额较大的商品多是纺织品、电子元件等初级产品。其次，中韩两国之间的贸易竞争不断激烈。随着中国经济的飞速发展，科技水平不断提升，与韩国的技术差距越来越小。韩国在一些高科技产品方面的比较优势逐渐降低，中国生产的商品国际竞争力越来越强，使韩国商品的市场份额逐渐减小。近年来，中国向韩国出口的产品已不再是简单的初级商品，中国生产的机电类产品、化工产品、通信及移动设备和其他新兴产业产品与韩国本土生产的产品竞争毫不逊色，给韩国商品造成了极大压力[1]。同时，两国之间存在一定的贸易摩擦问题，韩国国内有较强的本土产品保护和消费倾向，韩国对从中国进口产品不够积极，导致中国产品难以进入韩国市场，韩国的贸易保护主义也造成对中国出口的壁垒。

---

[1] 张铭鸿. 中国经济新常态背景下中韩贸易发展研究[D]. 延边:延边大学,2018.

四、中韩经济发展战略对接的思路和重点领域

（一）思路

1. 全方位促进中韩贸易双边合作

中韩两国贸易来往密切，贸易发展迅速，早在 2012 年我国便成为韩国第一大出口对象国和进口来源国，而韩国则是中国第三大贸易伙伴国、第三大出口对象国和第二大进口来源国。随着 2015 年中韩 FTA 的建立，必将进一步推动两国经贸合作的深入发展。在未来一段时期内，保障自贸协定的落实是推进中韩区域经济一体化进程的主流。而中韩两国贸易收支不平衡、逆差巨大的经贸合作结构，必有害于中韩经贸合作的可持续发展。中韩自贸协定是中国迄今为止涉及国别贸易额最大、领域范围最为全面的自贸协定。在韩国方面，中韩自贸协定在其目前缔结的自贸协定中关税优惠对象的数量最多，可以说，中韩自贸区的建立将极大地打破目前中韩之间的关税贸易壁垒，促进贸易和投资自由化、便利化。因而，促进中韩经贸合作是实现中韩经济发展战略对接的重要内容。

2. 寻求两国对外战略对接点

从朴槿惠政府时期提出的"欧亚倡议"外交构想，到文在寅政府提出的"新北方政策"和"新南方政策"，都是韩国试图通过合作、团结和包容实现与欧亚地区国家经济合作，扩大韩国的对外贸易，加强与俄罗斯、中国、朝鲜、蒙古、欧亚国家的战略合作，实现亚欧大陆的共同繁荣的努力。

"一带一路"倡议的构想是从中国出发，分别通过陆、海通道连接中亚、东南亚、南亚、西亚直至欧洲，将全球最具经济活力与潜力的东亚经济圈和欧洲经济圈相连，沿线覆盖约 44 亿人口，占全球经济总量

的29%①。可以发现,"新北方政策"和"新南方政策"与"一带一路"倡议所倡导的合作包容、促进地区和平繁荣的理念相通;而且在地域上,"新北方政策"和"新南方政策"与中国的"丝绸之路经济带"和"21世纪海上丝绸之路"高度融合;在内容上,中韩双方都强调以基础设施建设为重点的"五通"。中韩双方的倡议具备了实现对接的坚实基础;同时,韩国方面对于两国对外经济合作战略对接也有积极的表态。文在寅总统曾在"韩中两国共同进军第三国产业合作论坛"上发表四大合作方案:一是除中韩两国以外,还要强化蒙古、俄罗斯等区域内国家之间的联合,倡导与中、蒙、俄以及朝鲜加强合作,把朝鲜半岛作为欧亚大陆和海洋相接的部分进行连接;二是要加强优化环境友好型的能源结构,构筑超国家电力网,进行多国能源领域的合作,构建利用IT技术的"数字丝绸之路";三是发挥韩中企业的优势,共同进入第三国基础设施市场;四是促进贸易畅通,加强韩国和中国等地区国家间的贸易和投资合作②。同时,战略上的相似性也意味着两国在推行区域合作的时候不可避免地产生竞争关系,如果中韩两国可以实现两个战略的良好对接,必将带来资源最大化利用,实现"1+1>2"的效果。因而,寻求"一带一路"和韩国新的对外经济开放战略的对接点,对促进两国经济发展具有重要意义。

3. 共同促进东北亚区域一体化建设

随着全球经济发展放缓,各国都意识到只有沟通合作才能有新的经济增长点,区域合作也成为各国的共识,东北亚地区也一直在寻求一条适合区域合作的途径。在后金融危机时代,欧美众多大国的经济发展逐渐放缓,国际影响力也相应下降,而以中韩为代表的东北亚区域则出现了区域整体经济影响力不断上升,区域内的互动协调机制重新构建等特

---

① 汪洁."一带一路"经济总量约21万亿美元,约占全球29% [EB/OL]. (2014 - 10 - 21) [2015 - 01 - 28]. http://www.chinanews.com/cj/2014/10 - 21/6699000.shtml.

② 董向荣. 韩国文在寅政府对外经济合作政策及其前景[J]. 当代世界,2018(7):67 - 70.

征，为促进东北亚地区多边合作提供了新的动力。但仍不能忽视的是，东北亚地区由于历史、政治等多种原因相互合作进展缓慢，基本处于低水平的合作状态，区域合作基本处于停滞状态。因此作为带动东北亚区域合作的两个核心国，中韩两国在推动东北亚区域合作中具有双赢优势。

首先，东北亚地区位于"丝绸之路经济带"的延伸区域，也是"21世纪海上丝绸之路"的组成部分。若将东北亚地区对接入"一带一路"的版图中，既能连接陆上与海上丝绸之路，使其成为一条连接的彩带，又能为自身的崛起提供绝佳的契机，加快完善区域合作机制，建立全方位、宽领域、深层次、高水平的合作，推动经济一体化的构建①。其次，借助地缘优势，中国可将东北地区作为推动东北亚地区区域合作的开放大门，倒逼深化改革和转型增长，促使东北地区经济转型升级，实现东北振兴战略。而对于韩国来说，其推行的"欧亚倡议"的宗旨就是通过加强与俄罗斯、中国、朝鲜、蒙古国、欧亚的战略合作，实现共同繁荣，那么中韩如何合力推动东北亚区域一体化建设，也为实现两国经济发展战略对接提供了新思路。

（二）重点领域

1. 促进两国贸易和投资更加便利化

促进中韩经济发展战略对接，首当其冲的便是降低两国经贸合作成本，促使贸易投资更加便利化。首先，在制度层面上，双方可以基于合约协定，对相关贸易活动制定更加完善的交易标准，保证双边贸易投资更加合理化和正规化；其次，在双边交易结构上，双方都应适当放宽市场准入政策，减少贸易保护主义，消除关税和非关税壁垒，积极调整进出口商品结构，生产双方适销对路的产品，提高交易效率；最后，在投资方面，改变"一边倒"的状态，优化投资环境，韩国可以利用中国产

---

① 李楠."一带一路"倡议下东北亚区域合作机制[J]. 经营与管理,2018(4):69-71.

业结构升级和对高新技术产业大力扶持的良好机遇,加强对中国高新技术产业领域的投资。中国方面,借助中国"走出去"战略的推行,凭借自身优势企业和项目积极投资韩国,一方面有助于扩大中国在韩国当地的影响力,转变韩国民众对中国企业和产品的看法;另一方面有助于拉动中国货物和服务贸易对韩国的出口,扩大投资的连带效应①。另外,在配套设施上,两国可以在海关通关、货物出入境、人员流动等领域加强合作,积极推进两国政策标准"软联通",尽快实现"信息互换、监管互认、执法互助",为中韩货物贸易和服务贸易合作创造良好的外部环境②。

2. 加大投资领域合作

自 2014 年韩国启动人民币对韩元交易市场以来,中国企业对韩投资更加活跃。韩国方面,虽然对中国直接投资数额较大,但整体还存在投资合作领域窄、投资结构不合理、投资方式不够灵活等问题。在中国不断扩大开放的背景下,韩国可以通过提高投资质量,将投资结构从以劳动密集型为主的投资转向劳动、资本、技术并存的多元化产业投资结构,利用中国产业结构升级加强对中国高新技术产业领域的投资合作。中国方面,中国企业也可以凭借自身优势提高产品的附加值,加大对韩国的生产性投资。这样不仅可以使双方合作更加深入均衡,而且可以带动对韩国的出口,减少中方逆差,从而促进贸易的均衡发展。

3. 加强与俄罗斯的互动,实现三国战略同步发展

中韩两国的合作在一定程度上可以得到俄罗斯的响应,实现东北亚地区"互联互通"局面。首先,韩国"新北方政策"的主要合作国便是俄罗斯,其"九桥战略规划"主要是针对俄罗斯的合作,从釜山到鹿特丹的北极航道是九桥规划中的一项,而中国与俄罗斯酝酿的"冰

---

① 齐欣. 中韩经济一体化趋势分析[D]. 北京:中国地质大学,2015.
② 孙雷红,李楠. 当前韩国经济形势及推进中韩经贸合作的政策建议[J]. 中国经贸导刊,2018,904(21):63-64.

上丝绸之路"与韩方的北极航道也有共同之处①。此外,中国东北与俄罗斯远东地区之间的交通网络建设已经有一定的基础,如珲春—扎鲁比诺跨境公路建设、扎鲁比诺港改造、大连港集团投资纳霍德卡渔港改建项目。因而三国在基础设施建设上有新的合作契机,可以充分发挥各自的比较优势进行共同开发,其效果要比两国合作更好②。

与此同时,中韩两国的"一带一路""新北方政策"可与俄罗斯的"2025年前远东和贝加尔地区经济社会发展战略""欧亚经济联盟"等政策进行对接,推进重大项目合作,优化经贸结构,提升合作层次,实现共同发展。

4. 打造地方经济合作区

在中韩FTA中,双方提出进行地方经济合作,此次的地方经济合作将通过中国威海与韩国仁川自由经济区进行试点。作为首个示范区,威海将在贸易、投资、服务、产业合作等多种经济合作方面发挥示范和引导作用,示范区建设在2015年取得5项全国或全省创新性突破的基础上,2016年又在跨境电商、贸易便利化、服务业合作等方面取得17个新突破,有30多个对韩合作标志性项目落地③。威海中韩自贸区地方经济合作示范区还着力营造国际化、法治化、市场化的营商环境,探索中韩服务业合作新机制,吸引、利用中韩两国先进制造业资源,建设中韩高端产业融合高地,打造中韩双向商品重要集散地,并为未来经济合作区提供可借鉴经验④。那么,未来中韩两国仍可依托在中国地区的合作经验,着力打造地方经济合作区,借鉴成功经验创新中韩经济合

---

① 总统直属北方经济合作委员会. 韩国"新北方政策""新南方政策"与中国"一带一路"的战略对接探析[C]. 2018(4):4-23.
② 薛力. 韩国"新北方政策""新南方政策"与"一带一路"对接分析[J]. 东北亚论坛,2018,139(5):62-71,129-130.
③ 夏志成. 中韩自贸区地方经济合作示范区——给威海带来的机遇[J]. 中国经济科技新闻数据库,2016,12:91.
④ 朱新荣. 区域经济一体化进程中的中韩经济合作研究[D]. 苏州:苏州大学,2017.

作，发挥两国的比较优势，实现共同发展。

五、中韩经济发展战略对接的政策建议

（一）以制度化保障双边合作关系

经过近三年的谈判，中韩自贸协定于 2015 年上半年正式签署，这标志着中韩经济合作有了制度性保障。为保障两国贸易投资更加便利、民间互信度提高，以制度化保障双边合作具有重要意义。一是两国应当加强宏观经济政策的沟通和协调，积极参与多边国际合作机制建设；二是明确两国投资市场准入、投资审批程序，加强双边货币互换、汇率政策合作，促进两国直接投资；三是建立贸易的相关体制机制，包括信息共享机制、中介服务机制、跨境业务咨询、贸易争端解决机制等；四是就海关通关、货物出入境、签证颁发、人员流动等领域推进两国政策标准"软联通"，实现"信息互换、监管互认、执法互助"，创造良好的外部环境。

（二）加强与韩国基础设施建设合作

基础设施建设可以有效拉动产业链上下游的外部需求，"一带一路"倡议的对外投资重点是基础设施建设，可以实现对中国具备比较优势的高端装备制造业产能输出，化解钢铁、水泥、电解铝等产能过剩问题[1]。同时，"一带一路"倡议与韩国的"新北方政策"和"新南方政策"都强调与欧亚的战略合作，实现亚欧大陆的共同繁荣，且都以互联互通为基调，将基础设施建设作为重点项目。因而中韩两国可就对外政策的对接点积极展开合作，综合考虑两国在基建上的优势，合力打造基建合作示范项目，这不仅有利于两国之间的经济合作，还有助于提

---

[1] 赵蓓文，陈煜明. 中国对外投资新战略与开放经济发展新格局[J]. 金融市场研究，2015（6）：73－83.

升两国企业在欧亚大陆的影响力,同时促进欧亚经济一体化发展。

(三) 不断夯实新兴产业合作基础

随着第四次产业革命的到来,中韩两国都面临巨大的挑战,双方应当加强在新能源、人工智能、生物制药、工业物联网等新兴产业上的合作,实现互利共赢,打造新的商业合作模式。中韩两国近年来都以创新推动产业发展,中国的"中国制造2025"以及韩国的"制造业革命3.0"战略,都是以扩大创新、推进科研创新、培育创新人才等为主要发展方向。借助两国战略的共通之处,中韩两国可以以中韩产业园区为基础,促进创新人才交流,建立产业创新科研平台,联合参与国际标准制定,展开产学研战略联盟,发挥两国在不同领域上的技术优势,实现资源的最优配置,加快两国产业革命步伐。

(四) 建立合法有效的贸易争端解决机制

鉴于中韩两国在经贸合作上仍存在贸易不平衡、逆差严重、贸易保护及贸易摩擦等问题,建立一个有效的贸易争端解决机制,营造良好的合作环境对中韩经济发展战略对接具有重大意义。由于中韩FTA是一个区域贸易协定(RTA),签订后人员和物料的交换一定会扩大,贸易开放的范围将会非常广阔,两国之间争端发生的可能性也会相对加大,所以建立一个公平、及时、有效的争端解决机制是有效利用中韩自由贸易区的先决条件[①]。因此,建立一个公平有效的争端解决机制,将在很大程度上解决两国之间的贸易冲突,维护地区稳定和持续发展。中韩可以就FTA共同编制双边贸易的标准,在标准中对相关贸易活动进行解释和应用,并制定贸易争端解决程序和办法,必要时可以设立第三方监督(如WTO),确保争端机制可以合理有效地运行,提高区域经济一体化和区域贸易标准的权威性和合法性,促进中韩经济一体化发展进程。

---

① 李垂孝. 中韩自由贸易协定中的争端解决机制研究:以中韩经济关系史为基础的分析[D]. 长春:吉林大学,2014.

(五) 加快两国金融合作

中韩两国虽拥有着巨大规模的经贸投资合作，商品贸易发展迅猛，但两国之间的金融合作却仍处于初级阶段，存在着合作程度低、国际竞争力弱、易受外部金融波动影响等诸多问题，面临着一系列风险。

在两国 FTA 达成后，双方放宽了金融机构的准入门槛、扩大金融市场的开放程度，推动金融机构进入彼此市场。在双边协议的支撑下，两国可以就融资机制、银行业务、人民币—韩元并重业务，以及在保险证券等领域展开广泛合作，共同推动区域投融资体系和信用体系建设，为推动两国相关构想提供金融支持。此外，两国还应携手加强金融监管合作，提高金融服务领域的监管透明度，化解潜在的金融危机风险，维护区域金融稳定。两国还应借助亚投行强化金融合作，进行金融创新，创造更广阔的金融需求，提升两国金融服务贸易的国际影响力。

(六) 促进东北亚区域合作机制构建

纵观历史，每个区域合作机制的过程都是以几个核心国倡导来促使合作达成，中韩两国作为东北亚地区有着巨大影响力的国家，可以积极倡导建立东北亚地区多边合作机制，改变多年来东北亚地区合作严重滞后的局面。在经济合作机制方面，中韩两国可以借助自贸区的建立，以及中、日、韩三国 FTA 的谈判，吸引更多该地区国家参与进来，建立包含整个东北亚国家的地区自由市场。此外，两国可以合力继续推动图们江区域规划，同蒙古国、俄罗斯和朝鲜开展合作，开放口岸、改善基础设施等，共同推动图们江流域的经济发展。在政治安全机制的建立上，中韩两国可以考虑激活停滞多年的"六方会谈"合作机制。"六方会谈"是当代东北亚地区大部分国家参与的唯一的多边安全合作机制，随着朝韩关系缓和、中日关系的转变，中韩可以重启"六方会谈"机制，将其建设为具有常设机构的覆盖整个东北亚地区的多边安全机制，成为构建东北亚地区新秩序的平台。在能源安全合作机制方面，中韩两国还寻求区域间共同利益,共同促进东北亚地区能源安全合作机制的建设,为东北亚地区各国政府加强政策协商提供平台。东北亚地区具有丰富的自然资源,建立能源安全合作机制是促进东北亚地区一体化的重要路径,其多边能源合作方式大多停留在油气贸易上,区域能源市场、共同石油战略储备、建立区域能源共同体等许多合作方式还没有被纳入合作的范畴,能源安全的共同利益与合作方式尚不明确,中韩两国可以借助"一带一路"倡议和"欧亚倡议"多元的合作机制,推动东北亚能源合作深入发展。

(执笔人:元利兴)

参考文献

[1] 姚树洁,汪锋. 西方贸易保护主义思潮为什么愈演愈烈[J]. 人民论坛,2018(18):75-77.

[2] IMF. 亚太经济展望——亚洲走在前列:未来十年及以后的增长挑战[R]. 2018.

[3] 隆国强. 经济全球化的新特点新趋势[N]. 人民日报,2019-02-22(009).

[4] 陈和. 深化供给侧结构性改革[M]//《党的十九大报告辅导读本》编写组. 党的十九大报告辅导读本. 北京:人民出版社,2017.

[5] 王怡颖. 我国经济发展战略分析[J]. 合作经济与科技,2017(2):46-47.

[6] 张明霞. 当代中国经济发展战略转变与经济体制转型的历程及启示[D]. 西安:陕西师范大学,2007.

[7] 赵晓雷. 中国改革开放40多年经济发展战略转型研究[J]. 经济与管理研究,2018,39(11):4-10.

[8] 江泽民. 全面建设小康社会 开创中国特色社会主义事业新局面[M]. 北京:人民出版社,2002.

[9] 胡锦涛. 高举中国特色社会主义伟大旗帜 为夺取全面建设小康社会新胜利而奋斗[M]. 北京:人民出版社,2007.

[10]胡锦涛在中国共产党第十八次全国代表大会上的报告[EB/OL].人民网,(2012-11-08)[2021-04-06].http://cpc.people.com.cn/n/2012/1118/c64094-19612151.html.

[11]薛力.韩国"新北方政策""新南方政策"与"一带一路"对接分析[J].东北亚论坛,2018,139(5):62-71,129-130.

[12]周星,马建峰.经济新常态下中国经济增长思考[J].合作经济与科技,2019(5).

[13]中华人民共和国国民经济和社会发展第十三个五年规划纲要[N].人民日报,2016-03-18.

[14]周济.智能制造——"中国制造2025"的主攻方向[J].中国机械工程,2015,26(17):2273-2284.

[15]中共中央国务院.国家创新驱动发展战略纲要[N].人民日报,2016-05-20.

[16]朱建民,朱静娇.我国创新驱动战略路径探索——基于中兴事件的思考[J].财会月刊,2018,843(23):36-41.

[17]董世龙,薛惠.科技创新法律制度存在的问题与对策[J].科技进步与对策,2013(13):116-118.

[18]朱建民,金祖晨.国外关键共性技术供给体系发展的做法及启示[J].经济纵横,2016(7):113-117.

[19]盛斌,黎峰.中国开放型经济新体制"新"在哪里?[J].国际经济评论,2017(1):9,131-142.

[20]赵蓓文,陈煜明.中国对外投资新战略与开放经济发展新格局[J].金融市场研究,2015(6):73-83.

[21]孙正民.在经济下行和工资增长的双重挤压下挣扎——2018年韩国劳务市场述评[J].国际工程与劳务,2019(3).

[22]孙雷红,李楠.当前韩国经济形势及推进中韩经贸合作的政策建议[J].中国经贸导刊,2018,904(21):63-64.

[23]洪元杓.韩国赶超战略回顾:经济增长与技术创新[J].经济论坛,

2018,576(7):21-25.

[24]申东镇."小国"经济的"大国"战略:韩国经济模式的另一种解读[J].韩国研究论丛,2017(1):264-276.

[25]于晓.《韩国国政运营五年规划》传递出哪些经济信息[N].中国财经报,2017-09-09(006).

[26]王达,乔新歌,朱莲花,等.2018年度韩国政府研究开发投资方向[J].今日科苑,2017(11):69-78.

[27]韩国2022年取代日本成为世界第四大出口强国[EB/OL].[2021-04-06].http://www.seoul.co.kr/news/newsView.php?id=20180406005009.

[28]董向荣.韩国文在寅政府对外经济合作政策及其前景[J].当代世界,2018,440(7):69-72.

[29]薛力.文在寅政府"新北方政策"评析[J].世界知识,2018,1724(9):72.

[30]齐欣.中韩经济一体化趋势分析[D].北京:中国地质大学,2015.

[31]刘金奇.中韩推动东北亚多边合作研究[D].沈阳:辽宁大学,2017.

[32]中韩双方发布《2016年中韩人文交流共同委员会交流合作项目名录》[N].人民日报,2016-04-02(003).

[33]王晓玲,金都姬.中韩人文交流:现状、意义与问题[M].北京:时事出版社,2015.

[34]张蕴岭.东北亚区域合作与新秩序的构建[J].社会科学战线,2015(3).

[35]姚丽.论中韩经济关系的影响因素(1979—2001)[D].武汉:武汉大学,2005.

[36]王正绪.中韩合力可创东北亚新机遇[J].同舟共进,2018,363(9):37-38.

[37]丁越.韩国现代化发展及对中国的借鉴意义[D].南京:南京大学,2017.

[38] 朱灏.韩国经济的复苏及其启示[J].亚太经济,2007(5).

[39] 尹红.中国科技创新国际化战略发展的现状、特点和趋势[J].理论月刊,2017(3):184-188.

[40] 中韩中澳关税减让20日起实施 中方零关税产品将超90%[EB/OL].新浪财经网,(2015-12-12)[2021-04-06].http://finance.sina.com.cn/world/20151212/005923997944.shtml.

[41] 伍华佳.中日韩产业分工与合作研究[M].上海:上海人民出版社,2009.

[42] 朱新荣.区域经济一体化进程中的中韩经济合作研究[D].苏州:苏州大学,2017.

[43] 班语倩.论朝鲜半岛地缘政治价值的历史性变化[D].延吉:延边大学,2017.

[44] 郭锐,王箫轲.韩国海洋安全战略调整与海军军备发展[J].国际论坛,2011(2):65-70.

[45] 李垂孝.中韩自由贸易协定中的争端解决机制研究:以中韩经济关系史为基础的分析[D].长春:吉林大学,2014.

[46] 李若川.美韩同盟视域下的"萨德"入韩成因研究[D].湘潭:湘潭大学,2018.

[47] 安永美.外援的政治经济学[D].纽黑文:耶鲁大学,1992.

[48] 韩美决定部署萨德系统[EB/OL].环球网,(2017-07-09)[2021-04-06].http://www.yonhapnews.co.kr/bulletin/2016/07/08/0200000000AKR20160708055551014.HTML.

[49] 田志强.萨德反导系统循序渐进提战力[N].中国航天报,2015-03-28.

[50] 赵蓓文,陈煜明.中国对外投资新战略与开放经济发展新格局[J].金融市场研究,2015(6):73-83.

[51] 石源华."萨德"入韩与韩国的国家主权[J].世界知识,2017(5):72-72.

[52] 中韩经济一体化趋势分析[EB/OL].(2018-10-22)[2021-04-06].http://www.ccpit.org/Contents/Channel_4115/2018/1022/1076032/content_1076032.htm.

[53] 朴钟锦."一带一路"倡议下中韩合作的韩国认知动因分析[J].黑龙江社会科学,2016(4):82-87.

[54] 韩国紧盯中国未来发展 重视"一带一路"构想[N].中国青年报,2015-06-03.

[55] 王维伟.韩国机制化参与"一带一路"建设有关问题分析[J].当代韩国,2018,96(1):85-96.

[56] 统一业务报告(国政监察资料)[EB/OL].韩国统一部,(2018-10-11)[2021-04-06].https://www.unikorea.go.kr/uni-korea/.

[57] 张慧智.中美竞争格局下的中韩、美韩关系走向与韩国的选择[J].东北亚论坛,2019,28(2):21-32,127.

[58] 崔文娟.经济全球化背景下合作共赢的中韩经济关系浅析[J].知识经济,2018(7):6-7.

[59] 张铭鸿.中国经济新常态背景下中韩贸易发展研究[D].延吉:延边大学,2018.

[60] 汪洁."一带一路"经济总量约21万亿美元,约占全球29%[EB/OL].中国新闻网,(2014-10-21)[2015-01-28].http://www.chinanews.com/cj/2014/10-21/6699000.shtml.

[61] 董向荣.韩国文在寅政府对外经济合作政策及其前景[J].当代世界,2018(7):67-70.

[62] 李楠."一带一路"倡议下东北亚区域合作机制[J].经营与管理,2018(4):69-71.

专题五
东北亚经贸合作中的美国因素

当前,全球经济发展正处于世界百年未有之大变局,美国不断加强对我国的多领域遏制,其中包括联合传统盟友合力向中国施压,这必将对中日韩经贸合作造成巨大影响。在此背景下,加强对东北亚经贸合作中的美国因素的研究,可以让我们更加清醒地认识到中日韩经贸合作中需要克服的主要困难与挑战,做好准备防患于未然,及早思考应对措施,有效解决问题。

一、美国影响东北亚经贸合作的主要表现与趋势

众所周知,东北亚经贸合作始终很难绕开美国的影响,中日韩每次大的合作被破坏都有美国的影子。2012年初,中日韩关于东北亚自贸区的谈判接近成功;4月,中日货币互换和中日互相持有对方国债也初步达成协议。但此时,钓鱼岛争端、黄岩岛争端相继出现,导致东北亚自贸区谈判、中日货币互换等"胎死腹中"。这是美国成功打压挑战者、破坏中日韩合作的新尝试。这起发生在中国周边的地缘政治事件,虽没能造成资本从中国大量外流,但起码部分达到了美国人的目标。

从当前情况来看,中日韩发展态势虽总体保持平稳,但经贸加深合作还有待突破萨德、半岛问题、美国单边主义等各类复杂因素的影响。

一是"萨德"问题是影响中韩加深经贸合作的重要问题。韩国现代经济研究院曾在一份报告书中指出,2017年韩国因中国方面反制萨德的措施遭受直接和间接损失至少达到8.5万亿韩元(约合人民币493亿元),使双边关系进入不好的时期,中方通过努力促成了双边关系缓和,政治上基本回到正常的轨道,双方回到互信坦诚的状态。然而,萨德的存在始终是中韩进一步加深合作的芥蒂,是中韩经贸合作最为突出的障碍,萨德问题没有完全解决,就是一大隐忧,并且,受中韩之间的地理环境、政治环境影响,韩国在处理中韩、中美关系上存在一定的摇摆性。同时,美国逼韩国人同意部署"标准3"导弹,形成一个对中国全网的监视,美国还在加紧部署中导导弹,中国将面临美国先发制人情况下被端掉中枢的危险,这对中国影响是巨大的。这都是中韩经贸深度合作要突破的重大障碍,以及未来进一步合作面临的挑战。并且,如果韩国不断满足美国要求,必将成为美国干预东北亚,尤其是中韩经贸合作的重要手段,也是横亘在中韩之间的一根刺,美国可以在认为需要的时候,拿来刺激中韩两国人民,同时,在军事上对中国形成威胁,作为遏制中国崛起的重要手段,这是中国不能接受的。这一点韩国如果看不到,那么中韩的合作很难深入开展。

二是美国在全面遏制中国的背景下,逼迫其盟友选择站队,给日本、韩国施加压力,影响中日韩经贸合作。2019年初,韩国政府曾因美方压力,要求华为供货商LG不使用中方的产品。2019年5月,三星电子、SK海力士、三星显示、LG显示、LG Innotech等韩国主要IT企业内部经商讨后得出结论,从现实上来说很难中断与华为的供货关系。业界人士表示,虽然韩国主要IT企业承诺暂时不会中断向华为供货,但美国政府今后可能会加强向韩国方面的施压力度,鉴于事件本质带有政治色彩,韩国企业的决定能否顺利实施仍有很大不确定性[①]。总体来

---

① 闫宏亮. 韩国三大IT企业表态暂不中断向华为供货[EB/OL]. 观察者网,2019-05-28.

说，变数多，隐忧多。

与韩国政府不一样的是，日本直接选择站在美国这一边。美日不论是在军事还是贸易上都有着"密不可分"的关系，日本对美国下达的指令更是"言听计从"。对于美国再度对华为进行"封杀"的行为，日本直接限制华为所有在日本上架的手机。为了防止技术流向中国，2019年5月27日，日本紧跟美国的脚步正式宣布，基于安全保障原因，将把与IT、通信相关的20个行业追加和扩充为限制外国投资者对国内企业投资的对象。然而日本限制主要的外国投资者的对象恰恰就是华为，日本这样做是为了与美国特朗普政府保持步调一致。2019年5月美国商务部将华为列入出口管制实体清单，禁止了美国产品向华为出口。在美国对中国华为公司全球封杀的局势之下，日本的财团法人安全保障贸易情报中心（CISTEC组织）也将华为列入了限制信息黑名单（面向会员企业的服务"CHASER"名单），CHASER并不具备限制民营企业出口的法律约束力。考虑在日本有许多涉及半导体、电子零部件及原材料等出口的日本企业会将该名单作为危机管理的参考，因此有很大的概率会缩减或拒绝与华为的交易。

三是美国单边主义对中日韩经贸合作的影响不可小觑。据美国统计（见表1、表2、表3），2018年美日进出口贸易总额是2365.27亿美元，低于中日贸易总额。其中，进口额为1470.82亿美元，出口额是894.45亿美元，逆差为576.37亿美元。美韩进出口贸易总额是1249.65亿美元，其中进口额为655.45亿美元，出口额为594.20亿美元，逆差为61.25亿美元。美中进出口贸易总额为4993.74亿美元，其中进口额为3705.42亿美元，出口额为1288.32亿美元，逆差为2417.10亿美元。从以上数据来看，美国对日本、韩国、中国都是存在贸易逆差的，但中国的贸易逆差最大，美国以此为由挑起了中美贸易战。另外，根据BEA统计，2015年美国在华子公司的销售额有3000多亿美元，而中国在美子公司的销售额只有200多亿美元。所以在跨国公司层面，美国对中国实现了3000多亿美元的顺差，几乎与货物贸易的逆差相抵销了，这也意味着中美之间属于贸易平衡。

表1 美日贸易规模与贸易产品结构　　　　　　　　单位：亿美元

主要类型	进口	出口
化石燃料		88
机械	320	82
光学及医疗器械	180	75
飞机	42	65
电子器械	71	48
玉米		28
牛肉		21
猪肉		16
大豆		9.47
小麦		6.98
车辆	510	
酒与啤酒	0.72	
零食	0.65	
茶（含薄荷）	0.64	
蔬菜油	0.47	
加工水果与蔬菜	0.34	
服务	345	455
合计	1470.82	894.45

资料来源：Office of the United States Trade Representative https://ustr.gov/。

表2 美韩贸易规模与贸易产品结构　　　　　　　　单位：亿美元

主要类型	进口	出口
化石燃料	32	98
机械	150	79
电子器械	140	57
光学及医疗器械		35
飞机		33
牛肉		17

续表

主要类型	进口	出口
玉米		14
猪肉		6.7
新鲜水果	0.36	4.9
小麦		3.6
车辆	180	
药物	27	
新鲜蔬菜	0.22	
日用品	0.16	
加工蔬菜及水果	1.19	
零食	0.52	
服务	124	246
合计	655.45	594.2

资料来源：Office of the United States Trade Representative https://ustr.gov/。

表3　美中贸易规模与贸易产品结构　　　　单位：亿美元

主要类型	进口	出口
飞机		180
机械	1170	140
电子器械	1520	130
光学及医疗器械		98
车辆		94
大豆		31
棉花		9.24
皮革		6.07
猪肉		5.71
粗粮		5.3
家具床具	350	
玩具及运动装备	270	
塑料	190	
加工水果及蔬菜	12	

续表

主要类型	进口	出口
水果汁、蔬菜汁	3.93	
零食	2.22	
香料	1.67	
新鲜水果	1.6	
服务	184	589
合计	3705.42	1288.32

资料来源：Office of the United States Trade Representative https：//ustr.gov/。

据统计，外资是中国出口贸易的大"股东"，1995—2004 年，中国进口和出口贸易分别增长了 4.2 倍和 3.9 倍。其中，外资企业占进口增量的 61% 和出口增量的 66%，年增长率分别为 17.8% 和 21.9%，比同期内资企业的进出口年增长率分别高出 4.7 个和 12.3 个百分点。当然，这些外资企业制造的产品，无一例外地被贴上了"Made in China"的标签，其实它们是外国企业在中国生的"孩子"①。从 2017 年中国总出口额的贡献度来看，外资企业出口占中国总出口的比重非常高，达到 43%，而且其中 72% 的外资企业都是外资独资。中国出口收益里有 1/3 是外资企业拿到的，所以虽然中国出口额非常大，但是很大一部分利润并没有到中国企业的口袋里面②。

截至目前，日本累计在华设立企业超过 5 万家。日本企业在华投资，最重要的还是看重中国市场，但受中美贸易战影响，尤其是为规避美国关税制裁，2019 年三菱电机此前一直在大连生产对美国出口的 70% 放电加工机和 30% 激光加工机。由于放电加工机和激光加工机成为美国制裁关税的对象，面向美国以外地区出口的机床将从日本转移到其他地区生产。旭化成将出口美国的树脂原料从中国转移到日本冈山县的工厂生产，小松在美国生产的液压挖掘机，其中的部分焊接等零部件原本在中国生

---

① 林良旗,林希鹤. 外资企业参与"MADE IN CHINA"[J]. 中国制造,2007(1).
② 赵琳. 贸易战会对哪些行业产生较大影响[EB/OL]. 澎湃新闻,2018-04-26.

产，现计划转移到美国、日本或墨西哥等地。目前，韩国在华企业约3万家，受关税影响，部分产能转移到东南亚等国家和地区。

四是朝美重启对话可能性加大，而这种可能性变成现实还需要很长的时间，但半岛和平总体上是有利于中日韩经贸合作的。就中韩两国而言，对于半岛问题双方强调和平解决。日中韩互为邻国，但地区安全结构对立，对立的安全结构与经济相互依存同时存在，因此半岛无核化和建立和平机制，对推动中日韩合作有着积极意义，这是三国的共识。这不仅有利于减少美国在亚太地区的干预，同时也有利于维护东北亚地区的繁荣稳定。2019年6月，习近平主席访朝期间向国际社会显示了政治解决半岛问题的坚定意志，为推动朝美重启对话增添了新动力，创造了新契机。韩国青瓦台总统府发言人表示，韩方"期待此次会谈和即将举行的韩美首脑会谈能积极推动半岛完全无核化对话和协商早日重启"。6月23日，朝鲜报道，金正恩收到了特朗普的亲笔信，为重启对话铺路。韩国政府也努力推动朝美和朝韩对话重启。G20峰会上，中韩、俄韩首脑举行会晤，特朗普在G20峰会后访问韩国。这些高层活动显示，政治解决半岛问题虽是大势所趋、人心所向，但也面临较多的不确定性，其中美国是最大的不确定性因素。"不战不和"是朝鲜半岛的历史常态。很长一段时期以来，美国都是主导半岛问题极为重要的因素。朝鲜半岛对于美国的真正价值是在其认为有需要的时候，作为对亚洲和世界和平的威胁，显示美国在朝鲜半岛存在的必要性和重要性。依据美韩军事同盟关系，美国必须长期驻军韩国，韩国政府也要求美国驻军。韩国需要美国的军事保护，以消除和防止来自朝鲜的威胁；而美国以保护韩国为名，企图继续介入东北亚事务，保障美国亚太战略的实现。美国在韩国、日本驻军是由美国全球战略决定的。美日、美韩关系成为美国在亚洲存在的关键。可见，实现朝鲜半岛和平和统一，绝不是美国所希望看到的。因而，政治解决半岛问题还有很长的一段路程。

五是日韩贸易战中的美国因素。2019年7月1日，日本宣布限制对韩国出口三种半导体原材料,开启了日韩"贸易战"。据美国科技媒体 TechCrunch 报道,韩国三星是 DRAM 内存芯片和 NAND 闪存芯片的最大制造商,分别在全球市场上占据 40% 和 35% 的份额。另一家韩国企业 SK 海力士则是全球第二大 DRAM 芯片制造商,市场占有率达 31%。在 OLED 生产领域,三星和其他韩国厂商也处于行业领先地位。而据有关人士反映,日本的氟化聚酰亚胺产能占全球总产能的 90%,高纯度氟化氢气体产能占全球的 70%。韩联社表示,日本正是 OLED 原材料氟化聚酰亚胺和半导体原材料光刻胶与高纯度氟化氢的最大供应国。美国经济和安全界人士认为,此次日韩冲突对美国造成以下影响:一是经济上,韩国的半导体加工和芯片出口在全球供应链中占据重要地位,日本的原料禁运将会产生连锁反应,冲击戴尔、苹果等一大批美国高科技企业,影响美国和世界经济增长;二是安全上,日韩之间的冲突会中断甚至逆转美国近年来一直在力推的安全联盟"三边化"。它们认为,"日韩一致"非常重要,并有机构敦促特朗普政府积极居中调停,但从实际情况来看,特朗普则显得无动于衷。美国国务院负责亚太事务的助理大卫·史迪威在接受 NHK 采访时,公然表示"并不打算调停或者介入",反过来还督促两国"关注区域中的关键问题,特别是与朝鲜相关的问题"。即使此后他访问韩国首尔,也没有表现出居中调停的意愿。韩国认为,美国的"不作为"实际上就等于支持日本,因为韩国在这场贸易战中处于弱势,而争端的根本还是日韩之间的历史问题。韩国无法接受美国在该问题上的所谓"中立"。7 月 15 日,文在寅号召韩国民众做好打持久战的准备,还暗示要废除作为美日韩三边安全联盟重要基石的《军事情报保护协定》。日韩之间的紧张气氛顿时升级,当晚特朗普政府表示会在需要的时候介入调停。随后,国安会负责亚太事务的高级主管波廷杰和国家安全事务助理博尔顿也先后秘密访问韩、日两国。日韩贸易战暂时没有了进一步升级的迹象。《日经亚洲评论》报道,日本计划 8 月将韩国从放宽出口管制的"白名单国家"中剔除,韩国和日本的紧张关系恐将进一步加剧。无论如何，截至目前，双方的根本问题丝毫没有解决。韩国法院征收日本企业在韩资产补偿二战中强制劳动劳工的判决没有被推翻；日本对韩国出口三种半导体原材料的限制没有解除。并且，日韩两国始终没有展开工作层面的谈判，双方领导人甚至没有任何交流。下一步，美国可能在东亚峰会和联合国大会上推动韩日两国首脑的交流，但是前景同样不容乐观。

归根结底是美国影响两国的政治筹码越来越少了。美国为了从日韩两国获得更多的短期利益，与日本的贸易谈判也即将重启，美韩的贸易谈判也正在进行中，同时美国还要求日韩两国增加同盟军费分担。对于日韩两国而言，美国正逐渐从安全和贸易上的"给予者"，变成一个日渐苛刻的"索取者"①。

但一定不要忽视日韩贸易战背后的美国因素。2019年是中、日、韩三国合作机制确立20周年，日韩贸易战爆发的时间点恰恰是在中国与日本和韩国关系改善、中日韩自贸区谈判重新启动的时候，日韩关系突然恶化，日本突然对韩国实施制裁，并将韩国踢出"白名单"，态度之强硬十分罕见。这种情况很像当年中日韩自贸区谈判进入关键时刻，日本突然搞钓鱼岛国有化一样，两次都使中日韩自贸区谈判无疾而终。与此同时，朝鲜重新试射导弹，朝鲜半岛的稳定局势可能出现反复，半岛危机有可能重新爆发。这一系列问题的出现都显示出美国因素在其中的作用，其目的是通过一些看似不相关的事件，破坏东北亚地区的一体化合作。

六是美国对华遏制行径对中日韩经贸合作的影响。美国对华遏制的主要手段有四个。一是发起贸易战。2019年8月1日特朗普再次宣布对3000亿美元中国商品加征10%关税，以后还会逐渐加征到25%甚至更高，这意味着，美国已经对所有进入美国的中国商品加征了关税。美国

---

① 肖河. 日韩贸易战,美国真的乐意调停吗? [N]. 新京报评论,2019-07-28.

还在 WTO 指控中国，对中国的"发展中国家地位"发起挑战。二是发起科技战。除了对中兴、华为、大疆、海康威视、福建晋华等中国高科技企业实施全面禁运之外，美国还对中国的一批军工企业、大学、研究机构实施禁运，对中国的超算产业实施禁运，还以国家紧急状态全面制裁华为，在全球绞杀华为和中国 5G 技术，企图阻止"中国制造 2025"实施，剥夺中国高科技产业的发展权。三是发起金融战。当前中国已经全面开放金融市场，美国银行、保险等金融机构及评级机构已经能够自由进入中国，中国已经成为对全世界敞开金融大门的少数国家之一。但 8 月 6 日，特朗普政府进一步将中国列入汇率操纵国名单，全面打响中美金融战。四是启动军事热战。8 月 2 日美国正式退出与俄罗斯签订的"中导条约"，美国将进一步在东欧部署中短程导弹，其主要目标国除了俄罗斯还有中国。同时，美国已经明确宣布要在亚洲部署陆基弹道导弹，目前，其传统盟友澳大利亚、韩国、菲律宾已经明确拒绝在其国土上部署美国的陆基弹道导弹，但这并不妨碍美国推进其战略。从在韩国部署萨德反导系统到要在亚洲中国周边部署陆基弹道导弹，说明美国正在进行对中国的热战准备。此外美国还在香港、台湾问题上制造事端等，美国全面遏制中国的决心已昭然若揭。仅从中美贸易摩擦对中日韩企业的影响就可以看到，这些行径对中日韩经贸合作影响是巨大的。2018 年年底，日本经济新闻（中文版：日经中文网）与中国《环球时报》及韩国《每日经济新闻》联合实施了"中日韩经营者问卷调查"，中、日、韩三国均有 70% ~ 80% 的经营者回答中美贸易摩擦今后将给本公司的业务带来更为不利的影响。这样回答的日本经营者占到 79%，中国经营者占 73%，韩国更是高达 81%。各国经营者越来越担忧经济前景的实态浮出水面。日本、韩国是美国的盟国，面临着是加入美国一边牵制中国，还是维护三国合作平台、不为美国火中取栗的两难选择，这将是影响中美关系和东北亚稳定与安全的关键性因素。

二、美国因素对东北亚经贸合作的影响与挑战

经过20年发展,中日韩合作形成了以领导人会议为核心、21个部长级会议和70多个对话机制为支撑的合作架构。回顾20年合作历程,中日韩合作能取得显著成果,得益于三方长期以来的携手努力。特朗普上台以来,其政府公布的首份国家安全战略报告,就将中国定义为"修正主义"国家,并将中国定位为美国"战略上的竞争对手",对中国经济、高科技等多领域加强遏制。同时,也对日韩等国挑起贸易保护主义,并增加军费。在此背景下,世界面临单边主义和保护主义的挑战,多边主义和自由贸易体制受到冲击,加强三国合作的必要性和紧迫性进一步凸显,应尽快结束区域全面经济伙伴关系协定谈判。同时,加快中日韩自贸区协定谈判,对外释放三国坚持走开放之路的积极信号。

2019年4月9—12日,中、日、韩三方在日本东京举行第15轮中日韩自贸区谈判,就货物贸易、服务贸易、投资等议题展开实质性磋商。中、日、韩三方都在为自由贸易区形成做努力,如果谈判成功将有利于发挥中国广阔的市场优势,极大地加速中日韩区域联合创新,推进中日韩经济一体化、货币一体化,实现中日韩国家利益深度捆绑,整个亚太的命运将牢牢掌握在亚洲人手中。到那个时候,美国重返亚太的理由丧失,这将为中国崛起提供绝佳的外部环境,实现中华民族伟大复兴的道路将更为顺捷。然而,这绝对不是美国愿意看到的,阻止中日韩自由贸易区形成将是美国未来亚太战略的主要目标之一。

从美国的全球战略来看,重返亚太、遏制中国是目前的优先战略,美国在亚太地区构建驻日、驻韩军队和日本、韩国组成铁三角,这个铁三角是用来应对亚洲地区来自中国和俄罗斯逐渐强大的两股势力的,当前更是用于遏制中国的重要手段。本质上,美国希望日韩关系友好,希望团结起来为他服务。从这个基本出发,分析美国因素对中日韩经贸合作的主要影响,更有利于透过现象看本质。

（一）美国利用美韩同盟关系部署萨德，有效破坏中韩经贸合作

美国在韩国部署导弹防御系统实现了破坏中韩经贸合作的初步效果。中韩建交以来，中国逐渐成为韩国的第一大贸易伙伴国，据韩国海关统计，2018年韩国货物进出口额为11403.4亿美元。其中，2018年韩国对华货物出口达1621.6亿美元（见表4），占其出口总额的26.8%；自中国进口1064.8亿美元，占其进口总额的19.9%；韩国与中国的贸易顺差为556.8亿美元。其中，2018年机电产品、化工产品和光学医疗设备出口额合计占韩国对中国出口总额的76.5%。自从在萨德防御系统方面韩国与中国没有达成能根本解决问题的共识以来，韩国经济受到了很大影响。据统计，2016年赴韩旅游的中国游客达到826万人，占赴韩外国游客的47.5%。受到2016年底萨德入韩事件影响，2017年中国赴韩游客人数降至417万人，降幅49.52%，接近一半。2018年，中国赴韩游客为479万人，仍不及2016年的六成，甚至达不到2015年公布统计数据的611万人。同时，韩国和中国的双边贸易也受到了很大影响，韩国企业在中国的发展也遇到困难。韩国同美国的双边贸易遭遇美国的贸易保护主义，韩国同日本的双边贸易遭到了日本对韩经济制裁力度的加大。可以说，此时韩国更需要清楚认识美国的真实意图，只有做出更清晰的战略选择，才能逐步摆脱困境。

表4 2018年韩国对主要贸易伙伴进出口额

国家和地区	出口金额/百万美元	占比/%	国家和地区	进口金额/百万美元	占比/%
总值	477227	100	总值	411021	100
中国	162158	26.8	中国	106479	19.9
美国	72736	12.0	美国	58871	11.0
越南	48629	8.0	日本	54605	10.2
中国香港	45999	7.6	沙特阿拉伯	26331	4.9
日本	30574	5.1	德国	20852	3.9
中国台湾	20794	3.4	澳大利亚	20699	3.9

续表

国家和地区	出口金额/百万美元	占比/%	国家和地区	进口金额/百万美元	占比/%
印度	15611	2.6	越南	19632	3.7
菲律宾	12061	2.0	俄罗斯	17500	3.3
新加坡	11850	2.0	中国台湾	16737	3.1
墨西哥	11459	1.9	卡塔尔	16299	3.1
澳大利亚	9626	1.6	科威特	12790	2.4
德国	9372	1.6	印度尼西亚	11160	2.1
马来西亚	8983	1.5	马来西亚	10206	1.9
印度尼西亚	8868	1.5	伊拉克	9574	1.8
泰国	8507	1.4	阿联酋	9286	1.7

资料来源：韩国海关统计。

（二）强化美日同盟，破坏中日韩经贸合作

纵观历史，中日关系不仅掺杂诸多国内政治因素，而且近乎中、美、日"三国演义"。美国因素在中日关系中始终是不可忽略的存在，并具有重要影响。其中，2012年钓鱼岛问题就是美国在亚太地区设计的一个牵制东亚地区国家的手段。在中日韩自贸区谈判达成之际，同时也是中日经贸合作的顶峰时期，美国设计钓鱼岛事件，利用中日之间的政治矛盾成功破坏了中日韩经贸合作，尤其是中日经贸合作。受钓鱼岛事件影响，中日进出口贸易额从2011年的3449亿美元下滑至2016年的2699亿美元（见图1），日本对华投资在2012年达到1347.9万美元后，2013年下滑至910.3万美元。随着近两年中日关系的改善，2018年进出口贸易总额、日本对华投资分别缓慢回升到3174.4亿美元和1075.5万美元（见图2）。同样受钓鱼岛事件影响的还有日韩进出口贸易和互相投资。钓鱼岛事件后，日韩进出口贸易额从2011年的峰值1055.6亿美元下滑至2015年的708.8万美元，2018年缓慢回升到846万美元（见图3）。日本对韩投资则从2012年的3995900千美元下滑至2015年的1593100千美元，到2018年迎来新的峰值4806600千美元；

而韩国对日本的投资也呈现同样的变化，2012年达到了5588000千美元，2013年直接下滑至47900千美元，到2018年才回升到1948600千美元（见图4）。正是基于2018年中日韩互相投资与对外贸易快速回升，美国因素再次出现在东北亚地区，制造新的事端企图形成新的破坏，日韩贸易战背后的美国因素依然是不容忽视的。日本防卫大学前校长五百旗头真在《选择》杂志上撰文指出："在冷战时代，美国最担心的是东亚国家结盟把它排挤出该地区。因此，让东亚国家间出现适度的摩擦，对它在此地立足有益。这些'冰块'（领土问题）就是因美国战略而产生的。"按美国前国防部长帕内塔的解释，战略再平衡的内容之一是强化美国与亚太盟国的关系。安倍政权欲修改宪法解释以行使集体自卫权，既是为了在突破和平宪法的道路上更进一步，也是为了配合美国的战略需求，并因此获得美国的支持。日本似在"左右逢源"①。因此，在中日关系进入良性互动时，美国总是不失时机地利用这些手段迫使日本协助、配合其相关战略的实施。2018年，在中日领导人实现互访的基础上，中日关系重回正轨，不仅在经贸领域内达成了多项协议，而且在安全等领域取得了进展。但是，中日关系长时间以来绕不过美国这个变量。未来，中日双方都要从合作共赢大局出发，警惕美国的挑拨离间，共同维护亚洲利益。

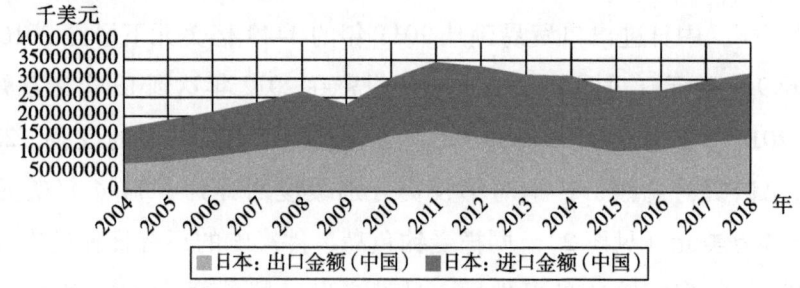

图1　日本对中国的进出口额

资料来源：Wind。

---

① 冯玮. 美国因素对中日关系的影响[EB/OL]. 复旦大学课件,http://mooc.chaoxing.com/course/333922.html.

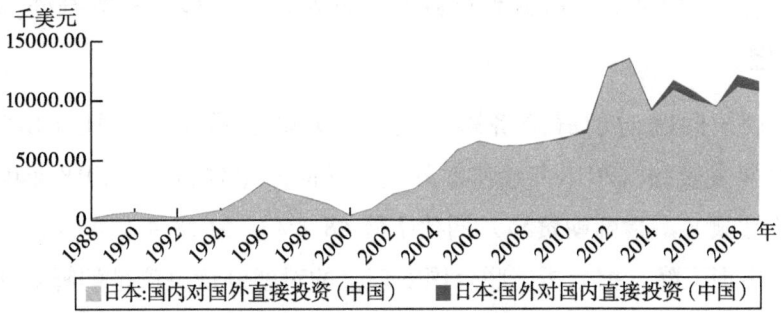

图2 中日两国直接投资

资料来源：Wind。

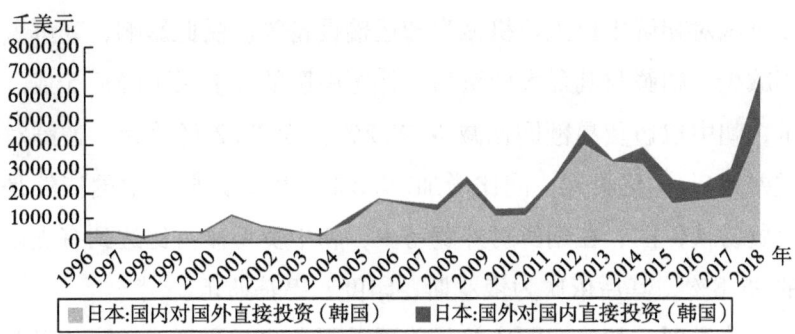

图3 日韩两国的FDI情况

资料来源：Wind。

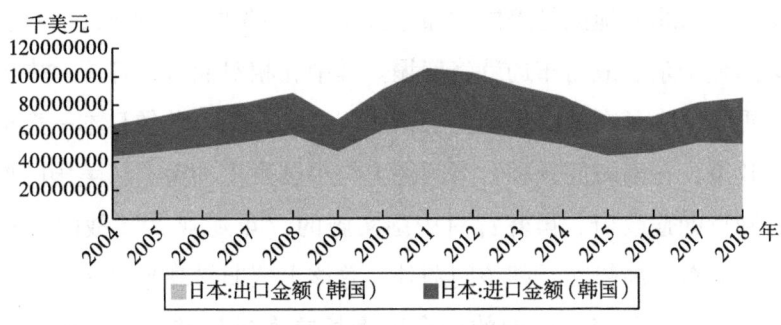

图4 日韩两国的进出口额

资料来源：Wind。

（三）朝鲜核问题是美国制造中日韩矛盾、破坏三方合作的重要"法宝"

朝核问题对朝鲜经济影响较大。大韩贸易振兴公社（KOTRA）2019 年发表的《2018 年朝鲜对外贸易动向》报告显示，2018 年朝鲜对外贸易额（不含韩朝贸易）同比下降 48.8%，为 28.4 亿美元，已连续两年出现下降。据分析，联合国安理会的对朝制裁决议是朝鲜对外贸易额大减的主因。联合国安理会于 2017 年 8 月和 9 月相继通过第 2371 号和第 2375 号对朝制裁决议，分别禁止联合国成员国从朝鲜进口煤炭、铁矿石、水产品和纺织品、服装类产品。同年 12 月，安理会还全面禁止成员国对朝鲜出口工业机械类和运输设备等。受此影响，朝鲜贸易额大幅减少，朝鲜与其最大的贸易伙伴国中国的交易量下降近 5 成。数据显示，朝中双边贸易额同比减少 48.2%，为 27.2 亿美元。朝鲜对华贸易逆差为 23.3 亿美元，同比增加 19.2%。尽管如此，中国依然是朝鲜最大贸易伙伴国，在朝鲜对外贸易中，朝中贸易额占比达到有史以来最高的 95.8%，其后依次为俄罗斯、印度、巴基斯坦。

应该看到，朝核问题依然是美国干预东北亚军事、经济，以及东北亚区域一体化的重要法宝。日韩是东北亚诸国中最具经济、军事实力的国家，位于中国东海北部一侧，也是美国在东亚地区最大的两个军事基地所在。东北亚地区是美国"重返亚太"战略的最大阵营，一旦有失，美国的整个东亚战略布局就将崩塌。其中，相对而言，韩国对中国经济依赖更大，除了在朝鲜半岛上的诸多问题外，绝不敢像日本一般追随美国的政策，在南海问题和台湾问题上与中国发生冲突。从美国的奥巴马政府到特朗普政府，虽然针对中国实施的"重返亚太"战略叫喊了七八年，但东亚局势除了朝核问题外，总体上依旧呈现平稳态势。其主要原因除了这些国家与中国的综合国力相差太过悬殊外，更重要的是中日、中韩经贸关系往来密切。即使是美国的老牌同盟国，在对美国的亚太战略表示欢迎时，也不得不考虑与中国全面交恶后带来的经济上严重损失的后果，因此通常选择在中美之间寻求平衡稳定是为上策。

但同时东北亚地区大的地缘政治格局背景不变，美国绝不会主动推翻朝鲜这个挟制日韩的最佳法宝，也不可能在谈判桌上让朝鲜轻易弃核。不排除美国继续使朝鲜半岛的局势越来越紧张的可能，这是不断制造中国与日韩的矛盾，破坏东北亚区域一体化的最上策，同时还能使美国在日韩两国予取予求。因此，尽管当前美朝对话不断推进，但解决半岛无核化的路程依然遥不可及。

（四）日韩"贸易战"也同样影响中日韩经贸合作

日本企业（中国）研究院执行院长陈言表示，在半导体存储器领域，中日韩之间存在着一个基于比较优势的产业链分工。日本生产半导体和 OLED 材料出口至韩国，韩国出口半导体和 OLED 产品至中国，中国再加工成手机、电视等成品销往全球。韩国产业通商资源部公布的数据显示，2018 年韩国半导体出口额为 1281.5 亿美元，其中对华出口额达 857.8 亿美元。显然，如果产业链被打破将对韩国半导体行业造成极大影响。《日本经济新闻》称，包括中国香港在内，中国半导体存储器进口的 48% 来自韩国企业。日本对韩国实行出口管制，对产业链的正常运转会产生负面影响，而且这种影响将传递给全球产业链。当然，这样将激发韩国、中国对核心技术、原材料和关键零部件的研发生产，尤其是中国在中美贸易战背景下，饱受美国的技术遏制，将更加激起中国对核心技术、原材料、关键零部件的研发投入，着力解决"卡脖子"问题。

日韩贸易战目前对日本本土的影响有限，瑞穗综合研究所调查总部首席经济学家长谷川克之认为，日本政府限制出口的产品规模较小，对日韩企业影响总体有限。不过，如果韩国半导体生产商生产停滞，难免冲击世界半导体市场，从而影响日本企业。另外，韩国民众"抵制日货"呈扩大之势，预计日本相关行业将受到影响。

但不管如何，日韩贸易战为美国重返亚太提供了正当的借口。预计美国会选择一个合适的时间，而且是在日本拿到韩国半导体产业主导权之前出面调停。并且，可能实现既让日本出一口恶气，又不至于让日本得到真正的实惠，还让韩国感恩戴德。让双方都明白自己的国运真正掌握在美国的手中，日韩只能是两败俱伤，只能更加依附美国，进而在半岛核问题、美国重返亚太、遏制中国、中日韩自由贸易问题等诸多美方关切的问题上进一步操控日韩两国，美国可能在不费一兵一卒的情况下，成为日韩贸易战的最大赢家。

（五）美国贸易保护主义和中美贸易战可能推动中、日、韩三国合作

美国是针对韩国进行贸易限制最多的国家。韩国贸易协会2019年3月7日发布的资料显示，截至3月5日，美国共对韩国采取了40次贸易限制措施，居世界首位。同时，韩国是美国第六大货物贸易伙伴国，2018年美国对韩国的商品贸易逆差为179亿美元，美国与韩国的服务贸易顺差为122亿美元。2017年美国对韩国的外国直接投资（FDI）为416亿美元（最新数据），较2016年增长8.1%。美国在韩国的直接投资以制造业、金融和保险以及批发贸易为主导。2017年韩国在美国的FDI（股票）为518亿美元（最新数据），比2016年增长21.8%（见表5）。韩国在美国的直接投资是以批发贸易、制造业和存托机构为主导的。2016年美国多数子公司在韩国的服务销售额为136亿美元（最新数据），而多数韩国公司在美国的服务销售额为257亿美元。特朗普上台后，美国政府对韩贸易限制措施大幅增加，这让韩国苦不堪言。从当前情况看因受中美贸易战影响，据韩国央行2019年7月25日发布的数据，初步核实2019年第二季度韩国国内生产总值（GDP）约为455.08万亿韩元，环比下降0.4%，是继2017年第四季度后，韩国再次出现GDP负增长。但第二季度环比增长1.1%，同比增长2.1%，环比涨幅是7个月以来的最高值。剔除第一季度的基数效应外，韩国银行认为难以将其视为经济复苏的信号。外贸出口占韩国经济比重高达50%，截至2019年5月,韩国出口连续六个月呈下降趋势,韩国银行认为韩国第二季度国内总收入受贸易条件恶化影响,环比减少0.6%。从统计数据来看,美国和中国分别是韩国的第一大、第二大出口对象国,占到韩国整体出口的39%。据韩国国际贸易研究院推测,因美国相继对中国产品提高关税,韩国出口每年约减少8.7亿美元(0.14%)。目前,在华韩国企业总数为3万家左右,投资的行业主要是钢铁、汽车、造船、建设/房地产、能源、石油化工、电子、视频、制药/医疗、化妆品、纺织/服装、信息通信、文化/娱乐、餐饮、航空/旅游、流通/物流、银行、保险等,这些行业中有一部分是出口美国的制造业,在贸易摩擦日益加剧的情况下,必将对韩国在华制造业出口企业造成影响,韩国越来越担心自身"腹背受敌"。《韩国时报》称,韩国可能被困在世界前两大经济体之间遭受严重打击。根据韩国现代研究所的数据,韩国78.9%的工业半成品出口到中国,如果中国对美出口减少,韩国对中国的半成品出口也将减少。贸易战将使韩国对华出口下降292.6亿美元,其中电子行业预计亏损109.2亿美元,信息和石化领域预计各损失56.0亿美元。

在当前国际贸易环境不确定性加强的前提下,韩国应该加强与中日之间的合作,特别是要加速推进中日韩自贸区谈判,加强区域间政府合作。

中美贸易战对日企的影响。受全球经济增速放缓和贸易摩擦的影响,日本切实感受到了中美贸易冲突的影响,由于对美国和中国的出口急剧减少,日本11月出口增速放缓。日本内阁府于2019年6月发布的一季度国内生产总值(GDP)修正数据显示,扣除物价变动因素,2019年第一季度日本GDP实际增长率为0.6%,按年率计算为2.2%。当季,个人消费、出口、进口分别环比下降0.1%、2.4%和4.6%,其中进口降幅为2019年第一季度以来最大。同时,日本在华企业有3万多家,中国日本商会会长小野表示:"在华日企本地的采购比例很高,达到66.3%，而从美国采购比例还不到5.0%，且在华日企的对美出口率较低，2018年仅有5.9%，因此直接影响有限。但是作为中国企业下游供应商的日企恐会受到一定影响，具体情况还需要时间观察。"但同时也要看到，日本面临来自美国的压力越来越大。据美国统计，日本是其第四大货物贸易伙伴国，2017年美国对日直接投资（FDI）为1291亿美元（最新数据，见表5），较2016年增长3.6%。美国在日本的直接投资主要是金融、保险、制造业和信息服务业。2017年日本在美国的外国直接投资为4690亿美元（最新数据），较2016年增长12.1%。日本在美国的直接投资主要是制造业、批发贸易、金融和保险。2016年美国多数子公司在日本的服务销售额为720亿美元（最新数据），而日本多数公司在美国的服务销售额为1586亿美元。可见，美国对日本有较高的贸易逆差。日本正与美国开展艰苦的贸易谈判，其在对美贸易顺差缩减、钢铝关税豁免、农产品市场开放等方面面临美国重压。

表5　2017年中、美、日、韩四国相互投资情况　　　　单位：亿美元

投资方向	FDI金额	投资方向	FDI金额
美→日	1291	日→美	4690
美→韩	416	韩→美	518
美→中	1076	中→美	395

资料来源：Office of the United States Trade Representative https：//ustr.gov/。

总体而言，中韩、中日在多边领域、WTO改革、安理会改革、半岛问题上保持了相对契合。

但我们也要看到，受美国影响，中日韩经贸合作依然存在不少的困难与挑战，但中、日、韩三国加强经贸合作总体趋势不会变，这是受三国地理条件、现有产业链、供应链关系所影响，未来三国合作是利大于弊，三国合作大于竞争。

一是中韩经贸关系总体稳定，但美国在韩国部署萨德等行为影响到中国的安全，对中韩经贸合作形成影响。同时，韩国在现实上难以摆脱美国对其提供的军事保护，尽管该军事保护面临越来越高的保护费，但

不能排除美国在韩国还有其他不利于中国的军事行为,破坏中韩政治互信、经贸合作。

二是中日经贸关系正逐步恢复,但受历史问题影响同样面临美国的不确定干预,未来中日双方还需要吸取教训,理性推动中日经贸合作健康稳定发展。

三是半岛无核化和半岛和平肯定有利于东北亚地区的和平稳定,但这在一定程度上减少了美国干预亚太地区事务的理由,这应该不是美国所追求的。因此,周边国家更应努力推进半岛无核化和半岛和平,但这个过程很长,依然面临很多的不确定性因素,依然需要各国共同努力。

四是当前的日韩争端升级不仅对日韩关系产生不可低估的负面影响,而且未来还有可能对地区安全态势产生影响。日韩经贸摩擦可能对东北亚地区经济安全,尤其是高新技术发展产生一定冲击。但日韩交恶会对美日韩同盟体系产生较大影响,其所谓的"印太战略"或难顺利进行。

五是对于日韩两国,美国正逐渐从安全和贸易上的"给予者",变成一个日渐苛刻的"索取者",这也可能导致美国在日韩两国的"大哥"地位被撼动,它们可能不再像同盟关系坚固时那样对美国"言听计从"了。

从以上分析来看,当前美国因素对于中日韩三国合作而言,既是挑战更是机遇,三方应携起手来共同面对挑战,拓展合作空间。

三、相关对策与建议

可以预见,从现在开始以及今后较长一段时期,是中美两国大国博弈的重要阶段,两国将处于既竞争又合作的状态。在两国的长期博弈过程中,日韩两国将越来越不敢轻易"选边站队",即使是传统盟友,轻易"选边站队"也将面临巨大的风险。但同时,即使东北亚区域一体化有很大的必要性和重要性,但是介于美国的干预及历史问题,东北亚区域一体化发展、经贸深度合作依然有很长的一段路程。在当前国际形势错综复杂的大背景下，中日韩经贸合作应该是既要立足当下，也要放眼未来，着力从以下方面重点推进。

一是在抵制单边主义方面形成共识，共同抵制。从统计资料来看，2018年中、日、韩三国经济规模占全球经济规模的23.60%，中、日、韩三国外汇储备占据全球外汇储备的41.88%。2018年，中日直接投资总额达到1100亿美元，中韩直接投资总额达到957亿美元。从中、日、韩三国的进出口贸易规模、相互直接投资总额来看，远高于美日、美韩的双边贸易规模，有良好的合作基础。同时中美贸易战中，无论是韩国还是日本在中国的利益都很大，尤其是韩国在华制造业投资存量大，据韩国亚洲日报反映，韩国产业研究院、大韩商工会议所北京事务所、中国韩国商会以进军中国的218家韩国企业（涉及七大行业）为调查对象，对2019年第二季度制造业景气实查指数（BSI）展开调查。结果显示，在华韩企BSI值为82，连续四个季度出现下滑，这也是该数值自2017年第四季度以来的最低值。分析认为，美中贸易纷争导致中国经济低迷，出口和内需都出现萎缩是企业预测经济不景气的主要原因。其中，49%的企业认为"受到中美贸易战的负面影响"，其中制造业（51%）、汽车（66%）、金属机械（53%）等行业认为受到巨大的负面影响，流通业（35%）也有越来越多的企业认为受到不良影响。同时，韩国又担心中美贸易协议达成后，中方对美方很重要，韩国会处于劣势。因此，在美国全方位打压中国的态势很明显的情况下，韩国处于摇摆状态。日本相对而言，更多地选择对美国"言听计从"。但世界经济是一个整体，中国经济如果在中美贸易战中受损，就一定会波及日本、韩国，日本、韩国在中国的经济利益都很大，两国企业界应要求政府不要积极站队，中、日、韩三国应在共同抵制单边主义上形成共识，共同抵制，推动中美经贸合作向着有利于世界经济的方向发展，促使中美贸易问题的解决。

二是应共同维护多边主义和自由贸易体制，积极参与并推动区域全面经济伙伴关系协定（RCEP）和中日韩自由贸易协定早日达成。新形势下，尽管有美国因素干预，但中日韩发展关系面临比以往更为有利的条件，中日韩经贸务实合作潜力巨大。中国是亚洲地区第一大经济体，有广阔的市场空间，快速上升的消费潜能，中国改革开放进程持续推进，为三国经贸发展合作提供了新机遇。三方应充分发挥互补优势，拓展合作的广度和深度，共同努力争取早日谈成区域全面经济伙伴关系和中日韩自由贸易协定。中国、日本是亚洲重要国家并分别是世界第二大、第三大经济体，韩国是亚洲第三大经济体和世界重要经济体。在抵制各种形式的单边主义、保护主义，维护多边主义和自由贸易方面肩负着重要责任。中、日、韩三方应进一步加强沟通和合作，共同维护自由公平的贸易体制，应携起手来共同向外界维护以规则为基础的国际秩序，致力于促进贸易和投资自由化、便利化发展，共同维护与建设世界开放型经济。对于世界贸易组织改革，中、日、韩三国应加强双向沟通协调。世界贸易组织改革应继续坚持贸易自由开放的原则，维护发展中国家正当权益，缩小南北差距；应当坚持协商一致的原则，不能搞排他性、小圈子；应当本着互谅互让、互利共赢的原则，循序渐进往前走。三方要加强在联合国、二十国集团等多边框架内的协调，共同反对保护主义，支持多边主义和自由贸易体制，推动构建开放型世界经济。

三是巩固政治互信，三方应继续加强沟通对话，加强对彼此所推进外交政策的理解，并从中寻求最大公约数，跳出"疑虑"和"竞争"的怪圈，共同拓展第三方市场，实现共赢。三国应多一些增进释疑的工作，三国合作尽管面临贸易保护主义，历史、领土纷争及东北亚地区安全局势等各方面的挑战，但三国的目标都指向和平、稳定和繁荣，在这个基本的大前提下，三国应深化经贸、投资、第三方市场、科技创新等广泛领域合作，打造新的合作增长点，积极引领区域经济一体化发展。

当前，中日韩三国都面临复杂的国际国内形势，经济下行压力大，三国应搁置政治矛盾，抵制不好的经济形势。韩国的出口依存度为37.5%，日本的出口依存度仅为14.3%；韩国的进口依存度为31.3%，日本为13.8%。自中韩萨德问题及中美开展贸易战以来，韩国经济持续下行。从2019年日本对韩限制三种半导体的关键材料中暴露，韩国对日依存度高达40%～90%，制裁令一出，韩国经济将面临更大下行压力。中国经济下行压力增大，日本经济增长缓慢，同样面临下行风险。在中日韩合作受限，中日韩三国都面临美国极限施压的情况下，三方可以在"一带一路"建设方面加强合作，共同拓展第三方市场，拓展合作空间。同时，三方应遵循"共商、共建、共享"和"开放性、透明性、经济性、财政健全性"等原则，推进包括第三国在内的三方及多方共赢合作。

但政治互信是经贸合作的前提，只有在此基础上中日韩才能积极扩大合作空间和范围。各方应通过对话协商建设性管控矛盾分歧，加强外交和安全领域对话，共同构建建设性安全关系。三方应恪守迄今达成的共识和承诺，妥善处理好历史等敏感问题，共同维护东海和平稳定。面对各种全球化问题和挑战，三国应携手共同应对。中日、中韩要保持各层次沟通，把稳双边关系发展大方向。中、日、韩三方应着力扩大三国在经贸、投资、金融、创新等领域合作，为各方企业提供公平、开放、透明、非歧视的市场环境。共建"一带一路"倡议为中日韩互利合作开辟了广阔天地，中国欢迎日方、韩方积极参与。中韩要把握共建"一带一路"机遇，加快中韩自由贸易协定第二阶段谈判，不断扩大贸易、科技、财经、环保等领域合作。亚洲是亚洲人民的亚洲，中日、中韩合作完全是互利双赢的，不应该受到外部压力影响。

四是共同应对区域内经济社会问题，努力修复受破坏的产业链和供应链，不断提升区域合作层次。尽管受中美贸易战影响，经济下行压力增大，但当前中国经济社会发展进入新时代，社会主要矛盾是发展不平衡不充分问题，人民消费水平和消费结构不断升级，中国市场蕴藏巨大潜力。同时，中国也正在着力调整产业结构，推进技术创新，全力推进产业转型升级，正在加快建设美丽中国。据统计，2018年中国外贸依存度约为33.7%，其中，出口依存度约为18.1%，进口依存度约为15.6%。说明中国的对外依存度并不高，中美贸易战虽对中国经济有影响，但中美贸易进出口额占中国进出口总额比重不到10.0%。中美贸易战大背景下，中国的改革开放已进入了新时期，2018年中央经济工作会议提出，由要素开放向体制机制开放转变。同时，中国政府正着力营造公开、透明、公平竞争的营商环境，使营商环境不断改善。当前，全面实施国民待遇加负面清单管理，2020年正式实施《中华人民共和国外商投资法》等产生的利益远大于要素开放的利益，是外国来华投资的一个重要机会。韩国CXO研究所对韩国2000余家上市公司第一季度事业报告书的分析结果显示，日本股东持有5%以上股份的企业有34家；非上市公司中，日本股东持股50%以上的汽车零配件企业有DENSO KOREA等，电子产品零件企业有Hirose KOREA、韩国太阳诱电等多家企业。CXO研究所所长吴一宣（音）表示，韩国与日本企业在多个领域就技术、资本、人力等相互补强，发挥互动效应。特别是在电子和汽车领域，相互间所需的零配件产品和原材料都有很高的关联性。中日韩产业链关联度很高，互联互通的供应链加速形成，但受中美、日韩贸易摩擦影响亟待修复。完备的产业链、供应链和价值链是抵御全球性风险的重要保障，中日韩三方应继续加强多领域合作，着力减少区域内摩擦，修复和完善区域内产业链、供应链和价值链，推动区域一体化发展。

五是针对朝美关系改善，中韩双方应加强沟通合作，共同推动朝美关系朝着正确的方向发展。事实上，特朗普政府对于朝鲜的制裁有一些特别的安排，可以通过开城工业园区某些项目解除制裁。朝鲜最高领导人金正恩于2019年1月在新年贺词中表示，朝鲜有意在无任何前提条件或代价下，重启开城工业园区和金刚山旅游。韩官方已多次对韩朝经济合作给予积极表态。韩国总统文在寅 2019 年 3 月表示，将与美国就重启金刚山旅游项目和开城工业园区进行磋商。面对这种局势，中韩双方应针对目前朝美关系发展，提早做些准备，为将来工作提供基础。

（执笔人：李娣）

参考文献

[1]李冬新.中日韩经济合作和 RCEP 迎来发展新阶段[EB/OL].(2019-07-22)[2021-04-06].https://mp.weixin.qq.com/s/9pdnll9PDoRKyKFaYP4zAA.

[2]李若愚.中日韩自贸谈判的挑战与前景[EB/OL].中国网—智库中国,(2019-01-23)[2021-04-06].http://www.china.com.cn/opinion/think/2019-01/23/content_74401347.htm.

[3]陈凤英.百年变局中的中日韩自贸区[EB/OL].(2019-02-19)[2021-04-06].https://mp.weixin.qq.com/s/Y1U2fxbmotwr0s0o76bXqA.

[4]倪雨晴.日韩贸易战开打,才发现日本还是半导体王者[EB/OL].(2019-07-24)[2021-04-06].https://mp.weixin.qq.com/s/ZpGm1HNqqgMGH6R1DaFE8A.

[5]蓉城蔡少.日韩贸易纠纷:美国或将成为最大赢家![EB/OL].(2019-07-11)[2021-04-06].https://mp.weixin.qq.com/s/gCEe8wLq5e2OQkPfSyG_BQ.

[6]张云.日韩关系与美国的东北亚同盟未来[N].联合早报,2019-07-22.

[7]赵可金.美国在东北亚地区的"算盘"[EB/OL].中国网—智库中国,(2018-05-29)[2021-04-06].http://www.china.com.cn/opinion/think/2018-05/29/content_51529015.htm.

[8]杨文静.朝核变局中的美国因素[J].现代国际关系,2018(5).

[9]손일연수습기자.朝鲜 2018 年对外贸易额遭腰斩[N].韩国亚洲日报,2019-07-19.

[10]상해천기.48项韩国产品对日进口依赖超90%[N].亚洲日报,2019-07-29.

[11]左盛丹.第五轮中日企业家和前高官对话在日本东京举行[EB/OL].新华网,(2019-07-11)[2021-04-06]. http://www.xinhuanet.com/world/2019-07/11/c_1124740539.htm.

[12]调查:中日韩超70%经营者认为贸易战的影响会更坏[EB/OL].环球网,(2019-01-08)[2021-04-06]. ttps://finance.huanqiu.com/article/9CaKrnKgMdZ.

[13]时永明.中日韩区域合作的方向、时机与障碍[N].北京周报,2019-01-15.

[14]Chen Yang.中日韩关系转变,东亚迎来新秩序[N].环球时报(英文版),2019-08-14.

[15]孙秀萍,倪浩,张静.日韩贸易战对中国有多大影响[N].环球时报,2019-07-16.

专题六
日韩贸易摩擦与中美贸易摩擦的叠加效果

2019年7月,日本宣布对韩国实行一系列贸易制裁手段。

为了报复日本,韩国产业通商资源部决定于2019年8月14日决定把贸易伙伴分类从原先的甲、乙两类调整为甲1、甲2、乙三类。其中,甲1类获得的出口手续简化待遇不变,相当于原先的甲类;而甲2类待遇下降,日本曾经属于"甲类"对象,如今将落入新增的甲2类。9月18日,韩国产业通商资源部正式开始实施《战略货品进出口告示修订案》,把日本移出韩国的贸易"白色清单",使贸易摩擦再次升级。

一、日韩贸易摩擦总体研判

(一)日韩关系进一步恶化的原因分析

日韩在历史问题上的"口水战"由来已久,但是自从2018年发生"雷达照射"等一系列事件之后,两国矛盾逐渐升级,性质也在发生变化。本来是历史问题的论争,逐渐演变到政治、法律层面的互相牵制,最近更升级成为经济制裁。

文在寅一改朴槿惠路线,坚持在历史问题上对日强硬态度。一直以来,日本对战争责任的暧昧表述,以及对历史罪行的修正主义态度,都让包括中国和韩国在内的广大亚洲国家难以接受。朴槿惠刚上台时，对"慰安妇"问题态度强硬，将此问题作为韩日首脑会谈的前提条件，当时导致韩日关系迅速冷淡。2015年美国政府公开对其施压，导致朴槿惠政府立场发生180度大转弯，与日本签订了《韩日慰安妇协议》，试图终结对"慰安妇"问题的争论。但是这并没有加速韩日"慰安妇"问题的解决，反而在韩国内部引起强烈反弹，《韩日慰安妇协议》最终成为朴槿惠的政治负资产，至今受到韩国朝野批评。

2017年作为革新派的文在寅上台之后，韩国对日本态度出现了明显变化，特别是在朝鲜释放出改革的积极信号之后，其外交重点放在了改善南北关系上。2019年1月，新年记者会上文在寅表示，"我们已成为朝鲜半岛问题的主角"；文在寅的统一外交安保特别辅佐官文正仁2月9日在东京表示，"朝韩和美国正在磋商停战协定与无核化，日本的作用将被迫消失"。对日态度方面，文在寅一改朴槿惠时期靠近日本的方针，对日本采取强硬政策，当选伊始就表示要"坚持有原则地应对慰安妇等一系列历史问题"，表明了对历史问题的坚决态度。在此指导思想下，2018年11月，韩国政府宣布将要解散根据《韩日慰安妇协议》设立的"慰安妇"基金会，此举实质上废弃了该协议；同月，韩国最高法院裁决日本三菱公司赔偿韩国强迫劳动的受害者，日方则坚称所有殖民时代的赔偿问题都已在1965年《日韩请求权协定》中得以解决；2018年12月发生了"雷达照射"事件，彻底引爆了两国关系。

日媒《日本经济新闻》评论认为，关系恶化的背景在于韩国对日本的轻视，缺乏修复关系的意愿。很明显，改善对日关系并不是文在寅政府外交上的重点任务，目前文在寅政府主要考虑的是如何在对日态度上迎合民意，争取更多政治支持。究其原因，一方面是文在寅一贯偏左派的政治立场，另一方面是文在寅接替朴槿惠掌握国家政权，其执政目的就在于拨乱反正，改正朴槿惠在位时滥用职权、受贿等弊病，只有采取与朴槿惠不同的政治路线才能维护政权稳定。

安倍政权为争取选票，祭出贸易制裁措施。日本对韩制裁已经酝酿半年之久，为了不影响 G20 大阪峰会召开才在 2019 年 7 月以后公布。此举可谓"一石三鸟"之计。从安倍晋三政府角度看，文在寅上台以来，在朝核问题上无视日本的关切，撇开日本与朝鲜修好；在"慰安妇"等问题上推翻两国已达成的协定，纠缠不休，令国内百姓认为安倍政府缺乏有效作为，并且在国际场合让安倍颜面受损。在这样的情况下祭出制裁措施，短期而言，安倍急于在参议院选举之前（7 月 22 日已经结束）取得一些外交成果，来争取民意支持。长期而言，这能够表明日本政府在历史问题上的态度，迫使文在寅政府屈服，今后少给日本制造麻烦；同时，2019 年以来韩国经济发展减速，出口连续六个月萎缩，韩国国际贸易研究所（Kitri）预计，2019 年韩国出口总额将比 2018 年下降 6.4%。日本想趁此机会学习特朗普的保护主义做法，通过贸易制裁夺回半导体产业链高端地位。

回顾日美贸易摩擦的历史可以发现，韩国半导体产业在 20 世纪 90 年代一跃而起，跟美国对日本半导体产业的打压不无关系。《日美半导体协议》规定为避免"倾销"，日本半导体产品要实行最低限价，同时为避免日本产品经由第三国对美倾销，要监督日本产品在第三国的价格。这一条款直接导致日本半导体产业不仅失去美国市场，连亚洲市场也被韩国、中国台湾等后来者夺走。因此，目前日本政府很可能想要以韩国为对象，强化半导体材料的出口限制，为本国半导体产业复兴埋下伏笔。

美国袖手旁观，放任日本制裁韩国。美国的放任态度也影响了日韩关系修复。日韩同为美国在东北亚地区的伙伴，相互对立加剧了三方之间的内耗，严重影响美国利益，但是目前特朗普政府对日韩对立却持有袖手旁观的态度。2019 年 7 月 20 日，朝日新闻网站报道，特朗普声称接到文在寅请求，希望美国作为中间人改善韩日关系，但是特朗普认为如果要做中间人，就需要韩日双方同时提出邀请才有可能。外交学院国际关系研究所周永生教授认为，一直以来美国对文在寅政府超出美国界限，拉近与朝鲜关系十分不满，因此在一定程度上，美国或许更倾向于放任日本"整治"文在寅政府，愿意借日本之手对文在寅政府施加压力。

（二）日韩贸易摩擦未来走势研判

中美贸易摩擦的影响。现阶段，对韩国经济影响最大的两个方面是中美贸易摩擦的间接影响和日韩贸易摩擦的直接影响。中美贸易摩擦对韩国经济的影响是双向的，单纯从对外贸易角度来看，一方面美国把中国作为战略竞争对手，中美贸易摩擦长期化的趋势明显，由于中国国内产业升级、劳动力成本和环保成本上升引起的产业转移在加速进行，韩国企业通过承接一部分产业转移能够取得一部分额外收益；另一方面韩国作为产业链中上游，由于中国对美出口受到影响，韩国对华出口也相应减少，这部分损失抵销了上面的获益，综合来看，中美贸易摩擦对韩国的经济影响可以忽略不计，国内外很多研究也证实了这一点。除了单纯的贸易之外，更能影响韩国经济的是中美贸易摩擦的最终走势，以及其附带的政治问题。

日韩贸易摩擦的影响。日韩贸易摩擦发展到今天的局面，日本基本不会妥协，如果想要往好的方向发展，只能先由韩方释放出某种善意，日本呼应之后才有可能缓和摩擦。韩国经济主要由大财团主导的半导体、汽车等少数几个关键产业支撑，虽然僵持下去在贸易上可能各有损伤，但毫无疑问日本产业结构更加合理，底子更厚，能够坚持得更久。韩方在2019年7月提出成立共同基金赔偿韩国原告的解决方案被日本拒绝，也曾向特朗普寻求调解未果，又在短时间内通过各种渠道增加与中方的交流，说明韩方想要马上解决问题的急切心情。但是，由于文在寅一贯的政治立场，以及国内保守派政治势力与民意的双重压力，是否能够做出实质性让步令人担忧。目前来看，日方在各种国际场合从未表示过化解矛盾的可能，韩方努力是否能够成功，主动权完全在日本。

二、日本非关税壁垒的关税等值计算

为测算日韩贸易摩擦与中美贸易战对中国经济影响的叠加效果，本节提出以下研究路径：首先，对日韩贸易摩擦中日本非关税措施的关税等值进行计算；其次，用得出的关税等值作为关税冲击变量代入 GTAP 模型中，可以算出日韩贸易摩擦对中国经济的影响程度；最后，在 GTAP 模型中同时设定中美贸易摩擦的关税冲击值和日韩贸易摩擦的关税等值，计算出二者叠加效果对中国经济的影响程度。

（一）数据、变量与模型

1. 模型

本节模型分为两个统计模型式（1）、式（2）和一个计算公式（3）。

式（1）为进口产品数量模型，目的是计算韩国从日本进口所有商品的弹性值。被解释变量为韩国进口日本相关产品的数量 $\ln q_{i,t}^M$，主要解释变量为韩国进口日本产品的价格 $\ln p_{i,t}^M$、进口数量的一阶滞后项 $\ln q_{i,t-1}^M$、进口商品的国内生产价格 $\ln p_{i,t}^D$、韩国 GDP 折算指数 $\ln P_t$、韩国实际 GDP 值 $\ln Y_t$、日元对韩元汇率 $\ln e_t$ 和韩国进口从价税率 $\ln(1+t_{i,t})$，$\ln p_{i,t}^M$ 的系数 $\alpha_{i,1}$ 即为进口商品弹性值。进口的价格和数量之间有明显的相关关系，所以放入进口价格变量，同时国内生产与海外进口存在替代关系，国内生产价格也是影响进口量的主要因素，因此放入国内生产价格；放入 GDP 和 GDP 折算指数的主要目的是控制出口国随时间变化的特征，同时 GDP 与进口量存在一定相关关系；汇率是影响进出口的重要因素，因此控制汇率；韩国对日本商品征收从价税显然会影响日韩贸易，因此控制从价税。由于解释变量中包含被解释变量的一阶滞后项，为解决数据内生性问题，结合已有研究采取动态面板数据方法，本节采用系统 GMM 方法。

$$\ln q_{i,t}^M = \alpha_{i,0} + \alpha_{i,1}\ln p_{i,t}^M + \alpha_{i,2}\ln p_{i,t}^D + \alpha_{i,3}\ln P_t + \alpha_{i,4}\ln Y_t +$$
$$\alpha_{i,5}\ln q_{i,t-1}^M + \alpha_{i,6}\ln(1+t_{i,t}) + \alpha_{i,7}\ln e_t + \varepsilon_{i,t} \quad (1)$$

式（2）为非关税措施影响模型，目的是计算日本对韩国的非关税措施对韩国自日本进口商品的整体影响。被解释变量为日本出口韩国商品总量 $\ln m_{i,t}$，主要解释变量为韩国实际 GDP 值 $\ln Y_t$、韩国 GDP 折算指数 $\ln P_t$、核心非关税措施虚拟变量 $Core_{i,t}$ 和韩国对日本进口商品从价税率 $\ln(1+t_{i,t})$，其中 $Core_{i,t}$ 的系数 $\beta_{i,3}$ 即为日本非关税措施的影响效应。通过控制韩国 GDP 来控制出口国的特征，通过从价税率控制不同商品征收不同税率对贸易量的总体影响。为正确处理面板数据的内生性，采用随机/固定效应模型处理不随时间变化的固定效应，同时加入时间变量控制随时间变化的效应。

$$\ln m_{i,t} = \alpha_i + \beta_{i,1}\ln Y_t + \beta_{i,2}\ln P_t + \beta_{i,3} Core_{i,t} + \beta_{i,4}\ln(1+t_{i,t}) + \mu_i \quad (2)$$

式（3）为非关税措施贸易等值的计算公式。可以看到，非关税等值与核心非关税措施的影响成正比，与进口商品的弹性成反比。将式（1）得出的弹性值和式（2）得出的非关税措施影响代入式（3）即可得出非关税措施关税等值。

$$ave_i = \frac{e^{\beta_i} - 1}{\varepsilon_i} \quad (3)$$

2. 数据与变量

式（1）中，韩国进出口数量和价格数据来自韩国贸易协会（KITA）数据库，是月度数据，其中进口产品量为韩国自日本进口商品 HS 分类 2 位代码的 95 类商品（去除了贸易量为 0 的分类），单位为吨；进口价格为对应产品进口金额与进口产品数量之比，单位为千美元；国内生产价格用韩国对外出口平均离岸价格（FOB 价格）表示，为出口金额与出口产品数量之比；GDP 和 GDP 平减指数都是季度值，来自韩国央行，其中韩国 GDP 为不变价季调数据，单位为十亿韩元，GDP 平减指数以 2015 年为基期（100）。日元兑韩元汇率数据来自韩国央行，为月度数据。从价税率数据来自世界贸易组织 ITC 数据库，与 HS 代码 2 位数的商品一一对应。数据由于可得性问题，时间跨度设定为 2018 年 1 月至 2019 年 9 月。

式（2）为非关税措施影响随机/固定效应模型，主要变量为韩国自日本进口商品量、韩国 GDP、韩国 GDP 平减指数、从价税率和核心非关税措施虚拟变量。韩国自日本进口商品量数据来自韩国贸易协会（KITA）数据库，单位为千美元，为月度数据，最近公布为 2019 年 10 月数据；GDP 和 GDP 平减指数都是季度值，来自韩国央行，其中韩国 GDP 为不变价季调数据，单位为十亿韩元，GDP 平减指数以 2015 年为基期（100）；从价税率数据来自世界贸易组织 ITC 数据库，与 HS 分类 2 位代码数的商品一一对应；由于日本的非关税措施从 2019 年 7 月开始，因此非关税措施虚拟变量把 7—9 月设定为 1，以控制日本非关税措施的影响。由于韩国经济恶化趋势近两年才比较明显，因此数据时间跨度设定为 2018—2019 年，同时由于四季度 GDP 数据未知，因此具体设定为 2018 年 1 月至 2019 年 9 月。按照面板数据随机/固定效应模型的常规做法，设定时间虚拟变量，本模型时间维度为 21。

（二）计算商品弹性

模型式（1）中包含被解释变量的滞后项，所以需要用动态面板数据相关模型。本节分别采用差分 GMM 模型和系统 GMM 模型，通过模型结果对比，发现系统 GMM 模型使用工具变量较多，系数标准误差较小，而且不存在二阶自相关（在 0.05% 水平上不能拒绝"扰动项无二阶自相关"的原假设），因此采用系统 GMM 方法进行拟合。

进口价格与进口产品数量呈反比关系，与已有研究预测一致。国内生产价格与进口数量呈反比，与进口价格趋势相同，与已有研究相反，这说明日本的贸易限制措施影响了韩国国内产品的生产。一般来说，国内生产与进口是替代关系，国内生产价格较高，进口商认为有利可图就会加大进口,进口量与国内价格成正比;但是在韩国经济持续下行、日韩贸易摩擦不断升级的背景下,日本祭出了非关税壁垒,为韩国厂商采购原材料制造障碍,影响了韩国国内生产,造成进口量和出口量同时减少的局面。也就是说,国外对韩国最终产品有需求,但是日本原材料和零部件供应不足,引起韩国国内原材料市场输入型上涨,造成进口量与出口价格形成反向移动趋势。GDP 相关的两个变量以及从价税率变量显著,与已有研究一致,汇率变量不显著与已有研究不同,可能是由于韩国进口日本商品缺乏弹性,因此汇率变化起的作用不显著。韩国进口日本商品的平均弹性值为 -0.445(见表1)。

表1 进口产品量 GMM 模型结果

项目	系统 GMM	
	系数	标准误
韩国进口价格	-0.445***	0.005
韩国进口量的一阶滞后项	0.489***	0.0023
韩国出口价格/生产价格	-0.267***	0.0071
韩国实际 GDP	-60.400***	2.781
韩国 GDP 平减指数	14.402***	0.943
日元兑韩元汇率	0.053	0.059
从价税	-2.109***	0.041
常数项	460.299***	18.294
Sargan 检验	93.596	
二阶自相关	1.851*	

注:①样本量1748,面板数95,时间维度21。
②*表示 $p<0.1$,**$p<0.05$,***表示 $p<0.01$。

(三)非关税措施影响模型分析结果

由表2可知,由于豪斯曼检验支持固定效应模型,因此以下主要解释固定效应模型。非关税措施影响系数为 -0.264,说明日本的非关税措施明显影响韩国自日本进口产品数量。韩国 GDP 两变量系数不显著,与已有研究不一致。由随机效应模型可知,从价税与进口量负相关符合理论，而在固定效应模型中，由于个体中不随时间变化的固定效应会被自动去除，从价税在2018—2019年没有大的变化，因此无法反映从价税的系数。

表2　非关税措施影响模型分析结果

项目	随机效应		固定效应	
	系数	标准误	系数	标准误
韩国实际GDP（log）	74.616	51.012	74.709	50.721
韩国GDP平减指数（log）	-29.325	21.514	-29.363	21.391
从价税（log）	-5.024***	1.455	—	—
非关税措施	-0.264**	0.124	-0.263**	0.123
时间虚拟变量	YES	YES	YES	YES
常数项	-402.120	277.085	-403.277	275.500
样本量	1977		1977	
面板数	95		95	

注：①豪斯曼检验结果倾向于支持固定效应模型。
　　②**表示$p<0.05$，***表示$p<0.01$。

（四）计算非关税措施的关税等值

将（二）、（三）两小节得出的弹性值和非关税措施影响系数代入式（3）中，得出日本非关税措施的关税等值：

$$ave_i = \frac{e^{\beta_i}-1}{\varepsilon_i} = [\exp(-0.263)-1]/(-0.445) = 0.520$$

即日本对韩国的非关税措施相当于针对日本向韩国出口商品加征52%的关税，很显然这种措施严重影响了日韩贸易和韩国国内生产。

（五）计算日韩贸易摩擦和中美贸易摩擦的叠加效果

本节采用GTAP模型和第九版数据。

表3呈现了日韩贸易摩擦的效果，将冲击设定为日本对韩国出口加征52%的关税。可以看到，韩国受到日韩贸易摩擦影响最大，GDP下降0.03%，进口下降0.53%，出口下降0.38%。日本受到冲击相对较小，进口下降0.39%，出口增长0.09%。这反映了日韩在产业链上的

竞争关系，日本限制韩国生产对其自身影响可控，而且在出口方面对韩国产品起到一定替代效果。日韩贸易摩擦对美国和欧盟也有一定影响，但是非常微小。

表3 日韩贸易摩擦效果 （%）

区域	GDP	进口	出口
中国	0	0.05	0.01
韩国	-0.03	-0.53	-0.38
日本	-0.00	-0.39	0.09
欧盟	0	0.01	-0.01
美国	0	0.04	-0.02

表4呈现了日韩贸易摩擦和中美贸易摩擦的叠加效果，将冲击设定为日本对韩国出口加征52%关税，同时中国与美国互征25%关税。可以看出，中美受到的影响都很大，日韩、欧盟受到的影响与表3类似，即受到中美贸易摩擦额外影响较为微小。中国GDP下降0.04%，进口下降0.43%，出口下降0.28%；美国进口下降0.34%，出口下降0.32%。日本比较特殊，进口虽然下降0.31%，但是出口增长0.03%，体现了日本在全球产业链的高端地位，以及贸易伙伴对日本产品的高度依赖。日本佳能全球战略研究所研究主干山下一仁认为，中美贸易摩擦相当于一个"逆向自贸协定"。具体而言，自贸协定意味着只有签约双方才能够得到关税减让的好处，其他国家被排除在外；类比自贸协定，中美贸易摩擦相当于在中美之间签订了一个"逆向自贸协定"，也就是说，只有中美双方受到加征关税的影响，其他国家不受影响或者因为产业转移受益。本节的结果部分支持了这种看法。

表4 日韩贸易摩擦和中美贸易摩擦叠加效果 （%）

区域	GDP	进口	出口
中国	-0.04	-0.43	-0.28
韩国	-0.03	-0.48	-0.39

续表

区域	GDP	进口	出口
日本	0	-0.31	0.03
欧盟	0	0.02	-0.02
美国	0	-0.34	-0.32

三、日本非关税措施对韩国出口影响的传导机制

（一）日韩贸易总体呈下降趋势

如图1所示，自2018年以来，日本对韩国进出口总体呈现震荡下行，特别是自2019年7月日韩贸易摩擦开始之后，呈现出明显下降趋势。

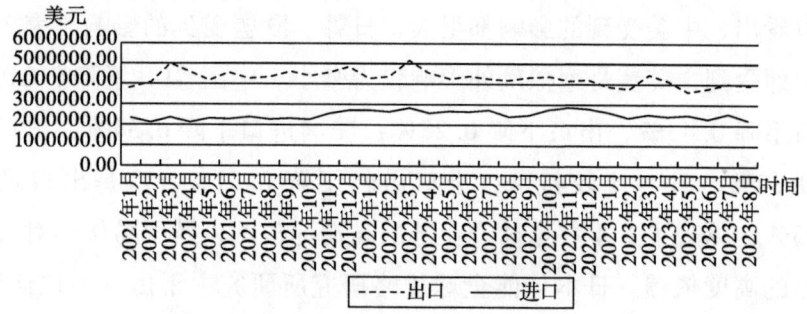

图1　日本对韩国进出口变化趋势（月度值）

资料来源：KITA数据库。

如图2所示，横轴从左到右依次对应SITC分类中0~9十个大类，纵轴为按照SITC分类2019年1—9月韩国对日出口累计值，以及累计同比情况。从累计规模来看，"除燃料外的非食用未加工材料""杂项制成品""机械和运输设备""矿物燃料、润滑油及有关物质"四类规模位于前列，"杂项制成品"规模最大；从累计同比增长率来看，"除燃料外的非食用未加工材料""粮食及活动物""杂项制成品"和"机械和运输设备"四类为负增长，"除燃料外的非食用未加工材料"的降幅最大。

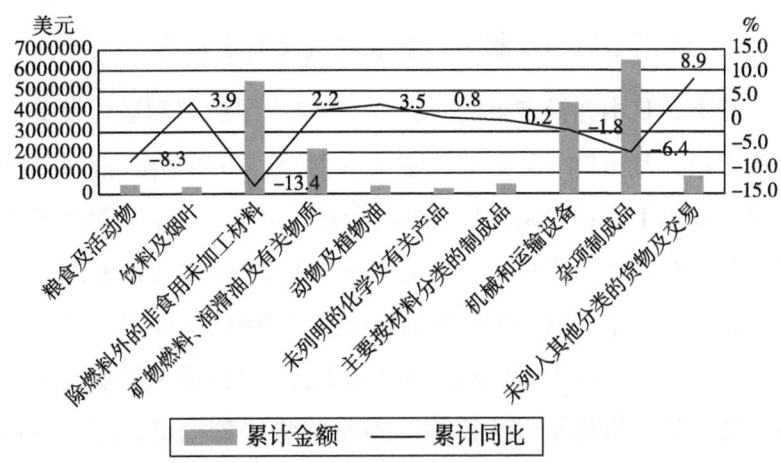

图 2　按 SITC 分类 2019 年 1—9 月韩国对日本出口累计值

资料来源：KITA 数据库。

图 3 是按照 SITC 分类 2019 年 1—9 月韩国自日本进口累计值，以及累计同比情况。从累计规模来看，"机械和运输设备""未列明的化学及有关产品""主要按材料分类的制成品"和"杂项制成品"四类规模位于前列，"机械和运输设备"规模最大；从累计同比增长来看，除了规模较小的"动物及植物油"之外，其他产品都存在不同程度的同比下降，"饮料及烟叶"下降最大，达到 -27.8%，"机械和运输设备"其次，为 -19.8%。

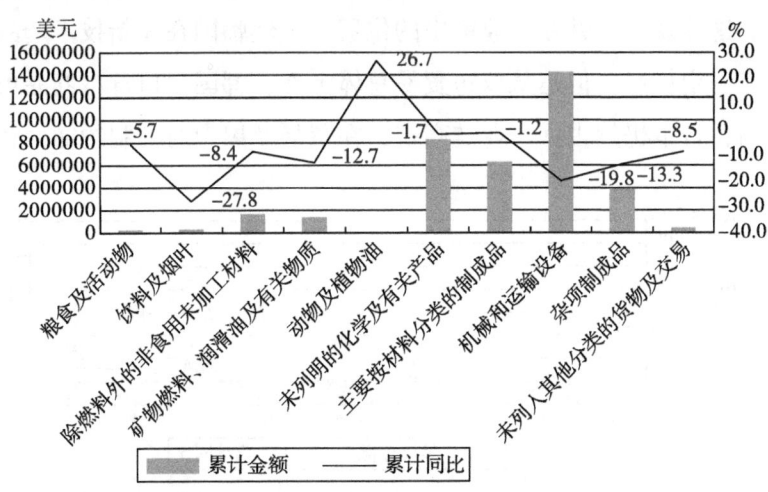

图 3　按 SITC 分类 2019 年 1—9 月韩国自日本进口累计值

资料来源：KITA 数据库。

（二）韩国国内的抵制措施使双边贸易雪上加霜

实际上，日本并没有限制"饮料及烟叶""机械和运输设备"两类产品的出口，其出口下降的原因主要有两个：一是韩国经济持续疲软，引起国内需求下降；二是在日本祭出贸易限制措施之后，韩国国内对日本啤酒和汽车等产品进行抵制运动。从图4和图5中可以发现，2019年以来，韩国自日本进口两类产品的规模都呈现明显的同比下降趋势，主要由于韩国经济整体下降引起国内消费低迷。"机械和运输设备"进口量从年初开始一直处于较大降幅，但是趋势比较稳定，而"饮料及烟叶"则在7月日本实施出口管制措施之后有一个明显的加速下降趋势，受到韩国抵制运动的影响较大。

一般来说，SITC分类中0~4为初级产品，6和8为劳动密集型工业制成品（"主要按材料分类的制成品"和"杂项制成品"），5和7为资本技术密集型工业制成品（"机械和运输设备"和"未列明的化学及有关产品"）。可以看出，在韩国对日本出口商品中，初级产品和劳动密集型工业制成品占比都较高；而在韩国自日本进口商品中，虽然劳动密集型工业制成品占有一定比例，但是大部分为资本技术密集型工业制成品。这体现了日韩在产业链中的位置，虽然韩国在高新技术产品贸易上具有一定优势，但是从双边贸易总体上看，韩国出口日本商品可替代性更高，日本仍然占据产业链高端，在贸易摩擦中对韩制约能力较强。

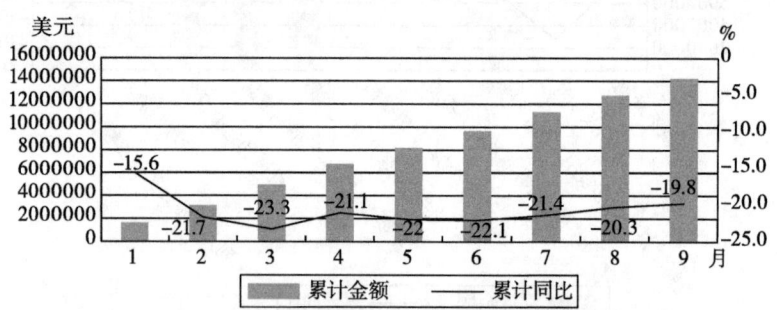

图4　2019年1—9月韩国进口日本"机械和运输设备"累计值
资料来源：KITA数据库。

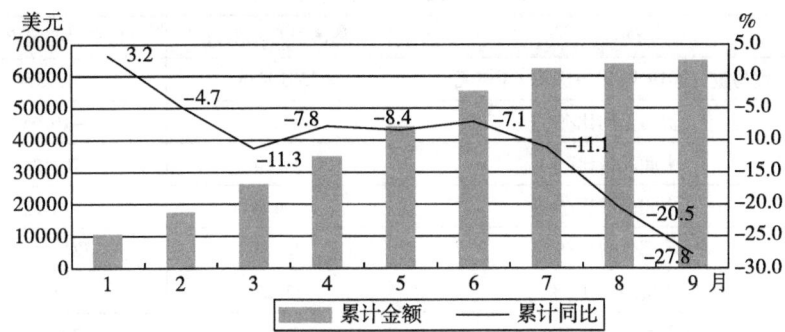

图5　2019年1—9月韩国进口日本"饮料及烟叶"累计值
资料来源：KITA数据库。

（三）中间品贸易通过影响韩国国内生产进而影响其出口

韩日双边贸易虽存在明显的下降，但是食品、饮料等快消品在双边贸易中的占比较小，对整体贸易影响不大；整车等耐用消费品虽然占比较大，但是不会影响韩国对其他国家出口；而占比较大的韩国产业链所必需的零部件等中间产品才是在日韩贸易摩擦中影响韩国经济的最重要因素。

表5显示了最近两年韩日之间中间品贸易的情况。从贸易总量来看，2019年前三季度，韩日双边贸易存在明显下降，日本对韩国出口受到日本出口限制和韩国抵制日货运动的影响同比急剧下降10.65%。

从大的分类上看，中间品占比最高，在60%以上，其中零部件是最大一项，占比稳定在20%左右；日本对韩出口中，资本品占比远高于消费品，韩国对日出口中，消费品占比略高于资本品。从进口和出口两方面来看，日韩中间品贸易占比高于60%，日本对韩国出口中的中间品占比略高于韩国对日本出口中的占比，而且2019年前9个月占比高于2018年全年占比。2019年1—9月，韩国对日本的中间品贸易同比下降8.86%，日本对韩国的中间品贸易同比下降4.20%。

表5 韩日中间品贸易情况

项目	韩国对日本出口	日本对韩国出口
贸易量（2019年1—9月）/千美元	23319884	35459574
贸易量同比/%	-1.58	-10.65
中间品占比/%	64.04	70.12
中间品同比/%	-8.86	-4.20
零部件占比/%	22.74	21.44
消费品占比/%	13.23	5.93
资本品占比/%	9.57	20.34
贸易量（2018年）/千美元	32111531	52482082
贸易量同比/%	14.17	-1.46
中间品占比/%	61.09	62.13
中间品同比/%	0.11	-0.03
零部件占比/%	23.14	20.27
消费品占比/%	10.14	4.16
资本品占比/%	8.58	23.85

注：还有其他项目未被纳入分类，因此占比总和不等于100%。
资料来源：笔者根据OECD数据库计算所得。

如表6所示，2019年韩国整体出口下降较大。2019年1—9月对中国（-18.1%）、东盟（-2.1%）、中国香港（-32.6%）、EU（3.5%）等主要贸易伙伴的出口都呈现大幅下降趋势。

表6 韩国对世界出口变化（按国家地区分类）

国家/地区	2019年1—9月/百万美元	同比/%
中国	99852	-18.1
东盟	71943	-2.1
越南	36016	0.7
中国香港	24371	-32.6
日本	21362	-5.6
美国	54335	3.6
EU	40198	-3.5
中南美	20425	-2.9

续表

国家/地区	2019年1—9月/百万美元	同比/%
中东	12724	−25.3
大洋洲	10091	−10
非洲	4929	0
合计（包括其他）	406104	−9.8

资料来源：KITA 数据库。

中间品贸易在双边贸易中占比较高，符合世界趋势。在中、日、韩三国双边贸易中，以中国自韩国进口中间品占比为最高，达到75%，中国自日本进口中间品占比处于60%左右，韩日之间中间品贸易处于60%~70%，这些体现在产业链分工中，表明中韩互补性较强，日韩之间存在较强的竞争关系。2019年1—9月，受到日韩贸易摩擦和世界经济下行双重影响，日韩之间的中间品贸易明显下降，受其拖累，韩国对全世界的出口都产生大幅下降，这反映了韩国对日本中间品的高度依赖和缺少中间品对韩国产业的巨大影响。

（四）通过扩大中美贸易替代一部分韩日贸易损失

如图6所示，韩国出口前20位国家和地区的贸易情况，除少数几个国家之外，基本处于同比下降状态。特别是贸易量位于前列的中国（−18.0%）、中国香港（−32.9%）、日本（−6.6%）、中国台湾（−23.5%）、印度（−0.9%）等国家和地区都出现大幅下滑。由于中美贸易摩擦引起的产业转移、中国大陆（内地）经济结构调整，以及劳动力和环境成本高企等原因，韩国对美国出口有2.2%增幅，考虑到美国是韩国第二大出口对象国，这个增长率并不低。

如图7所示，从韩国前20位进口来源国贸易情况来看，2019年韩国进口基本处于全线下滑状态。由于受韩日贸易摩擦影响，韩国自日本进口同比下降12.8%，但是自中国和美国进口则有小幅上涨。

从以上数据可以看出，在全球经济下行、外需不足的情况下，韩国对中国和美国的贸易能够取得一定增长，跟中美替代了一部分日韩贸易

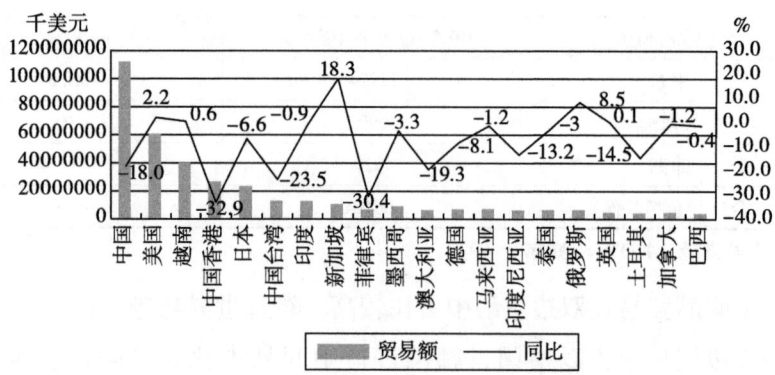

图6　2019年1—10月韩国出口前20位国家贸易情况
资料来源：KITA数据库。

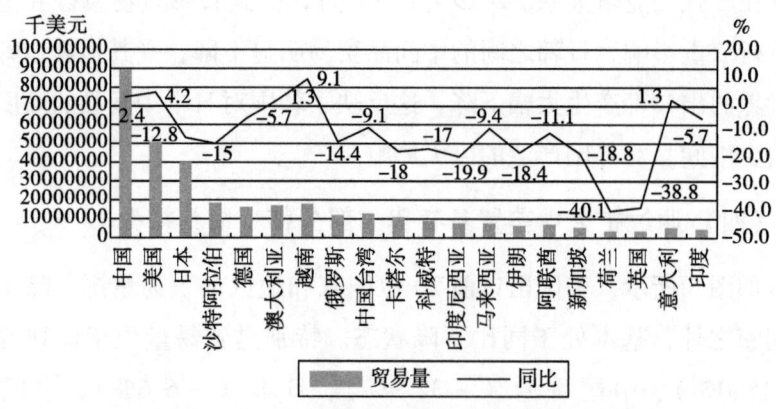

图7　2019年1—10月韩国前20位进口来源国贸易情况
资料来源：KITA数据库。

不无关系，但是日本处在东亚地区产业链高端，特别是在支撑韩国经济的半导体产业方面，中美短期内无法真正替代日本的地位。

（五）日本对三种原材料限制出口严重影响韩国半导体产业

日本的出口限制措施起于光刻胶、高纯度氟化氢和含氟聚酰亚胺三种原材料，虽然随后将韩国从白名单剔除，理论上可以对出口韩国的任何产品进行限制，但实际上对韩国杀伤力最大的还是关系到半导体产业的这三种原材料。2018年，韩国从全世界进口这三种原材料的总金额为8.6亿美元，其中5.1亿美元自日本进口，占总额的59.3%，对日本依赖程度较高。

韩国光刻胶严重依赖日本，但是此次日本限制措施并不严厉。韩国2018年光刻胶最大进口来源地按照规模依次为日本（4亿美元）、美国（3000万美元）、中国（1200万美元）、比利时（386万美元）、新加坡（217万美元）、荷兰（154万美元）、德国（154万美元）、中国台湾（95万美元）。韩国从这8个国家和地区的进口总额为45206万美元，占2018年韩国进口光刻胶总额45254万美元的99.9%。图8和图9分别显示了2019年的最新情况。受到日本出口管制的影响，日本进口同比下降2.8%，由于日本在规模上占绝对优势，因此带动光刻胶进口总额下降1.1%。日本下降部分规模为873.6万美元，而位于第二的美国和第三的比利时分别同比增长了2.4%和163.8%，相对应的规模增长分别为58万美元和560万美元，这在一定程度上弥补了自日本进口下降带来的缺口。总体来看，2019年前10个月，日本对韩光刻胶出口控制给韩国带来的影响在可控范围。

韩国的策略是通过增加其他国家进口来缓解日本的禁运压力，但是因为韩国对日本光刻胶依赖程度过高，其他国家产能很难立刻跟上，加上资产专用性较强，短时间内未必能达到韩国厂商要求的产品质量和技术标准，如果韩日贸易摩擦持续恶化，未来韩国半导体产业将更加艰难。

日本重点限制对韩高纯度氟化氢出口，由于电子级高纯度氟化氢技术难度较大，短期内很难找到质量和产能都相当的替代厂商。韩国2018年氟化氢最大进口来源地按照规模依次为中国（1.4亿美元）、日本（7300万美元）、中国台湾（906万美元）、美国（60万美元）、新加坡（66万美元）、印度（16万美元）。韩国从这6个国家和地区的进口总额为22348万美元，占2018年韩国进口氟化氢总额22826万美元

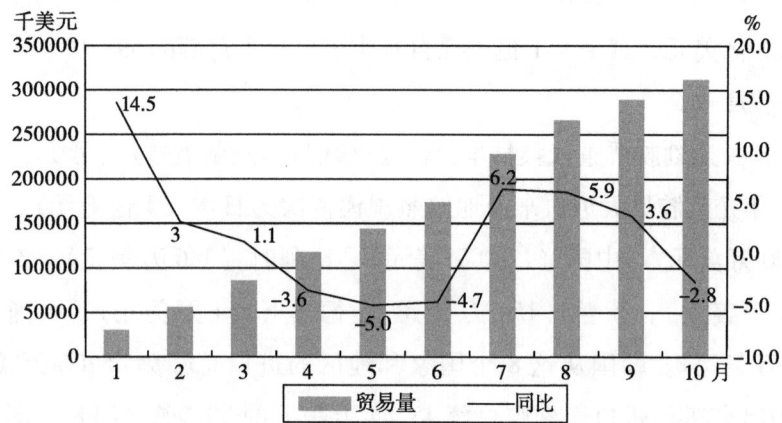

图8 韩国2019年1—10月累计进口日本光刻胶情况
资料来源：KITA数据库。

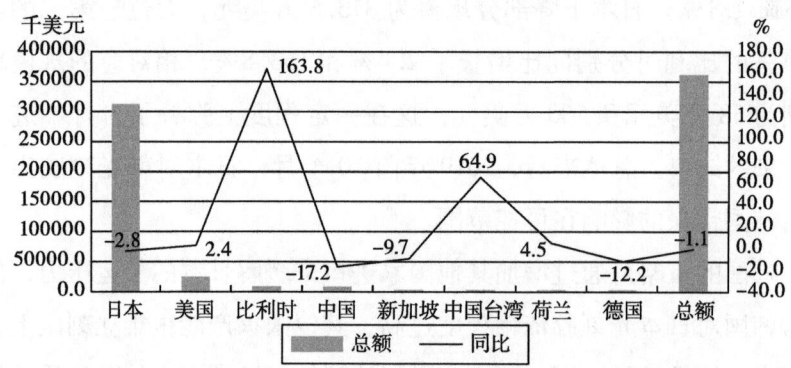

图9 韩国2019年1—10月自各国进口光刻胶情况
资料来源：KITA数据库。

的97.91%。图10和图11分别显示了2019年最新情况。与光刻胶情况不同，中国是韩国氟化氢最大的进口来源国，2019年前10个月同比下降7.6%，由于受出口管制影响，自日本进口同比急剧下降29.1%。由于前两位中国和日本占比较大，其他国家增长空间有限，因此虽然韩国从中国台湾、美国、新加坡和印度都增加了进口，但是进口总量仍然遭受7.7%的同比下降。总体来看，2019年前10个月，日本对韩氟化氢的出口限制给韩国带来的影响较大。

虽然中国氟化氢产能很大,但是技术不如日本,日本不论是产能还是质量,都是电子级高纯度氟化氢绝对主导国家。目前,全球电子级氢氟酸(氟化氢气体的水溶液)年产能约 20 万吨。其中,中国电子级氢氟酸年产能 9 万吨左右,中国台湾地区电子级氢氟酸年产能 3 万吨左右,日本电子级氢氟酸年产能 6 万吨左右,欧美地区电子级氢氟酸年产能 1.5 万吨左右。海外电子级氢氟酸的生产厂家主要有:日本 Stella Chemifa 公司(电子级氢氟酸产量第一)、台塑大金(电子级氢氟酸产量第二)、日本森田化学等。

尽管中国也是氟化氢出口大国,但是集中在中低端市场,高端市场主要依靠日本。根据韩国贸易协会数据,2018 年日本出口韩国的高纯度氟化氢为 4.1 万吨,日本 Stella Chemifa、昭和电工以及森田化学工业等是主要供应商。[①] 2018 年森田化学工业有 3 成以上的销售额来自向韩国出口高纯度氟化氢。[②] 目前,森田化学工业正在计划转移产能到中国,绕过日本出口管制,从中国向韩国出口高纯度氟化氢。由图 10 可以看到,2019 年 7 月以后日本对韩国出口氟化氢几乎停滞,而其他国家并没有及时替代日本造成的缺口,就是因为短时间内日本的高端高纯度氟化氢无论是产能还是技术标准都无法被替代。目前,中国能够生产电子级高纯度氟化氢的厂商只有多氟多一家,但年产量只有 3000 吨,产能远远跟不上需求。[③]

目前,韩国正在多方寻求日本氟化氢的替代方法,2019 年 9 月 4 日韩国《中央日报》报道称,三星电子和 SK 海力士寻找日产氟化氢替代材料的工作比预期进展顺利,预计年底前可以完全替代日本产品,[④] 也

[①] 资料来源:中化新网,http://www.ccin.com.cn/detail/1b3e6ee0ad4dbe638f308cee47159266。
[②] 资料来源:日本经济新闻。
[③] 资料来源:第一财经,http://baijiahao.baidu.com/s?id=1649979526508436251&wfr=spider&for=pc。
[④] 资料来源:观察者网,https://www.guancha.cn/industry-science/2019_09_04_516486.shtml。

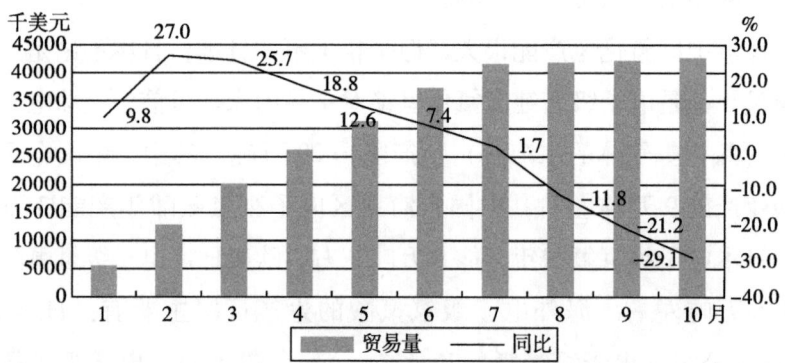

图10　韩国2019年1—10月累计进口日本氟化氢情况
资料来源：KITA数据库。

有消息说韩国只是对日本低纯度氟化氢进行提纯，而且制备氟化氢的原材料和设备还是来自日本。即使韩方确实找到可行的替代方案，其产品测试和提升产能也需要较长时间，经历几个月的制裁，韩国国内的高纯度氟化氢储备估计已经被消耗殆尽了。

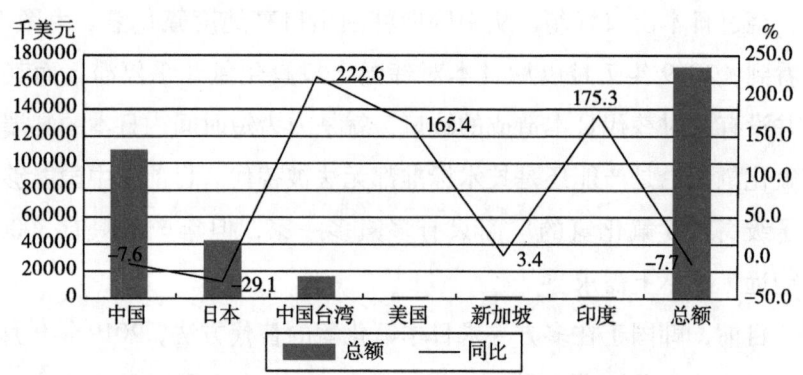

图11　韩国2019年1—10月自各国进口氟化氢情况
资料来源：KITA数据库。

日本对韩国出口含氟聚酰亚胺管制并不严厉，2019年仍有大幅增长（见图12）。韩国2018年含氟聚酰亚胺最大进口来源地按照规模依次为中国（4500万美元）、日本（3700万美元）、美国（4600万美元）、德国（2200万美元）、泰国（634万美元）、马来西亚（420万美

324

元)、印度(534万美元)、法国(327万美元)、比利时(204万美元)、新加坡(83万美元)。韩国从这10个国家的进口总额为172020000万美元,占2018年韩国进口含氟聚酰亚胺总额177790000万美元的96.75%。图13显示了2019年的最新情况,中国和日本两个最大的含氟聚酰亚胺进口来源国分别呈现14.8%和9.6%的大幅增长,进口总额也有0.4%的微弱涨幅。总体来看,2019年前10个月,韩国进口含氟聚酰亚胺未受到影响。

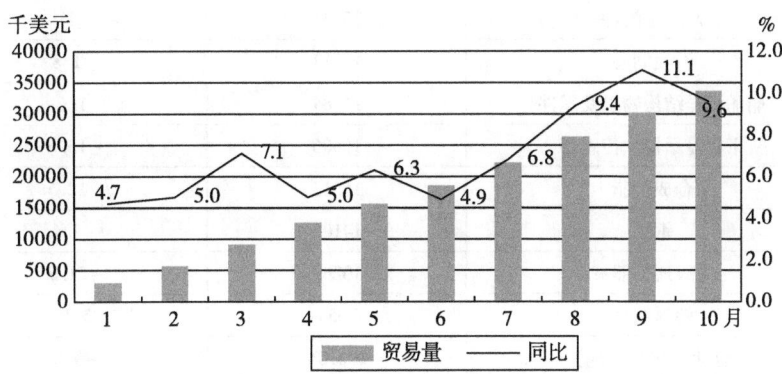

图12 韩国2019年1—10月累计进口日本含氟聚酰亚胺情况
资料来源:KITA数据库。

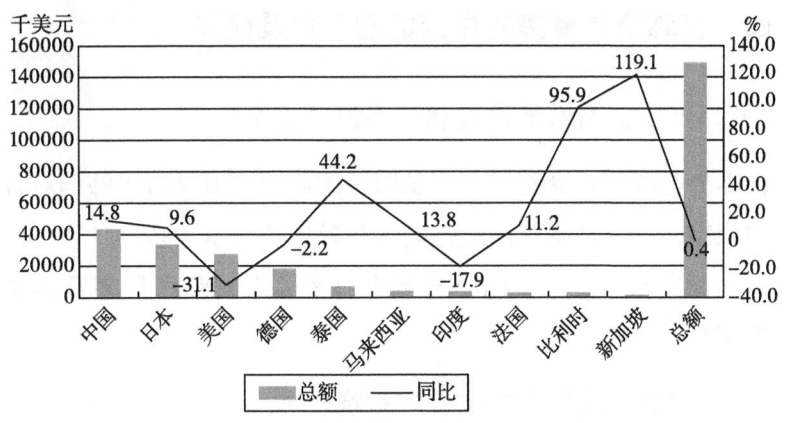

图13 韩国2019年1—10月自各国进口含氟聚酰亚胺情况
资料来源:KITA数据库。

受到日本三种原材料出口限制的影响,2019年1—9月韩国出口最大宗的半导体制品大幅下降25.3%,如表7所示。半导体是韩国经济的支柱产业,日本对三种原材料的限制措施严重影响了韩国国内的半导体生产以及对外出口。

表7 韩国对世界出口变化(按产品分类)

产品类型	2019年1—9月/万美元	同比/%
半导体	71401	-25.3
汽车	31552	7.9
汽车零配件	30631	-11
石油制品	16917	-1.8
船舶海洋结构物以及零件	16184	11.6
平板显示器、传感器	15606	-15.5
合成树脂	15313	-12.5
钢板	14106	-7.4
无线通信器械	10287	-21.7
塑料制品	7654	5.1
合计(包括其他)	406104	-9.8

资料来源：KITA数据库。

四、日韩贸易摩擦对中国的启示以及建议

(一) 产业链高端地位有利于保护产业安全

日本产业链虽然受到日韩贸易摩擦的影响,但是由于韩国对日本原材料的依赖,以及日本在产业链高端与韩国的竞争关系,日本可以在一定程度上替代韩国产品,因此日本出口不但没有受到日韩贸易摩擦影响,反倒有一定获益。

(二) 中美贸易摩擦对欧日韩影响较小

中美贸易摩擦对中国和美国的影响不言而喻,中美产业链互补性较强,竞争性较弱,导致贸易战开始之后两败俱伤。欧日韩与中美产业链

虽互相渗透，深入合作，但是定量分析结果显示，中美贸易摩擦对欧日韩影响较小。这说明短期而言，美国的贸易保护主义措施对产业链的破坏作用可以被产业转移、贸易替代等作用弥补。目前，中美已经达成了第一阶段协议，这对两国来说都是明智之举，否则继续僵持下去，只能造成中美双输和把市场拱手让给其他国家的局面。

（三）对中国产业发展的建议

一是加速推进在半导体原材料方面的产业布局。目前，中国主要的氟化氢厂商有滨化集团、瑞丰高材、中化国际、多氟多等，其中能达到 UP-SSS 级别（电子级超高纯度）的厂商只有多氟多和正在建设中的湖北兴力，多氟多现有产能只有年产 3000 吨左右，因此中国与韩国一样，高纯度氟化氢严重依赖进口，目前产能和技术都不具备替代日本的实力。中国要在加紧自主研发的同时，借助日韩贸易摩擦契机与日韩企业合作，承接高端原材料生产的产业转移，提高技术和产能，保障产业安全。

二是密切关注日韩贸易摩擦的长期效应。目前的分析结果主要基于 2019 年 7 月以来日韩互相制裁下的贸易数据得出，因此只能代表对短期情况的判断。如果贸易摩擦长期化，产业转移和"脱钩"将会加速发生，并且很有可能被确定下来，这对东亚地区产业链的中长期影响需要通过不断关注和持续分析判断来厘清。

（执笔人：李浩东）

调研报告一
"WTO现代化改革与东北亚经贸合作研究"联合课题组赴日调研报告

2019年4月22日至26日，中国国际经济交流中心课题组赴日走访智库机构和相关企业开展调研活动，重点就世界贸易组织（WTO）现代化改革和二十国集团（G20）大阪峰会议题、东北亚政经形势及区域经贸一体化安排、中日经济发展和第三方市场合作等议题交换了意见。课题组走访了日本国际问题研究所（JIIA）、日本贸易振兴机构（JETRO）、日本经济产业研究所（RIETI）、财务省综合政策研究所（PRI）、日本国际协力银行（JBIC）、农林中金综合研究所、日中经济协会、政策研究大学院大学、野村综合研究所、佳能全球战略研究所（CIGS）等10家机构的负责人、专家及学者。据调研访谈结果，现将主要观点概述如下。

一、WTO现代化改革将会是G20大阪峰会的重要议题

自2018年11月召开的G20布宜诺斯艾利斯峰会探讨了WTO改革议题之后，WTO现代化改革成为国际多边场合探讨的热点议题。课题组就WTO改革议题及日方态度开展了调研。日方表示将在G20大阪峰会上就WTO通报机制、争端解决机制，以及电子商务规则等议题开展详细讨论，以期望G20首脑峰会能够对此达成一些共识。

（一）推进 WTO 改革难度较大，宜谋划可能的替代方案

佳能全球战略研究所研究主干山下一仁认为，当下 WTO 现行体制已与国际贸易实践非常不吻合了，确实应该进行必要的改革，但实际上推动 WTO 改革已变得不太可能。有关 WTO 改革存在一个悖论，即 WTO 在很多重大问题上需要采取全体一致同意原则，即便要在 WTO 框架下改革这项规则，还是需要全体成员一致表决通过，在关键议题上获得 160 多个成员一致意见的难度很大。因此推进 WTO 现代化改革的一个替代方案是跳出 WTO 框架转而推进全面与进步的跨太平洋伙伴关系协定（CPTPP）的扩容，即吸引越来越多的经济体加入 CPTPP，倘若中美都能加入 CPTPP，那么 WTO 的现代化改革就会顺理成章。CPTPP 的扩容亦可以仿照当年 WTO 的分阶段谈判做法，可就优先达成的条款先形成诸边协议，然后再推广给大多数成员，当 CPTPP 达成较高标准的协议后，再反哺到 WTO 规则改革上，最终推动 WTO 实现现代化。

（二）G20 大阪峰会致力于解决 WTO 体制不适应问题

财务省大臣官房审议官高见博认为，G20 大阪峰会将注重三方面内容：一是重新整理世界经济发展面临的危机和挑战；二是如何推动世界获得更强劲的经济增长；三是如何应对技术革新和新型全球化带来的剧烈变化。近年来，美国特朗普政府采取了一些保护主义政策，令以 WTO 为主的多边贸易体制遭遇到非常严峻的挑战。数字经济的兴起也让 WTO 现有体制不能做出有效应对。在这种情况下，日本认为 WTO 体制需要进行一些必要的改革：一是要强化监督功能，即增强履行通报义务职能；二是要强化谈判功能，即建立一些适应新变化的新规则；三是强化争端解决机制。总体上看，日本非常重视怎样强化通报功能和重建争端解决机制。日方认为，现有通报制度已跟不上国际贸易和关税调整的变化，出现弱化或退化。为了弥补 WTO 体制的这一漏洞，日本与美国等国家准备提出一套强化通报功能的方案，其中考虑了对通报功能

不是很强的成员国（主要是发展中国家）的照顾，其目的是让 WTO 通报义务能得到更好的履行，也期待得到更多成员的理解和支持，让他们切实把通报功能作为很重要的事情看待。日本还希望在电子商务规则上提出相应的完善方案，尤其希望在促进跨境数据自由流通上发挥一些主导性作用。因此，在 G20 大阪峰会上，日本准备进一步推进电子商务规则制度建设，通过在 G20 首脑会议上做一些政治努力，推动世界主要经济体都能放松对服务器设置管制和加强企业及个人的数据保护。日方认为，重建 WTO 争端解决机制不能缺少美国的参与，也是 G20 大阪峰会上有关 WTO 改革的重点议题之一。在界定 WTO 框架下发展中国家地位的问题上，基本思路是根据各国经济能力让其承担相应的责任，日方期待中国在此问题上能够发挥非常大的作用。

（三）优先解决 WTO 立法、监督和司法职能失调问题

JETRO 海外调查部国际经济课课长米山洋认为，推进 WTO 规则改革需要所有成员形成合议，而有些新的贸易问题各方虽愿意参与讨论，但形成共同意见非常困难，尤其考虑到目前美国在讨论中还会起到妨碍作用。鉴于 WTO 机制是由美国最早提出创立的，如果没有美国参与，WTO 改革可能就没有什么实际意义。WTO 的监督职能不具有强制力，造成了当今世界保守主义增多。在处理贸易纠纷上，WTO 争端解决机制虽做出了很大的贡献，但其最高裁决部门如今面临停摆，意味着 WTO 司法职能遇到了前所未有的危机。这是 G20 大阪峰会亟待解决的关键问题之一。目前，已有 76 个成员参与了制定电子商务规则的商讨，美国非常想利用 WTO 框架来规范跨境数据流动，已与欧盟达成了一项促进跨境数据自由流动的合作协议。实际上，欧盟与中国都设置了一些数据贸易壁垒。日本对跨境数据自由流动持有非常积极的支持态度，并将其列入 G20 大阪峰会的重要议题之一。此外，G20 大阪峰会还会就强化 WTO 的通报功能开展探讨，期望今后可能朝着强化惩罚机制方面达成共识。

(四) G20 大阪峰会期待增进相互理解、达成合作框架

日中经济协会理事、企划负责人十川美香认为，G20 大阪峰会面临的一个重大课题是，如何在各方相互理解的基础上达成方向性的合作框架，即建立一个完整通用的国际标准规则体系，使各成员能相互认同和遵循。例如，中美经贸摩擦的焦点领域是高科技的竞争，中美各有自己的 5G 通信技术标准，给世界经济社会活动造成了一定障碍，日方期待中美能有效解决高科技发展中的标准差异问题。当前，尤为重要的是加快推进各方进一步放松规制和扩大开放，消除影响自由贸易进程的不利因素，履行好在全球化进程中的相应职责。

二、在推进 RCEP 的基础上探讨中日韩 FTA 和 CPTPP 合作

中日双方在推进区域自贸安排方面有共同的利益诉求，表达了推动区域全面经济伙伴关系协定（RCEP）早日达成的愿望，在推动 RCEP 达成后，积极推动高水平的中日韩自贸协定（FTA）。课题组就今后 RCEP 推进情况和中国加入 CPTPP 的态度征询日方专家意见。日方表示坚持自由贸易的方向不变，欢迎中方加入 CPTPP，并期待中日达成更高水平的 FTA。

（一）日本主推 RCEP 谈判，同时积极考虑 CPTPP 扩容

山下一仁认为，日本政商各界对推进 RCEP 谈判持有非常积极的态度，在特朗普政府实施单边主义政策背景下，中日积极推进 RCEP 尽早达成非常有必要。RCEP 并不是一个非常优秀的体制，因印度参与反对大幅关税减让使得相关谈判进展不太顺利。CPTPP 是一个非常高标准的贸易协议，尤其是涉及国有企业、投资、知识产权保护等条款门槛偏高。由于 RCEP 很难纳入此类标准要求，因此推动 CPTPP 扩容就显得更为合理和更有效率。通常，自由贸易协定是个具有差别化的机制安排，只有贸易圈成员才能享受低关税贸易，而圈外的国家相当于受到了

贸易歧视。当初日本提出加入跨太平洋伙伴关系协定（TPP）时，加拿大和墨西哥曾对此表示反对，因为加墨两国非常担心日本加入TPP的贸易圈后，自己会被边缘化。在特朗普政府退出TPP后，安倍晋三首相曾表示，没有美国参加的TPP是完全没有意义的。然而，日本继续推进了没有美国参与的TPP（后来的CPTPP），认为达成CPTPP将会是美国重返TPP的唯一途径。CPTPP达成后，即构成了具有排他性的贸易协定，对退出的美国构成损害，促使美国重新评估TPP机制并倒逼其重返TPP。在CPTPP达成的低关税情况下，美国被排除在外将会使其农产品出口处于不利地位，特别是澳大利亚农产品对贸易圈成员的出口更具有价格优势。高见博认为，与CPTPP的高自由度要求不同，RCEP的自由度可能偏低一些，但它为柬埔寨、老挝、越南等发展中国家提供了进入高自由度自贸协定的入口。RCEP谈判涉及16个国家，在很短时间内达成高水平共识难度比较大，日方赞赏中国在推进RCEP谈判早日达成上的积极态度，同时期望RCEP应追求自由度更高的规则，对此中日需继续发挥一些主导性作用。

JETRO海外调查部亚太课课长小岛英太郎认为，RCEP覆盖地区是日本企业贸易联系最紧密的地区。据JETRO的调查显示，除供应当地市场外，在亚洲各地设厂的日本企业所生产的商品主要是向日本和东盟出口，在韩国、中国香港、中国台湾设厂的日本企业所生产的商品向中国大陆出口的也非常多。当前RCEP讨论最多的领域还是贸易自由度问题，即关税减让的程度。如果RCEP达成后，日本与区域内成员的贸易就会变得更加便利。鉴于RCEP谈判快要达成，将能有效解决日中自由贸易问题，这是目前比较容易看到希望的领域。CPTPP覆盖的亚洲部分原来就有双边的FTA，因而对已签订FTA的亚洲经济体来说，CPTPP的重要性并不是特别高；但对于日本来说，CPTPP的意义在于日本将巩固和扩大与加拿大、阿根廷等经济体的贸易联系。随着CPTPP扩容已被提上日程，泰国、韩国等已有意愿加入，从而使CPTPP存在的意义进一步扩大。值得说明的是，CPTPP 扩容条件比较严格，要想加入 CPTPP 就要符合其设置的限制条件，意味着加入谈判可能要花很长的时间。

（二）日本支持中国加入 CPTPP，但要求中国须接受高标准

经济产业研究所理事长中岛厚志认为，如果中国能接受 TPP 同等范围、同等规模和同等自由度的标准，中国加入 CPTPP 是比较容易获得日方认可的。对于日美经贸谈判，他期待日美 FTA 的自由度能超过 CPTPP，但是他预期日美 FTA 的自由度可能低于 CPTPP。因为日美双方各有自己的特殊利益要求，当日美经贸谈判变成交易性谈判时，双方谈判结果可能就与高度自由的原则相冲突了。而且，日美经贸谈判可能长期化，可能不会立即有什么结果；如果在日美 FTA 中美国增加"毒丸条款"，日方可能非常难以接受。山下一仁表示，倘若中国真要申请加入 CPTPP，日本肯定是非常欢迎的。除了扩大自由贸易圈外，中国提出加入还会对美国形成牵制，并会让美国紧张起来。如果中国真正加入 CPTPP，就意味着中国必须接受 CPTPP 的既定规则，特别是国有企业、知识产权等方面的高标准要求，这要求中国与当年加入 WTO 的时候一样，在接受既定规则情况下努力推进结构性改革和履行适应性开放的承诺。此外，中国要加入 CPTPP，还需要征得其他成员国一致同意，有可能的情况是加拿大和墨西哥受限于美墨加协定而不让中国加入。

（三）推动中日韩 FTA 或中日 FTA 要求更高水平

中岛厚志认为，日本过去一直在亚太范围内与中国探讨 FTA，与中国单独谈 FTA 是有可能的，也是比较好的方案。但现实问题是，日本与美欧谈的 FTA 都是自由度水平比较高的，倘若与中国签订一个自由度不是很高的 FTA，那么与其他经济体签订的 FTA 相比，日中 FTA 就显得非常异类，因此当前推进日中 FTA 可能还不是特别合时宜。山下一仁认为，相对于 CPTPP，RCEP 即便能尽快谈成，也可能是较低标准

的，因为印度参与其中可能拉低关税减让等标准要求。中日韩 FTA 能谈成固然是件好事，但现实情况是韩国在谈判中并不想妥协，且近期日韩政治关系并不融洽。既然中日韩都在努力推进 RCEP 达成，如果中日韩 FTA 或中日 FTA 的标准不比 RCEP 高太多，那么推进它们达成的意义并不大。高见博认为，中日韩 FTA 谈判基本上与 RCEP 谈判同步进行，日本期望在 RCEP 的基础上增加一些更高附加值的内容，对此中日合作就显得非常重要。日本国际问题研究所客座研究员、现代中国研究专家津上俊哉认为，推进日中韩 FTA 早日实现，在当前全球反自由贸易背景下具有重要的现实意义。日中经济协会调查部部长高见泽学认为，作为亚洲地区两大经济体，日中两国要发挥主导作用，共同致力于建立更广泛且高质量的互惠贸易规则，应加快推进中日韩 FTA 尽早达成。

（四）中国在推进 FTA 方面进展缓慢且已落后于日本

JETRO 海外调查部国际经济课课长米山洋认为，在日欧 EPA 和 CPTPP 生效后，日本对外贸易总额中 FTA 的覆盖率达到了 36.5%，如果加上正在谈判的 RCEP 与土耳其和海湾国家的 FTA，日本 FTA 的覆盖率就会达到 70.6%，其中中国占比达到 21.7%。一项对日本企业的调查显示，如果与中国相关的自贸协定生效后，有 41.9% 的日本企业希望利用这一机制与中国开展贸易。经济产业研究所研究员张红咏认为，与日本推进 FTA 安排方面相比，中国落后的局面非常显眼。如果 2019 年 RCEP 能够如期达成，中国 FTA 推进进程便会快进一步。与推进中日韩 FTA 相比，推进中日 FTA 相对容易一些，速度也会更快一些，但日本媒体报道非常少，可能表明日中 FTA 谈判尚未上升到日本的政策层面。

三、中日第三方市场合作亟须建立风险共担机制

随着中日签订第三方市场合作备忘录后，中日企业就在持续探讨第

三方市场合作的可能性。日方期望中日开展第三方市场合作应遵循开放透明、商业可行及债务可持续的原则。日本政府拟在G20大阪峰会上提议通过有关"向发展中国家实施基础设施建设投资"的新国际原则，即设施利用的开放性、选定施工单位的透明性、建成可长期使用的经济性和顾及债务国偿还能力的财政安全。2019年4月26日，习近平主席在第二届"一带一路"国际合作高峰论坛记者会上提出，坚持政府引导、企业主体、市场运作，确保可持续性，建设高质量、可持续、抗风险、价格合理、包容可及的基础设施。

（一）中日企业在第三方市场拥有巨大的合作潜力

JBIC企划部门调查部部长菊池洋表示，日中企业海外投资经营目的和面临风险比较类似，在很多业务领域具有互补性。日本商社拥有丰富的海外投资经验，而且中国企业海外投资非常活跃，倘若双方发挥各自优势，加强沟通交流，就能很好地实现三方共赢。例如，中日企业分别参与了莫桑比克的天然气开发项目，倘若双方能充分交流，是能产生合作机会的。JBIC电力新能源第2部基础设施和环境融资组组长佐伯泰助表示，在与中国政策性银行开展第三方市场合作时，JBIC在应对风险、签订合作协议和环保审查等方面的经验值得交流借鉴。据了解，日中企业目前在越南的发电项目和俄罗斯的燃气开发项目上已有具体的商业合作关系。JBIC计划协调部能源资源融资组组长细岛孝宏表示，JBIC在非洲开发合作上制订了中期合作计划，并成立课题组收集、分析开展非洲事业的案例提议，日本正在积极与中国、印度、土耳其等开展对非合作，如JBIC已与土耳其进出口银行签订了合作协议。

（二）中日企业在第三方市场均面临国家制度性风险

JBIC企划部门调查部次长古高辉顕认为，与美欧企业一样，中日企业在第三方开展投资都会面临国家制度性风险，如政府换届后撕毁合约、无端加征税赋、迫使专利失效等政策制度性风险，因而在开发大型项目时，多国多方可以针对不同债务类型提出应对策略，通过国际机构进行调解，相互合作共担风险，充分利用信用杠杆向第三国提出制度建议，敦促其纠正商业贿赂等不透明的做法。细岛孝宏指出，过去十年中国企业虽在非洲市场的投资非常活跃，但也推高了一些非洲国家债务，使投资者面临较为严重的债务违约风险；日本企业虽在非投资经营上没有中资企业经验丰富，但中日企业可联合当地合作伙伴，充分利用当地企业人脉、经验和渠道，建立常态化的合作机制，实现风险共担和信息分享，在充分评估风险的基础上，采取多种措施应对风险。

（三）中日对外援助有相似之处而第三方合作并不合拍

政策研究院大学院大学教授大野健一认为，目前日本的对外产业援助主要侧重于发展中国家，鉴于亚洲较大的发展中经济体工业化发展已"毕业"而不再需要给予援助，日本对外援助对象正在由亚洲向非洲转移，但日本对非援助情况不是很理想。日本对外产业援助要确保援助对象做到三方面：一是能自主努力实现发展；二是能发挥好政府的能动作用；三是能接受日方的具体指导。日方对外产业援助重点为基础设施、教育和技能培训、制度和组织援助。与美欧及国际组织的做法不同，日本产业援助不包含人权、环境、社会等附加条件，只关心能否制造出好的商品，怎样让制造业兴盛发达起来，即怎样更好地帮助发展中国家完成工业化进程。中国对外产业援助与日本具有相似之处，尤其是在重视基础设施建设和发挥当地政府的作用等领域，但是也会有一些不同的地方，如在基础设施建设领域中日企业的业务特点有很大不同。日本建设缓慢、精细、价格高，而中国建设比较迅速、便宜、质量较低。基于此，安倍政府往往拿高质量基础设施建设和债务健全性等事项在第三国与中国较劲，把中国视作竞争威胁，目的在于维持其在第三国的原有影响力，因此日本对参与中国倡导的"一带一路"建设和亚洲基础设施投资银行产生了较多的抵触情绪。新形势下如何寻找新的合作模式和开展良性竞争，已成为日本处理日中关系时面临的重要课题之一。日本企业想跟中国企业开展合作的动机最可能是想进入中国市场，也可能是在中国有优势的新技术、新产业领域如新能源汽车、自动驾驶技术、人工智能等方面开展合作，日本企业这时主要是着眼未来与中国企业开展合作。据了解，在第三方市场，日本企业最不想合作的对象可能是中国企业。因为日中企业的商业模式很不同，中国企业决策速度快，不受规则约束，往往对人权、环境、劳动等保护不力，也不注重当地人才培养和履约细节，而日本企业非常注重这些方面，已对中国企业形成固有成见，认为双方合作会非常不合拍。由此来看，日中在第三方市场合作是非常困难的。

（四）在符合国际准则条件下探讨中日第三方市场合作

日中经济协会调查部项目担当部长畑田好郎认为，日中召开了第三方市场合作论坛。会上双方认为在交通物流、能源环保、新经济和物联网、医疗保健、工业园区、智慧城市等方面拥有巨大的合作潜能，且在东南亚、西南亚、中亚、中东、非洲等地区都有合作机会。日方认为，双方应围绕开放、透明、经济和财政健全性等原则，开展符合国际标准的高质量第三方市场合作，在原有以基础设施建设为主的金融合作基础上，今后可以重点开展节能环保、新能源汽车、快速充电桩标准等产业合作。例如，日本综合商社已与中方企业在交通设施、天然气和太阳能发电、节能环保等领域开展第三方市场合作。日本企业拥有技术、品质管理、工程技艺、投资经验和高信用度等优势，而中国企业具有较高的性价比和快速决策执行能力等优势，双方携手共同承担风险，推动符合第三方需求的项目建设，不仅能给双方企业带来利益，也能惠及第三国发展。日中第三方市场合作论坛签订了52项合作备忘录，经济产业省会对后续进展进行跟踪，并定期对外发布。对于泰国东部经济走廊合作，2019年4月在泰国召开合作论坛。日本企业对铁路和区域开发表现出兴趣，具体合作情况主要由日中企业间开展沟通来磋商。

四、保护主义和地缘安全影响东亚经济一体化进程

美国挑起的贸易保护主义特别是中美经贸摩擦对东亚经济产生了负面影响。日方认为，中美经贸摩擦确实对日本经贸产生不利影响，但主要对出口美国的企业有较大的影响，在华投资的日本企业尚未表现出撤离中国的迹象。随着朝美首脑会议第二次谈判破裂，朝鲜半岛局势变化也将会对东亚区域合作产生负面冲击。

（一）中美经贸摩擦对日本经济造成的不利影响

农林中金综合研究所调查第二部部长南武志认为，美方认定贸易赤字剥夺了其就业机会，试图采取贸易保护政策主张其所谓的"公平贸易"，解决美国长期贸易赤字问题，但日方始终认为这一问题的根本原因在于美国的过度消费，如果美方不改变储蓄率偏低的现状，就很难解决长期贸易赤字。当前，日美经贸谈判的主要问题是汽车、农产品和汇率。如果在开放农产品市场和多进口美国天然气等领域双方达成协议，那么这次日美经贸谈判还是能够平稳着陆的。

张红咏认为，根据对日本企业的调查，中日经贸摩擦确实给日本企业带来不利影响，几乎有60%的企业回答已造成现实的影响，在华有分公司或有办事处的日本企业有70%以上回答今后会做出一些改变（可能撤离）；这意味着日本企业对中国经济走势有强烈的不安全感。另一项调查显示，在北美和中国有进出口业务的日本上市企业的累计收益与其他上市企业相比大概下降了0.6%。这说明中美经贸摩擦对构建产业链的日本企业有着较大的负面影响。例如，2018年华为公司向日本企业采购6700亿日元的货物，相当于日本对华出口额的4%左右。如果日本对华为采取排外做法，那么产生的不利影响不仅是针对华为公司，而且会对整个产业链产生不利影响，涉及与中间品贸易相关的日本生产商乃至最终消费者。日本仍在继续推进区域性的自由贸易协定，比

如与欧盟的经济伙伴关系协定（EPA）和CPTPP均生效实施，这对区域内市场扩大有比较大的正向影响。2019年3月，日本对华贸易增速下降了9.4%，但对欧盟的贸易增速增长7.3%，这与日欧缔结EPA有相当大的关系。

（二）在华日本企业尚未出现撤资转移的迹象

野村综合研究所未来创发中心战略企划室高级研究员佐佐木雅也认为，中美经贸摩擦之初，最初预想在华日本企业可能将生产基地转移到越南，但现实情况是产业转移并没有那么明显，很多企业尚处于观望状态。据JETRO的一项调查，有43.1%的日本企业认为贸易保护主义对其没有什么影响，只有15.2%的日本企业认为会有不利影响；但预期2~3年后可能有不利影响的达到24.4%。回答有负面影响的企业认为，受影响的主要是其销售业绩，尚未出现转移生产据点的迹象。由于中日贸易以中间品居多，中美贸易摩擦会对日本对华出口产生一定影响，如中国对美国半导体设备出口下降会传导到日本对华出口上。从趋势上看，日本企业现在不仅把中国作为生产基地，也作为重要的消费市场，这种认识越来越深刻，已影响到其未来的投资安排。当前，生产据点转移不像以前只转移物资和人员，还要转移知识产权、商业数据等无形资产，因而产业转移呈现出与以往不同的形态。由于美国贸易政策发生根本性变化，依靠劳动力成本进行的产业链布局可能发生改变，特别是在美国压力下世界各地可能形成团块化的经济状态，因此这里面既有包括数字经济等在内的无形资产因素，也有美国军事安全保障因素，从而导致过去以劳动成本为核心的产业链构造可能停滞一段时间。目前，中日FTA空间的扩大还将会带来很多意想不到的企业合作机制。比如，现今有很多中国游客到北海道滑雪，这是日本人意想不到的合作场景。

（三）中美经贸摩擦长期化将影响东亚产业梯度转移

野村综合研究所未来创发中心战略企划室首席研究员田中博敏认

为，美国副总统彭斯发表对华强硬讲话后，日本企业开始认识到，美国对华的态度不仅是美国总统特朗普个人的，而且是美国整个国家对华的态度转变，其在较长时间内不会对中国让步，这背后有国家安全保障的考虑，即与美国军队思想有关。美国军方唯恐中国掌握某种先进技术改变中美军事力量的优劣对比。日本企业认为中美是同等重要的国家，因而非常担心中国对美国出口商品受到中美较量的冲击，今后可能采取防范措施应对。日本企业究竟是否会将生产据点转移到东南亚地区，这涉及企业自身投资问题，他们会依据自己的研判决定投资目的地。在中美经贸摩擦背景下，如果以美国市场为出口目的地，那么日本企业可能将生产据点逐步从中国撤离。野村综合研究所未来创发中心战略企划室主任木村靖夫认为，近两年日本企业开始在华投资研发中心，这是日本企业在华投资的新迹象。然而，考虑到美国对华技术遏制因素，日本企业对华转移研发中心趋势可能被迫终止，因为他们不得不考虑美国的态度，这是个令人头疼的问题。在一些领域如少子老龄化，日本企业仍可以采取灵活应对机制，在与安全保障偏离较远的领域，优先与中国企业开展技术和产业合作。

（四）朝鲜问题不能有效解决可能影响区域一体化合作

东京大学公共政策大学院特任教授河合正弘认为，第二次美朝首脑会谈进展不顺利，美国面临的问题是如何制定与朝鲜交涉的路线图，即如何继续沟通谈判，但这涉及安全保障问题。对此赞成重回六方会谈，就朝鲜问题多方共同讨论，形成共识后需要对朝鲜实施经济援助，目的是促使朝鲜放弃核武器。在促朝弃核后，还应促使朝鲜加入世界银行、国际货币基金组织等国际体系，引导朝鲜重返国际社会舞台。朝鲜能否回归国际政治舞台，成为一个"正常"国家，是决定东北亚地区经济格局能否发生飞跃性质变的重要因素。日本对朝鲜实施经济援助操作起来比较容易，但是要事先彻底解决了人质问题，否则日本对朝鲜的直接经济援助就难以做到。不可否认，环日本海经济发展潜能非常大，既有中日韩庞大的内需市场，也有俄罗斯和蒙古国这样的能源资源供应基地，但影响环日本海区域合作的最大问题是各国政治信赖度不够。津上俊哉也表示，如果朝鲜问题不能得到有效解决，对东亚经济发展的负面影响就会非常大。

五、日本期望通过提高劳动生产率推进经济增长

日本经济的发展历程能够为中国经济的转型发展提供很多经验借鉴。为此，课题组就日本经济走势及对中国经济的启示征询日方专家意见。日方表示，日本经济景气扩张即将结束，而今后日本经济增长更依赖于日本对华出口情况，日本经济实际增速已高过其潜在增长率，今后持续增长的根本动力在于提高全要素生产率。

（一）日本经济景气迈入由持续扩张到自然萎缩的阶段

财务省大臣官房综合政策课经济财政政策调整官上田淳二认为，2019年下半年世界经济景气有所恢复，原因在于美国金融政策偏向宽松，中美经贸摩擦走向缓和，中国稳增长政策逐步见效。在此情形下，日本政府预测日本经济增长在2019年可能达到1.3%，其中民间消费和设备投资拉动1.1%，剩余的0.2%为政府公共投资支出拉动。日本政府对民间消费和投资支撑经济增长抱有较大的期待。南武志认为，过去六年时间，日本经济景气持续扩张，现已达到扩张顶点，今后可能走向自然萎缩的不景气状态。2013年至2018年，日本经济平均增长率为1.2%，其中净出口拉动了0.8个百分点。当世界贸易陷入低迷时，出口导向的亚洲经济体的经济发展都会遇到比较严峻的局面。由于日本经济对出口增长依赖较大，出口下滑将终止日本经济景气扩张状态。令人担心的是日本对华出口呈现了下滑迹象，很大程度上影响了日本经济景气。对日本出口来说，日本工业品出口关税率已经非常低了，通过推进日中韩、日欧、日美等FTA谈判达成，虽然短期内能对日本出口有促

进作用，但刺激作用并不大，甚至不如汇率调整起到的作用大，扩大日本出口的关键是提高出口产品的技术含量。

（二）上调消费税会对日本经济产生不利的紧缩效应

上田淳二认为，2019年10月，日本上调消费税可能对市场需求造成紧缩效应，而为了防止萎缩发生，日本政府期待通过增加公共投入弥补市场需求。日本期待企业收益率增加能提高从业者工资，然后提高居民消费，让经济构成良性循环。但是，其中最大阻碍是劳动力严重不足，为此日本的政策选择是增加女性就业和让更多老年人进入劳动力市场，而要增加女性就业就必须避免因此导致的生育率下降问题。日本提高消费税的根本目的是解决财政健全化，但此次新增税收全部投入公共投资领域，其中有一半投入免费幼儿教育领域，以此抵冲增税带来的经济景气萎缩影响。

南武志认为，2019年10月，日本上调消费税可能造成日本消费的长期低迷。原因在于日本企业工资没有什么实质性增长。尽管每年春季工会组织要求提高工资（即所谓的"春斗"），但提高工资收入主要依靠制造业，而汽车、电器、电机等制造企业的收益主要依靠对外贸易，一旦对外贸易出现萎缩，企业提高工资的动机就会降低，而工资收入无法提高，消费信心就会受到打击，支撑经济增长的消费今后将难有起色。为了举办好2020年东京奥运会，日本政府将增加基础设施投资，主要体现为建筑行业的景气扩张。在外贸不景气的情况下，日本制造企业设备投资的意愿并不强烈，拖累经济景气持续扩张。为了避免增税导致经济景气下滑，日本政府做了大量准备，包括实施免费幼儿教育、扩大公共设施投资、提供医疗和耐用消费品补助金等，但日本民间学者认为，这次增税并不会带来物价的上涨，然而因增税导致消费者透支消费后，居民消费也会很难再被提振。

（三）日本经济持续增长的出路在于提高劳动生产率

经济产业研究所副所长森川正之认为，2001—2018年日本经济的平均增长率为0.9%，而平均潜在增长率为0.7%，说明日本实际经济增长率比潜在增长率要高一些。安倍政府每年都召开经济增长率的特别对策会，目的就是提高日本经济的潜在增长率。自安倍政府上台后，日本经济的潜在增长率提高了0.3%，其中全要素生产率一直呈下降态势，潜在增长率提高归因于增加劳动和资本的投入量。日本进入老龄化社会后，适龄劳动力数量持续减少，安倍政府不仅采取增加女性就业和让60~70岁老年人重新返岗的政策措施，也增加了对外国劳动力的投入，整体增加了社会劳动量的投入，进而推高了潜在增长率。目前来看，女性劳动力投入已经到了顶点，而老年人再次进入劳动力市场的余地也不大，今后通过增加劳动量的方式提高潜在增长率已经没有多少余地，只能在提高全要素生产率方面有所改善。如果日本在创新和人力资本提高方面不能有大的改善，就很难实现安倍政府制定的2%的增长目标。需要说明的是，日本需要继续依靠研发投入推动经济增长，同时也不能缺少世界性经济成长的共振因素。

南武志认为，安倍经济学在设备投资和企业收入增加方面有一定的效果，但在实施结构性改革提高劳动生产率方面并不理想。2015年至2018年，日本劳动生产率构成中劳动者人数的贡献非常大，同时劳动时间却有所缩短，意味着实际劳动生产率并没有提高多少。2018年以来，日本政府推进劳动方式改革，努力减少一些无谓的加班，以此提高劳动生产率，但这并不会产生立竿见影的效果。日本经济今后面临的最大课题仍然是在整体劳动力人口全面减少的情况下如何保持较高的经济增长率。

六、中国借鉴日本发展经验教训，保持经济稳定增长

日方专家对中国经济走势表现出浓厚的兴趣。除中国经济对日本的影响力有所上升外，他们普遍提出，中国经济社会发展历程与日本经济社会发展有相似之处，不仅有许多问题可从中借鉴相应的经验，也可以

汲取教训。2019年以来，中国经济虽然企稳，但仍长期面临结构性难题，亟待通过深化改革开放，不断提高劳动生产率和全要素生产率。

（一）中国经济短期走稳但应警惕短期刺激后遗症

财务综合政策研究所中国研究交流顾问田中修认为，2019年3月，中国经济增长改善很多，有以下理由：一是个人所得税减税效果发挥了作用；二是小微企业认定范围扩大，强化了针对小微企业的优惠政策；三是地方专项债提前发行，使地方基础设施及时获得后续资金支持；四是下调存款准备金利率，增加民营企业获得的流动性；五是中美经贸谈判比预想的顺利得多，企业与市场预期有所变好。今后对中国经济前景值得乐观的两个因素是大幅下调制造业增值税和降低社保费率。总体来看，中国经济景气恢复主要依赖于基建和房地产开发投资，但有可能导致债务增长和房地产泡沫增大。当然，中国经济运行中仍有一些令人担忧的问题：一是房价有所上行；二是大规模地方债更多投向公共设施和扶贫开发等非营利领域；三是城镇居民可支配收入增速只有5.9%和居民消费支出增速只有4.1%；四是民间投资增长非常缓慢。

（二）解决中国发展中诸多问题可借鉴日本发展经验

河合正弘认为，中国经济发展中存在诸多问题，主要是在经济结构、产业升级、企业债务、国际协调、环境治理等领域的难题，这些难题日本在发展过程中都遇到过，日本发展经验可以为中国所借鉴。与日本曾一个一个地遇到这些难题不同的是，中国是同时遭遇到这些问题，解决起来更加复杂艰辛。当前，中国需要强化国际社会协调，这要求中国对产业政策等进行自我反思，以更积极的姿态推进改革开放，而不是强调追求贸易顺差，要更注重国际收支平衡。在第三方市场，日中企业开展大项目合作比较困难，双方对项目评估的差异使其在大型项目上难以形成共识。例如，在泰国东部经济走廊合作上，日中企业合资建设高铁线路是非常困难的，因为日本企业测算这个项目风险较大，可能不太划算，投资可能以失败告终。津上俊哉认为，在政策实践上，中国不要去学习日本坏的经验，而在人工智能、电子商务等领域，日本也需要向中国学习。

（三）中国在追求高质量发展中应注重改革并建立淘汰机制

大野健一认为，要追求高质量发展和实现工业化升级，中国今后要做好以下三件事情。一是如何淘汰劣币，即让优秀企业脱颖而出，将差的企业淘汰出局，即建立淘汰机制。为此，中国需要制定高质量发展的标准，使其能促使淘汰机制合理运行，让更多企业变得更加高效优良。二是推进政治体制改革。中国在高质量发展过程中还要增强政治制度合理化，以避免其干扰经济发展，但快速实现自由化并不可取，很容易造成国家秩序的崩溃。三是对外关系要谨防陷入大国扩张道路。当成为世界具有影响力的主要经济体之后，中国对外可能表现出扩张野心，这是所有大国都不可避免的问题。在对外关系中，中国要想避免给世界秩序带来不安定影响，亟须明确地向世界表明中国能成为世界秩序的安定因素。

（中国国际经济交流中心课题组）

调研报告二
日本开展第三方市场合作的原则要求和担忧

以 2018 年 10 月日本首相安倍晋三访华并签署《关于中日第三方市场合作的备忘录》为契机,中日两国开启了第三方市场合作的新篇章。如何开展合作、优先在哪些领域合作,仍需探讨。中国国际经济交流中心课题组走访了日本相关机构,听取了它们对中日第三方市场合作存在的障碍和挑战、合作重点领域的建议和看法。

一、中日第三方市场合作具备了基本条件

随着中日关系的改善,两国经贸合作进一步加强,这为中日开展第三方市场合作打下了坚实的基础。中日两国作为世界主要经济体和具有重要影响力的国家,共同开展第三方市场合作不仅有利于各自经济的发展,也符合国际社会的期待。

(一)中日第三方市场合作空间已经打开

日本国际协力银行(JBIC)中国问题专家担当佐伯泰助表示,2018 年安倍首相访问中国的时候,双方签订了备忘录,在双方关系改善的大潮中,中日企业进一步探讨如何在第三方市场开展一些合作,日本金融机构对此是非常支持和关心的。

日中经济协会调查部项目担当畑田好朗表示，中方具有很多优势，尤其具备较高的性价比以及快速的决断力和执行能力等优势；日方拥有较高的技术能力，包括品质管理在内的工程专有技术，以及海外投资的丰富经验、较高的信用度等优势；双方发挥彼此的强项，共同承担风险，携手推动契合第三方国家需求的项目，实现三方共赢。举例来说，在中东地区，两国企业已开展高效燃气发电项目商业合作，日本综合商社邀请中方企业作为 EPC 总承包商加入，主要负责工程建设项目的设计、采购、施工、运行等。在东南亚地区，日本综合商社与中国太阳能板厂商组建合资公司，共同承接了世界最大规模的太阳能发电工程。

（二）具备在第三方市场开展金融合作的条件

JBIC 调查部部长菊池洋表示，中日企业在第三方市场合作时，都会面临国家信用危机风险。2010 年，JBIC 与国家开发银行交流时，中日在这方面的认识差距比较大。2017 年这种认识差距减小，2019 年基本与日本没什么差距了，中日金融机构的融资合作已经具备了联合提供融资的条件。

JBIC 已与国开行和中国进出口银行开展合作业务。2009 年和 2018 年，JBIC 与中国进出口银行先后两次签署《关于第三方市场合作的备忘录》，合作方式是通过双方企业项目进行具体合作，银行在背后提供支持。举例来说，JBIC 与国开行和中国进出口银行为越南发电项目提供联合融资，而中日企业分别提供锅炉设备和发电机组设备。

（三）信息交流和经验分享非常重要

佐伯泰助指出，中国金融机构在第三方市场领域的经验较少，日本在这方面具有丰富的经验，包括在开拓海外市场过程中应当注意的一些风险问题，如合同签约、合同内容、环境等问题。目前 JBIC 与国开行之间正在开展相关经验分享与交流活动。

JBIC 非洲问题专家细岛孝宏表示，中国企业在过去十年中对非投资非常活跃，包括基础设施建设和资源开发合作，日本企业需要向中国企业学习相关经验。但是，中国企业还面临一些非洲国家还不起债的风险问题。日方希望在第三方市场合作中能够与中国共担风险。

二、日方开展第三方合作的原则要求和担忧

佐伯泰助表示，JBIC开展第三方合作的原则要求：项目本身是能如期偿还债务的，而且项目本身是符合环境可持续发展理念的，JBIC在项目经济性和环境可持续性方面有详细的审查规定。日方对两国开展第三方市场合作面临的东道国制度性风险和两国企业竞争与磨合问题表示担忧。

（一）面临东道国制度性风险

中日两国企业进行第三方市场合作时，都面临东道国的国家风险及其规避问题。JBIC企划部门调查部次长古高辉颢指出，国家制度性风险在非洲比较普遍，日本企业在非投资时常遇到政府更迭导致合约失效、突然加税、专利被宣布失效等不可预料的风险。中国企业在非投资也面临同样的风险，双方需要共同面对。

（二）两国政策支持信息不对称

日中经济协会理事、企划负责人十川美香认为，关于第三方市场开拓，日本企业对其政府的支持政策比较了解，但对中国政府对企业的支持政策不是很清楚。日方企业希望了解中国对在第三方市场开拓的具体政策，包括如何促进公平开发或正在实施的具体政策，希望中国增强政策的透明度。中日签署的第三方合作备忘录是一个方向性文件，最重要的是52个项目的落实。日方更关心在项目推动过程中，中方是如何克服困难取得进展的，希望能够增进这方面经验教训的交流，互通有无。

（三）中日企业商业模式不同

政策研究大学院大学教授大野健一指出，在第三方市场合作上，日

本企业最不想合作的就是中国企业。因为中日企业商业模式大不相同。中国企业发展速度很快，自由自在不受约束，很多方面决策速度非常快，日本企业跟不上中国企业的发展速度。但中国企业并不十分关心环境资源保护和人权等问题，特别是在对当地人才培养上，中国企业几乎没有作为，只是把本国的劳动者和技术人员带来做项目。日本企业非常注重细节，在一些细节的对接上中日企业显得非常不合拍。客观讲，日本企业与中国企业合作是非常难的。

大野健一表示，近来日本企业在第三方市场与中国企业合作，其主要动机可能是想进入中国市场，即看重中国潜在的巨大内需市场机会。另外的动机或许是中国企业在某些技术上有领先优势，如在传统汽车领域向新汽车领域发展过程中，中国在自动驾驶和人工智能等方面技术领先，如果丰田等日本公司着眼于未来汽车产业的变化，它们就可能考虑与中国企业进行合作。

（四）实际落地项目少

日本国际问题研究所客座研究员现代中国研究专家津上俊哉指出，中日两国政府虽然都支持两国企业开展第三方市场合作，但企业之间实际落地项目很少。中日合作只是停留在讨论层面上，而落实下来还需要中日企业共同努力。

（五）风险评估标准不一致

津上俊哉指出，双方对项目风险评估存在差异。比如，中日共同承接的泰国东部经济走廊高铁项目，日本企业经测算后觉得该项目风险很大，投资不划算，可能是失败的项目。因此，评估标准不一致，很难进行合作。即便从小的方面合作，双方也要有慢慢磨合的过程。

（六）第三方市场中日价格竞争激烈

细岛孝宏表示，在非洲公共事业投资方面，日本企业通过招投标方式进入非洲的比较多。但中日企业在非洲地区投标问题上为相互竞争关系，日本企业经常在价格上输给中国企业。投标价格问题是比较敏感的问题，很多日本企业都希望与中国企业开展合作，共同解决价格问题，联合投标，然后再发挥双方各自优势参与当地国家公共基础设施建设。如果能采用这种合作方式，今后中日双方合作的机会就会增加很多。

三、拓展中日第三方市场合作建议

深入推进中日第三方市场合作，落实两国领导人合作共识，需进一步拓展合作领域，共担风险，积极推动。

（一）拓展合作重点领域

畑田好朗指出，中日第三方市场合作的重点既有交通物流、能源环保、产业升级、金融支持、地区开发等传统合作领域，也包括信息技术、新能源汽车以及电动汽车快速充电系统标准统一化等新兴产业领域。

（二）积极推动民间合作

细岛孝宏认为，中日第三方市场合作的主体应是两国的企业，应由双方企业自发合作产生一些项目。对于一些好的项目，国际协力银行会加大宣传力度、加大金融支持。

（三）共担风险

古高辉顕指出，在应对国家制度性风险方面，欧美企业的做法值得中日两国企业借鉴。欧美企业会事先评估这些国家的制度性风险，然后联合起来一起做，如开发一些大型的资源类项目。中日两国企业可以事先对东道国制度风险进行评估，互相沟通之后，采取联合投融资和合作经营的做法，这要比单打独斗的方式减少很多风险。除企业合作外，中日两国金融机构和政府间合作也有必要，以共同抵御第三方市场的国家制度性风险。菊池洋表示，在第三方市场两国企业面临的风险都是一样的，双方事先建立合作机制，可以减少市场进入风险，希望双方加强前期沟通合作。

（四）寻找当地合作伙伴

细岛孝宏认为，日本向海外派遣人才成本较高，很多日本人不愿去像非洲这样条件艰苦的地方。日本企业为降低海外投资风险，一般采取并购当地企业等方式寻找当地合作伙伴以解决人手不足问题。日本商社在这方面发挥了很大的作用。日本企业进入非洲之前，日本商社经常并购当地企业，利用当地企业的人脉和经验，为日本企业提供强有力的人才保证。

（执笔人：逯新红）

调研报告三
安倍经济学面临增长熄火的三道"坎"

2013年以来,在安倍政府"旧三支箭"和"新三支箭"的政策作用下,日本经济呈现持续景气扩张态势,但受多种因素影响,日本经济运行表现并不稳定,陷入低速增长的风险在加大。2019年4月22日至26日,课题组赴日了解日本经济发展情况,尽管日本官方专家认为日本经济景气扩张仍在继续,特别是设备投资维持较高水平,但日本经济景气扩张已到顶点,逐步转向萎缩阶段。从趋势上看,日本经济未来增长前景不容乐观。安倍经济学正面临难以调和的三道"坎":再度上调消费税将给居民消费带来紧缩效应,中美经贸摩擦给日本经济带来一些负面冲击,少子化、老龄化将阻碍日本劳动生产率持续提升。

一、再度上调消费税将给居民消费带来紧缩效应

自2014年4月上调消费税至8%后,日本政府计划于2019年10月再度上调消费税至10%。2014年增税带来的紧缩效应相当显著,2014年第二季度日本经济年化增长率为-7.2%,拖累了全年经济增速(-0.4%)。鉴于此,日本政府将上调消费税延迟至2019年10月,同时采取多种综合措施抑制增税对经济景气的收缩影响。

（一）日本经济景气持续扩张已达到即将转向的顶点

农林中金综合研究所调查第二部部长南武志认为，过去六七年时间，日本经济景气呈现持续扩张态势，进入 2019 年已经达到扩张顶点，今后可能走向自然萎缩的不景气状态。据测算，2013—2018 年，日本经济平均增长率为 1.2%，其中民间消费拉动 0.3 个百分点，民间设备投资拉动 0.5 个百分点，而净出口拉动 0.8 个百分点。日本官方对经济增长的预测相对乐观一些，原因在于民间消费和投资可能带动经济景气回升。据日本内阁府预测，2019 年日本经济增长可能达到 1.3%，其中民间消费和设备投资拉动 1.1%，剩余的 0.2% 为政府公共投资支出拉动。日本政府对民间消费和设备投资持续拉动经济增长抱有较大的期待。与日本官方乐观预期不同，民间经济学者认为，今后民间消费和投资对经济增长拉动相当有限。

（二）上调消费税可能造成居民消费陷入长期低迷

南武志认为，再度上调消费税可能造成居民消费陷入长期低迷。究其原因在于，日本企业工资没有实质性增长。每年春季，日本的工会组织要求提高工资（即所谓的"春斗"），但提高工资收入主要依靠制造业，而汽车、电器、电机等制造企业的收益主要依靠对外贸易，一旦对外贸易出现萎缩，企业提高工资的动机就会减弱，而工资收入提不上来，消费信心就会受到打击，支撑经济增长的消费今后将难有起色。为了举办好 2020 年东京奥运会，日本政府尽管会增加很多公共基础设施投资，但带动经济景气回升幅度有限，主要体现为建筑行业的景气扩张和访日外国游客增加所拉动的内需。许多民间经济学者认为，这次增税并不会带来物价的上涨，而且消费者还会提前透支消费，在实际收入并未增长的背景下，居民消费将很难再次被提振。

（三）日本政府采取诸多措施抑制增税的紧缩效应

财务省大臣官房综合政策课经济财政政策调整官上田淳二认为，上调消费税可能对市场需求造成紧缩效应。为了避免经济景气下滑，日本政府做了大量准备，期待能通过增加公共支出抵补市场需求缺口，具体采取了包括实施免费幼儿教育（2.8兆亿日元），暂时和特别预算支出包括住房保障、减灾、汽车购置等补助金（2.0兆亿日元），提供医疗费用补贴（0.4兆亿日元）和税收抵免（0.3兆亿日元）。日本提高消费税的目的是解决财政健全化，但为降低短期不利影响尚需增加公共支出0.3兆亿日元。日本政府既期待扩大公共支出能克服增税带来的负面冲击，也期待企业收益率增加能提高从业者工资，然后提高居民消费，让经济进入良性循环。

二、中美经贸摩擦给日本经济带来一些负面冲击

如前所述，2013—2018年，日本经济增速更多地依赖净出口的拉动。因此，当全球贸易增速陷入低迷时，依赖出口导向的日本经济增长就会遭遇严峻的挑战。日本专家表示，倘若中美经贸摩擦长期化将会给日本出口带来不利影响，从而拖累日本经济增长，甚至终结日本景气扩张的进程。

（一）出口增速下降将导致日本经济跌入不景气循环

南武志表示，由于日本经济对出口增长依赖较大，出口下滑将终结日本经济景气扩张进程。令人担忧的是，日本对华出口呈现了下滑迹象，很大程度上影响日本经济景气。在外贸不景气的情况下，日本制造企业设备投资的意愿并不强烈，也会大幅拖累经济景气持续扩张。对扩大出口来说，日本工业品出口的关税率已经非常低了，通过推进日中韩、日欧、日美等FTA谈判达成，虽然短期内能对日本出口有一定的促进作用，但刺激作用并不大，甚至还不如汇率调整起的作用大，最终扩大日本出口的关键是提高出口产品的技术含量。

(二) 中美经贸摩擦对日本经济造成不利影响

日本经济产业研究所研究员张红咏认为，对日本企业调查显示，中日经贸摩擦确实给日本企业带来了不利影响，几乎有60%的企业回答已造成现实的影响，在华有分公司或有办事处的日本企业有70%以上回答今后会做出一些改变（可能撤离）。这意味着日本企业对中美经贸摩擦背景下中国经济走势有强烈的不安全感。另一项调查显示，与中美均有贸易往来的日本上市企业的累计收益与其他上市企业相比大概下降了0.6%。这表明，中美经贸摩擦对构建产业链的日本企业有着较大的负面影响。举例来说，2018年华为公司向日本企业采购6700亿日元的货物，相当于日本对华出口额的4%左右。如果日本对华为采取排外做法，不仅对华为公司造成伤害，而且会对东亚地区产业链产生不利影响，最终影响到参与中间品贸易的日本生产商，以及购买产成品的消费者。短期内，日本推进与主要经济体的自由贸易协定会起到正向作用，能有效缓冲中美经贸摩擦带来的负面影响。例如，日欧缔结经济伙伴关系协定（EPA）对日本出口扩大有较大正向影响。据统计，2019年3月，日本对华贸易增速虽下降了9.4%，但日本对欧盟贸易增速逆势增长7.3%。

(三) 中美经贸摩擦长期化将影响东亚产业梯度转移

野村综合研究所未来创发中心战略企划室首席研究员田中博敏认为，美国副总统彭斯发表对华强硬讲话后，日本企业开始认识到美国对华的态度不仅是特朗普总统个人的，而且是美国整个国家对华的态度转变。在较长时期内，美方不会对中国让步，其背后有国家安全保障的考虑，即美国军方唯恐中国掌握某种先进技术改变中美军事力量的优劣对比。日本企业认为中美两国是同等重要的国家，因而非常担心中国对美出口商品受到中美经贸摩擦的冲击，今后打算采取防范措施应对。在中美经贸摩擦背景下，如果以美国市场为出口目的地，日本企业可能将生产据点逐步从中国撤离。野村综合研究所未来创发中心战略企划室主任木村靖夫认为，考虑到美国对华技术遏制因素，日本企业对华转移研发中心趋势可能被迫终止，因为它们不得不考虑美方的态度，这对日本企业来说是个令人头疼的问题。

三、少子化、老龄化将阻碍日本劳动生产率持续提升

短期内，日本政府虽可改善出口提振经济增长，但日本经济实际增速超过了潜在增长率，再次提升的难度较大。少子化、老龄化是制约潜在增长率提升的结构性因素。尽管日本劳动力由2012年的6565万人上升至2018年的6830万人，女性和老年人就业增加造成就业人数增加384万人，但15～64岁适龄劳动人口则由2012年的8055万人下降至2018年的7552万人，总人口下降了115万人，其中非劳动人口下降280万人。日本政府承认经济增长的最大阻碍是劳动力严重不足。安倍政府开出的"药方"是增加女性就业和让更多老年人返岗，但让女性增加就业就必须应对由此导致的生育率下降问题。安倍政府执政以来，日本的全要素生产率始终处于下降状态，如果不能有效遏制其下降趋势，日本经济景气将进入不景气循环，其结构性问题更加积重难返。

（一）安倍经济学结构性改革的实施效果并不明显

南武志认为，安倍经济学在设备投资和企业收入增加方面有一定的效果，但在通过实施结构性改革来提高劳动生产率方面效果并不理想。2015—2018年，日本劳动生产率构成中劳动者人数的贡献非常大，而劳动时间却有所缩短，这意味着实际劳动生产率并没有提高多少。2018年以来，日本政府尽管采取措施推进劳动方式改革，努力减少一些无谓的加班，但这对提高劳动生产率并不会产生立竿见影的效果。从趋势上看，日本经济今后面临的最大课题仍然是在整体劳动力人口全面减少的情况下如何保持较高的潜在增长率。

（二）日本经济持续增长的出路在于提高劳动生产率

经济产业研究所副所长森川正之认为，2001—2018 年日本经济的平均增长率为 0.9%，而平均潜在增长率为 0.7%，说明日本实际经济增长率比潜在增长率要高一些。安倍政府上台后，每年都召开经济增长率的特别对策会，目的就是提高日本经济的潜在增长率。从总体来看，在安倍经济学作用下，日本经济潜在增长率提高了 0.3%。这主要归因于增加劳动和资本的投入量。安倍政府不仅采取增加女性就业和让 60~70 岁老年人重新返岗的政策措施，而且增加了对外国劳动力的投入，整体增加了社会劳动量的投入，从而推高了潜在增长率。从趋势来看，女性劳动力投入已达到了顶点，老年人进入劳动力市场的规模也不大，今后通过增加劳动量的方式提高潜在增长率已没有多少余地，只能在提高全要素生产率方面有所改善。2013 年以来，日本的全要素生产率始终呈下降态势。在创新和人力资本提高方面，如果日本不能做出较大的改善，就很难实现政府设定的 2% 的增长目标。

（执笔人：刘向东）

会议综述报告一
深化民间合作，助力构建契合新时代要求的中日关系
——第五轮中日企业家和前高官对话主要观点综述

2019年7月10日至12日，由中国国际经济交流中心（国经中心）和日本经团联共同主办的第五轮中日企业家和前高官对话会在日本东京召开。经过一天多的深入研讨和交流，对话会取得了丰硕的成果，中日双方共同发表了联合声明。双方代表高度评价了中日两国企业家和前高官定期举办高级别对话会的重要作用，承诺继续探讨扩大和深化中日经贸合作。双方代表认为，G20大阪峰会刚刚结束，及时举办对话会有助于有效落实中日领导人会晤达成的构建契合新时代要求的中日关系的重要共识，进一步深化中日两国民间深入交流与相互理解，凸显中日开展经贸合作的重要性，并为构建契合新时代要求的中日关系提供助力。中国中信集团有限公司、中国东方航空集团有限公司、东风汽车集团有限公司、中国华电集团、中国进出口银行、中国普天信息产业集团，日本三井住友金融集团、三菱电机、住友商事、瑞穗金融集团公司、三菱UFJ银行、全日空航空公司等著名企业代表参与讨论交流，提出合作方向与建议，现总结如下。

一、加强合作以应对当前复杂形势

国经中心理事长曾培炎指出，当前贸易摩擦风险、地缘政治风险、国际金融风险此起彼伏，凸显了中日两国加强合作的重要性。G20大阪峰会上中日两国领导人实现了会晤，就构建契合新时代要求的中日关系达成重要共识，这为两国未来经贸发展创造了良好的政治氛围。今后，希望中日企业家抓住中国内需市场扩大升级和以制度型开放为特点的新一轮对外开放时机，加强交流、共商合作，推动新时代中日经贸关系迈上新台阶。

日本前首相福田康夫认为，在中美发生经贸摩擦的背景下，日方的立场是比较微妙的。日本经济既会受到美方的影响，也会受到中方的影响，因此不能忽视这种局面存在的背景。当前，国际形势的复杂变化更突出了保持对话的重要性。中国已成为世界上的大国，也是日本的近邻，加强中日合作关系，增进相互理解是极其重要的。希望我们多付出一些努力，抓住各种对话平台提供的机会，深入地交换意见，取得更大的成果。

日本经团联审议员会议长、野村控股株式会社董事长古贺信行认为，在当前贸易摩擦加剧和世界经济下行风险加大的背景下，围绕企业发展的环境正发生着较大变化，经济社会的数字化转型正有所进展。双方通过开展建设性的对话，对加强合作关系是十分重要的。本轮对话为开拓新时代中日关系做出了贡献。

日中经济协会会长宗冈正二表示，中美经贸摩擦和地缘政治紧张等提升了世界经济下行风险，需要中日双方建立新的合作关系，包括携手推进基于规则的自由贸易体制。G20大阪峰会上中日领导人进行了建设性会谈，就继续维持自由贸易体制达成共识。日方期待契合新时代要求的中日关系能更顺利地得到发展。

二、经济高质量发展是共同诉求

日本银行总裁黑田东彦表示，日本经济由昭和时代后期（1956—1988年）高速增长期（平均6.8%）转向平成时代（1989—2018年）的低增长期（平均1.3%）。很多时候，中日经济发展具有相似性，但发展阶段对应并不同。其中，2018年中国工业化和城镇化的发展情况与日本20世纪五六十年代的水平相当。这意味着中国经济仍有较长时期中高速发展的潜力，特别是农村劳动力转移还将持续较长一段时间，而城市吸附劳动力的空间仍有较大余地。中国全要素生产率仅相当于美国的38%（日本相当于美国的75%），在技术进步方面还有追赶的空间，其中数字经济的快速增长推动了中国全要素生产率稳步提升。

日本经团联副会长、三友金融集团董事长国部毅认为，日本经济缓慢增长，未来有望上升，主要受中国经济上升的影响。对未来风险，包括中美经贸摩擦、中东局势加剧、海外经济下行，日本持谨慎态度。近年来，日本仍面临老龄化和财政健全化等结构性问题，需要进行结构性改革，提升潜在增长率，实现可持续发展。目前，日本正在实施面向可持续增长的社会5.0战略，重点通过推动数字创新和挖掘各种人才的创造力，实现社会的价值创造；并且，力图通过一系列措施，包括对社保制度进行根本性改革和提高消费税率，解决政府债务负担过重的问题，促进实现经济的可持续增长。

国经中心常务副理事长、执行局主任张晓强认为，中国正坚定不移地按照创新、协调、绿色、开放、共享的新发展理念，不断深化改革和扩大开放，加快推动经济高质量发展。中国将进一步扩大外资市场准入，更大力度加强知识产权保护国际合作，更大规模增加商品和服务进口，更加重视法规和政策的贯彻落实，促进贸易和投资自由化、便利化，构建全球互联互通伙伴关系。中国正在成长为全球最大的市场，这将为世界各国发展和全球经济增长创造出更大空间，为各国企业提供了更多的机遇，使其能共同分享中国成长的"红利"。

国经中心副理事长杨伟民认为，目前中国经济增长实现了服务化和消费化两个转变。最近受中美经贸摩擦影响，中国经济短期面临下行压力，而在逆周期调控政策应对下，2019年经济增速大概率会保持在6.2%的水平。长期来看，中国经济保持中高速发展的潜力依然很大。原因有四：一是拥有全球最大的潜在消费市场，二是庞大的城镇化需求远未结束，三是拥有世界最为完整的产业体系，四是中国政府持续不断地深化市场化改革和主动扩大高水平开放。

三、抓住第四次产业革命机遇，深化数字经济的合作

双方代表认为，当前在推进制造业高度化和服务业现代化过程中形成了产业新业态。双方将来需要对数字产业的产权、标准、市场进行界定，可充分利用大数据和人工智能技术，引导产业结构优化调整，依托智能制造联盟，推动国际跨界融合，充分探讨数据安全跨境流通问题，扩大数字贸易规模，推动中国实现高质量发展和日本实现社会5.0目标。双方还可以深化在软件外包、跨境电商、汽车创新、人才培养等方面的协同合作。比如，在新药开发应用方面，两国拥有很广阔的合作空间，能创造双赢的技术研发局面。

四、共同营造贸易投资自由化便利化国际环境

双方代表认为，中日要在自由开放的全球环境下实现共同发展，不仅有必要通力互利合作，共同抵制保护主义倾向，维护多边主义和自由贸易体制，推进世界贸易组织改革；也有必要推动区域经济一体化，努力修复受单边主义破坏的产业链和供应链，提升区域内合作层次，积极推动区域全面经济伙伴关系协定（RCEP）和中日韩自由贸易协定早日达成。双方在完善全球经济治理机制（包括世界贸易组织改革）中可

以发挥更大的作用,通过优化国内营商环境,进一步扩大双向投资。中日还可以加强在金融科技(Fintech)、电子支付、海外融资和中小企业融资支持等方面的合作。

五、着力推动第三方市场合作取得现实成果

双方代表指出,中日企业要加快落实 G20 大阪峰会两国领导人的共识,着力推动第三方市场合作取得现实成果。中国企业的优势在于性价比高、决策快、项目推行迅速,日本企业的优势在于具有丰富的海外贸易投资及生产经验。面对亚洲地区每年高达 12 万亿元人民币(约合 190 万亿日元)的基础设施建设需要,双方可发挥在贸易投资、产能、技术方面的互补优势,加强在电力、石化、交通等基础设施领域的合作,采取投资联合体、联合投标、融资合作、人才交流和信息共享等多种方式开展重大项目合作,创出更优异的成果。第三方合作范围不仅要拓展到"一带一路"沿线国家和地区,还可以拓展到墨西哥、巴西、安哥拉等全球各地。下一步合作中,双方尚需深化国际规则认识,遵循"共商、共建、共享"和"开放性、透明性、经济性、财政健全性"等原则,开展合规经营,做好技术共享,在工程技术和设备标准方面做好协调和对接,为两国企业实现多赢发展创造新的空间。

六、加快推进应对人口老龄化的合作

双方代表认为,中日都面临着老龄社会压力,要从两国的长远利益出发,高度重视人口规模和人口结构变化带来的影响,及时调整人口生育政策,增强医疗保险制度可持续性,提高全民健康生活意识,缓解并扭转人口规模和结构双重压力。今后,中日双方既可以在政策体系、运营模式、金融支持、养老金运营、人才培育、设施适老改造、辅助器具生产、服务标准规范、老年医学健康管理、社区机构及居家养老照护等

领域开展互鉴对接，也可以优先确定一些区域或机构进行试点合作。

七、深化节能环保合作以实现环境、社会协调发展

双方代表认为，中日在节能环保领域合作有深厚的基础。G20 大阪峰会上中日两国领导人强调要推进环境领域的务实合作。日方拥有节能环保技术方面的优势，中方拥有太阳能面板等设备制造优势，双方开展优势互补合作，能为解决环境污染和应对气候变化问题发挥重要作用。今后，双方仍存在深化环境合作的可能性，如共同推进废旧塑料全生命周期管理，构建循环型社会生态系统、共同开发氢能资源，以及在"一带一路"沿线国家等第三国推广节能环保技术和推动发展中减排，为实现联合国提出的可持续发展目标做出贡献。

（执笔人：刘向东、逯新红）

会议综述报告二
加深对话合作，增强中韩共对风险挑战的信心和能力
——第二轮中韩企业家和前高官对话主要观点综述

2019年12月4日至5日，中国国际经济交流中心（国经中心）和大韩商工会议所在韩国首尔共同举行第二轮中韩企业家和前高官对话会。会前，韩国国务总理李洛渊会见了中方代表团，并感谢李克强总理在北京首轮对话时给予韩国企业家的热情接见。中国国际经济交流中心理事长曾培炎和韩国国会前议长丁世均，以及中韩两国企业家、政府前高官及智库专家共30余名代表参加了对话会。双方就国际国内经济形势、中美经贸摩擦及影响、中韩经贸合作前景等议题进行研讨交流，达成诸多共识。中芯国际、中国投资、亿达集团、中石化集团、中国节能环保集团、中国银行、中国远洋海运集团、中国联通、阿里巴巴，韩国SK株式会社、三星电子、现代汽车、韩华化学、斗山集团、CJ集团、LS集团、IBK企业银行等著名企业代表及中国国务院发展研究中心、韩国对外经济政策研究院等知名专家进行了交流探讨，现将会议主要观点综述如下。

一、当前中韩亟须共对风险挑战上升的复杂局面

李洛渊指出，当前贸易保护主义已损害到全球的供应链和价值链，这种以邻为壑的意图是不会得逞的。最近，韩国虽经历着这些问题，但

在不久的将来会得到解决。韩国政府和企业正努力减少对特定国家的过多依赖。从前几个月开始，韩中两国企业已着手探讨深化合作的新方向和新模式，寻找化解风险和实现共同发展的新机会。

曾培炎指出，当前贸易保护主义和单边主义抬头，全球贸易和投资持续放缓，东亚地区供应链、产业链被迫调整，凸显了中韩两国加强合作的重要性。作为近邻和重要合作伙伴，两国在世界多极化、经济全球化问题上拥有广泛共识，应巩固友好发展传统，相向而行，落实好2019年6月习近平主席同文在寅总统在大阪会晤形成的一系列重要共识，继续保持高层交往，夯实政治互信，共同抵御国际经济不确定性风险。

丁世均指出，面对贸易保护主义抬头、全球经济下行和第四次工业革命交织的新时代，韩中两国要化危为机，继续推动多边主义和自由贸易，共享韩中贸易投资合作和政策对接的发展机遇，通过实质性讨论与交流，使对话成为共同繁荣的良好契机，化解冬天的冰冷，共聚智慧，开创未来。

中国驻韩国大使邱国洪表示，保护主义、单边主义愈演愈烈，治理赤字、发展赤字、信任赤字有增无减，世界经济中不稳定、不确定因素明显上升。作为重要近邻，中韩两国应顺应时代潮流，回应人民呼声，展现应有的责任担当，在追求发展的道路上矢志不渝，在团结合作历程中携手奋进，为人民谋幸福，为世界谋发展。

二、切实抓住新兴产业优势互补发展的重要机遇

李洛渊表示，当前正值第四次工业革命爆发时期，韩中两国比任何一个国家都更快速地捕捉这一机遇。韩国是世界上首个实现5G技术商业化的国家，中国在人工智能、大数据等核心技术领域取得飞跃发展。在5G领域，两国已超越了竞争关系，进入协同发展阶段，可寻求国际标准制定上的合作。

曾培炎指出，两国应继续挖掘中韩自贸协定（FTA）及其升级版的制度优势，积极拓展新能源、节能环保、数字经济、金融服务等新的合作领域，提升双边贸易水平；加强科技创新合作，在基础科学、技术开发、人才培养等方面取长补短，造福两国人民。

韩国产业通商资源部通商交涉本部长俞明希指出，未来双方合作领域由过去以制造业为主向信息通信技术行业转变，合作主体由以中央政府为主向地方政府、学界、民间组织并重的多元化、多层复合型的合作关系转变，推动双边经贸合作框架升级，共同建立开放、公平和基于规则的多边贸易秩序。

韩国产业通商资源部部长成允模表示，韩中企业家在经贸合作中扮演着至关重要的角色，有着捕捉时代变化机会的卓越能力，近日克服了诸多困难，创造了新的奇迹，只要诚意开展优势互补合作，就必将成为促进共同成长的坚固伙伴。

中国国际经济交流中心常务副理事长、执行局主任张晓强表示，韩国在高端制造和产品创意领域有优势，中国在应用场景和业态模式创新领域有优势，双方加快推进以 5G 人工智能为代表的新兴产业合作，深化在人工智能、集成电路、机器人、车联网、电子商务等领域的合作，能把握发展先机，引领创新经济发展。

双方代表还认为，两国应加强在未来战略性新兴产业方面的合作，抢占新技术开发和标准制定的制高点，尤其要加强中韩两国 5G 技术、移动支付、跨境电商、虚拟现实、生物科技等领域合作，以及国际标准化方面合作，在工业、交通、教育、医疗等领域推进一批合作示范项目落地；进一步深化在半导体、机器人核心零部件、无人机及其他尖端产业等领域的合作，推进医疗健康、休闲养老、文化旅游、影视创意等优势服务业的深度合作，在全球价值链重构调整发展中把握主动，通过深化合作引领世界市场。

三、共同捍卫多边主义和维护自由贸易体制

双方代表认为，中韩都是贸易自由化和经济全球化的受益者，双方应共同维护多边主义和自由贸易体制，促进贸易和投资自由化、便利化，特别是在中日韩 FTA 谈判和区域全面经济伙伴关系协定（RCEP）的后续协商过程中发挥积极作用。共同挖掘巨大的域内经济潜力，推动中韩第二阶段谈判早日达成；主动加强和其他 RCEP 成员间的政策协调沟通，力促 RCEP 在较短时间内取得实质性进展；进一步加强全球及区域产业链调整合作，增强区域供应链的稳定性和抗打击能力；不断深化双边服务贸易自由化合作，合作共建海外产业园区，提升各自出口商品的附加值；共同维护以世界贸易组织为中心的多边贸易体系，共同推动世界贸易组织的现代化改革，有效阻止贸易保护主义盛行。同时，还应开展亚太经合组织（APEC）、二十国集团（G20）等多边治理框架下的协调与合作，共同促进朝鲜半岛地区和平与繁荣。

四、深入推进战略对接和开展第三方市场合作

双方代表指出，目前中韩两国正积极寻求共建"一带一路"与"韩半岛新经济地图""新南方新北方"政策对接。第三方市场合作的主体是企业。韩国企业拥有较先进的技术装备、较强的跨国发展能力、丰富的国际合作经验和广泛的国际营销网络，中国企业在装备制造和人力资源方面有很强的竞争力。两国企业可发挥各自的优势，推进互补合作，努力在国际产能、基础设施、金融服务等领域开展务实合作，实现多方共赢，拓展新的市场空间，以抵冲保护主义的损害。充分利用好亚洲基础设施投资银行（AIIB）等多边金融平台，广泛采用中韩合资投标，"中方监理或设计+韩方施工"等多种合作模式，联合向第三国提供物美价廉的产品或服务，重点在东南亚、中东、南美和非洲地区开展

合作,主动做大市场"蛋糕",用好两种资源,惠及包括中韩与第三国在内的各方利益相关者,有助于实现构建人类命运共同体。

五、协同推动氢能、雾霾治理和气候变化领域合作

双方代表认为,环保领域是当今世界重要的国家战略议题和产业合作热点。中韩两国都非常关注环境问题,双方应加大雾霾治理、污水处理、垃圾分类、生态修复等环保领域合作力度,深化氢能和地热能等清洁能源、氢燃料汽车、能效提升、大规模储能等能源技术合作,既拓展商机,又改善环境质量,寻找破解全球性问题的合理方案。韩方代表指出,中国是世界上非常罕见且能够大力推行环保倡议的国家。世界很多国家拥有优秀环保技术的初创企业,如果有更多企业把技术和资金投向中国进行试验,中国将会成为先进环保技术的引领者,其最佳实践可以推广到世界各地,为应对环境污染、气候变化等共同挑战提供样板。

(执笔人:刘向东、逯新红)